Europol

Schriften zum Europa- und Völkerrecht und zur Rechtsvergleichung

Herausgegeben von Manfred Zuleeg

Band 15

PETER LANG

Frankfurt am Main · Berlin · Bern · Bruxelles · New York · Oxford · Wien

Vera Korrell

Europol

Polizei
ohne rechtsstaatliche
Bindungen?

PETER LANG
Europäischer Verlag der Wissenschaften

Bibliografische Information Der Deutschen Bibliothek
Die Deutsche Bibliothek verzeichnet diese Publikation in der Deutschen Nationalbibliografie; detaillierte bibliografische Daten sind im Internet über <http://dnb.ddb.de> abrufbar.

Zugl.: Frankfurt (Main), Univ., Diss., 2004

D 30
ISSN 1436-2007
ISBN 3-631-53615-1

www.peterlang.de

„Ohne Sicherheit vermag der Mensch weder seine Kräfte auszubilden,
noch die Früchte derselben zu genießen;
denn ohne Sicherheit ist keine Freiheit."

Wilhelm von Humboldt

Vorwort

Die vorliegende Arbeit wurde im Wintersemester 2004/2005 von der Juristischen Fakultät der Johann-Wolfgang Goethe Universität Frankfurt als Dissertation angenommen.
Ein wesentliches Anliegen der Arbeit ist es, rechtswissenschaftliche Forschung mit den rechtlichen Problemen und Aufgaben von Europol in der Praxis zu verbinden. Um die Arbeit einer supranationalen Organisation wie Europol vollständig zu erfassen und Lösungen zu finden, die den praktischen Bedürfnissen gerecht werden, bedarf es neben theoretischer Überlegungen eines engen Praxisbezuges. Wertvolle Einblicke in die Praxis internationaler polizeilicher Kooperation konnte ich im Rahmen eines dreimonatigen Praktikums in der Rechtsabteilung von Europol in Den Haag gewinnen.

Mein ganz besonderer Dank gilt meinem Doktorvater, Herrn Prof. Dr. Joachim Wieland, der mir bei allen Problemen jederzeit mit Rat und Tat zur Seite stand. Durch den wissenschaftlichen Freiraum, den er mir ließ, hat er ganz wesentlich zum Erfolg dieser Arbeit beigetragen. Danken möchte ich ferner Herrn Prof. Dr. Manfred Zuleeg für die zügige Erstellung des Zweitgutachtens und die Aufnahme der Arbeit in diese Schriftenreihe.

Mein Dank gilt darüber hinaus allen Menschen, mit deren Hilfe die Fertigstellung dieser Arbeit erst möglich wurde und die mich in unterschiedlichster Art und Weise unterstützt haben. Besonderer Dank gebührt meinem langjährigen Studienfreund Manuel Biehler für seine unermüdliche Diskussionsbereitschaft und meinem Bruder Oliver Korrell für das Korrekturlesen der Arbeit.

Darmstadt im Dezember 2004 Vera Korrell

INHALTSVERZEICHNIS

A. Einleitung

Die meisten kriminellen Vereinigungen sind in der heutigen Zeit nicht hierarchisch organisiert und setzen sich nicht aus einer einzigen ethnischen Gruppe zusammen. Sie treten vielmehr als lockeres Netz von Straftätern in Erscheinung, das nach unternehmerischen Gesichtspunkten handelt, flexibel ist und für konkrete kurzfristige Zwecke oder Aktivitäten gebildet wird[1]. Die Gefahr wird verstärkt durch hochmoderne Technologien und die zunehmende Internationalisierung der kriminellen Vereinigungen. Diese setzen Fachleute wie Rechtsanwälte, Computerexperten und Wirtschaftsexperten ein, um sowohl für die ungefährdete Durchführung ihrer kriminellen Tätigkeiten, als auch für eine Steigerung der Gewinne zu sorgen[2].

Das nationale Vorgehen gegen organisierte Kriminalität zielt in erster Linie auf die Sammlung von Beweisen, um den Kopf einer kriminellen Vereinigung zu fassen. Dabei bleiben wertvolle Informationen oft ungenutzt, weil Informationen über den Kontext der Straftat, also weshalb und wodurch sie begünstigt wurde, nicht für weitergehende präventive Zwecke genutzt werden. Um Kriminalität wirkungsvoll bekämpfen zu können, bedarf es jedoch eines umfassenden Präventionskonzepts. Mit Hilfe von Analysen können kriminelle Vereinigungen systematisch erfasst werden, das heißt die kriminelle Organisationsstruktur, die Operationsbereiche wie Produktion, Logistik und Unterstützung, die Motive vor einem soziokulturellen Hintergrund und das Umfeld, zum Beispiel der kriminelle Kontext und der Operationsmarkt. Davon ausgehend können die Wirksamkeit von Ermittlungen eingeschätzt, die Schwachpunkte krimineller Ermittlungen ausgemacht und die Kenntnisse über Phänomene der organisierten Kriminalität, ihrer Dimensionen und ihrer Kohärenz vertieft werden[3]. Diese Analysen dürfen nicht auf einzelne Mitgliedstaaten der Europäischen Union beschränkt sein. Um eine Chance zu haben, die immer stärker aufkommende transnationale, schwere Kriminalität europaweit erfolgreich zu bekämpfen, bedarf es einer Kooperation aller Mitgliedstaaten der Europäischen Union. Zentraler Faktor dieser Kooperation ist, neben anderen wichtigen Einrichtungen, das europäische Polizeiamt „Europol“. Die wichtigsten Leistungen Europols sind die Bereitstellung strategischer Erkenntnisse, die Bereitstellung operativer Erkenntnisse und die Förderung des Aufbaus eines Fachwissens im Bereich der kriminalpolizeilichen Erkenntnisse durch Beratung, Aus- und Fortbildungsmaßnahmen sowie die Ent-

[1] Arbeitsdokument der Kommissionsdienststellen: „Ansätze für eine europäische Strategie zur Prävention organisierter Kriminalität, SEK (2001) 433, S. 8f.

[2] Europol-Arbeitsprogramm 2003, 8385/02 LIMITE EUROPOL 27 vom 30. April 2002, S. 6.

[3] Arbeitsdokument der Kommissionsdienststellen: „Ansätze für eine europäische Strategie zur Prävention organisierter Kriminalität, SEK (2001) 433, S. 19.

wicklung von organisatorischen Strukturen[4]. Der Schwerpunkt der Tätigkeit Europols sollte im Jahr 2003 in den Bereichen Terrorismus, illegale Einwanderung und Menschenhandel, organisierte Kriminalität im Drogenbereich, Kriminalität im Zusammenhang mit dem Euro und Finanzkriminalität liegen[5].

Schon früh wurden erhebliche rechtsstaatliche Bedenken gegen den Aufbau Europols geäußert. Die Zielsetzung der wirksamen Verbrechensbekämpfung degeneriere rechtsstaatliche Grundsätze zu Gesichtspunkten allenfalls sekundärer Relevanz[6]. Die Notwendigkeit grenzüberschreitender polizeilicher Zusammenarbeit angesichts der internationalen Kriminalität dürfe nicht zu einer Minderung der Menschenrechte jener Personen führen, zu deren Schutz polizeiliche Organisationen gebildet werden[7]. Rechtsstaatliche Belange könnten nicht mit rechtsstaatswidrigen Methoden verfolgt werden[8].
Diese Bedenken konstatieren den Ausgangspunkt der vorliegenden Arbeit. Es wird untersucht, ob die Tätigkeit Europols tatsächlich mit rechtsstaatlichen Grundsätzen unvereinbar ist, und ob wegen der Notwendigkeit wirksamer Kriminalitätsbekämpfung auf rechtsstaatswidrige Handlungsformen zurückgegriffen wurde. Normativer Maßstab der Untersuchung ist das deutsche Grundgesetz. Es wird zu ermitteln sein, ob die Rechtsgrundlagen Europols gegen die rechtsstaatlichen Vorgaben des deutschen Grundgesetzes verstoßen. Der Schwerpunkt soll dabei die justizielle Einbindung Europols sein.

Im ersten Teil (B) wird die Entwicklung der polizeilichen Zusammenarbeit in Europa dargestellt. Es gilt, die Institution Europol in den Kontext der Europäischen Union und wichtiger Institutionen grenzüberschreitender polizeilicher Zusammenarbeit einzuordnen.
Der zweite Teil (C) gibt einen Überblick über die justizielle Zusammenarbeit in Europa. Dabei werden die bestehenden Formen der Zusammenarbeit und die wesentlichen Rechtsgrundlagen im Überblick dargestellt. Ein besonderes Augenmerk wird der Institution Eurojust zukommen.
Im dritten Teil (D) werden die rechtsstaatlichen Vorgaben des Grundgesetzes aus Art. 23 I GG für Europol konkretisiert. Es gilt, Art. 23 I 1 GG und Art. 23 I 3 GG voneinander abzugrenzen und deren Verhältnis zueinander zu bestimmen.
Im Vierten Teil (E) wird Europol an den Anforderungen des Art. 23 I 1 GG gemessen. Es wird zu klären sein, ob die Europäische Union rechtsstaatlichen

---

[4] Europol-Arbeitsprogramm 2003, 8385/02 LIMITE EUROPOL 27 vom 30. April 2002, S. 4.
[5] Europol-Arbeitsprogramm 2003, 8385/02 LIMITE EUROPOL 27 vom 30. April 2002, S. 7.
[6] Zieschang, ZRP 1996, S. 429.
[7] Petri, DuD 22 (1998) S. 329; in diesem Sinne auch Stümper, in: FS für Samper, S. 12f.
[8] Lisken, ZRP 1990, S. 20.

Grundsätzen verpflichtet ist und einen dem Grundgesetz im Wesentlichen vergleichbaren Grundrechtsschutz gewährleistet. Weiter wird zu prüfen sein, welche Folgen eine Verpflichtung der Europäischen Union zu rechtsstaatlichen Grundsätzen und die Gewährleistung eines dem Grundgesetz im Wesentlichen vergleichbaren Grundrechtsschutzes für Europol hat, und ob die Rechtsgrundlagen Europols den sich ergebenden Anforderungen gerecht werden.

Daran anschließend wird die Vereinbarkeit Europols mit den Vorgaben des Art. 23 I 3 GG geprüft (F). Entscheidend wird sein, ob die Rechtsgrundlagen Europols die in den Art. 1, 20 GG niedergelegten Grundsätze berühren. Der Schwerpunkt der Untersuchung liegt auf solchen rechtsstaatlichen Grundsätzen, die eine justizielle Einbindung der Polizei ausmachen. Abstrakt bedeutet justizielle Einbindung die Kontrolle bestimmter Maßnahmen der Polizei. Eine solche Kontrolle wird durch verschiedene Mechanismen gewährleistet. Wesentliche Elemente der justiziellen Einbindung polizeilicher Tätigkeit sind die Sachleitungsbefugnis der Staatsanwaltschaft, die richterliche Überwachung polizeilicher Tätigkeit durch Richtervorbehalte und der Rechtsschutz, also die umfassende gerichtliche Überprüfung polizeilichen Handelns. Entscheidend ist weiter, unter welchen Voraussetzungen die Polizei tätig werden darf, welche qualitativen Anforderungen also an das Tätigwerden zu stellen sind. Eng damit hängt auch die Frage der Offenheit staatlichen Handelns zusammen, in welchen Maß also der Staat dem Bürger heimlich gegenübertreten darf[9]. Es gilt zu klären, ob Europol aus Sicht des deutschen Grundgesetzes hinreichend in einen justiziellen Überbau eingebunden ist. Sofern an einzelnen Stellen verfassungsrechtliche Bedenken nicht ausgeräumt werden können, stellt sich die weitergehende Frage, ob es dadurch zu einer Berührung der in Art. 1, 20 GG niedergelegten Grundsätze kommt, also die Grenzen des Art. 23 I 3, 79 III GG überschritten werden.

Der letzte Teil (G) soll einen Ausblick auf die Perspektiven der justiziellen Einbindung Europols geben. Es werden mehrere Optionen, etwa die Schaffung einer europäischen Staatsanwaltschaft, die Umsetzung des *Corpus Juris* oder der Ausbau von Eurojust, kritisch hinterfragt und Möglichkeiten und Chancen für die Zukunft aufgezeigt.

---

[9] Das Verständnis einer justiziellen Einbindung der Polizei ist in seinen wesentlichen Elementen nicht auf das Gebiet der Bundesrepublik Deutschland beschränkt. Die anderen Mitgliedstaaten der Europäischen Union haben ähnliche Vorstellungen von Kontrolle ihrer nationalen Polizei. Für Dänemark, Frankreich, Italien, Niederlande, Österreich und England siehe rechtsvergleichendes Gutachten, Gleß / Grote / Heine, Justizielle Einbindung und Kontrolle von Europol, S. 6ff.

B. Die Entwicklung Europols

I. Geschichtliche Entwicklung der polizeilichen Zusammenarbeit in Europa

1. Einleitung

Es ist Aufgabe eines jeden Staates, die Bürger vor gewalttätigen Angriffen zu schützen und den inneren Frieden zu sichern. Erhöhte Mobilität, verbesserte weltweite Kommunikationsmöglichkeiten und eine rasante Entwicklung der Technik bei Kriminellen führten in der Vergangenheit verstärkt zu grenzüberschreitenden und arbeitsteilig organisierten Straftaten, deren Aufklärung eine verstärkte Zusammenarbeit der Strafverfolgungsbehörden erforderte[10]. Der Globalisierungsprozess führt zu einer faktischen Auflösung der politischen und finanziellen Grenzen, da Globalisierung Freizügigkeit in Bezug auf Kapital, Waren, Dienstleistungen und Personen erfordert. Wachsende persönliche Freiheiten gehen einher mit einem Missbrauch dieser Freiheiten.

Im Bereich der inneren Sicherheit ist eine Internationalisierung jedoch schwer. Die Nationalstaaten schränken ihre Souveränität in diesem Bereich nur sehr zögernd ein, weil Kernbereiche staatlicher Souveränität betroffen sind und der Bereich von einer besonderen Grundrechtsrelevanz gekennzeichnet ist[11]. Die Internationalisierung der Kriminalität erfordert ungeachtet dessen eine internationale Verbrechensbekämpfung[12]. Eine rein nationale Kriminalitätsbekämpfung ist oft wirkungslos[13].

In Europa entstand daher schon früh der – wenn auch zunächst zögerliche – Wille, neben der Wirtschaftsintegration das Aufgabenfeld der Gemeinschaft in neuen Bereichen zu ergänzen[14]. Die bestehenden Kooperationsformen sind das Ergebnis mühsamer Kompromisse[15]. Während von manchen die Europäisierung der Polizeiarbeit als Gefahr für den Rechtsstaat angesehen wird[16], erhoffen andere die Entstehung einer gemeinsamen Sicherheitskultur[17]. Insgesamt wird jedoch von keinem die Notwendigkeit bestritten, gemeinsam gegen internationale organisierte Kriminalität vorgehen zu müssen, da die Risiken für die öffentliche Sicherheit und Ordnung durch die gemeinschaftsrechtlich garantierten Grundfreiheiten und die Entwicklung der Informationstechnologie steigen. Das Polizei-

---

[10] Siehe dazu etwa Aulehner, Polizeiliche Gefahren- und Informationsvorsorge, S. 136ff.
[11] Martinez Soria, VerwArch 1998, S. 437; Waechter, ZRP 1996, S. 167.
[12] Pitschas, JZ 1993, S. 861; Ostendorf, NJW 1997, S. 3419.
[13] Martinez Soria, VerwArch 1998, S. 437.
[14] Di Fabio, DÖV 1997, S. 89.
[15] Martinez Soria, VerwArch 1998, S. 437.
[16] Lisken, DRiZ 1998, S. 76f.; Prantl DRiZ 1997, S. 234f.
[17] Pitschas, NVwZ 1994, S. 627.

und Sicherheitsrecht muss diesen Risiken entgegentreten: Schlüsselbegriffe sind „Information“ und „Kooperation“.
Die Entwicklung der polizeilichen und justiziellen Zusammenarbeit in Europa vollzog sich nicht allein auf Gemeinschaftsebene, sehr wichtig war von Beginn an auch die Zusammenarbeit der Mitgliedstaaten außerhalb der Gemeinschaft auf zwischenstaatlicher Ebene.

2. *Internationale Kriminalpolizeiliche Organisation (IKPO-Interpol)*

Im Jahr 1914 fand in Monaco der erste internationale Polizeikongress statt, der die Möglichkeit untersuchte, eine internationale Datenbank zur Förderung polizeilicher Kooperation einzurichten[18]. Nach dem 1. Weltkrieg fand 1923 in Wien ein weiterer Kongress statt, auf dem die *Internationale Kriminalpolizeiliche Kommission* gegründet wurde. Ziel der Gründung war es, einen direkten Kontakt zwischen den nationalen Polizeibehörden zu schaffen, ohne über die Botschaften und Außenministerien vorgehen zu müssen[19]. Während der Zeit des Nationalsozialismus kam die Arbeit der Organisation weitgehend zum Erliegen. Der Wiederaufbau begann nach dem 2. Weltkrieg mit einer internationalen Konferenz in Brüssel. Im Jahr 1956 erhielt die Organisation ihren noch heute bestehenden Namen *IKPO-Interpol*. Der Sitz der Organisation war zunächst St. Cloud bei Paris und ist seit 1989 Lyon. Die Bundesrepublik Deutschland gehört Interpol seit 1952 an, derzeit gibt es 181 Mitglieder. Alle Staaten der Europäischen Union einschließlich derer, die im Mai 2004 beitreten werden, sind Mitglied der IKPO-Interpol[20].
Aufgabe von Interpol ist es, ein dezentrales, freiwilliges, weltumspannendes Netz von Nachrichten, Rechtshilfeersuchen und Fahndungen zwischen Polizeibehörden zu errichten. Mitglied der Organisation kann eine von jedem Land zu benennende Polizeibehörde sein, wobei die Regierungen den Antrag auf Mitgliedschaft unterschreiben müssen[21]. Interpol hat Völkerrechtssubjektivität[22].

Art. 2 IKPO-Statut legt fest, dass Interpol eine möglichst umfassende gegenseitige Unterstützung aller Kriminalpolizeibehörden im Rahmen der in den einzelnen Ländern geltenden Gesetze und im Geiste der Erklärung der Menschenrechte sicherstellen und weiterentwickeln soll. Darüber hinaus sollen Einrichtungen, die zur Verhütung und Bekämpfung der gemeinen Straftaten wirksam beitragen

---

[18] Zur Geschichte Interpols *Mokros*, in: Handbuch des Polizeirechts, Kap. O, Rn.168.
[19] Martinez Soria, VerwArch 1998, S. 402.
[20] Eine Liste der Mitglieder Interpols ist im Internet abrufbar unter www.interpol.int.
[21] Art. 4 I, II IKPO-Statut.
[22] *Randelzhofer*, in: Maunz / Dürig, GG, Art. 24, Rn.175; Eick / Trittel, EuGRZ 1985, S. 82; Unger, Datenschutz in internationalen Organisationen, S. 87; anders *Mokros*, in: Handbuch des Polizeirechts, Kap. O, Rn.170; Bull, KritV 1995, S. 319.

können, geschaffen und ausgebaut werden. Die Tätigkeit von Interpol konzentriert sich im Wesentlichen auf die internationale Personen- und Sachfahndung[23]. Die operativen Fahndungsmaßnahmen obliegen den nationalen Polizeibehörden, Interpol stellt weitgehend nur die technischen Hilfsmittel zur Verfügung[24].
Die Arbeit Interpols wird durch nationale Verbindungsbüros koordiniert, die von jedem Mitgliedstaat eingerichtet werden. In Deutschland fällt nach § 3 I BKAG[25] dem Bundeskriminalamt (BKA) diese Aufgabe zu. Die Interpol-Fahndung erfolgt über ein „Zirkular", das an alle nationalen Verbindungsbüros übermittelt wird und Angaben über die gesuchte Person und gegebenenfalls Bilder und Fingerabdrücke enthält. Es werden alle Länder aufgelistet, die um eine Festnahme zum Zwecke der Auslieferung ersucht werden. Das Generalsekretariat in Lyon erteilt den nationalen Verbindungsbüros zur Unterstützung von Ermittlungen zudem Auskünfte aus einer zentralen elektronischen Datei, die Angaben zu bedeutsamen internationalen Straftaten und Straftätern enthält. Die Zusammenarbeit wird durch Art. 3 IKPO-Statut begrenzt: Jede Art von Zusammenarbeit in politischen, militärischen, religiösen oder rassischen Fragen ist untersagt.
Die europäischen Mitglieder Interpols haben angesichts der besonderen Bedeutung Europas bei der internationalen Verbrechensbekämpfung im Generalsekretariat der Organisation ein europäisches Regionalsekretariat eingerichtet, das sich spezifischen Problemen der europäischen Zusammenarbeit widmet. Diese Aufgabe übernimmt seit dem 1.5.1993 das „Europäische Verbindungsbüro".

3. Schengen-Verband

Ausgangspunkt für das Schengener Abkommen war die negative Erfahrung mit dem Entscheidungsprozess innerhalb der Europäischen Gemeinschaft[26]. Die streng kontrollierten Grenzen innerhalb der Gemeinschaft widersprachen dem Gemeinschaftsbild, so dass es schon auf dem Europäischen Gipfel 1974 in Paris erste Bestrebungen gab, Grenzkontrollen abzubauen. Erst 10 Jahre (1984) später konnte sich der Europäische Rat in Fontainebleau jedoch darauf einigen, zumindest die Wartezeiten und die Dauer der Grenzkontrollen zu reduzieren[27].
Am 14.6.1985 unterzeichneten Belgien, Deutschland, Frankreich, Luxemburg und die Niederlande das Schengener Abkommen (Schengen I)[28], das den stufenweisen Abbau der Grenzkontrollen vorsieht. Das Abkommen wird ergänzt durch das am 19.6.1990 unterzeichnete Schengener Durchführungsüberein-

---

[23] *Mokros,* in: Handbuch des Polizeirechts, Kap. O, Rn.173.
[24] Martinez Soria, VerwArch 1998, S. 403.
[25] BGBl. 1997 I S. 1650.
[26] Schreckenberger, VerwArch.1997, S. 396.
[27] Abl.EG C 159 v.19.6.1984, S. 1.
[28] Bek. des BMI vom 29.1.1986, GMBl. 1986, S. 79.

kommen (SDÜ / Schengen II)[29], das zahlreiche Ausgleichsmaßnahmen für die Bereiche der Rechtsharmonisierung, der Organisations- und Verfahrensgestaltung, des Informationsverbundes durch das Schengener Informationssystem (SIS) und der praktischen Zusammenarbeit enthält. Weitere Länder haben sich mittlerweile angeschlossen: Italien, Spanien, Portugal, Griechenland, Österreich, Finnland, Schweden und Dänemark; Norwegen und Island unterzeichneten einen Kooperationsvertrag. Allein Großbritannien und Irland sind als Mitgliedstaaten der Europäischen Union nicht Unterzeichner der Schengener Übereinkommen.

Schengen I und Schengen II waren zum Zeitpunkt ihrer Unterzeichnung kein Teil des Unionsrechts, sondern multilateral zustande gekommene völkerrechtliche Abkommen, die sich jedoch an die Gemeinschaft anlehnten[30]. Schengen I wurde in Form eines Verwaltungsabkommens durchgeführt, so dass in Deutschland keine Ratifizierung nach Art. 59 I GG erfolgen musste. Dies war möglich, da noch keine verbindlichen Regelungen für den Abbau von Grenzkontrollen vorgesehen waren und die Verwaltung insofern über die notwendigen Kompetenzen verfügte[31]. Das Durchführungsübereinkommen (SDÜ) hingegen bezieht sich auf Gegenstände der Bundesgesetzgebung und wurde deshalb in Form eines völkerrechtlichen Vertrages geschlossen, dem der Bundestag nach Art. 59 II GG zugestimmt hat[32].

Durch den Vertrag von Amsterdam wurde den Mitgliedstaaten der Europäischen Union die Möglichkeit eröffnet, den bisherigen Besitzstand von Schengen im Rahmen der Verträge weiterzuentwickeln, indem Instrumente und Institutionen der Gemeinschaft genutzt werden[33]. Der Schengen-Besitzstand wurde in die EU eingegliedert[34]. Einzelne Bereiche der Schengen-Abkommen wurden in Titel IV des EG-Vertrages aufgenommen, etwa die Kontrolle an den Außengrenzen und die Visums- und Asylpolitik, also zu supranationalem Gemeinschaftsrecht gemacht. Die justizielle und polizeiliche Zusammenarbeit und damit auch das Schengener Informationssystem wurden in den EU-Vertrag aufgenommen. Die Polizeiarbeit nach dem SDÜ gehört mit der Eingliederung in den institutionellen Rahmen der Europäischen Union zu den intergouvernementalen Angelegenheiten gemeinsamen Interesses. Rechtsfolge dieser Konstruktion ist, dass die Zusammenarbeit nunmehr durch die Europäische Union – und zwar dort durch den

---

[29] BGBl. 1993 II S. 1010.

[30] Di Fabio, DÖV 1997, S. 92.

[31] *Mokros,* in: Handbuch des Polizeirechts, Kap. O, Rn.106.

[32] BGBl. II, 1993, S. 1010.

[33] Protokoll zur Einbeziehung des Schengen-Besitzstandes in den Rahmen der Europäischen Union vom 19.7.1997, BGBl. 1998 II, S. 429.

[34] Der zum Zeitpunkt des Inkrafttreten des Amsterdamer Vertrages bestehende Schengen-Besitzstand ist umfassend dokumentiert in Abl.EG L 239 vom 22.9.2000, S. 13.

Rat – rechtlich ausgebaut werden kann, was zu einem großen Qualitätsanstieg führt. Die Fortentwicklung des Schengen-Besitzstandes erfolgt nach denselben Regelungen wie die Durchführung einer engeren Zusammenarbeit in anderen Bereichen des EU-Vertrages.
Für Großbritannien und Irland, die als Mitgliedstaaten der Europäischen Union nicht Unterzeichner der Schengener Übereinkommen sind, wurde eine Kompromisslösung gefunden: Sie werden auch weiterhin nicht durch den Schengen-Besitzstand gebunden[35]. Das Protokoll zur Einbeziehung des Schengener Besitzstands sieht jedoch die Möglichkeit der nachträglichen Annahme bereits bestehender Regelungen[36] und die Mitwirkung an der Fortentwicklung des Schengen-Besitzstandes[37] vor. Zahlreiche Bestimmungen sind mittlerweile auf Antrag Großbritanniens und Irlands auf sie anwendbar[38].
Für Beitrittskandidaten der Europäischen Union erklärt Art. 8 des Protokolls zur Einbeziehung des Schengen-Besitzstandes in die Europäische Union den Schengen-Besitzstand zu einem Besitzstand, der von allen Beitrittskandidaten vollständig als *aquis communautaire* zu übernehmen ist. Diese Regelung soll eine Zersplitterung und Vervielfältigung durch Sonderwege verhindern[39].

Der Schengen-Verbund dient in erster Linie der Abschaffung der Binnengrenzen (Art. 2 I SDÜ) und der Verstärkung der Sicherheitskontrollen an den Außengrenzen (Art. 3-8 SDÜ). Zweck der Regelungen ist es, unverzichtbare Voraussetzungen für einen sicheren, gegen grenzüberschreitende Kriminalität geschützten, transnationalen Raum der Sicherheit zu schaffen, der von wirksam kontrollierten Außengrenzen abgeschirmt wird[40].
Art. 39 SDÜ sieht Möglichkeiten einer Polizeikooperation vor, um strafbare Handlung vorbeugend zu bekämpfen und aufzuklären. Die Besonderheit des Art. 39 SDÜ ist, dass erstmals in der Geschichte der internationalen polizeilichen Zusammenarbeit eine Verpflichtung zur Zusammenarbeit statuiert wird[41]. Die informationelle Zusammenarbeit findet nicht unmittelbar zwischen den nationalen Polizeibehörden statt, sondern über gemäß Art. 39 III SDÜ zu benen-

---

[35] Art. 4 des Protokolls zur Einbeziehung des Schengen-Besitzstandes in den Rahmen der Europäischen Union.
[36] Art. 4 des Protokolls zur Einbeziehung des Schengen-Besitzstandes in den Rahmen der Europäischen Union.
[37] Art. 5 des Protokolls zur Einbeziehung des Schengen-Besitzstandes in den Rahmen der Europäischen Union.
[38] Abl.EG L 131 vom 1.6.2000, S. 43.
[39] Beispielsweise hat Dänemark zwar die Schengener Übereinkommen unterzeichnet, lehnt aber die Vergemeinschaftung von einzelnen Sachbereichen ab, vgl. Art 3 des Protokolls zur Einbeziehung des Schengen-Besitzstands in den Rahmen der Europäischen Union.
[40] Schreckenberger, VerwArch 1997, S. 401.
[41] Wolters, Kriminalistik 1997, S. 88.

nende nationale Stellen. Die polizeiliche Zusammenarbeit erfolgt gemäß Art. 39 I SDÜ nach Maßgabe des nationalen Rechts und innerhalb der jeweiligen Zuständigkeiten. Von besonderer Bedeutung für die effektive polizeiliche Arbeit sind die Möglichkeiten der Observation und der Nacheile nach Art. 40, 41 SDÜ[42]. Jeder Mitgliedstaat des Schengen-Verbundes hat dazu eine Erklärung abgegeben, inwiefern den Nachbarstaaten die Nacheile gestattet ist. Allerdings führt das zu sehr eingeschränkten und uneinheitlichen Regelungen, die eine effektive Verbrechensbekämpfung behindern[43].

Die institutionelle Zusammenarbeit der Schengen-Vertragsstaaten erfolgt über das Schengen-Informationssystem (SIS), ein Fahndungssystem, das auch polizeilichen und zollrechtlichen Überprüfungen dient. Das SIS ist das erste zentrale europäische Fahndungssystem[44]. Ziel des Fahndungssystems ist es, in dem Hoheitsgebiet der Vertragsparteien anhand der dort gespeicherten Daten die öffentliche Sicherheit und Ordnung sowie die Anwendung der Bestimmungen des SDÜ zu gewährleisten[45]. Jede Vertragspartei errichtet dazu gemäß Art. 92 II SDÜ in eigener Verantwortung eine Datenbank, die durch eine zentrale technische Unterstützungseinheit mit den Datenbanken der anderen Partner verknüpft ist. Die Daten selbst werden von den örtlichen Polizeidienststellen nach Maßgabe der nationalen Polizeigesetze in das SIS eingegeben[46]. Zur Unterstützung des SIS wurden in allen Schengen-Vertragsstaaten nach Maßgabe des Art. 108 SDÜ so genannte „Sirenen“ *(Supplementary Information Request at the National Entry)* eingerichtet, die als Zentrale für den nationalen Teil des SIS zuständig sind. Die „Sirene“ Deutschlands befindet sich unter dem Dach des BKA.

Die Fahndung mittels SIS hat nach einem Beschluss des Schengener Exekutivausschusses Vorrang vor einer internationalen Fahndung durch Interpol, wenn nur das Gebiet der Schengen-Staaten betroffen ist. In Deutschland ist dies durch Richtlinien über die internationale Fahndung nach Personen geregelt[47]. Besteht allerdings die Vermutung, dass sich eine Person außerhalb des Schengen-Gebietes aufhält, kann die Fahndung parallel über das SIS und Interpol erfolgen.

---

[42] Matinez Soria, VerwArch 1998, S. 410; Di Fabio, DÖV 1997, S. 93.

[43] Di Fabio, DÖV 1997, S. 93.

[44] Da die Kapazität des Systems infolge der Einbeziehung fast aller europäischer Staaten nicht mehr ausreichte, wurde im Jahr 2001 beschlossen das SIS neu zu konzipieren und durch das Schengener Informationssystem der zweiten Generation (SIS II) zu ersetzen, vgl. Abl.EG L 328 vom 13.12.2001, S. 1; Abl.EG L 328 vom 13.12.2001, S. 4; das neue Informationssystem wird voraussichtlich im Jahr 2006 voll einsatzfähig sein.

[45] Vgl. Art. 93 SDÜ.

[46] In Hessen § 22 III HSOG.

[47] Richtlinien für das Straf- und Bußgeldverfahren (RiStBV), Anlage F: Richtlinien über die internationale Fahndung nach Personen, einschließlich der Fahndung nach Personen im Schengener Informationssystem, I.2.

Die polizeiliche Zusammenarbeit über Schengen funktioniert gut und realisiert in weiten Teilen die Zielsetzung der Zusammenarbeit[48]. Das SIS ist zu einer wichtigen Einrichtung für die europäische Sicherheit geworden[49].

4. Von der TREVI-Kooperation zu EUROPOL

Die grenzüberschreitende Kriminalität in Europa wurde infolge eines nahezu ungestörten Reise-, Dienstleistungs- und Warenverkehrs – nicht zuletzt auch durch Schengen – erheblich erleichtert. Grenzen zwischen Ländern waren fortan für Kriminalität kein Hindernis mehr, sondern konnten sogar für kriminelle Zwecke genutzt werden[50]. Zudem verfügt Europa über leistungsfähige Verkehrssysteme zu Land, zu Wasser und in der Luft. Schwerpunkt organisierter Kriminalität war der illegale Waffen- und Rauschgifthandel und der Diebstahl von Kraftfahrzeugen[51].

Die praktizierte informelle Zusammenarbeit über Interpol und im Rahmen von Schengen wurde den Bedürfnissen der Mitgliedstaaten nicht gerecht, da es an Kontinuität, Berechenbarkeit und Zuverlässigkeit fehlte. Ein besonderes Defizit war, dass eine polizeiliche Zusammenarbeit erst erfolgen konnte, wenn eine Kriminalitätserscheinung auftrat, was präventive Bekämpfung *de facto* unmöglich machte. Der bereits existierenden grenzüberschreitenden Kriminalitätsbekämpfung fehlte die Möglichkeit der umfassenden Analyse und ein darauf aufbauendes gemeinsames Vorgehen der Staaten[52].

Nicht zuletzt waren die regionalen und nationalen Polizeibehörden personell, finanziell und technisch damit überfordert, effektiv und erfolgreich gegen international organisierte Kriminalität wie kolumbianische Drogenkartelle, chinesische Triaden, Mafia oder Cosa Nostra vorzugehen[53].

---

[48] Kämper, Polizeiliche Zusammenarbeit in der EU, S. 68f., 239; Wilkesmann, NStZ 1999, S. 69f.; *Gusy / Gimbal*, in: Baldus / Soine, Rechtsprobleme der internationalen polizeilichen Zusammenarbeit, S. 143f.; kritisch: Wolters, Kriminalistik 1997, S. 88ff.; mangelnde Kontrolle an den Außengrenzen beklagt Wägenbaur, EuZW 2002, S. 513.

[49] Wilkesmann, DPolBl. 1998, Heft 5, S. 20.

[50] Ausführlich dazu Aschmann, Europol aus Sicht der deutschen Länder, S. 74ff.; Ellermann, Europol auf dem Weg zu einem „Europäischen FBI"?, Kap.1; vgl. auch die Strategie der Europäischen Union für den Beginn des neuen Jahrtausends zur Prävention und Bekämpfung der organisierten Kriminalität, Abl.EG C 124 vom 3.5.2000, S. 1.

[51] Genauere Angaben in Brübach, Zusammenarbeit der Mitgliedstaaten der EU auf dem Gebiet Inneres und Justiz, S. 171f.; Storbeck, APuZ B 23/95, S. 21.

[52] Wachholz, Kriminalistik 1995, S. 716; Storbeck, Kriminalistik 1996, S. 17.

[53] Storbeck, APuZ B 23/95, S. 22f.; Storbeck, Kriminalistik 1996, S. 17; *Storbeck,* in: Zusammenarbeit der Polizei- und Justizverwaltungen in Europa, S. 82.

a) TREVI

Der Europäischen Rat von Paris griff 1974 erstmals Fragen des Innen- und Justizbereiches in der Diskussion um ein „Europa der Bürger“ auf[54]. Die für Fragen der inneren Sicherheit zuständigen Minister der einzelnen Mitgliedstaaten beschlossen im darauf folgenden Jahr ein Arbeitsprogramm zur Verbesserung der Zusammenarbeit auf diesem Gebiet. Im Jahr 1976 einigten sich die Innen- und Justizminister in Luxemburg auf ein Arbeitsprogramm, das den Informationsaustausch über Terrorakte, die Organisation der Zusammenarbeit und gegenseitigen Unterstützung in konkreten terroristischen Fällen, den Austausch der technischen Informationen und Erfahrungen auf dem Gebiet der Polizeiarbeit und eine enge Zusammenarbeit in anderen Bereichen der allgemeinen Sicherheit beinhaltete[55]. Diese Kooperation erhielt in der Folgezeit den Namen TREVI *(Terrorisme, Radicalisme, Extremisme, Violence, International)*[56]. Die neue Form der Zusammenarbeit sollte in organisatorischer und politischer Hinsicht mehr auf Europa ausgerichtet werden[57].

Die TREVI-Zusammenarbeit erfolgte außerhalb des institutionellen Rahmens der Europäischen Gemeinschaften im Wege intergouvernementaler Kooperation. Es blieb den einzelnen Mitgliedstaaten überlassen, ob und in welcher Form sie mitwirkten. Die an der Zusammenarbeit beteiligten Experten entstammten den Innenministerien, Geheimdiensten und Polizeibehörden der Mitgliedstaaten und befassten sich mit Fragen des Informationsaustausches, technologischen Weiterentwicklungen und allgemeinen Sicherheitsmaßnahmen[58]. Gleichwohl gelang es im Rahmen der TREVI-Kooperation nicht, die Organisationen und Ausrüstungen der nationalen Polizeibehörden aufeinander abzustimmen, oder ein modernes internationales elektronisches Informationssystem auf europäischer Ebene aufzubauen.

Im Jahr 1984 setzte der Europäische Rat von Fontainebleau einen *ad hoc*-Ausschuss zur Schaffung eines „Europa der Bürger“ ein, um die Identität der Gemeinschaft gegenüber den europäischen Bürgern und der Welt zu stärken[59]. Die bereits bestehenden organisatorischen Zusammenhänge der TREVI-Organisation wurden in der Folgezeit weiter ausgebaut. Im Jahr 1991 unterbreitete die deutsche Delegation dem Europäischen Rat in Luxemburg den Vorschlag, die Einrichtung einer europäischen kriminalpolizeilichen Zentralstelle

---

[54] Vgl. Beilage Bulletin EG 7 / 1975.

[55] Bulletin der Bundesregierung Nr.78 v. 1.7.1976, S. 743.

[56] Die Abkürzung könnte auch für den Ort des konstituierenden Treffens in Rom in der Nähe der Fontana di Trevi stehen, vgl. *Brechmann,* in: Calliess / Ruffert, EG, Art. 61, Rn.5; Nicolaus, NVwZ 1996, S. 42.

[57] *Storbeck,* in: Zachert, 40 Jahre BKA, S. 180.

[58] *Hill,* in: Pijpers / Regelsberger / Wessels, Europäische Politische Zusammenarbeit, S. 212.

[59] Vgl. Bulletin EG 1984 Nr.6, S. 11f.

vertraglich festzulegen. Im Auftrag des Europäischen Rates von Luxemburg vereinbarten die TREVI-Minister im Juni 1992 die Bildung eines internationalen Aufbaustabes zur Errichtung einer zentralen *Intelligence*-Dienststelle für Rauschgiftangelegenheiten *(European Drug Unit – EDU).*

b) Institutionalisierung der polizeilichen Zusammenarbeit im EU-Vertrag

Die Mitgliedstaaten der Europäischen Gemeinschaft erhoben die Zusammenarbeit der Polizei- und Justizverwaltungen in Europa noch vor Einrichtung der EDU mit dem Vertrag von Maastricht in den institutionellen Rahmen der Europäischen Union[60].

Es wäre auch möglich gewesen, die Innen- und Justizpolitik in den Europäischen Gemeinschaftsvertrag aufzunehmen, was jedoch daran scheiterte, dass nur wenige Mitgliedstaaten bereit waren, einem nationalen Souveränitätsverzicht in diesem Bereich zuzustimmen[61]. Es war zu befürchten, dass bei einer Eingliederung in die EG die Kompetenzen in diesem Bereich durch die Gemeinschaftsorgane weit ausgelegt werden und unter Berufung auf den Grundsatz des *effet utile* Annexkompetenzen geschaffen werden, was zu diesem Zeitpunkt verfrüht oder gar nicht wünschenswert erschien[62]. Diese Sorge der Mitgliedstaaten verdeutlicht die Schwierigkeit, die europäische Integration in nichtwirtschaftlichen Bereichen voranzutreiben. Während die Wirtschaftordnung nach den ökonomischen Vorstellungen der Mitgliedstaaten eine weitgehend selbstständige funktionale Einheit ist, die nur staatlicher Rahmenbedingungen bedarf, ist der Bereich der Polizei und Justiz dem Kernbereich staatlicher Souveränität zuzuordnen[63]. Eine Integration ist dadurch ungleich schwerer. Dazu kommen die erheblich verschiedenen Vorstellungen der Mitgliedstaaten über die Polizeiorganisation und Aufgabenzuweisung[64].

Die Verankerung der polizeilichen und justiziellen Zusammenarbeit im institutionellen Gefüge der Europäischen Union stellt demzufolge einen Kompromiss dar[65]. Die Zusammenarbeit unter dem Dach der Europäischen Union hat zwar nicht die Integrationsdichte der Gemeinschaft, ist aber durch die institutionelle Verbindung mit den Gemeinschaftsorganen mehr als eine multilaterale Absprache zwischen mehreren Staaten. Der EU-Vertrag errichtet ein besonderes Fo-

---

[60] Dazu Di Fabio, DÖV 1997, S. 90; Bull, DRiZ 1998, S. 34; Zieschang, ZRP 1996, S. 427.

[61] Di Fabio, DÖV 1997, S. 90; Meyring, EuR 1999, S. 311.

[62] Di Fabio, DÖV 1997, S. 90f.

[63] Schreckenberger, VerwArch 1997, S. 393; Tolmein, StV 1999, S. 108; *Morie / Murck / Schulte*, in: Morie / Murck / Schulte, Auf dem Weg zu einer europäischen Polizei, S. 7; Storbeck, Kriminalistik 1996, S. 17; Wolters, Kriminalistik 1997, S. 86.

[64] Siehe dazu die rechtsvergleichende Übersicht in: Wielsch, Die europäische Gefahrenabwehr, S. 52ff.

[65] Di Fabio, DÖV 1997, S. 91.

rum, in dem die einzelnen Mitgliedstaaten ihre nationalen Politiken koordinieren und in Form einer besonderen unionsrechtlichen[66] oder präintegrativen[67] Kooperation handeln.
Dem Rat wurden durch Art. K.3 II EU in der Fassung des Vertrags von Maastricht verschiedene Instrumente gegeben, um die Zusammenarbeit der Mitgliedstaaten zu koordinieren, etwa gemeinsame Standpunkte oder gemeinsame Maßnahmen. In der Praxis werden diese Befugnisse jedoch durch ein Einstimmigkeitserfordernis gehemmt. Vorteil dieses Einstimmigkeitserfordernisses gegenüber Entscheidungen mit qualifizierter Mehrheit ist allerdings, dass die getroffenen Entscheidungen von allen Mitgliedstaaten getragen werden. Die Kommission hatte im Bereich der dritten Säule zunächst nur im Ausnahmefall ein Initiativrecht. Auch die Befugnisse des Europäischen Gerichtshofs und des Europäischen Parlaments waren auf ein Minimum beschränkt. Kritiker befürchteten, dass die Schaffung eines supranationalen Gemeinschaftsrechts im Bereich der Europäischen Union einen Rückfall in überholte Formen der Bündnispolitik souveräner Staaten bedeutet, was das Europäische Einigungswerk gefährden könnte[68]. Durchgesetzt hat sich jedoch letztlich die Idee von einem Europa der verschiedenen Geschwindigkeiten[69].
Als besondere institutionelle Verfestigung sah der EU-Vertrag von Maastricht in Art. K.1.Nr.9 EUV den Aufbau eines unionweiten Systems zum Austausch von Informationen im Rahmen eines europäischen Polizeiamtes vor.

c) European Drug Unit (EDU)

Im Jahre 1993 wurde durch einen Beschluss der Innenminister der EU als Vorläufer eines Europäischen Polizeiamtes eine *European Drug Unit*[70] eingerichtet. Aus Zeitgründen wurde bei Schaffung der EDU auf die Rechtsform des ratifizierungsbedürftigen völkerrechtlichen Vertrages verzichtet. „Ministervereinbarungen" sind als Rechtsinstrument der EU nicht vorgesehen, weshalb keine Veröffentlichung in der EU-Rechtsquellensammlung erfolgte. Durch die Verabschiedung einer „Gemeinsamen Maßnahme"[71] wurde die Ministervereinbarung funk-

---

[66] *Degen,* in: v.d.Groeben / Thiersing / Ehlermann, Art. K Rn.2.
[67] Di Fabio, DÖV 1997, S. 91.
[68] *Müller-Graff,* in: Müller-Graff, Europäische Zusammenarbeit in den Bereichen Justiz und Inneres, S. 31, 38; *de Lobkowicz,* in: Müller-Graff, Europäische Zusammenarbeit in den Bereichen Justiz und Inneres, S. 49f.
[69] Die Idee von einem Europa der verschiedenen Geschwindigkeiten betonen Lamers, Blätter für deutsche und internationale Politik 1994, S. 1464ff.; Meyring, EuR 1999, S. 320; Streinz, EuZW 1998, S. 146; Huber, EuR 1996, S. 347.
[70] Ministervereinbarung vom 2.6.1993 über die Errichtung der Europol-Drogeneinheit, BGBl. 1995 II, S. 154.
[71] Gemeinsame Maßnahme vom 10.März 1995 bezüglich der Europol-Drogenstelle, Abl.EG L 62 vom 20.3.1995 S. 1.

tionslos. Dieser multilaterale Vertrag zur Konstituierung einer Polizei, die den Status einer internationalen zwischenstaatlichen Organisation haben soll, wurde vielfach als unzureichend kritisiert und des Mankos bezichtigt, die EDU agiere im rechtsfreien Raum[72].

Der Arbeitsbereich der EDU umfasste neben dem illegalen Drogenhandel die Bekämpfung des illegalen Handels mit radioaktiven und nuklearen Materialien, die Schleuserkriminalität, die Verschiebung von Kraftfahrzeugen, sowie die mit diesen Kriminalitätsfeldern zusammenhängende Geldwäsche. Aufgabe der Einheit war es, in den ihr zugewiesenen Bereichen polizeiliche Analysen europäischer Verbrechensphänomene sowie Intelligence- und Analysearbeit zur Unterstützung konkreter nationaler Maßnahmen durchzuführen[73]. Eine Weitergabe von Daten an Drittstellen oder Drittstaaten war nicht vorgesehen[74]. Die EDU arbeitete mit Verbindungsbeamten, die von den einzelnen Mitgliedstaaten entsandt wurden. An der Spitze der Einrichtung stand ein Koordinator.

Die EDU wurde bald auch mit der Erstellung, Führung und Verteilung eines Verzeichnisses der besonderen Fähigkeiten und Fachkenntnisse auf dem Gebiet der ihr zugewiesenen Kriminalitätsformen beauftragt, in welches jeder Mitgliedstaat besondere Fähigkeiten und Fachkenntnisse aufnehmen lassen konnte und das an alle Mitgliedstaaten ausgegeben wurde[75]. Das Mandat der EDU wurde 1996 auf die Bekämpfung des Menschenhandels ausgedehnt[76].

Das Europol-Übereinkommen (EPK)[77] trat am 1.10.1998 in Kraft. Es wird ergänzt durch mehrere Protokolle, insbesondere das Protokoll über die Zuständigkeit des EuGH für Vorabentscheidungsverfahren[78] und das Protokoll über die

[72] Tolmein, StV 1999, S. 109; Ostendorf, NJW 1997, S. 3419; Nachbaur, KJ 1998, S. 232; Degenhardt, Europol und Strafprozess, S. 26.

[73] Art. 2 Abs. 3 der Gemeinsamen Maßnahme vom 10.März 1995 bezüglich der Europol-Drogenstelle, Abl.EG L 62 v. 10.3.95 S. 1.

[74] Art. 4 Abs. 2 der Gemeinsamen Maßnahme vom 10.März 1995 bezüglich der Europol-Drogenstelle, Abl.EG L 62 v. 10.3.95 S. 1.

[75] Gemeinsame Maßnahme vom 29.November 1996, Abl.EG L 342 vom 31.12.1996, S. 2.

[76] Abl.EG L 342 vom 31.12.1996, S. 4; noch während der Tätigkeit der EDU wurde das Mandat von Europol über die der EDU zugewiesenen Bereiche auf Straftaten im Zusammenhang mit terroristischen Handlungen (Abl.EG C 26 vom 30.1.1999, S. 22) und Geldwäsche (Abl.EG C 149 vom 28.5.1999, S. 16) ausgedehnt.

[77] Übereinkommen aufgrund von Artikel K.3 des Vertrages über die Europäische Union über die Errichtung eines Europäischen Polizeiamtes (Europol-Übereinkommen) vom 26.Juli 1995, Abl.EG C 316 vom 27.11.1995, S. 1, In Deutschland: Europol – Gesetz, BGBl. 1997 II, 2150; Bekanntmachung über das Inkrafttreten der EPK, BGBl. 1998 II, S. 2930.

[78] Abl.EG C 299 vom 9.10.1996, S. 1; BGBl. 1997 II, S. 2170.

Vorrechte und Immunitäten für Europol-Bedienstete[79]. Europol nahm am 1.7.1999 seine Tätigkeit auf[80] und ersetzt seit diesem Zeitpunkt die EDU[81].

II. Europol heute

1. Tätigkeit Europols

a) Ziele und Aufgaben Europols

Europol hat die Aufgabe, die Leistungsfähigkeit der nationalen Behörden und deren Zusammenarbeit in einer ständig wachsenden Zahl von Bereichen zu verbessern. Dazu zählen gemäß Art. 2 I EPK die Verhütung und Bekämpfung des Terrorismus, die Bekämpfung des illegalen Drogenhandels und sonstige schwerwiegende Formen internationaler Kriminalität[82]. Zur schrittweisen Erreichung dieser Ziele wird Europol gemäß Art. 2 II EPK zunächst bei der Verhütung und Bekämpfung des illegalen Drogenhandels, des illegalen Handels mit nuklearen und radioaktiven Substanzen, der Schleuserkriminalität, des Menschenhandels und der Kraftfahrzeugkriminalität tätig. Die Zuständigkeit Europols für eine bestimmte Kriminalitätsform umfasst immer auch die mit dieser Kriminalitätsform verbundene Geldwäsche und damit in Zusammenhang stehende Straftaten[83].

Europol kommt in den zugewiesenen Bereichen gemäß Art. 3 EPK die Aufgabe zu, den Informationsaustausch zwischen den Mitgliedstaaten zu erleichtern, Informationen und Erkenntnisse zusammenzustellen und zu analysieren, die zuständigen Behörden der Mitgliedstaaten unverzüglich über sie betreffende Informationen und festgestellte Zusammenhänge zwischen Straftaten zu unterrichten, Ermittlungen der Mitgliedstaaten zu unterstützen, automatisierte Informationssammlungen zu unterhalten, Spezialkenntnisse bei nationalen Behörden zu vertiefen, nationale Behörden zu beraten oder fortzubilden und kriminaltechnisch oder kriminalwissenschaftlich zu forschen.

---

[79] Abl.EG C 221 vom 19.7.1997, S. 1; BGBl. 1998 II, S. 974.

[80] Vgl. Mitteilung der Kommission betreffend die Tätigkeitsaufnahme von Europol, Abl.EG L 185 vom 1.7.1999, S. 1.

[81] Art. 45 V EPK.

[82] Eine Liste sonstiger schwerwiegender Formen internationaler Kriminalität findet sich im Anhang betreffend Artikel 2 der EPK, Abl.EG C 316 vom 20.3.1995, S. 1; die Zuständigkeit Europols für diese Kriminalitätsformen ergibt sich aus Art. 1 des Beschlusses des Rates vom 6. Dezember 2001 zur Ausweitung des Mandats von Europol auf die im Anhang zum Europol-Übereinkommen aufgeführten schwerwiegenden Formen internationaler Kriminalität, Abl.EG C 362 vom 18.12.2001, S. 1.

[83] Art. 2 III EPK, der durch ein Änderungsprotokoll seine derzeitige Fassung erhielt, Abl.EG C 358 vom 13.12.2000, S. 1.

Die Zusammenarbeit zwischen Europol und den Mitgliedstaaten erfolgt über eine von jedem Mitgliedstaat zu benennende nationale Stelle (Art. 1 II, 4 I, II EPK). Aufgabe dieser Verbindungsstelle ist es, Europol eigeninitiativ Daten zu liefern und diese zu aktualisieren, Anfragen Europols zu beantworten und Informationen und Erkenntnisse nach Maßgabe des nationalen Rechts für die zuständigen Behörden auszuwerten und an sie weiterzuleiten[84]. In Deutschland ist nationale Verbindungsstelle das BKA. Die Landeskriminalämter können selbst nicht unmittelbar mit Europol kommunizieren. Nach Art. 2 § 3 I Europol-Gesetz[85] sind innerstaatlich jedoch auch die Landeskriminalämter befugt, über das BKA Daten in das Informationssystem von Europol einzugeben[86]. Die nationale Verbindungsstelle entsendet gemäß Art. 5 I 1 EPK mindestens einen Verbindungsbeamten, der die Interessen des Mitgliedstaates innerhalb der Organisation von Europol vertritt[87]. Diese Verbindungsbeamten *(Europol Liaison Officers / ELO)* sind die Kontaktstellen für den Informationsfluss von und in die Mitgliedstaaten. Zu Beginn des Jahres 2004 waren aus Deutschland sieben Verbindungsbeamte zu Europol entsandt[88]. Ein Änderungsprotokoll zur EPK[89], das der Ratifikation in allen Mitgliedstaaten bedarf, sieht vor, dass die Mitgliedstaaten künftig direkte Kontakte zwischen den zuständigen Behörden und Europol nach Maßgabe der mitgliedstaatlichen Vorschriften zulassen können. Angesichts der Zielsetzung von Europol sollte die Kommunikation allerdings auf die Behörden beschränkt werden, die von Rechts wegen die Aufgabe haben, die schwerwiegende internationale Kriminalität zu verhüten und zu bekämpfen[90].

b) Informationssammlung

Europol unterhält gemäß Art. 6 I Nr.1 EPK eine automatisierte Informationssammlung, in welche Daten von den Mitgliedstaaten eingegeben werden. Die Eingabe erfolgt durch die zuständige nationale Verbindungsstelle und die Verbindungsbeamten. Die Zulässigkeit der Eingabe einzelner Daten richtet sich nach nationalem Recht (Art. 4 IV Nr.1, 2 i.V.m. Art. 4 II 2 EPK). Die Mitglied-

---

[84] Art. 4 IV EPK.

[85] BGBl. 1997 II, S. 2150.

[86] Diese Regelung trägt dem Bemühen Deutschlands Rechnung, den Länderpolizeien durch eine Föderalismusklausel einen direkten Zugang zu gewähren, was allerdings völkerrechtlich nicht durchgesetzt werden konnte.

[87] Die Anforderungen an die Verbindungsbeamten sowie Rechte und Pflichten werden durch einen Beschluss des Verwaltungsrates von Europol konkretisiert, Abl.EG C 26 vom 30.1.1999, S. 86.

[88] Davon drei des BKA, zwei der Länder, einer des Zollkriminalamts und einer des Bundesgrenzschutzes.

[89] Rechtsakt des Rates vom 27.11.2003, Abl.EG C 2 vom 6.1.2004, S. 1.

[90] So die Gemeinsame Kontrollinstanz von Europol in ihrem Tätigkeitsbericht, 13899/03 EUROPOL 56 vom 28.10.2003.

staaten haben gemäß Art. 4 IV EPK aus eigener Initiative alle Daten zu übermitteln und zu aktualisieren, die für die Durchführung der Aufgaben Europols erforderlich sind. Eine Pflicht zur Übermittlung von Informationen und Erkenntnissen besteht nicht, wenn wesentliche nationale Sicherheitsinteressen entgegenstehen, der Erfolg laufender Ermittlungen oder die Sicherheit von Personen gefährdet würde oder spezifische nachrichtendienstliche Informationen im Bereich der inneren Sicherheit betroffen sind[91]. Die automatisierte Informationssammlung Europols besteht aus einem Informationssystem, Arbeitsdateien zu Analysezwecken und einem Indexsystem. Neben den Daten in diesen Systemen wird Europol künftig[92] zur Wahrnehmung seiner Aufgaben Daten verarbeiten können, um festzustellen, ob sie für die Erfüllung der Aufgaben von Bedeutung sind[93].

aa) Informationssystem

Das Informationssystem enthält Daten über Personen, die nach Maßgabe des nationalen Rechts einer Straftat verdächtigt oder bereits verurteilt sind, für die Europol zuständig ist. Weiter enthält das Informationssystem Daten über Personen, bei denen bestimmte schwerwiegende Tatsachen die Annahme rechtfertigen, dass sie Straftaten begehen werden, für die Europol zuständig ist[94]. Das Informationssystem ist derzeit nur für Straftaten im Zusammenhang mit der Fälschung des Euro voll einsatzfähig[95]. Neben allgemeinen Merkmalen wie Name, Geburtsdatum, Geburtsort, Staatsangehörigkeit, Geschlecht und anderen zur Identitätsfeststellung geeigneten unveränderlichen körperlichen Merkmalen können gemäß Art. 8 III EPK auch Daten zu Straftaten, Tatvorwürfen, Tatzeiten, Tatorten, Tatmitteln, bisherige Verurteilungen sowie der Verdacht der Zugehörigkeit zu einer kriminellen Organisation gespeichert werden.

Zugriff auf die im Informationssystem gespeicherten Daten haben gemäß Art. 9 I EPK die von den Mitgliedstaaten benannten nationalen Stellen, die Verbin-

---

91 Art. 4 V EPK.

92 Nach Inkrafttreten eines Änderungsprotokolls, Rechtsakt des Rates vom 27.11.2003, Abl.EG C 2 vom 6.1.2004, S. 1, das der Ratifizierung in allen Mitgliedstaaten bedarf.

93 Ellermann, Europol auf dem Weg zu einem „Europäischen FBI"?, Kap. 2.IV.3.b.aa.(3) befürchtet, dass sich daran Kritik entzünden wird.

94 Art. 8 I EPK.

95 Im ersten Halbjahr 2004 soll das Informationssystem innerhalb Europols für alle Straftaten, die in den Zuständigkeitsbereich von Europol fallen, voll einsatzfähig sein. Die Mitgliedstaaten werden dann in der Folgezeit an das System angeschlossen.

dungsbeamten, der Direktor von Europol, seine Stellvertreter sowie die dazu ordnungsgemäß ermächtigten Europol-Beamten[96].
Voraussetzung für den Abruf von Daten ist gemäß Art. 9 I 2 EPK, dass dies für die Aufgabenerfüllung im Einzelfall erforderlich ist. Der Abruf erfolgt nach Maßgabe des nationalen Rechts.

bb) Analysedateien

Neben dem Informationssystem gibt es gemäß Art. 6 I Nr. 2, Art. 10 EPK Arbeitsdateien zu Analysezwecken. Die EPK teilt die Analysedateien in zwei Kategorien ein: die allgemeinen, strategischen Analysen und die einsatzbezogenen, operativen Analysen[97]. Einsatzbezogene Analysen sind auf Einzelfälle bezogen und dienen unmittelbar operativen Zwecken. Es sollen Informationen in Bezug auf einen speziellen Fall, eine bestimmte Person oder eine Organisation geliefert werden, um die Einleitung, Unterstützung oder den Abschluss bilateraler oder multilateraler Ermittlungen mit grenzüberschreitendem Charakter zu ermöglichen[98]. Im Januar 2004 leitete Europol 19 operative Analyseprojekte, wovon vier im Bereich Drogen, drei im Bereich der Fälschung des Euro, drei im Bereich der illegalen Immigration, zwei im Bereich Terrorismus, zwei im Bereich Betrug, jeweils eine im Bereich illegaler Motorradbanden, Geldwäsche, Kraftfahrzeugkriminalität, Kinderpornografie und eine im Bereich osteuropäischer organisierter Kriminalität angesiedelt waren. Die strategischen Analysen dienen dazu, Lagebilder zu erstellen, um polizeiliche Schwerpunktsetzung in bestimmten Kriminalitätsbereichen zu ermöglichen[99]. Solche strategischen Analysen gibt es etwa im Bereich *Cybercrime*, illegaler Waffen, der Preise von Drogen und der Erträge organisierter Kriminalität.
Die von Europol durchgeführten Analysen sollen ermittlungsunterstützend wirken. Gerade im Bereich internationaler Kriminalität werden im nationalen Strafverfahren aus Mangel an Ressourcen und internationaler Erfahrung Spuren nicht verfolgt, die mit moderner Informationsanalyse Rückschlüsse auf Strukturen krimineller Organisationen und der Tatbegehung geben können[100]. Neben ermittlungsunterstützenden Analysen können ermittlungsinitiierende Analysen

---

[96] Lassen die Mitgliedstaaten nach Inkrafttreten des Änderungsprotokolls, Rechtsakt des Rates vom 27.11.2003, Abl.EG C 2 vom 6.1.2004, S. 1, Kontakte zwischen zuständigen mitgliedstaatlichen Behörden und Europol zu, können auch diese zuständigen Behörden das Informationssystem abfragen. Allerdings wird im Ergebnis der Abfrage nur angegeben, ob die gewünschten Informationen verfügbar sind.
[97] Art. 10 VI EPK.
[98] Art. 10 lit.b der Durchführungsbestimmungen für die von Europol geführten Arbeitsdateien zu Analysezwecken, Abl.EG C 26 vom 30.1.1999, S. 1.
[99] Art. 10 lit.a der Durchführungsbestimmungen für die von Europol geführten Arbeitsdateien zu Analysezwecken, Abl.EG C 26 vom 30.1.1999, S. 1.
[100] Storbeck, DRiZ 2000, S. 484.

durchgeführt werden, die sich auf Hintermänner in kriminellen Organisationen konzentrieren und die potentielle Haupttäter identifizieren[101].
In den Analysedateien können über die im Informationssystem gespeicherten Daten hinaus auch Daten über Zeugen und Opfer von Straftaten, Kontakt- und Begleitpersonen sowie Auskunftspersonen gespeichert und verwendet werden, wenn Straftaten betroffen sind, für die Europol nach Art. 2 II EPK zuständig ist[102]. Art. 10 I 3 EPK untersagt, dass Daten gespeichert werden, die eine Personengruppe allein wegen Daten im Sinne des Art. 6 S.1 des Übereinkommens des Europarates vom 28.1.1981 auswählen. Art. 6 S.1 des Übereinkommens zum Schutz des Menschen bei der automatischen Verarbeitung von Daten[103] benennt als solche Daten die rassische Herkunft, politische oder religiöse Anschauungen und personenbezogene Daten über das Sexualleben oder die Gesundheit. Grundsätzlich dürfen die Arbeitsdateien Europols daher keine Angaben wie etwa Homosexualität, Hautfarbe, Sektenzugehörigkeit oder Parteiangehörigkeit enthalten. Art. 10 I 4 EPK ermächtigt den Rat der Europäischen Union zum Erlass konkretisierender Durchführungsbestimmungen, wovon dieser mit dem Rechtsakt vom 3.November 1998 über die Durchführungsbestimmungen für die von Europol geführten Arbeitsdateien zu Analysezwecken[104] Gebrauch gemacht hat. Daten, die die rassische Herkunft, religiöse oder andere Überzeugungen, politische Anschauungen oder die Gesundheit betreffen, dürfen nach Art. 6 II der Durchführungsbestimmungen in eine Arbeitsdatei zu Analysezwecken nur aufgenommen werden, wenn es unbedingt erforderlich ist[105]. So können beispielsweise bei einem Verfahren wegen terroristischer Gewalttaten mit religiösem oder politischem Hintergrund die Zugehörigkeit zu einer schiitischen Sekte oder einer Neo-Nazi-Gruppierung, bei Verfahren wegen schweren sexuellen Straftaten Informationen über die sexuellen Eigenschaften von Opfern und Tätern und bei Verfahren wegen Rauschgifthandels per Luftverkehr aus Asien, Afrika oder Südamerika auch die Rasse der jeweiligen Person erfasst werden[106].

---

[101] Storbeck, DRiZ 2000, S. 485.
[102] Art. 10 I EPK.
[103] BGBl. 1985 II, S. 538.
[104] Abl.EG C 26 vom 30.1.1999, S. 1.
[105] Die Aufnahme solcher sensibler Daten muss in einer Errichtungsanordnung genau bezeichnet werden, bedarf der Zustimmung des Verwaltungsrates und der Mitwirkung der gemeinsamen Kontrollinstanz. Nach Inkrafttreten eines Änderungsprotokolls, Rechtsakt des Rates vom 27.11.2003, Abl.EG C 2 vom 6.1.2004, S. 1, wird die Zustimmung des Verwaltungsrates durch eine ex-post-Kontrolle ersetzt. Der Direktor eröffnet die Analysedatei, der Verwaltungsrat kann den Direktor jedoch jederzeit anweisen, die Errichtungsanordnung zu ändern oder die Datei zu schließen.
[106] So *Storbeck*, in: Baldus / Soine, Rechtsprobleme der internationalen polizeilichen Zusammenarbeit, S. 45f.

Analyseergebnisse können von Europol im Informationssystem gespeichert werden. Die datenschutzrechtliche Verantwortung der Ergebnisse der Analysetätigkeit obliegt gemäß Art. 15 I EPK Europol.

cc) Indexsystem

Ein nach Art. 6 I Nr.3, Art. 11 EPK errichtetes Indexsystem gibt Auskunft darüber, ob eine Information in den Analysedateien gespeichert ist. Das Indexsystem ist so gestaltet, dass der Verbindungsbeamte zwar feststellen kann, ob eine Information gespeichert ist, jedoch keine Rückschlüsse auf den Inhalt der Dateien ziehen kann.

Die Sicherheitsmaßnahmen für alle Daten, die von oder über Europol in der Informationssammlung verarbeitet werden, werden durch einen Rechtsakt des Rates[107] allgemein festgelegt. Alle Daten, die nicht ausdrücklich öffentlich zugänglich sind, erhalten einen Geheimhaltungsrad, der mit einem spezifischen Sicherheitsmaßnahmenpaket technischer, organisatorischer und administrativer Art verbunden ist.

c) Zusammenarbeit mit Drittstaaten und Drittstellen

Neben den von den Mitgliedstaaten zur Verfügung gestellten Daten bezieht Europol Daten von Drittstaaten und Drittstellen[108]. Drittstellen in diesem Sinne sind unter anderem die EG, sonstige öffentlich-rechtliche Einrichtungen, die im Rahmen der EU geschaffen wurden, internationale Organisationen und Interpol[109]. Voraussetzung für die Entgegennahme von Daten ist gemäß Art. 10 IV EPK, dass die Erkenntnisse aus den Daten für die Erfüllung der Aufgaben Europols erforderlich sind. Europol kann in diesem Fall die entsprechenden Stellen ersuchen, geeignete Informationen auf jede geeignete Weise zu übermitteln[110]. Die Drittstaaten und Drittstellen können auch eigeninitiativ Daten an Europol übermitteln[111]. Europol arbeitete zu Beginn des Jahres 2004 mit 20 Nicht-EU- und EU-Stellen auf der Grundlage förmlicher Vereinbarungen zusammen[112]. Mit

---

[107] Abl.EG C 26 vom 30.1.1999, S. 10.

[108] Art. 7 I 2 EPK.

[109] Vgl. Art. 10 IV EPK.

[110] Die einzelnen Modalitäten der Entgegennahme von Daten sind in einem Rechtsakt des Rates konkretisiert, Abl.EG C 26 vom 30.1.99, S. 17.

[111] Art. 10 IV 2 EPK.

[112] Operationelle Übereinkommen gibt es mit Bulgarien, Zypern, Norwegen, Polen, Slowakische Republik, Tschechische Republik, Estland, Slowenien, Ungarn, USA, Island, Lettland, Rumänien, Litauen und Interpol; strategische Übereinkommen gibt es zum Beispiel mit der Kommission, der EZB und Russland.

zahlreichen anderen Drittstellen und Drittstaaten werden Übereinkommen verhandelt[113].

Neben der Entgegennahme von Daten ist die Übermittlung personenbezogener Daten an Drittstaaten oder Drittstellen nach Maßgabe des Art. 18 EPK möglich. Die einzelnen Modalitäten der Übermittlung von Daten an Drittstellen werden durch einen Rechtsakt des Rates festgelegt[114].

Europol kann gemäß Art. 42 I EPK zum Zwecke des Datenaustauschs zu Drittstellen Kooperationsbeziehungen unterhalten. Art. 42 II 2 EPK ermächtigt den Rat, für diese Beziehungen Regeln aufzustellen, wovon dieser Gebrauch gemacht hat[115]. Durch einen weiteren Beschluss des Rates[116] wurde der Direktor von Europol ermächtigt, mit 23 ausgewählten Drittstaaten und 3 Nicht-EU-Stellen Verhandlungen aufzunehmen mit dem Ziel, Kooperationsabkommen abzuschließen. In Folge der Ereignisse vom 11. September 2001 wuchs die Bedeutung der Zusammenarbeit mit Drittstaaten und Drittstellen. Neben den Beziehungen zu den Vereinigten Staaten intensivierte Europol die Beziehungen zu Interpol, zur Europäischen Polizeiakademie, zur Task-Force der Polizeichefs, zur Europäischen Zentralbank und zu Pro-Eurojust[117].

Europol kann seit Anfang des Jahres 2003 Ersuchen um Informationen an Verbindungsbeamte der Mitgliedstaaten in Drittländern oder internationalen Organisationen richten, in denen Europol selbst nicht vertreten ist[118]. Diese Verbindungsbeamten werden von den Mitgliedstaaten entsandt, um die Kontakte zu den jeweiligen Drittstaaten oder internationalen Organisationen zum Zwecke der Prävention von Straftaten und Ermittlungen herzustellen und zu unterhalten.

d) Kontrollinstanzen

Nach Art. 23 EPK wird von jedem Mitgliedstaat eine nationale Kontrollinstanz eingesetzt, die nach Maßgabe des nationalen Rechts die Zulässigkeit der Einga-

---

[113] Operationelle Übereinkommen etwa mit Kanada, Monaco, Schweiz, Malta, Eurojust; strategische mit Bolivien, Kolumbien, Marokko, Peru und den Vereinten Nationen.

[114] Abl.EG C 88 vom 30.3.1999, S. 1.

[115] Rechtsakt des Rates zur Festlegung der Bestimmungen über die externen Beziehungen von Europol zu Drittstaaten und Nicht-EU-Stellen, Abl.EG C 26 vom 30.1.1999, S. 19.

[116] Abl.EG C 106 vom 13.4.2000, S. 1; Erklärung des Rates zu den Beziehungen zwischen Europol und Drittstaaten und Nicht-EU-Stellen, Abl.EG C 106 vom 13.4.2000, S. 3; Erklärung des Rates zu den Drittstaaten und Nicht-EU-Stellen, denen Priorität einzuräumen ist, Abl.EG C 106 vom 13.4.2000, S. 4.

[117] Vgl. Europol-Jahresbericht 2001, 8381/02 Europol 25 vom 30.4.2002, S. 5, 23; vgl. zu den einzelnen Maßnahmen die Überarbeitung des Aktionsplans der Europäischen Union zur Bekämpfung des Terrorismus, 8547/02 POLGEN 18 JAI 77 ECOFIN 160 TRANSS 126 RELEX 73 ECO 140 vom 14. Mai 2002, S. 22ff.

[118] Art. 8 I des Beschlusses des Rates vom 27. Februar 2003 über die gemeinsame Inanspruchnahme von Verbindungsbeamten, die von den Strafverfolgungsbehörden der Mitgliedstaaten entsandt sind, Abl.EG L 67 vom 12.3.2003, S. 27.

be und des Abrufs von Daten im Hinblick darauf überwacht und prüft, dass Rechte von Personen nicht verletzt werden. Die nationalen Kontrollinstanzen haben dazu Zugang zu den von den Mitgliedstaaten eingegebenen Daten, zu den Diensträumen und zu den Akten der jeweiligen Verbindungsbeamten[119]. In Deutschland ist die nationale Kontrollinstanz gemäß Art. 2 § 6 I Europol-Gesetz der Bundesbeauftragte für Datenschutz.

Daneben wurde gemäß Art. 24 EPK eine unabhängige gemeinsame Kontrollinstanz (GKI) eingesetzt, die die Tätigkeit von Europol daraufhin überprüft, ob durch die Speicherung, Verarbeitung und Nutzung der vorhandenen Daten durch Europol Rechte einzelner Personen verletzt werden[120]. Des Weiteren kontrolliert die GKI die Übermittlung der von Europol stammenden Daten. Die GKI setzt sich aus höchstens zwei Mitgliedern oder Vertretern jeder nationalen Kontrollinstanz zusammen, die von den Mitgliedstaaten für fünf Jahre ernannt werden. Einzelne Modalitäten der Tätigkeit der GKI sind in einer Geschäftsordnung geregelt[121]. Europol unterstützt die Tätigkeit der GKI, indem Auskünfte erteilt und Akteneinsicht gewährt werden.

2. *Organisatorischer Aufbau Europols*

Strukturell ist Europol in drei Abteilungen untergliedert. Die Abteilung *Serious Crime* beinhaltet aus den Mitgliedstaaten rekrutierte Experten der Strafverfolgungsbehörden und Analytiker, die eingehende Informationen aller Art verarbeiten und dadurch diesen Informationen einen Mehrwert geben[122]. Die Abteilung *Development and Resources* kann in zwei Bereiche unterteilt werden. Es gibt zum einen den Bereich *Corporate Governance & Development*[123] und zum anderen den Bereich *Resources*[124]. Schließlich gibt es die Abteilung *Information & Communication Technology*[125] und *Information Management*[126]. Die drei einzelnen Abteilungen werden jeweils von einem stellvertretenden Direktor ge-

---

[119] Art. 23 I EPK.

[120] Für den Datenschutz gibt es eine eigene Geschäftsstelle, Abl.EG L 271 vom 24.10.2000, S. 1.

[121] Geschäftsordnung der Gemeinsamen Kontrollinstanz von Europol vom 23. April 1999 (GO GKI), Abl.EG C 149 vom 28.5.1999, S. 1.

[122] Das *Serious Crime* Department ist in 8 Bereiche unterteilt: SC 1 – *Organised Crime Groups*, SC 2 – *Drugs*, SC 3 – *Crimes against persons*, SC 4 – *Financial Crimes*, SC 5 – *Terrorism*, SC 6 – *Support*, SC 7 – *Analysis*, SC 8 – *Europol Liaison Bureau.*

[123] CD1 – *Directorate Support*, CD 2 – *Legal Affairs*, CD 3 – *Public Relations*, CD 4 – *Planning & Development* und CD 5 – *Corporate Standards & Integrity.*

[124] RS 1 – *Human Resources*, RS 2 – *Finance*, RS 3 – *General Services*, RS 4 – *Building Management*, RS 5 – *Security.*

[125] IT 1 – *Infrastructure*, IT 2 – *Project & Application Management*, IT 3 – *Development.*

[126] IM 1 – *Operational Exchange & Liaison*, IM 2 – *Special Projects.*

leitet. An der Spitze der Organisation steht der Direktor von Europol – zur Zeit der Deutsche Jürgen Storbeck.

3. Erweiterung der Zuständigkeiten Europols

Der EU-Vertrag sieht in der Fassung des Vertrages von Amsterdam in Art. 30 II EU ein spezifisches Förderprogramm für den Rat vor, wie die polizeiliche Zusammenarbeit binnen fünf Jahren weiter ausgebaut werden soll. In Art. 30 II lit.a EU ist vorgesehen, dass Europol die Vorbereitung spezifischer Ermittlungsmaßnahmen der zuständigen Behörden der Mitgliedstaaten einschließlich operativer Aktionen gemeinsamer Teams mit Vertretern von Europol in unterstützender Funktion erleichtern und unterstützen soll. Nach Art. 30 II lit.b EU fördert der Rat die Zusammenarbeit durch Europol, indem er Maßnahmen festlegt, die es Europol ermöglichen, sich an die zuständigen Behörden der Mitgliedstaaten mit dem Ersuchen zu wenden, Ermittlungen in speziellen Fällen vorzunehmen und zu koordinieren.

Der Europäische Rat trat 1999 zu einer Sondertagung über die Schaffung eines „Raums der Freiheit, der Sicherheit und des Rechts" im finnischen Tampere zusammen. Die Schlussfolgerungen von Tampere sind das Ergebnis der Umsetzung des Aktionsplans der Europäischen Union zur Bekämpfung der organisierten Kriminalität, der im Juni 1997 vom Europäischen Rat in Amsterdam angenommen wurde[127]. In den Schlussfolgerungen von Tampere wurde an den Rat die Forderung gestellt, dass als erster Schritt zur Bekämpfung des Drogen- und Menschenhandels sowie des Terrorismus unverzüglich gemeinsame Ermittlungsteams eingesetzt werden sollen, an denen sich gegebenenfalls auch Vertreter von Europol in unterstützender Funktion beteiligen können[128]. Die Einsetzung gemeinsamer Ermittlungsgruppen ermöglicht wegen des engen persönlichen Kontakts und dem Aufbau von Vertrauensverhältnissen einen schnellen Informationsfluss und einen direkten Informationsaustausch. Es können nicht nur Ermittlungsergebnisse ausgetauscht werden, sondern von Anfang an eine gemeinsame Vorgehensweise entwickelt und entsprechende Ermittlungen eingeleitet werden. Durch diese Koordination werden länderübergreifende zeitgleiche Festnahmen und Durchsuchungen möglich, was den kriminellen Handlungsspielraum erheblich einschränkt[129]. Neben dem Einsatz gemeinsamer Ermittlungsgruppen sollte die Rolle Europols dadurch gestärkt werden, dass Europol operative Daten von den Mitgliedstaaten erhält und dazu ermächtigt wird, die

---

[127] Aktionsplan zur Bekämpfung der Organisierten Kriminalität vom 28.4.1997, Abl.EG C 251 vom 15.8.1997, S. 1.

[128] Vgl. Schlussfolgerung Nr.43 des Europäischen Rats von Tampere am 15. und 16. Oktober 1999.

[129] Storbeck / Felgenhauer, Jahrbuch Öffentliche Sicherheit 2002 / 2003, S. 427.

Mitgliedstaaten um die Einleitung, Durchführung oder Koordinierung von Ermittlungen zu ersuchen[130].

a) Die Entwicklung der Forderungen von Tampere

aa) Einsetzung gemeinsamer Ermittlungsteams

In einer ersten Reaktion auf die Schlussfolgerungen von Tampere[131] wurden im November 1999 hinsichtlich der Teilnahme Europols an gemeinsamen Ermittlungsgruppen Überlegungen angestellt, dass angesichts der Dringlichkeit, gemeinsame Ermittlungsteams einzurichten, auf eine Änderung der EPK zunächst verzichtet werden solle, da das Änderungsverfahren wegen der erforderlichen Ratifizierung sehr zeitraubend sei. Es wurde vorgeschlagen, die Modalitäten gemeinsamer Ermittlungsteams und die Beteiligung Europols durch einen Rahmenbeschluss auf der Grundlage des EU-Vertrags zu regeln[132].

Gegner eines Rahmenbeschlusses des Rates über gemeinsame Ermittlungsgruppen führten an, ein spezieller Rechtsakt für die Einrichtung gemeinsamer Ermittlungsteams sei weder erforderlich noch angebracht. Artikel 13 des geplanten Übereinkommens zur Rechtshilfe in Strafsachen zwischen den Mitgliedstaaten der Europäischen Union enthalte bereits eine Regelung, die im Kern dasselbe regelt, so dass es zu einer unnötigen Überschneidung von Rechtsvorschriften komme[133].

Wenige Monate später, am 29.5.2000, wurde das ratifizierungsbedürftige EU-Rechtshilfeübereinkommen[134] (EU-RHÜ) sodann unterzeichnet. Art. 13 dieses Übereinkommens sieht die Möglichkeit vor, dass für einen bestimmten Zweck und einen begrenzten Zeitraum durch Vereinbarung der zuständigen mitgliedstaatlichen Behörden gemeinsame Ermittlungsgruppen gebildet werden können, um strafrechtliche Ermittlungen in einem oder mehreren Mitgliedstaaten durchzuführen. Die Leitung der Ermittlungsgruppe obliegt dem Vertreter des Mitgliedstaates, in dem der Einsatz der Gruppe erfolgt[135]. Der Einsatz erfolgt gemäß den Rechtsvorschriften des Mitgliedstaates, in dem der Einsatz stattfindet[136]. Innerhalb der gemeinsamen Ermittlungsgruppe nehmen die Mitglieder ihre Aufgaben unter Leitung des Gruppenführers nach Maßgabe der Bedingungen wahr,

---

[130] Vgl. Schlussfolgerung Nr.45 des Europäischen Rats von Tampere am 15. und 16. Oktober 1999.

[131] 13370/99 LIMITE EUROPOL 48 vom 25. November 1999, S. 2.

[132] Auf der Rechtsgrundlage des Art. 34 II lit.b EU.

[133] Vgl. Pressemitteilungen der 2251. Tagung des Rates Justiz und Inneres am 27.März 2000 in Brüssel, 7100/00 (Presse 81).

[134] Abl.EG C 197 vom 12.7.2000, S. 1; mit erläuterndem Bericht zu dem Übereinkommen vom 29. Mai 2000, Abl.EG C 379 vom 29.12.2000, S. 7.

[135] Art. 13 III lit.a EU-RHÜ.

[136] Art. 13 III lit.b EU-RHÜ.

die durch die Mitgliedstaaten in der Vereinbarung zur Einsetzung eines gemeinsamen Ermittlungsteams festgesetzt wurden[137]. Die Zwecke, für die Informationen verwendet werden dürfen, die im Rahmen solcher Ermittlungen rechtmäßig erlangt werden, sind in Art. 13 X EU-RHÜ festgelegt. So ist neben der Verwendung für die Zwecke, für welche die Gruppe gebildet wurde, die Verwendung zur Aufdeckung, Ermittlung und Verfolgung anderer Straftaten bei Zustimmung des ermittlungsleitenden Mitgliedstaates möglich und die Verwendung zur Abwehr einer unmittelbaren und ernsthaften Gefahr für die öffentliche Sicherheit, wenn eine strafrechtliche Ermittlung folgt. Art. 13 XII EU-RHÜ legt fest, dass sich an gemeinsamen Ermittlungen im Rahmen der Rechtsvorschriften der Mitgliedstaaten auch weitere Personen beteiligen können, etwa Bedienstete von Einrichtungen, die nach dem Vertrag über die Europäische Union geschaffen wurden. Dadurch wird die Möglichkeit geschaffen, Europol-Bedienstete an gemeinsamen Ermittlungsteams zu beteiligen.
Der Rat empfahl den Mitgliedstaaten, in vollem Umfang die Möglichkeiten zur Unterstützung der gemeinsamen Ermittlungsteams durch Europol zu nutzen[138]. Die Empfehlung ist als Handlungsform im Bereich Justiz und Inneres in Art. 34 II EU nicht aufgelistet, wird jedoch wegen ihres unverbindlichen Charakters zur Förderung der Zusammenarbeit als zulässig erachtet[139]. Nach der Empfehlung des Rates kann Europol Kenntnisse über kriminelle Kreise bereitstellen, welche die Koordinierung operativer Maßnahmen der gemeinsamen Ermittlungsteams unterstützen, die gemeinsamen Ermittlungsteams technisch beraten und Hilfe bei der Analyse von Straftaten leisten.

Ungeachtet der Unterzeichnung des EU-RHÜ kam es Mitte 2002 zu einem Rahmenbeschluss des Rates über gemeinsame Ermittlungsgruppen[140]. Dieser Rahmenbeschluss war erforderlich, um auf EU-Ebene einen spezifischen verbindlichen Rechtsakt zu schaffen, der bis zur Ratifizierung des EU-RHÜ in allen Mitgliedstaaten der Europäischen Union die Modalitäten gemeinsamer Ermittlungsgruppen regelt. Ein Rahmenbeschluss im Sinne des Art. 34 II lit.b EU gibt den Mitgliedstaaten zwar ein verbindliches Ziel vor, überlässt ihnen aber die Wahl der Form und der Mittel. Einer Ratifizierung durch die mitgliedstaatlichen Parlamente bedarf es für die Wirksamkeit nicht[141]. Der Rahmenbeschluss des Rates über gemeinsame Ermittlungsgruppen ließ den Mitgliedstaaten Zeit bis

[137] Art. 13 III lit.b EU-RHÜ.
[138] Abl.EG C 357 vom 13.12.2000, S. 7.
[139] *Brechmann*, in: Calliess / Ruffert, EU, Art. 34, Rn.3; *Böse*, in: Schwarze, EU, Art. 34, Rn.3.
[140] Abl.EG L 162 vom 20.6.2002, S. 1.
[141] *Böse*, in: Schwarze, EU, Art. 34, Rn.6; *Brechmann*, in: Calliess / Ruffert, EU, Art. 34, Rn.7.

zum 1. Januar 2003, die erforderlichen Maßnahmen zu treffen. Entsprechende Maßnahmen wurden jedoch bis heute nicht in allen Mitgliedstaaten getroffen. Inhaltlich entspricht der Rahmenbeschluss den Vorgaben aus Art. 13 EU-RHÜ, da es nicht Zweck der Regelung war, inhaltliche Modifikationen vorzunehmen, sondern nur die Anwendbarkeit in den Mitgliedstaaten der Europäischen Union zu beschleunigen, um nicht den langwierigen Ratifizierungsprozess des EU-RHÜ abwarten zu müssen. Im Rahmen einer Empfehlung entwarf der Rat inzwischen ein Modell für eine Vereinbarung über die Bildung einer gemeinsamen Ermittlungsgruppe[142].

bb) Ersuchen Europols um die Einleitung von Ermittlungen

Hinsichtlich der Ersuchen Europols an die Mitgliedstaaten um die Einleitung gemeinsamer strafrechtlicher Ermittlungen empfahl der Rat den Mitgliedstaaten[143], die Ersuchen Europols unverzüglich zu bearbeiten und in angemessener Weise zu prüfen. Im Fall der Einleitung von Ermittlungen soll Europol über die Ergebnisse informiert werden. Beschließt ein Mitgliedstaat, keine Ermittlungen durchzuführen, sollte Europol über diesen Beschluss und die Gründe ebenfalls unterrichtet werden.

b) Notwendigkeit einer Änderung der EPK

Im November 2002 wurde vom Rat auf Initiative von Belgien und Spanien[144] ein Änderungsprotokoll zur EPK[145] erstellt, das der Annahme durch die Mitgliedstaaten nach Maßgabe ihrer jeweiligen verfassungsrechtlichen Vorschriften bedarf. Durch die Änderung soll die unterstützende Teilnahme Europols an gemeinsamen Ermittlungsgruppen in der EPK verankert werden. Darüber hinaus werden die Modalitäten der Ersuchen von Europol um Einleitung und Koordinierung strafrechtlicher Ermittlungen in der EPK verankert.
Diesem Protokoll zur Änderung der EPK gingen zahlreiche Überlegungen voraus, ob die Zuständigkeiten Europols tatsächlich erweitert werden und ob eine Änderung der EPK erforderlich ist.

aa) Einsetzung gemeinsamer Ermittlungsteams

Der Rat der Europäischen Union erachtete in ersten Überlegungen zu den Schlussfolgerungen von Tampere[146] eine Änderung der EPK als nicht erforderlich, sofern ein Mitgliedstaat die Leitung eines gemeinsamen Teams übernimmt, beziehungsweise Europol selbst um die Leitung oder Koordinierung eines sol-

---

[142] Empfehlung des Rates vom 8. Mai 2003, Abl.EG C 121 vom 23.5.2003, S. 1.
[143] Abl.EG C 289 vom 12.10.2000, S. 8.
[144] Abl.EG C 42 vom 15.2.2002, S. 8.
[145] Rechtsakt des Rates vom 28.November 2002, Abl.EG C 312 vom 16.12 2002, S. 1.
[146] 13370/99 LIMITE EUROPOL 48 vom 25. November 1999, S. 2, 7ff.

chen Teams ersucht und jedes Mitglied des gemeinsamen Teams auf Grundlage seiner Zuständigkeiten auf nationaler Ebene im eigenen Land Ermittlungen durchführt. Beamte anderer Länder würden nur eine Hilfsfunktion wahrnehmen. Europol käme im Rahmen seiner Zuständigkeit nach Art. 2 EPK eine Unterstützungsarbeit durch Informationsaustausch, Sammlung und Analyse von Informationen und Erkenntnissen und die Bereitstellung von technischem, logistischem und sprachlichem Fachwissen zu[147].
Die meisten Mitgliedstaaten stimmten auch hinsichtlich der Beteiligung von Europol-Bediensteten an einem gemeinsamen Team darin überein, dass eine Änderung der EPK nicht notwendig sei[148].
Einige Mitgliedstaaten waren jedoch der Ansicht, für die Umsetzung des Art. 30 II lit.a EU sei eine Änderung der EPK notwendig[149].

Die Unterstützung gemeinsamer Ermittlungsteams durch Europol wird in der geplanten Änderung der EPK[150] nicht näher konkretisiert. Es werden lediglich Modalitäten festgelegt, nach denen sich Europol-Bedienstete an gemeinsamen Ermittlungsteams beteiligen können. Grund dafür ist, dass die Unterstützung gemeinsamer Ermittlungsgruppen durch Europol im gegenwärtigen rechtlichen Rahmen möglich ist.
Art. 3 III Nr.4 EPK ermöglicht es Europol, die Mitgliedstaaten, und damit auch von den Mitgliedstaaten eingesetzte gemeinsame Ermittlungsgruppen, auf dem Gebiet der Ermittlungsmethoden zu beraten und damit eigene Kenntnisse über kriminelle Hintergründe zur Verfügung zu stellen. Die Beratung der Mitgliedstaaten in kriminaltechnischen und kriminalwissenschaftlichen Methoden im Sinne des Art. 3 III Nr.4 EPK und in Methoden zur Verhütung von Straftaten im Sinne des Art. 3 III Nr.4 EPK ermöglicht darüber hinaus die technische Unterstützung eines Teams. Europol kann auch koordinative Unterstützung leisten. Art. 3 I Nr.1 EPK weist Europol die Aufgabe zu, im Rahmen seiner Zuständigkeit den Informationsaustausch zwischen den Mitgliedstaaten zu erleichtern.
Im Bereich der Informationsversorgung ist zwischen dem allgemeinen Informationssystem und Analysedateien zu unterscheiden. Der Zugriff auf das allgemeine Informationssystem ist unproblematisch, da die nationalen Stellen nach Maßgabe des Art. 9 EPK selbst Zugriff haben. Für den Bereich der Analysedateien gestaltet sich die Bereitstellung von Informationen schwieriger. Nach Art. 10 VI

[147] 13370/99 LIMITE EUROPOL 48 vom 25. November 1999, S. 2; 8325/00 LIMITE EUROPOL 11 vom 8. Mai 2000, S. 2ff.
[148] Vermerk Europols zu Nr.43 der Schlussfolgerungen von Tampere, 7316/00 LIMITE EUROPOL 4 vom 5.April 2000, S. 2.
[149] Vermerk des künftigen französischen Vorsitzes, 9639/00 LIMITE EUROPOL 18 vom 26. Juni 2000, S. 1.
[150] Abl.EG C 312 vom 16.12 2002, S. 1.

EPK werden die Mitgliedstaaten nur über Analyseergebnisse informiert, sofern sie im Sinne des Art. 6 S.2 Nr.2 beteiligt sind. Insofern müssten die Mitglieder eines gemeinsamen Ermittlungsteams zugleich Vertreter eines Mitgliedstaates sein, der an einer Analysedatei beteiligt ist, oder nach Maßgabe des Art. 7 EPK an einer Analyse beteiligt werden.

Anders verhält es sich jedoch mit der Beteiligung von Bediensteten Europols an solchen Teams. Art. 3 II und III EPK ermöglichen nur die Beratung, Forschung und Bereitstellung von Informationen durch Europol. Auch die Subsumtion unter Art. 3 I EPK bereitet Probleme, da die Teilnahme an gemeinsamen Ermittlungsteams qualitativ etwas ganz anderes ist, als die Erleichterung des Informationsaustauschs oder die Zusammenstellung und Sammlung von Informationen und Erkenntnissen. Es kann jedoch für die Arbeit einer gemeinsamen Ermittlungsgruppe von erheblicher Bedeutung sein, dass Europol-Spezialisten, die fundierte Kenntnisse in der Bekämpfung transnationaler Kriminalität haben, vor Ort aktiv mitarbeiten und nicht allein informativ und logistisch unterstützen. Für eine solche Beteiligung von Europol-Bediensteten an gemeinsamen Ermittlungsteams bedarf es einer Änderung der EPK. Das Änderungsprotokoll legt in Art. 3a Modalitäten fest, wie Europol-Bedienstete an gemeinsamen Teams mitwirken können, nämlich mit der Ausnahme von Zwangsmaßnahmen, wie die übrigen Mitglieder des Teams auch. Das Änderungsprotokoll sieht in Art. 39a EPK n.F. weiter eine Haftungsregelung bei der Teilnahme von Europol-Bediensteten an gemeinsamen Ermittlungsgruppen vor, nach der die Mitgliedstaaten zum Schadensersatz verpflichtet sind, Europol jedoch in Regress nehmen können. Diese Regelung war erforderlich, da nach Art. 38 II EPK ohne die Änderung nur eine außervertragliche Haftung Europols in Betracht käme.
Gegner einer Änderung der EPK brachten vor, es sei die Vorgabe des Europäischen Rates von Tampere, Art. 30 II lit.a EU *unverzüglich* umzusetzen, was durch das langwierige Verfahren der Änderung der EPK nicht erreicht werden könne[151].
Der Vorgabe „unverzüglich“ kann jedoch nicht die Bedeutung beigemessen werden, dass eine Umsetzung um jeden Preis und mit allen Mitteln zu erfolgen habe. Die Schlussfolgerungen des Europäischen Rates sind politische Zielvor-

[151] Vermerk des künftigen französischen Vorsitzes betreffend den Vorschlag des Vorsitzes zur Unterstützung der gemeinsamen Ermittlungsgruppen durch Europol, 9639/00 LIMITE EUROPOL 18 vom 26. Juni 2000, S. 1; vgl. auch 7316/00 LIMITE EUROPOL 4 vom 5. April 2000, S. 2.

gaben[152]. Ihnen können keine rechtlich bindenden Vorgaben für die Wahl bestimmter Mittel entnommen werden, vielmehr bleiben Spielräume.

Das Änderungsprotokoll ist somit hinsichtlich des Einsatzes gemeinsamer Ermittlungsteams insgesamt zu begrüßen. Insbesondere war eine Regelung der allgemeinen Unterstützung gemeinsamer Ermittlungsteams durch Europol, etwa aus Gründen der Transparenz oder der Rechtssicherheit[153] entbehrlich, da dadurch suggeriert würde, eine solche Unterstützung sei nach der gegenwärtigen Rechtslage nicht möglich, was nicht zutrifft. Das gegenwärtige Änderungsprotokoll sieht nur in solchen Bereichen Änderungen vor, in denen diese auch erforderlich sind.

bb) Ersuchen Europols um die Einleitung von Ermittlungen

Der Rat der Europäischen Union sah in einer ersten Überlegung zu den Schlussfolgerungen von Tampere die Forderung des Europäischen Rats, es Europol zu ermöglichen, die Mitgliedstaaten um die Einleitung, Durchführung oder Koordinierung von Ermittlungen zu ersuchen, im gegenwärtigen Rechtsrahmen als zulässig an[154]. Auch Europol selbst erachtete eine Änderung der EPK nur dann als notwendig, wenn eine bestimmte Reaktion eines Mitgliedstaates auf ein Ersuchen Europols festgeschrieben werden soll, nicht aber hinsichtlich eines Ersuchens an sich[155]. Rechtsgrundlage für ein Ersuchen um die Einleitung, Durchführung oder Koordinierung von Ermittlungen soll insofern Art. 4 II EPK sein. Dies erscheint sonderbar, da Art. 4 II EPK lediglich vorschreibt, dass die nationale Stelle die einzige Verbindungsstelle zwischen Europol und den zuständigen Behörden der Mitgliedstaaten im Sinne des Art. 2 IV EPK ist. Art. 4 IV EPK, der Aufgaben der nationalen Stelle auflistet, enthält an keiner Stelle einen Hinweis auf den Umgang mit Ersuchen Europols um die Einleitung, Durchführung oder Koordinierung von Ermittlungen. Es handelt sich insbesondere weder um die Beantwortung einer Informations-, Erkenntnis und Beratungsanfrage Europols im Sinne des Art. 4 IV Nr.2 EPK, noch um Informationen und Erkenntnisse im Sinne des Art. 4 IV Nr.4 EPK, die ausgewertet und an die zuständigen Behörden weitergeleitet werden müssten. Davon abgesehen handelt es sich bei einem Ersuchen Europols an die Mitgliedstaaten um eine Tätigkeit Europols, die systematisch im Bereich der Aufgaben Europols, also in Art. 3 EPK, verankert

---

[152] So ausdrücklich Art. 4 I EU und auch der Europäische Rat selbst in seiner Schlussfolgerung Nr.12 zum Europäischen Rat in Sevilla im Juni 2002.

[153] In diese Richtung 5555/01 LIMITE EUROPOL 5 vom 22. Januar 2001, S. 3.

[154] 13370/99 LIMITE EUROPOL 48 vom 25. November 1999, S. 4ff.

[155] Vermerk Europols zu Artikel 30 Absatz 2 EUV, 7316/00 LIMITE EUROPOL 4 vom 5.April 2000, S. 6.

sein müsste. Art. 3 EPK bietet für ein solches Ersuchen in seiner jetzigen Form keine Grundlage.
Das Änderungsprotokoll zur EPK sieht die Einfügung einer Nr.7 in Art. 3 I EPK vor, wonach Europol sich an die zuständigen Behörden mit dem Ersuchen wenden kann, Ermittlungen in speziellen Fällen vorzunehmen und zu koordinieren. Ein neu einzufügender Art. 3b EPK konkretisiert dies und regelt insbesondere, welche Folgen ein solches Ersuchen Europols hat und welche Verpflichtungen die Mitgliedstaaten bei der Bearbeitung treffen. Eine entscheidende Neuerung ist dabei, dass die nationale Verbindungsstelle künftig nicht mehr die einzige Verbindung der Mitgliedstaaten zu Europol ist. Die Ersuchen können vielmehr an alle zuständigen Behörden des jeweiligen Mitgliedstaates gerichtet werden.

c) Strukturelle Reform der EPK

Im Rahmen der Überlegungen, ob die Beteiligung Europols an gemeinsamen Ermittlungsgruppen und die Ersuchen Europols um die Einleitung und Koordinierung von Ermittlungen zu einer Ausweitung der Zuständigkeiten Europols führen, und ob insofern die EPK geändert werden müsse, gab es Ansätze, die Konstruktion der EPK insgesamt zu reformieren. Nach derzeitiger Rechtslage beschließt der Rat gemäß Art. 43 I EPK einstimmig Änderungen der EPK, die er den Mitgliedstaaten zur Annahme gemäß ihren verfassungsrechtlichen Vorschriften empfiehlt. Das Änderungsprotokoll zur Regelung der Beteiligung Europols an gemeinsamen Ermittlungsgruppen und der Ersuchen Europols um die Einleitung von Ermittlungen ist auf Art. 43 I EPK gestützt.

Die Initiative Belgiens und Spaniens[156] sah vor, auch das Verfahren zur Änderung der EPK zu reformieren. Nach Art. 43 EPK n.F. sollten Änderungen des Übereinkommens zukünftig durch einstimmigen Ratsbeschluss möglich sein.
In ihrer derzeitigen Fassung ist die EPK auf Art. K.3 II lit.c des EU-Vertrages in der Fassung des Vertrages von Maastricht gestützt, demzufolge der Rat in den Bereichen Justiz und Inneres Übereinkommen ausarbeiten kann, die er den Mitgliedstaaten zur Annahme gemäß ihren verfassungsrechtlichen Vorschriften empfiehlt. Derartige Übereinkommen sind im EU-Vertrag in der Fassung des Vertrages von Nizza in Art. 34 II lit.d EU vorgesehen. Übereinkommen in diesem Sinne zeichnen sich dadurch aus, dass der Ratsbeschluss zur Erstellung oder Änderung des Übereinkommens selbst gegenüber den Mitgliedstaaten noch keine unmittelbare Wirkung entfaltet, sondern nur den förmlichen Abschluss und die Unterzeichnung des (Änderungs-)Übereinkommens ersetzt. Ferner verpflichtet der Beschluss zur Änderung des Übereinkommens die Mitgliedstaaten zur Einleitung eines Ratifikationsverfahrens. Die Ratifikation selbst, die das Über-

[156] Abl.EG C 42 vom 15.2.2002, S. 8.

einkommen für die Mitgliedstaaten verbindlich werden lässt, liegt jedoch in den Händen der mitgliedstaatlichen Parlamente[157]. Das Übereinkommen selbst tritt gemäß Art. 34 II lit.d S.3 EU, sobald es von mindestens der Hälfte der Mitgliedstaaten ratifiziert wurde, für diese in Kraft.
Die Möglichkeit der Änderung der EPK durch Ratsbeschluss hätte zur Folge, es keiner Ratifizierung durch alle mitgliedstaatlichen Parlamente bedürfte, da ein Ratsbeschluss gemäß Art. 34 II lit.c S.2 gegenüber den Mitgliedstaaten sofort verbindlich ist. Den Mitgliedstaaten müsste lediglich eine Frist eingeräumt werden, die nationale Rechtslage anzupassen. Damit ginge zwar eine Minderung demokratischer Legitimation einher, weil die mitgliedstaatlichen Parlamente nicht unmittelbar beteiligt wären, der Rat wäre jedoch in der Lage, wesentlich flexibler auf tatsächliche Gegebenheiten und aktuelle Entwicklungen zu reagieren. Diese Flexibilität ist notwendig, um die vielfältigen Formen der Schwerkriminalität erfassen zu können, ohne auf ein übermäßig langes und schwerwiegendes Änderungsverfahren der EPK angewiesen zu sein, das durch das Ratifikationserfordernis die Wirksamkeit der Änderung über Jahre herauszögern kann, obwohl im Rat schon ein Konsens gefunden wurde.

Ein Vorschlag des Europäischen Parlaments ging über eine Änderung des Verfahrens des Art. 43 EPK noch hinaus. Das Europäische Parlament empfahl dem Rat auf Art. 39 III EU gestützt, das Europol-Übereinkommen, das Auslegungsprotokoll zur EPK und das Immunitätenprotokoll insgesamt durch einen Beschluss oder durch Beschlüsse des Rates auf der Grundlage des Artikels 34 II lit.c EU zu ersetzen[158]. Einen großen Vorteil einer solchen Ersetzung sah das Europäische Parlament darin, dass Durchführungsmaßnahmen nach Art. 34 II lit.c S.2 EU nunmehr vom Rat mit qualifizierter Mehrheit angenommen werden können. Auch nach Art. 34 II lit.d S.4 EU können jedoch mit qualifizierter Mehrheit Durchführungsmaßnahmen erlassen werden, die keiner Ratifikation bedürfen. Ein Ratsbeschluss stellt insofern keinen Vorteil dar. Keinen Unterschied macht die Umwandlung der EPK in einen Ratsbeschluss auf Grundlage des Art. 34 II lit.c EU auch im Hinblick auf die Beteiligung des Europäischen Parlaments selbst, da dem Europäischen Parlament nach Art. 39 I EU bei allen Maßnahmen des Rates auf Grundlage des Art. 34 II lit.b-d EU ein Anhörungsrecht zukommt. Allenfalls die Rolle des EuGH würde durch einen Ratsbeschluss gestärkt: Dieser kann nach entsprechender Ermächtigung durch die Mitgliedstaaten gemäß Art. 35 EU neben der Auslegung von Beschlüssen über die Gül-

[157] *Böse*, in: Schwarze, EU, Art. 34, Rn.8; *Brechmann*, in: Calliess / Ruffert, EU, Art. 34, Rn.11.

[158] Stellungnahme des Europäischen Parlaments vom 30. Mai 2002 noch nicht veröffentlicht, vgl. aber Entwurf eines Berichts vom 26. März 2002, 2002/0804 (CNS) VORLÄUFIG.

tigkeit und Auslegung der zugehörigen Durchführungsmaßnahmen entscheiden. Diese Möglichkeit besteht für Durchführungsmaßnahmen von Übereinkommen im Sinne des Art. 34 II lit.d S.4 EU nicht.
Entscheidender Vorteil eines Ratsbeschlusses auf Grundlage von Art. 34 II lit.c EU wäre jedoch, dass neben zukünftigen Änderungen der EPK noch nicht einmal der „Ersetzungsbeschluss“ einer langwierigen und schwerfälligen innerstaatlichen Transformation bedürfte[159]. Würde nur das Verfahren des Art. 43 EPK geändert, bedürfte diese Änderung der Ratifikation durch die Mitgliedstaaten.
Das Ratifikationserfordernis führt zu erheblichen Verzögerungen, da es oft Jahre dauert, bis der Ratifikationsprozess in allen Mitgliedstaaten abgeschlossen ist. Auch die Möglichkeit des Art. 34 II lit.d S.3, Übereinkommen nach Inkrafttreten in der Hälfte der Mitgliedstaaten in diesen Staaten vorläufig anzuwenden, bringt keine große Erleichterung, da trotzdem in derzeit 8 (nach der Erweiterung in 13) Mitgliedstaaten das Ratifikationsverfahren abgeschlossen sein muss.
Diese Rechtslage führt zu solchen Konstruktionen, wie sie bei der Teilnahme Europols an gemeinsamen Ermittlungsgruppen zu beobachten war. Trotz der Unterzeichnung des EU-RHÜ kam es zu einem im Hinblick auf gemeinsame Ermittlungsgruppen inhaltlich identischen Rahmenbeschluss des Rates auf der Grundlage von Art. 34 II lit.b EU, um auf EU-Ebene einen spezifischen verbindlichen Rechtsakt zu schaffen und eine schnelle Umsetzung zu erreichen. Das Protokoll zur Änderung der EPK, das die Beteiligung Europols an gemeinsamen Ermittlungsgruppen und die Ersuchen Europols an die Mitgliedstaaten um die Einleitung und Koordinierung von Ermittlungen regelt, wird wegen der Notwendigkeit der parlamentarischen Ratifizierung trotz der politischen Einigung möglicherweise erst in mehreren Jahren wirksam werden. Eine Möglichkeit, die nicht fristgerechte Umsetzung durch die Mitgliedstaaten zu sanktionieren, gibt es nicht.

Eine Reform ist dringend geboten. Ob dies nun durch eine Ersetzung der EPK durch einen Ratsbeschluss oder durch eine Reform des Verfahrens zur Änderung der EPK geschieht, macht im Hinblick auf die rechtlichen Konsequenzen kaum Unterschiede. Durch ein Änderungsprotokoll[160] wurde zumindest für die Zuständigkeit Europols ein Konsens für eine Vereinfachung gefunden. Der Rat kann künftig nach Prüfung durch den Verwaltungsrat einstimmig beschließen, den Anhang des Übereinkommens dahin gehend zu ändern, dass er sonstige

[159] Es gab auch Ansätze, die EPK durch einen Ratsbeschluss zu ersetzen, der auf einige Artikel des Übereinkommens beschränkt ist, vgl. 6792/02 LIMITE EUROPOL 14 vom 5. März 2002.
[160] Rechtsakt des Rates vom 27.11.2003, Abl.EG C 2 vom 6.1.2004, S. 1.

Formen der schweren internationalen Kriminalität in den Anhang aufnimmt oder die darin enthaltenen Definitionen ändert. Allerdings ist es zu bedauern, dass die anstehenden Änderungen der EPK[161] nicht dazu genutzt wurden, generell das Verfahren zur Änderung neu zu strukturieren. Für die Zukunft bleibt zu hoffen, dass die verschiedenen Ansätze für eine Änderung nicht dazu führen, dass eine Reform insgesamt blockiert wird.

4. Rechtsschutz gegen Europol

a) Streitigkeiten über die Gültigkeit und Auslegung der EPK

Streitigkeiten zwischen einzelnen Mitgliedstaaten über die Anwendung und Auslegung der EPK werden gemäß Art. 40 EPK im Rat der Europäischen Union mit dem Ziel ihrer Beilegung erörtert. Wird die Streitigkeit binnen sechs Monaten nicht beigelegt, legen die daran beteiligten Mitgliedstaaten gemäß Art. 40 II EPK einvernehmlich die Modalitäten fest, nach denen die strittige Frage geregelt werden soll.

Der EuGH ist im Bereich des EU-Vertrages gemäß Art. 5 EU nur zuständig, soweit der EU-Vertrag das ausdrücklich vorsieht. Eine entsprechende Regelung enthält Art. 35 EU. Der EuGH kann danach bei einer entsprechenden Vorlage eines mitgliedstaatlichen Gerichts im Rahmen der Vorabentscheidung über Fragen der Auslegung der EPK und der Auslegung und Gültigkeit der dazugehörenden Durchführungsbestimmungen entscheiden. Voraussetzung für ein Tätigwerden ist, dass die Mitgliedstaaten die Zuständigkeit des EuGH für Vorabentscheidungsverfahren in diesem Bereich anerkennen[162]. Deutschland hat eine entsprechende Erklärung abgegeben und zugleich bestimmt, dass jedem Gericht ein Vorlagerecht eingeräumt wird[163]. Die anderen Mitgliedstaaten der EU haben (Großbritannien ausgenommen[164]) ebenfalls eine derartige Erklärung abgegeben. Der EuGH entscheidet gemäß Art. 35 I EU über die Auslegung von Übereinkommen und über die Gültigkeit und die Auslegung der dazu gehörenden Durchführungsmaßnahmen. Ziel ist die Vereinheitlichung der Rechtsprechung zur EPK und den ergangenen Durchführungsmaßnahmen. Ein einzelner Mitgliedstaat hat hingegen keine Möglichkeit, wegen der Gültigkeit einzelner Bestimmungen der EPK den EuGH anzurufen[165].

---

[161] Initiative des Königreichs Belgien und des Königreichs Spanien, Abl.EG C 42 vom 15.2.2002, S. 8; Initiative des Königreichs Dänemark, Abl.EG C 172 vom 18.7.2002, S. 15.

[162] Art. 35 II EU.

[163] EuGH-Gesetz – EUGHG, BGBl. 1998 I S. 2035.

[164] Großbritannien befürchtete, dass Europol über die Tätigkeit als Koordinationsorgan hinaus weitere Befugnisse zukommen, Zieschang, ZRP 1996, S. 427.

[165] Abgesehen von Art. 40 III EPK, der in diesem Zusammenhang jedoch nicht von Bedeutung ist.

b) Individualrechtsschutz

Die Rechtsschutzmöglichkeiten eines Bürgers gegen Europol richten sich nach seinem Begehren. Es ist zu unterscheiden zwischen Ansprüchen, welche die Datenspeicherung und -analyse betreffen, also Auskunfts-, Berichtigungs- oder Löschungsbegehren, Ansprüchen auf Schadensersatz und zivilrechtlichen Ansprüchen, die im Bereich fiskalischen Handelns Europols entstehen.

aa) Datenspeicherung und -analyse

Im Bereich der Datenspeicherung und -analyse ist ein Vorgehen gegen die Mitgliedstaaten und gegen Europol direkt denkbar.

Der Einzelne kann zunächst gegen Handlungen eines Mitgliedstaates vorgehen, also gegen die Übermittlung von Daten oder den Abruf von Daten aus dem Informationssystem durch den Mitgliedstaat. Die übermittelten Daten können fehlerhaft sein oder abgerufene Daten können in unzulässiger Weise verwendet worden sein. In dieser Konstellation bedarf es eines Rechtsmittels gegen die Handlungen des Mitgliedstaates. Die Verantwortung für die Zulässigkeit des Abrufs, der Eingabe und der Veränderung im Informationssystem obliegt der abrufenden, eingebenden oder verändernden Stelle[166]. Da nationale Verbindungsstelle, die mit dem Informationssystem in Verbindung steht, in Deutschland das BKA ist[167], kann das BKA Daten eingeben, abrufen, löschen oder berichtigen. Die Beziehungen zwischen der nationalen Verbindungsstelle und den zuständigen mitgliedstaatlichen Behörden unterliegen dem nationalen Recht. Auch der Abruf der Daten selbst erfolgt nach Maßgabe der Rechts- und Verwaltungsvorschriften des betroffenen Mitgliedstaates. Ein Betroffener muss in einem gerichtlichen Verfahren die Verletzung nationaler Rechtsvorschriften rügen. Art. 20 II 1 EPK verpflichtet die Mitgliedstaaten, unrichtige Daten, die sie in das Informationssystem eingegeben haben, zu berichtigen oder zu löschen. Art. 2 § 3 I 3 EuropolG[168] trifft dazu folgende Regelung: *„Hat eine eingabeberechtigte Stelle Anhaltspunkte dafür, dass Daten unrichtig sind, teilt sie dies umgehend der eingebenden Stelle mit, die verpflichtet ist, diese Mitteilung unverzüglich zu prüfen und erforderlichenfalls die Daten unverzüglich zu ändern, zu berichtigen oder zu löschen"*. Das BKA kann daher vor den nationalen Gerichten – etwa im Rahmen eines Folgenbeseitigungsanspruchs – verpflichtet werden, Daten zu löschen. Prozessual kann ein solcher Anspruch in Deutschland im Rahmen einer allgemeinen Leistungsklage, die auf Berichtigung oder Löschung der Daten gerichtet ist, durchgesetzt werden[169].

---

[166] Art. 9 III 1 EPK.
[167] Art. 2 § 1 Europol-Gesetz, BGBl. 1997 II, S. 2150.
[168] BGBl. 1997 II, S. 2150.
[169] Ausführlich zum Rechtsweg Milke, Europol und Eurojust, S. 173ff.

Es gibt andere Fälle, in denen es eines Anspruchs gegen Europol direkt bedarf[170]. Das sind etwa Fälle, in denen die nationale Verbindungsstelle die Daten nicht selbst eingegeben hat, sie also durch die nationale Verbindungsstelle nicht gelöscht oder berichtigt werden können, sondern nur Europol dazu befugt ist. Weiterhin besteht ein Bedürfnis nach Rechtsschutz gegen die Analyse von Daten durch Europol[171], durch die sich neue Erkenntnisse und damit neue Daten ergeben[172]. Schließlich kommt auch bei Einwänden gegen die Zusammenarbeit mit Drittstaaten oder Drittstellen[173], von denen Europol Daten anfordern oder entgegennehmen kann, Rechtsschutz nur gegen Europol in Betracht. Die EPK sieht ein differenziertes System vor, wie der Einzelne in solchen Fällen seine Rechte verwirklichen kann.
Jede Person kann gemäß Art. 19 I, II EPK in einem beliebigen Mitgliedstaat einen Auskunfts- und Überprüfungsanspruch hinsichtlich der sie betreffenden, bei Europol gespeicherten Daten geltend machen. Der Antrag ist an die jeweils zuständige nationale Behörde zu richten. Die nationale Verbindungsstelle befasst dann unverzüglich Europol damit und teilt dem Antragsteller mit, dass er Antwort direkt von Europol erhält[174]. Ein *Auskunftsanspruch* wird gemäß Art. 19 III EPK nach Maßgabe des nationalen Rechts geprüft[175]. Das Auskunftsbegehren darf gemäß Art. 19 III EPK abgelehnt werden, wenn dies für die ordnungsgemäße Erfüllung der Aufgaben von Europol erforderlich ist, dem Schutz der Sicherheit oder der öffentlichen Ordnung eines Mitgliedstaates dient, zur Bekämpfung von Straftaten oder zum Schutz der Rechte und Freiheiten Dritter notwendig ist. Das Verfahren regelt Art. 19 IV EPK. Sind die Daten von einem Mitgliedstaat in das Informationssystem eingegeben, ist diesem Gelegenheit zur Stellungnahme zu geben, die bis zur Ablehnung der Daten reichen kann. Bei Daten, die Europol selbst gespeichert hat, ist den unmittelbar betroffenen Mitgliedstaaten Gelegenheit zur Stellungnahme zu geben, die ebenfalls bis zur Ablehnung der Mitteilung reichen kann. Bei Daten aus der Analysetätigkeit bedarf die Mitteilung einer Konsensentscheidung von Europol und der an der Analyse beteiligten und von ihr betroffenen Mitgliedstaaten. Lehnt Europol oder ein Mitgliedstaat die Mitteilung über die Daten ab, erhält der Antragsteller gemäß Art. 19 IV 2 EPK keine

---

170 Frowein / Krisch, JZ 1998, S. 590.
171 Art. 10 EPK.
172 Frowein / Krisch, JZ 1998, S. 590.
173 Art. 10 IV EPK.
174 Art. 19 I EPK.
175 Einen umfassenden Auskunftsanspruch gegenüber der Datenverarbeitung öffentlicher Stellen gewährt im deutschen Recht § 19 BDSG.

Auskunft darüber, ob Daten über ihn vorliegen, sondern nur eine Mitteilung, dass eine Überprüfung stattgefunden hat[176].
Begehrt der Antragsteller die *Überprüfung von Daten,* prüft Europol dies nach Maßgabe des Art. 19 V EPK in engem Benehmen mit den betroffenen nationalen Behörden und teilt dem Antragsteller mit, dass eine Überprüfung stattgefunden hat. Einen Hinweis, ob zu seiner Person Daten vorliegen, erhält der Antragsteller nicht.

Gegen eine Entscheidung von Europol die Auskunft oder die Überprüfung von Daten betreffend, kann der Betroffene gemäß Art. 19 VI, VII EPK die Gemeinsame Kontrollinstanz (GKI) anrufen[177]. Die Entscheidung der GKI ist gegenüber den Parteien rechtskräftig[178]. Das Verfahren in Fällen, in denen der Antragsteller eine Beschwerde an die GKI richtet, regelt Art. 19 VII EPK. Es wird jeweils unterschieden, ob Daten von einem Mitgliedstaat oder von Europol in das Informationssystem eingegeben wurden. Weiterhin erfolgt eine Differenzierung, ob der Einzelne die Mitteilung über eingegebene Daten begehrt, oder ob die eingegebenen Daten überprüft werden sollen. Soweit Daten betroffen sind, die von einem Mitgliedstaat in das Informationssystem eingegeben wurden, entscheidet die GKI mit einfacher Mehrheit in Anwendung des nationalen Rechts über die Berechtigung der Ablehnung[179]. Bezieht sich der Auskunftsantrag auf Daten, die von Europol eingegeben wurden, kann sich die GKI nur mit 2/3-Mehrheit über die Ablehnung durch Europol oder einen betroffenen Mitgliedstaat hinwegsetzen[180].

Neben diesem Auskunfts- und Überprüfungsanspruch normiert Art. 20 IV EPK gegen Europol einen Anspruch auf Berichtigung oder Löschung fehlerhafter Daten, die von Europol (Art. 20 II 2 EPK) oder einem Drittstaat oder einer Drittstelle (Art. 20 I EPK) in das Informationssystem eingegeben wurden. Gegen die Unterrichtung durch Europol über die Berichtigung beziehungsweise Löschung

---

[176] Eine Antwort kann etwa lauten: *„Im Einklang mit dem im Europol-Übereinkommen und in den Rechtsvorschriften des im Vereinigten Königreichs festgelegten Verfahren unterrichte ich Sie, dass die Europol-Akten im Nachgang zu Ihrer Anfrage überprüft wurden. Es wurden keinerlei Sie betreffende Daten, auf die eine Person im Einklang mit Art. 19 EPK Anspruch auf Auskunft hätte, verarbeitet"*, vgl. Tätigkeitsbericht der GKI, 13899/03 EUROPOL 56 vom 28.10.2003.

[177] Obwohl Europol regelmäßig Ersuchen um Auskunft oder Prüfung von Daten erhält, kam es bis Ende 2002 nur in zwei Fällen zu einer Beschwerde, vgl. Tätigkeitsbericht der GKI, 13899/03 EUROPOL 56 vom 28.10.2003.

[178] Art. 24 VII EPK.

[179] Art. 19 VII 2 EPK.

[180] Art. 19 VII 6 EPK.

von Daten, die den Antragsteller betreffen, kann dieser ebenfalls die GKI anrufen[181].

bb) Schadensersatz

Art. 38 EPK regelt den Schadensersatz bei unzulässiger oder unrichtiger Datenverarbeitung. Beruht die Schadensverursachung auf einem nationalen Handeln, ist Schadensersatz gemäß Art. 38 I EPK nach den innerstaatlichen Haftungsregeln zu gewähren. In Deutschland kommen dafür insbesondere die Grundsätze der Amtshaftung und §§ 7, 8 BDSG in Betracht[182]. Soweit einem anderen Mitgliedstaat oder Europol selbst eine Pflichtverletzung vorzuwerfen ist, kann der betroffene Mitgliedstaat, der dem Einzelnen den Schaden ersetzt hat, gemäß Art. 38 II EPK Regress nehmen.

Daneben gibt es die Möglichkeit, Schadensersatzansprüche gegen Europol selbst geltend zu machen. Art. 39 I EPK normiert die vertragliche Haftung Europols, Art. 39 II EPK regelt die außervertragliche Haftung. Europol hat im Bereich der außervertraglichen Haftung unabhängig von einer Haftung nach Art. 38 EPK jeden Schaden zu ersetzen, der durch Verschulden seiner Organe, stellvertretenden Direktoren oder Bediensteten in Ausübung ihres Amtes entstanden ist, soweit dieser zurechenbar ist. Zuständig für die Verwirklichung der Schadensersatzansprüche gegen Europol sind gemäß Art. 39 IV EPK die nationalen Gerichte. Die Überprüfungsmöglichkeiten der nationalen Gerichte sind jedoch aufgrund des Immunitätenprotokolls[183] beschränkt, da die Unverletzlichkeit der Europol-Archive[184], die Immunität der Bediensteten[185] und die Verschwiegenheitspflicht[186] eine Sachverhaltsaufklärung erschweren, wenn der Direktor von Europol die Immunität nicht aufhebt. Die ablehnende Entscheidung des Direktors über die Aufhebung der Unverletzlichkeit kann nach Art. 13 Immunitätenprotokoll durch den Rat mit einstimmiger Entscheidung aufgehoben werden. Eine gerichtliche Entscheidung kann nicht herbeigeführt werden. Der Rechtsweg vor den nationalen Gerichten steht zudem nur so lange offen, bis die GKI eine Entscheidung getroffen hat, die für die Parteien gemäß Art. 24 VII EPK rechtskräftig ist[187]. Die Entscheidungen der GKI betreffen zwar nur die Auskunfts-, Überprüfungs-, Berichtigungs- und Löschungsersuchen Einzelner, da es jedoch

[181] Art. 20 IV 3 EPK.
[182] Mayer, Datenschutz und Europol, S. 144.
[183] Abl.EG C 221 vom 19.7.1997, S. 1; BGBl. 1998 II, S. 974.
[184] Art. 3 Immunitätenprotokoll.
[185] Art. 8 Immunitätenprotokoll.
[186] Art. 32 EPK.
[187] Frowein / Krisch, JZ 1998, S. 591.

Ziel dieser Regelung ist, die Kontrolle bei der GKI zu konzentrieren, erstreckt sich die Rechtskraft auch auf Sekundäransprüche[188].
Neben diesen Schadensersatzansprüchen, die auf einen Geldersatz gerichtet sind, gibt es nach Art. 39 III EPK einen Anspruch des Geschädigten auf Unterlassung einer Handlung oder Widerruf gegenüber Europol. Dieser Anspruch ist wie der Schadensersatzanspruch selbst gemäß Art. 39 IV EPK vor den nationalen Gerichten geltend zu machen.

cc) Zivilrechtliche Ansprüche

Im Bereich des fiskalischen Handelns ist vor den deutschen Gerichten ein Vorgehen Einzelner gegen Europol möglich. § 50 I ZPO knüpft die Parteifähigkeit im Zivilprozess an die Rechtsfähigkeit einer Organisation, die Europol gemäß 26 II EPK besitzt. Ansprüche gegen Europol aus Kaufverträgen, Dienstverträgen oder Mietverträgen können daher vor deutschen Zivilgerichten geltend gemacht werden.

5. Verhältnis Europols zu anderen Formen polizeilicher Zusammenarbeit

Die Zusammenarbeit der Mitgliedstaaten der Europäischen Union durch Europol hat zahlreiche Parallelen zu der Schengen-Kooperation und der Arbeit der IKPO-Interpol. Hinsichtlich der Zielsetzungen zeigen sich jedoch grundlegende Unterschiede.
Im Hinblick auf Interpol ist es für die polizeiliche Zusammenarbeit über Europol von Vorteil, dass die Rechtsordnungen der Mitgliedstaaten über eine gewisse Homogenität verfügen und durch weitergehende Vertragswerke aneinander gebunden sind. Eine solche Homogenität ist bei derzeit 181 Rechtsordnungen, die bei der Interpol-Zusammenarbeit aufeinander treffen, ausgeschlossen. Das Ziel einer effektiven internationalen Polizeikooperation konnte durch Interpol nur partiell erreicht werden. In vielen Bereichen wird die international operierende Polizeieinrichtung Interpol als unzureichend angesehen[189]. So hat Interpol etwa keine Möglichkeit, Daten zu analysieren oder Lageberichte zu erstellen. Umständliche Meldewege und Übersetzungszwang verlangsamen die Tätigkeit zusätzlich. Gerade die Analysemöglichkeiten Europols stellen den entscheidenden strategischen Mehrwert Europols dar[190]. So können etwa auf Anfrage eines Mitgliedstaates der Name und das Geburtsdatum einer Person mit Informationen aus einem laufenden Analyseprojekt abgeglichen und Bezüge in verschiedene andere Länder der Europäischen Union hergestellt werden. Diese Bezüge kön-

[188] Frowein / Krisch, JZ 1998, S. 591.
[189] Vgl. dazu etwa Camphausen, in: Lehr- und Studienbriefe Kriminalistik Nr.21, S. 43.
[190] *Kersten,* in: BKA, Kriminalitätsbekämpfung im zusammenwachsenden Europa, S. 75.

nen sogleich durch Informationsanfragen an die betroffenen Länder überprüft und die Ergebnisse an den anfragenden Staat übermittelt werden.
Interpol erhält Informationen überwiegend aus den Unterlagen der Kriminalpolizei der angeschriebenen Staaten. Dabei ist nicht sichergestellt, dass auch Unterlagen von Gendarmerie, Grenzpolizei und anderen Sicherheitsdiensten berücksichtigt werden, was unzureichend erscheint, da allein in den EU-Staaten zahlreiche weitere Einrichtungen mit Verbrechensbekämpfung befasst sind und über Informationen verfügen, die ungenutzt bleiben. Die Unterstützung und Fahndung durch Interpol findet zudem auf freiwilliger Basis statt. Ein Tätigwerden erfolgt nur reaktiv. Die Zusammenarbeit über Interpol leidet in vielen Fällen an dem mangelnden Willen der nationalen Stellen, Daten zu liefern[191]. Nur in Ausnahmefällen führt die Zusammenarbeit zur Initiierung und Unterstützung von konkreten Ermittlungen. Gerade dieses Defizit sollte durch die Schaffung Europols ausgeglichen werden[192].
Dennoch ist Interpol bei der internationalen polizeilichen Kooperation unentbehrlich. Der außerordentliche Vorteil besteht darin, dass der kriminalpolizeiliche Nachrichtenaustausch weltweit gefördert, Ermittlungs- und Rechtshilfeersuchen weltweit vermittelt und die Fahndung nach gesuchten Rechtsbrechern weltweit wirksam unterstützt werden kann. Interpol integriert insbesondere auch die Polizei osteuropäischer und außerkontinentaler Länder und schafft ein weltweit fast lückenloses Instrument polizeilicher Zusammenarbeit. In Anbetracht der Tatsache, dass die organisierte Kriminalität weit über die Grenzen Europas hinausgeht, bleibt Interpol daher ein unverzichtbarer Bestandteil erfolgreicher internationaler Kriminalitätsbekämpfung[193].
Um die Vorteile der internationalen Zusammenarbeit von Interpol und der europäischen Zusammenarbeit von Europol zu verbinden, haben Europol und Interpol ein Kooperationsübereinkommen geschlossen. Seit Januar 2004 hat Europol zudem Zugang zur Interpol-Datenbank[194].

Die Zusammenarbeit im Rahmen der Schengener Übereinkommen unterscheidet sich von der Tätigkeit Europols schon dadurch, dass im Rahmen von Schengen keine eigene selbstständige Behörde gebildet wurde, sondern nur ein Forum für Zusammenarbeit. Die Schengen-Zusammenarbeit unterscheidet sich von der Tätigkeit Europols zudem in ihrer Zielsetzung. Beim SIS handelt es sich um ein

[191] Storbeck, Kriminalistik 1994, S. 202; Storbeck, Kriminalistik 1996, S. 17.
[192] Storbeck, Kriminalistik 1994, S. 202.
[193] Wiske, DPolBl. 1998, Heft 5, S. 24; Sturm, Kriminalistik 1997, S. 100; Oberleitner, Schengen und Europol, S. 179.
[194] Ein Zugriff Interpols auf die Europol Informationssammlungen ist wegen Art. 6 II EPK allerdings ausgeschlossen.

Fahndungssystem mit Ausschreibungen zur Festnahme, Aufenthaltsfeststellung und Einreiseverweigerung, das den Abbau von Binnengrenzen kompensieren soll. Das Datensystem Europols hingegen dient nicht allein der repressiven Fahndung, sondern darüber hinaus der Datensammlung und -auswertung im Vorfeld und der präventiven Kriminalitätsbekämpfung. Das Informationssystem Europols enthält Informationen über Täter, Tätergruppen und Verdachtsmomente, die im Rahmen der Analysetätigkeit noch nutzbar gemacht werden müssen. Anders als das SIS ist das Datensystem Europols nicht als Fahndungssystem konzipiert, in dem einzelne Mitgliedstaaten Ausschreibungen machen. Die Datenbestände Europols dienen vielmehr der polizeilichen Recherche. Dazu müssen sie weitergehende Daten als die im SIS vorhandenen Personen- und Sachdaten enthalten. Der entscheidende Mehrwert Europols liegt zudem in der Analyse. Eine Analyseleistung kann das SIS als reines Fahndungssystem nicht erbringen.
Das Datensystem Europols und das SIS haben das gemeinsame Ziel, innerhalb der Mitgliedstaaten der Europäischen Union einen Raum der Freiheit und der Sicherheit zu schaffen. Eine Konkurrenz zwischen diesen Systemen ist wegen der unterschiedlichen Zielsetzung kaum denkbar[195]. Erstrebenswert ist vielmehr, die verschiedenen Formen internationaler polizeilicher Zusammenarbeit so aufeinander abzustimmen, dass die Vorteile der Systeme vollständig ausgeschöpft werden können. In diesem Sinne hat Europol im Jahr 2001 um Zugriff auf das Schengener Informationssystem gebeten. Der Antrag wird in den entsprechenden Gremien geprüft[196]. Nach Art. 10 V EPK ist es grundsätzlich möglich, dass Europol aus anderen Informationssystemen personenbezogene Daten abrufen kann. Vorteil eines solchen Zugangs wäre, dass Europol eigene Informationen mit solchen aus dem SIS abgleichen kann, um neue Zusammenhänge zu ermitteln und Folgemaßnahmen einzuleiten. Auch für die ausschreibende Vertragspartei könnte es einen gewichtigen Vorteil darstellen, über Europol neue Informationen zu erlangen[197]. Europol kann jedoch nach der aktuellen Rechtslage nicht Mitglied des SDÜ werden, da gemäß Art. 101 I SDÜ Zugriff auf das SIS nur Stellen haben, die für Grenzkontrollen oder sonstige polizeirechtliche und zollrechtliche Überprüfungen im Inland zuständig sind. Das SDÜ müsste insofern geändert oder ergänzt werden. Problematisch im Hinblick auf einen Zugang Europols zum SIS sind ferner die in Art. 102 I SDÜ niedergelegte Zweckbindung der Daten an den Zweck der jeweiligen Ausschreibung und das Übernahmeverbot des Art. 102 II 2 SDÜ, wonach Ausschreibungen anderer Vertragsparteien nicht aus dem Bestand des nationalen Teils des SIS in andere nationale

[195] So auch Sturm, Kriminalistik 1997, S. 102; Oberleitner, Schengen und Europol, S. 177.
[196] Vgl. Europol-Jahresbericht 2001, 8381/02 Europol 25 vom 30.4.2002, S. 23.
[197] 9323/02 LIMITE SIS 35 EUROPOL 42, COMIX 363 vom 28. Mai 2002, S. 2.

Datenbestände übernommen werden dürfen. Ein Zugriff Europols auf das SIS ist angesichts der erforderlichen Änderungen nur mittelfristig zu erwarten.

III. Die Stellung Europols im institutionellen Gefüge der Europäischen Union

Die Ziele, Aufgaben und die Funktionsweise Europols sind in der EPK niedergelegt. Gleichwohl macht auch der EU-Vertrag in Art. 29ff. EU Vorgaben für Europol. Insbesondere ist in Art. 30 II EU die weitere Entwicklung der polizeilichen Zusammenarbeit durch Europol vorgegeben. Das wirft die Frage nach dem Verhältnis der Institution Europol zu dem Gebilde der Europäischen Union auf. Um diese Frage beantworten zu können muss zunächst die Konstruktion der Europäischen Union hinterfragt werden.

1. Die Europäische Union

Eine zentrale Frage, um die Europäische Union rechtlich einordnen zu können, ist die nach ihrer Rechtspersönlichkeit. Im Gegensatz zur EG, der in Art. 281 EG ausdrücklich Rechtspersönlichkeit zugesprochen wird, gibt es im EU-Vertrag eine entsprechende Bestimmung nicht. Die Rechtssubjektivität kann jedoch auch aus den Aufgaben und der Struktur einer Organisation folgen[198]. Zumindest bei Qualifizierung der Europäischen Union als internationale Organisation im Sinne des Völkerrechts käme ihr (partielle) Völkerrechtssubjektivität zu[199]. Eine internationale Organisation ist ein Zusammenschluss staatlicher oder nichtstaatlicher Einheiten auf internationaler Ebene, der mit mindestens einem handlungsfähigen Organ ausgestattet ist und mit einer auf Dauer angelegten Organisationsstruktur gemeinsame Ziele verfolgt[200]. Für die Rechtsfähigkeit ist entscheidend, ob die EU in eigenen Organen einen eigenständigen Willen bilden kann, die Mitgliedstaaten gegebenenfalls auch gegen deren Willen binden kann und die Fähigkeit hat, gegenüber außenstehenden Völkerrechtssubjekten wirksam zu handeln[201].

Teilweise wird schon der Maastrichter Vertrag als Grundlage für die Verleihung von Rechtssubjektivität an die EU erachtet, da die drei Gemeinschaften zusam-

---

198 König, Übertragung von Hoheitsrechten, S. 250; Dörr, EuR 1995, S. 339.

199 Die zumindest partielle Völkerrechtssubjektivität ist unverzichtbares Kriterium einer internationalen Organisation, vgl. etwa Dahm / Delbrück / Wolfrum, Völkerrecht, S. 207.

200 Dörr, EuR 1995, S. 335; *Wichard,* in: Calliess / Ruffert, EG, Art. 1, Rn.6; Trüe, ZeuS 2000, S. 136.

201 *Wichard,* in: Calliess / Ruffert, EG, Art. 1, Rn.6.

men mit den neuen Politiken und Formen der Zusammenarbeit in der Union als einheitliche Körperschaft mit Rechtspersönlichkeit aufgegangen seien[202].
Dem wird entgegengehalten, eigentlicher Akteur der Titel IV und V des EU-Vertrages seien bis heute die Mitgliedstaaten. Der Europäischen Union komme daher keine Rechtspersönlichkeit zu[203]. Die Mitgliedstaaten bewahrten vielmehr ihre ausschließliche Kompetenzträgerschaft, während der Unionsvertrag nur ein intergouvernementales Forum für die Zusammenarbeit errichte.
Die Annahme der fehlenden Rechtspersönlichkeit der Europäischen Union hält einer genaueren Überprüfung jedoch nicht stand. Die Europäische Union hat eigene Aufgaben. Art. 2 I EU enthält allgemeine Zielbestimmungen der EU, wie die Beziehungen zwischen den Mitgliedstaaten kohärent und solidarisch ausgebaut werden sollen.
Die Europäische Union verfügt zudem über Organe. Nach Art. 5 EU üben das Europäische Parlament, der Rat, die Kommission, der Gerichtshof und der Rechnungshof ihre Befugnisse auch nach Maßgabe und im Sinne des Unionsvertrages aus. Es kann an dieser Stelle dahinstehen, ob diese Organe der EU im Wege der Organleihe von der Gemeinschaft zur Verfügung gestellt werden[204], oder ob es sich zugleich um Organe der EU handelt[205]. Entscheidend ist alleine, dass diese Organe auch nach den Vorgaben des Unionsvertrages tätig werden.
Mit diesen Organen kann die Europäische Union einen eigenen Willen bilden, der von dem Willen der Mitgliedstaaten verschieden sein kann. Das wird an zahlreichen Stellen deutlich. Im Bereich der gemeinsamen Außen- und Sicherheitspolitik kann eine Enthaltung gemäß Art. 23 I EU das Zustandekommen eines Beschlusses nicht verhindern. Art. 23 II EU lässt an zahlreichen Stellen Mehrheitsbeschlüsse zu. Übereinkünfte mit dritten Staaten zur Durchführung gemeinsamer Aktionen oder gemeinsamer Standpunkte werden nach Art. 24 III EU ebenfalls mit qualifizierter Mehrheit geschlossen. Auch im Bereich der polizeilichen und justiziellen Zusammenarbeit in Strafsachen stehen Enthaltungen der einstimmigen Beschlussfassung des Rates nicht entgegen[206]. Nach Art. 34 II lit.c EU können Durchführungsbeschlüsse mit qualifizierter Mehrheit getroffen werden. Der EuGH kann nach Maßgabe des Art. 35 EU im Wege der Vorabent-

---

202 v.Bogdandy / Nettesheim, NJW 1995, S. 2327, v.Bogdandy / Nettesheim, EuR 1996, S. 24f.; Ress, EuR Beiheft 2 / 1995, S. 30; ebenso seit dem Vertrag von Amsterdam: Zuleeg, EuR Beiheft 2 / 1998, S. 153.

203 Everling, DVBl. 1993, S. 941; Hilf, EuR 1997, S. 359; Pechstein / Koenig, EuZW 1997, S. 225; Streinz, EuZW 1998, S. 140; Geiger, EUV, Art. 1, Rn.7; Di Fabio, DÖV 1997, S. 90f.

204 So etwa Dörr, EuR 1995, S. 337; *Stumpf*, in: Schwarze, EU, Art. 5, Rn.9.

205 In diesem Sinne: v.Bogdandy / Nettesheim, NJW 1995, S. 2326; v.Bogdandy / Nettesheim, EuR 1996, S. 13; Klein / Haratsch, DÖV 1993, S. 788; Wichard, EuR 1999, S. 179; Zuleeg, EuR Beiheft 2 / 1998, S. 152; Trüe, ZeuS 2000, S. 144ff.

206 Das ergibt sich aus dem Verweis auf Art. 205 III EG in Art. 41 I EU.

scheidung über die Gültigkeit und Auslegung von Rechtsakten der EU im Bereich der polizeilichen und justiziellen Zusammenarbeit in Strafsachen entscheiden. Schließlich hat die Kommission gemäß Art. 34 II EU ein Initiativrecht, das dem der Mitgliedstaaten gleichgestellt ist. In all diesen Konstellationen kann der Wille eines einzelnen Mitgliedstaates entgegenstehen, ohne dass ein Tätigwerden der EU verhindert wird. Die EU bildet folglich durch ihre Organe einen eigenen Willen.
Im Innenverhältnis können verbindliche Rechtsakte der EU die Mitgliedstaaten binden. Im Bereich der polizeilichen und justiziellen Zusammenarbeit in Strafsachen gibt es die Handlungsform des Rahmenbeschlusses (Art. 34 I lit.b EU) und des Beschlusses (Art. 34 II lit.c EU), durch die die Mitgliedstaaten unmittelbar gebunden werden. Zwar sind die Maßnahmen nicht unmittelbar anwendbar, das heißt der einzelne Unionsbürger kann sich gegenüber dem Mitgliedstaat nicht darauf berufen, die Mitgliedstaaten selbst werden jedoch unmittelbar gebunden. Im Rahmen der gemeinsamen Außen- und Sicherheitspolitik sind gemeinsame Aktionen gemäß Art. 14 III EU für die Mitgliedstaaten bindend.
Die Europäische Union kann auch im Außenverhältnis rechtswirksam tätig werden. Nach Art. 24 EU kann der Rat im Bereich der polizeilichen und justiziellen Zusammenarbeit in Strafsachen und im Bereich der gemeinsamen Außen- und Sicherheitspolitik völkerrechtliche Verträge mit einem oder mehreren anderen Staaten oder internationalen Organisationen abschließen. Die in diesem Rahmen geschlossenen Übereinkünfte binden nach Art. 24 VI EU ausdrücklich die Organe der EU. Die Mitgliedstaaten haben in einer Erklärung Nr.4 der Schlussakte festgelegt, dass mit der Vertragsschlusskompetenz keine Zuständigkeiten auf die Europäische Union übertragen werden. Damit wurde klargestellt, dass die Handlungsfähigkeit der EU keine materielle Handlungsbefugnis beinhaltet, sondern gemäß dem Prinzip der begrenzten Einzelermächtigung eine Handlungsbefugnis explizit im Vertrag vorgesehen sein muss und weiterhin auch die Mitgliedstaaten derartige Abkommen schließen dürfen[207].
Schließlich kann Art. 7 I EU für die Begründung der Rechtspersönlichkeit der EU herangezogen werden. Nach Art. 7 I EU können Mitgliedschaftsrechte wegen Verletzung der in Art. 6 I EU verankerten Grundsätze ausgesetzt werden. Das setzt voraus, dass die EU ein von den Mitgliedstaaten verschiedenes Rechtssubjekt ist, sich also nicht in einer Umschreibung für das einvernehmliche Zusammenwirken aller Mitgliedstaaten erschöpft[208]. Die Europäische Union erfüllt mithin die Voraussetzungen der Rechtspersönlichkeit[209].

---

[207] Kadelbach, EuR Beiheft 2 / 1998, S. 60; Trüe, ZeuS 2000, S. 168f.
[208] So ausdrücklich *Wichard,* in: Calliess / Ruffert, EG, Art. 1, Rn.11.
[209] *Wichard,* in: Calliess / Ruffert, EG, Art. 1, Rn.13; Zuleeg, EuR Beiheft 2 / 1998, S. 153; Trüe, ZeuS 2000, S. 175f.

Die Zuerkennung von Rechtssubjektivität bedeutet jedoch nicht, dass zwischen dem Integrationsniveau der Gemeinschaft und dem der Union nicht erhebliche Unterschiede bestünden. Im Tätigkeitsbereich der Europäischen Union gibt es Bereiche, die faktisch kaum über eine rein intergouvernementale Zusammenarbeit zwischen den Mitgliedstaaten hinausgehen. Das ist insbesondere in jenen Bereichen der Fall, in denen nach wie vor ein Einstimmigkeitserfordernis besteht und in denen kein die Mitgliedstaaten bindendes Recht gesetzt werden kann. Es ist nicht verfehlt, hier weiterhin von einer besonderen Art intergouvernementaler Zusammenarbeit zu sprechen. Dies widerspricht jedoch nicht der grundsätzlichen Zuerkennung von Rechtspersönlichkeit. Es ist unerheblich, dass die Mitgliedstaaten durch weitgehende Einstimmigkeitserfordernisse die Ausübung der Kompetenzen der EU noch weitgehend steuern können. Die Rechtspersönlichkeit ist nicht davon abhängig, wie viele Kompetenzen die EU hat, sondern davon, dass sie überhaupt eigene Kompetenzen hat. Entscheidend ist, dass die EU in den Bereichen, in denen ihr Zuständigkeiten zugewiesen sind, mit Hilfe ihrer Organe einen eigenen Willen bilden und sowohl im Innen- als auch im Außenverhältnis rechtsetzend tätig werden kann.

2. *Vorgaben des EU-Vertrages für Europol*

Der Vertrag über die Europäische Union in der Fassung des Vertrages von Maastricht nahm in Art. K.1 Nr.9 erstmals Bezug auf Europol und bezeichnete den Aufbau eines europäischen Polizeiamtes als Angelegenheit gemeinsamen Interesses.

Mit dem Vertrag von Amsterdam wurden die Bestimmungen über die polizeiliche Zusammenarbeit der Mitgliedstaaten der Europäischen Union neu gefasst und konkretisiert. Einzelne Bereiche aus der bisherigen dritten Säule der EU, also der Zusammenarbeit in den Bereichen Justiz und Inneres, wurden „vergemeinschaftet", das heißt aus der intergouvernementalen Zusammenarbeit in die höhere Integrationsstufe des Gemeinschaftsrechts überführt[210]. Entscheidende Folge der Vergemeinschaftung ist, dass die Gesetzgebungsverfahren des EG-Vertrages Anwendung finden. Dies bedeutet, dass die Rolle des Europäischen Parlaments gestärkt wird und die Gesetzgebung in Form von Richtlinien und Verordnungen verabschiedet wird. Der deutsche Vorschlag, auch Europol zu einer Institution der Europäischen Gemeinschaft zu machen, wurde allerdings nicht umgesetzt[211]. Die polizeiliche Zusammenarbeit ist mit Art. 29ff. EU Teil des institutionellen Rahmens der Europäischen Union geblieben.

---

[210] Insbesondere die in den Art. 61ff. EG niedergelegten Bereiche Visa, Asyl, Einwanderung und andere Politiken betreffend den freien Personenverkehr.

[211] Zieschang, ZRP 1996, S. 427; Storbeck, Kriminalistik 1996, S. 18; Storbeck, Kriminalistik 1994, S. 201.

Es handelt sich allerdings seit dem Vertrag von Amsterdam nicht mehr nur um eine Angelegenheit gemeinsamen Interesses, sondern die Mitgliedstaaten sind durch Art. 29 EU zu einem gemeinsamen Vorgehen im Wege der zwischenstaatlichen Zusammenarbeit verpflichtet. Ziel dieser Zusammenarbeit ist die Schaffung eines Raums der Freiheit, der Sicherheit und des Rechts, wobei jedem dieser Elemente eine besondere Bedeutung zukommt. Der Begriff der Freiheit bedeutet, in einem Rechtsraum zu leben und die Gewissheit zu haben, dass die Behörden alles in ihrer Macht stehende tun, um gegen diejenigen vorzugehen, die diese Freiheit nicht anerkennen oder sie missbrauchen[212]. Voraussetzung für einen Raum der Freiheit ist die Sicherheit der Menschen. Die Mitgliedstaaten sollen im Bereich der polizeilichen und strafrechtlichen Zusammenarbeit gemeinsame Maßnahmen durchführen, um den Bürgern mehr Sicherheit zu bieten[213]. Sicherheit entsteht durch eine verbesserte Zusammenarbeit der Politik und der Justizbehörden bei grenzüberschreitender Kriminalität[214]. Der Raum des Rechts soll den Bürgern der Union eine Vorstellung davon vermitteln, was Recht ist. Wesentliche Elemente sind Rechtssicherheit und der gleiche Zugang zum Recht[215]. Es muss gewährleistet sein, dass diejenigen, die die Freiheit und Sicherheit gefährden, zur Rechenschaft gezogen werden[216].

Art. 30 I EU konkretisiert, aus welchen Bestandteilen sich das gemeinsame Vorgehen der Mitgliedstaaten im Bereich der polizeilichen Zusammenarbeit zusammensetzt. Art. 30 II EU stellt für den Rat ein spezifisches Förderprogramm auf, wie binnen 5 Jahren die Zusammenarbeit durch das europäische Polizeiamt gefördert werden soll. Art. 30 II EU sieht vor, dass Europol spezifische Ermittlungsmaßnahmen der Mitgliedstaaten unterstützen soll (lit.a) und die Mitgliedstaaten ersuchen kann, Ermittlungen einzuleiten (lit.b). Diese Forderungen werden durch ein Änderungsprotokoll zur EPK[217] in weiten Teilen umgesetzt. Weiter legt Art. 30 II EU fest, dass Mechanismen für die Zusammenarbeit zwischen Beamten der Strafverfolgungs- und Ermittlungsbehörden gefördert werden sollen (lit.c), und dass ein Netz für Forschung, Dokumentation und Statistik über grenzüberschreitende Kriminalität einzurichten ist (lit.d).

---

[212] Aktionsplan zur bestmöglichen Umsetzung der Bestimmungen des Amsterdamer Vertrages über den Aufbau eines Raums der Freiheit, der Sicherheit und des Rechts, Abl.EG C 19 vom 23.1.1999, S. 3.

[213] Aktionsplan zur bestmöglichen Umsetzung der Bestimmungen des Amsterdamer Vertrages über den Aufbau eines Raums der Freiheit, der Sicherheit und des Rechts, Abl.EG C 19 vom 23.1.1999, S. 3.

[214] *Bunz,* in: BKA, Kriminalitätsbekämpfung im zusammenwachsenden Europa, S. 25.

[215] *Bunz,* in: BKA, Kriminalitätsbekämpfung im zusammenwachsenden Europa, S. 25.

[216] Aktionsplan zur bestmöglichen Umsetzung der Bestimmungen des Amsterdamer Vertrages über den Aufbau eines Raums der Freiheit, der Sicherheit und des Rechts, Abl.EG C 19 vom 23.1.1999, S. 4.

[217] Rechtsakt des Rates vom 28. November 2002, Abl.EG C 312 vom 16.12.2002, S. 1.

3. Verhältnis Europols zur Europäischen Union

Nachdem die Konstruktion der Europäischen Union und die konkreten Vorgaben des EU-Vertrages für Europol dargelegt sind, bedarf es der Klärung des Verhältnisses dieser Vorgaben zur EPK und zur Institution Europol. Handelt es sich bei dem europäischen Polizeiamt um einen Teil der Europäischen Union? Oder ist Europol eine verselbstständigte Organisation, für die der EU-Vertrag nur gewisse Vorgaben macht, die aber ansonsten von der Europäischen Union unabhängig ist?

Die Institution Europol ist fest im EU-Vertrag verankert. Mitglied der EPK kann gemäß Art. 46 I EPK nur sein, wer Mitglied der Europäischen Union ist. Der EU-Vertrag selbst errichtet Europol jedoch nicht, er sieht in Art. 29ff. EU nur ein spezifisches Programm für die Vertragsstaaten der EU in Bezug auf die weitere Zusammenarbeit in den Bereichen Justiz und Inneres vor. Die Errichtung Europols bedurfte eines ratifizierungsbedürftigen völkerrechtlichen Vertrages[218]. Die Organisation Europol hat gemäß Art. 26 I EPK Rechtspersönlichkeit. Europol hat auch eigene Organe, die als Akteure auftreten. Diese sind nach Art. 27 EPK der Verwaltungsrat, der Direktor, der Finanzkontrolleur und der Haushaltsausschuss.

Trotz dieser selbstständigen Ausgestaltung ist Europol ein Teil der Europäischen Union. Den Mitgliedstaaten der Europäischen Union werden durch die Vorgaben des EU-Vertrages konkrete Maßstäbe gesetzt, welchen Beitrag das europäische Polizeiamt im Bereich der polizeilichen und justiziellen Zusammenarbeit in Strafsachen leisten soll. Das Ziel der Europäischen Union, den Bürgern einen Raum der Freiheit, der Sicherheit und des Rechts zu bieten, wird gemäß Art. 29 EU unter anderem durch die Zusammenarbeit unter Einschaltung von Europol erreicht. Europol ist ein wesentlicher Bestandteil der polizeilichen und justiziellen Zusammenarbeit in Strafsachen der EU. Durch die Ausgestaltung der EPK als völkerrechtlicher Vertrag erfolgt keine Verselbstständigung in dem Sinne, dass Europol aus dem institutionellen Rahmen der EU herausgelöst ist. Das verdeutlicht schon Art. 43 EPK, der Änderungen der EPK betrifft. Solche Änderungen werden vom Rat nach Titel VI des EU-Vertrages beschlossen und den Mitgliedstaaten zur Ratifikation empfohlen. Für jede Änderung der EPK und damit für jeden Schritt, durch den die Zuständigkeiten und Befugnisse Europols ausgebaut und erweitert werden, wird damit auf den institutionellen Rahmen der EU zurückgegriffen. Umgekehrt werden bei Änderungen des EU-Vertrages jeweils die Vorgaben für Europol modifiziert und entsprechend dem politischen Willen der Mitgliedstaaten weiterentwickelt. So wurde in der Vergangenheit durch den Vertrag von Amsterdam in Art. 30 II EU zur Weiterentwicklung der

---

[218] In Deutschland ein Transformationsgesetz nach Art. 59 II GG.

Bestimmungen des Maastricht-Vertrages ein spezielles Förderprogramm für Europol im EU-Vertrag verankert. Durch den Vertrag von Nizza wurde in Art. 31 II EU eine Verbindung zwischen Europol und der neuen Institution Eurojust hergestellt. Nach Art. 31 II lit.b EU soll die Unterstützung durch Eurojust bei strafrechtlichen Ermittlungen insbesondere unter Berücksichtigung von Europol-Analysen gefördert werden. Der Entwurf einer europäischen Verfassung sieht erneut Änderungen für die polizeiliche Zusammenarbeit der Mitgliedstaaten der Europäischen Union durch Europol vor[219].
Auch zahlreiche andere Stellen der EPK weisen Bezüge zum EU-Vertrag auf. So wird etwa der Direktor von Europol gemäß Art. 29 I EPK vom Rat nach dem Verfahren des Titels VI einstimmig für vier Jahre ernannt. Er kann durch Beschluss des Rates auch entlassen werden[220]. Der Rat der Europäischen Union hat von seiner Befugnis aus Art. 10 I 4 EPK Gebrauch gemacht und Durchführungsbestimmungen für die Arbeitsdateien zu Analysezwecken erlassen[221]. Organisatorische Leitentscheidungen für Europol trifft ebenfalls der Rat, etwa die Feststellung des Haushaltsplans[222] und die Festlegung der Finanzordnung[223]. Im Rahmen der Datenübermittlung an Drittstaaten und Drittstellen legt der Rat gemäß Art. 18 II EPK die allgemeinen Regeln für die Übermittlung fest. Schließlich hat der Verwaltungsrat von Europol dem Rat der Europäischen Union jährlich einen allgemeinen Bericht über die Tätigkeit Europols im vergangenen Jahr und einen Bericht über die voraussichtlichen Tätigkeiten von Europol vorzulegen[224]. Europol kann nicht losgelöst vom EU-Vertrag gesehen werden[225]. Es handelt sich vielmehr um einen Teil der Europäischen Union.

IV. Europol nach dem Entwurf einer Verfassung für Europa

1. Der Konvent

Die Staats- und Regierungschefs der Europäischen Union haben auf ihrem Gipfel in Laeken am 14./15.12.2001 die Weichen für eine Reform der Europäischen Union gestellt. In der „Erklärung von Laeken zur Zukunft Europas“ wurde be-

---

[219] Die geplanten Änderungen betreffen neben redaktionellen Vereinfachungen insbesondere die Schaffung flexibler Rechtssetzungsinstrumente, durch die Aufgaben und Zuständigkeiten Europols in Zukunft einfacher erweitert werden können. An den konkreten Vorgaben für Europol ändert sich inhaltlich zunächst wenig. Ausführlich dazu unten, B.IV.3.

[220] Art. 29 VI EPK.

[221] Abl.EG C 26 vom 30.1.1999, S. 1.

[222] Art. 35 V EPK.

[223] Art. 35 IX EPK.

[224] Art. 28 X EPK.

[225] So zutreffend auch Ellermann, Europol auf dem Weg zu einem „Europäischen FBI“?, Kap.2. A.IV.4.

schlossen, einen Konvent einzusetzen, der Vorschläge erarbeiten soll, wie Europa „demokratischer, transparenter und effizienter" werden kann.
Der Konvent setzte sich zusammen aus je einem Vertreter der Staats- und Regierungschefs der Mitgliedstaaten, je zwei Vertretern der nationalen Parlamente, 16 Vertretern des Europäischen Parlaments und zwei Vertretern der Kommission. Hinzu kamen je ein Regierungsvertreter und 2 Parlamentsvertreter aus den Beitrittsstaaten, die an den Beratungen teilnahmen, einen Konsens jedoch nicht verhindern konnten. Daneben waren Beobachter anderer Organe und Institutionen eingeladen[226].
Für den Raum der Freiheit, der Sicherheit und des Rechts gab es ein Mandat, das den Handlungsbedarf an mehreren Stellen unterstrich und Impulse gab[227]. Die derzeitige Lage wurde hinsichtlich der praktischen Effizienz und des rechtlichen Aufbaus der Verträge als nicht zufrieden stellend erachtet. Europol verfüge derzeit weder über die rechtlichen, noch über die materiellen Mittel, um die gemeinsame Bedrohung der grenzüberschreitenden Kriminalität zu bewältigen[228]. Im Bereich der polizeilichen und justiziellen Zusammenarbeit in Strafsachen galt es fünf Herausforderungen zu meistern[229]. Erstens mussten die Zuständigkeiten kohärent aufgeteilt werden, also klar abgegrenzt werden, welche Angelegenheiten auf europäischer Ebene geregelt werden und welche weiterhin in die Zuständigkeit der Mitgliedstaaten fallen. Zweitens galt es, die bestehenden Rechtsakte und Verfahren zu reformieren, da diese – insbesondere das Übereinkommen – nicht geeignet waren, die ehrgeizigen Ziele von Tampere zu erreichen[230]. Drittens musste die politische und gerichtliche Kontrolle gestärkt werden, um individuelle oder kollektive Verantwortung eindeutig festzulegen. Viertens war eine Vereinfachung der Struktur der Zusammenarbeit erforderlich, da durch Nichtbeteiligungsklauseln und die Säulenstruktur der EU der Bereich Polizei und Justiz unnötig verkompliziert wurde. Schließlich galt es die gegenseitige Anerkennung gerichtlicher und außergerichtlicher Entscheidungen zu stärken.
Während der Beratungen und Gespräche, wie ein Raum der Freiheit, der Sicherheit und des Rechts in einer Europäischen Verfassung ausgestaltet sein kann, kristallisierten sich zwei „goldene Regeln" heraus, hinsichtlich derer bei den Konventsmitgliedern eine große Übereinstimmung bestand[231].

---

[226] Etwa des Ausschusses der Regionen und des Wirtschafts- und Sozialausschusses, um zu gewährleisten, dass alle betroffenen Organe und Institutionen in den Reformprozess eingebunden werden.
[227] CONV 258/02 WG X 3 vom 12. September 2002.
[228] CONV 369/02 vom 28. Oktober 2002, S. 2f.
[229] CONV 69/02 vom 31. Mai 2002.
[230] Dazu auch CONV 369/02 vom 28. Oktober 2002, S. 4.
[231] Vgl. CONV 426/02 WGX 14 vom 2. Dezember 2002.

Zum einen sollte ein einheitlicher Rechtsrahmen geschaffen werde, der den Besonderheiten dieses Bereichs Rechnung trägt. Das bedeutet, die Säulenstruktur aufzulösen und alle Bestimmungen zur Verwirklichung eines Raums der Freiheit, der Sicherheit und des Rechts unter einem Titel zusammenzufassen. Den Besonderheiten der Bereiche Polizei und Strafrecht sollte durch die Schaffung besonderer Verfahren Rechnung getragen werden[232]. Zum anderen war es erklärtes Ziel, möglichst konsequent zwischen „legislativen" und „operativen" Aufgaben zu unterscheiden, also zwischen den Bereichen der Rechtssetzung und Bereichen verstärkter Koordinierung operativer Zusammenarbeit.
Am 20. Juli 2003 hat der Vorsitzende des Europäischen Konvents, Herr V. Giscard d'Estaing, im Namen des Konvents offiziell den vollständigen Entwurf des Vertrages über eine Verfassung von Europa dem Europäischen Rat in Thessaloniki überreicht[233]. Nach Vorstellung des Konvents könnte die Verfassung im Mai 2004 vor den Europawahlen unterzeichnet werden, in denen sie dann gleichsam durch das Volk ratifiziert würde. Nach den Worten von V. Giscard d'Estaing könnte nach dem Vertrag von Rom nunmehr am 9. Mai 2004 die Verfassung vom Rom unterzeichnet werden[234].

2. Struktur des Verfassungsentwurfs

Der Verfassungsentwurf ist in drei Teile gegliedert. Der erste Teil enthält die grundlegenden Bestimmungen, wie die Definition und Ziele der Union, das Bekenntnis zu Grundrechten und die Unionsbürgerschaft, die Zuständigkeiten der Union, die Organe der Union, Regelungen zur Ausübung der Zuständigkeiten, Grundsätze des demokratischen Lebens in der Union, die Finanzen der Union, Bestimmungen über die Union und ihre Nachbarn und die Zugehörigkeit zur Union. Der zweite Teil enthält die Charta der Grundrechte der Europäischen Union. Im dritten Teil finden sich Bestimmungen über die einzelnen Politikbereiche und die Arbeitsweise der Union. Die derzeitige Säulenstruktur von EG/EU wird in dem Verfassungsentwurf zugunsten eines einheitlichen institutionellen Rahmens aufgegeben. Dies bedeutet jedoch nicht, dass die Bereiche, die bisher im institutionellen Rahmen der Europäischen Union angesiedelt waren, also insbesondere die polizeiliche und justizielle Zusammenarbeit in Strafsachen, einen Integrationsgrad erhalten, wie der Bereich des Binnenmarktes. Durch Verfahrensvorschriften und Einstimmigkeitserfordernisse kann weiterhin

---

[232] CONV 614/03 vom 14. März 2003, S. 5.
[233] Die folgende Darstellung geht aus von diesem Text, der am 20. Juli dem Europäischen Rat von Thessaloniki überreicht wurde.
[234] V. Giscard d'Éstaing als Vorsitzender des Europäischen Konvents in der Erklärung von Rom am 18. Juli 2003.

sichergestellt werden, dass in sensiblen Bereichen die Eigendynamik des Gemeinschaftsrechts zugunsten der Interessen der Mitgliedstaaten gehemmt wird.

3. Polizeiliche Zusammenarbeit in Strafsachen

Nach Art. I-41 des Verfassungsentwurfs bildet die Union einen Raum der Freiheit, der Sicherheit und des Rechts. Mittel zur Realisierung sind der Erlass von europäischen Gesetzen und Rahmengesetzen, mit denen die einzelstaatlichen Vorschriften angeglichen werden können. Europäische Gesetze sind Gesetzgebungsakte mit allgemeiner Geltung, die in allen ihren Teilen verbindlich sind und unmittelbar in jedem Mitgliedstaat gelten. Rahmengesetze sind Gesetzgebungsakte, die für jeden Mitgliedstaat, an den sie gerichtet sind, hinsichtlich des zu erreichenden Ziels verbindlich sind, jedoch den innerstaatlichen Stellen die Wahl der Form und der Mittel überlassen. Neben den Rechtssetzungsakten dienen nach Art. 41 des Verfassungsentwurfs die Förderung gegenseitigen Vertrauens zwischen den zuständigen mitgliedstaatlichen Behörden und die operative Zusammenarbeit der zuständigen mitgliedstaatlichen Behörden der Verwirklichung eines Raums der Freiheit, der Sicherheit und des Rechts.
Im dritten Teil des Verfassungsentwurfs werden diese Vorgaben in Kapitel IV (Art. III-158ff.) konkretisiert. Die polizeiliche Zusammenarbeit ist Gegenstand der Art. III-176 ff. des Verfassungsentwurfs. Art. III-176 II des Verfassungsentwurfs sieht den Erlass von europäischen Gesetzen und Rahmengesetzen vor, um polizeiliche Zusammenarbeit zu fördern. In Bezug auf Europol enthält der Verfassungsentwurf eine redaktionelle Vereinfachung des Art. 30 EU vor. Ziel der Neuformulierung ist es, dem Gesetzgeber durch eine allgemeinere und kürzere Bestimmung für die Ausdehnung der Aufgaben Europols einen größeren Spielraum zu geben[235]. Europol hätte den Auftrag, die Tätigkeit der Polizeibehörden und der anderen Strafverfolgungsbehörden der Mitgliedstaaten sowie deren gegenseitige Zusammenarbeit bei der Prävention und Bekämpfung der grenzüberschreitenden schweren Kriminalität, des Terrorismus und der Kriminalitätsformen, die ein gemeinsames Interesse verletzen, das Gegenstand einer Politik der Union ist, zu unterstützen und zu verstärken[236]. Aufbau, Arbeitsweise, Tätigkeitsbereich und die Aufgaben von Europol werden durch europäische Gesetze festgelegt. Zu den Aufgaben, die durch europäisches Gesetz geregelt werden können, gehören das Einholen, Speichern, Verarbeiten, Analysieren und Austauschen von Informationen, die insbesondere von den Behörden der Mitgliedstaaten oder Drittstaaten beziehungsweise Stellen außerhalb der EU übermittelt werden und die Koordinierung, Organisation und Durchführung von Ermittlungen und operativen Maßnahmen, die gemeinsam mit den zuständigen

[235] CONV 426/02 WGX 14 vom 2. Dezember 2002, S. 18.
[236] Art. III 177 I des Verfassungsentwurfs.

Behörden der Mitgliedstaaten oder im Rahmen gemeinsamer Ermittlungsgruppen durchgeführt werden[237]. Entscheidender Vorteil der Handlungsform des europäischen Gesetzes ist, dass durch die Beschlussfassung mit qualifizierter Mehrheit die Effizienz Europols erheblich gesteigert werden kann[238].
Die Regelungen des Entwurfs einer Verfassung für Europa sind für die Entwicklung Europols daher insgesamt zu begrüßen. Die Aufgaben Europols können flexibler angepasst werden, um aktuelle kriminalistische Erscheinungen wirkungsvoll bekämpfen zu können, indem zum einen eine Ausdehnung der Tätigkeit Europols erleichtert wird und zum anderen durch die Handlungsform des europäischen Gesetzes zeitnahe Reaktionen möglich werden.

---

[237] Art. III 177 II lit.a) und b) des Verfassungsentwurfs.

[238] Der Ministerrat beschließt gemäß Art. 22 III des Verfassungsentwurfs, soweit in der Verfassung nichts anderes festgelegt ist, mit qualifizierter Mehrheit.

C. Die Entwicklung der justiziellen Zusammenarbeit in Europa

I. Überblick über die justizielle Zusammenarbeit in Europa

Art. 31 EU macht ausführliche Vorgaben, welche Bereiche die justizielle Zusammenarbeit in Strafsachen zwischen den Mitgliedstaaten der Europäischen Union umfasst. Ziel dieser Vorgaben ist es, bestehende Hindernisse abzubauen und die Ermittlungsarbeit effektiver zu gestalten[239].
Seit dem Vertrag von Maastricht ist die justizielle Zusammenarbeit in Strafsachen förmlicher Bestandteil der Arbeit der Europäischen Union, ein Bereich „gemeinsamen Interesses“. Der Rat der Europäischen Union kann mit den Handlungsformen des Art. 34 II EU eine Zusammenarbeit zwischen den Mitgliedstaaten der Europäischen Union fördern. Wichtigstes Instrument im Bereich der justiziellen Zusammenarbeit war lange die Gemeinsame Maßnahme nach Art. K.3 II lit.b des Unionsvertrages in der Fassung des Vertrages von Maastricht. Die Bindungswirkung solcher Gemeinsamer Maßnahmen war umstritten[240], es bestand jedoch zumindest Einigkeit darüber, dass keine Verpflichtungen zum Erlass oder zur Änderung von Parlamentsgesetzen begründet werden können[241]. Durch den Vertrag von Amsterdam wurde die Gemeinsame Maßnahme durch den Rahmenbeschluss (lit.b) und den Beschluss (lit.c) ersetzt. Von großer Bedeutung sind ferner Übereinkommen nach Art. 34 II lit.d EU.
Ursprung der justiziellen Zusammenarbeit in Europa sind Europaratskonventionen, also Abkommen außerhalb des institutionellen Rahmens der EG oder der EU. Die Übereinkommen zwischen den Mitgliedstaaten der Europäischen Union bauen zum großen Teil auf den „Mutterübereinkommen“ des Europarates auf.

Das **Rechtshilfesystem** der Europäischen Union findet seinen Ursprung in dem Europäischen Rechtshilfeübereinkommen von 1959[242]. Um den Effektivitätsgrad der justiziellen Zusammenarbeit zwischen den Mitgliedstaaten der Europäischen Union zu fördern und wurde 1996 durch eine Gemeinsame Maßnahme des Rates[243] ein Rahmen für den Austausch von Verbindungsrichtern und Verbindungsstaatsanwälten geschaffen. Aufgabe der Verbindungsrichter und -

---

239 *Böse,* in: Schwarze, EU, Art. 31, Rn.2.

240 Das Spektrum geht von *per se* rechtsverbindlich (etwa Glaesner, EuR 1994, Beiheft 1, S. 35) bis zu einer Rechtsverbindlichkeit je nach der konkreten Maßnahme (etwa Müller-Graff, FS für Everling, S. 934, Zott, Rechtlicher Rahmen der innen- und justizpolitischen Zusammenarbeit in der EU, S. 246).

241 Zott, Rechtlicher Rahmen der innen- und justizpolitischen Zusammenarbeit in der EU, S. 240f.

242 Gesetz zu dem Europäischen Auslieferungsübereinkommen vom 13.Dezember 1957 und zu dem Europäischen Übereinkommen vom 20.April 1959 über die Rechtshilfe in Strafsachen, BGBl. 1964 II, S. 1369.

243 Gemeinsame Maßnahme vom 22.April 1996, Abl.EG L 105 vom 27.4.1996, S.1.

staatsanwälte ist es insbesondere, direkte Kontakte zwischen den zuständigen Dienststellen und Justizbehörden herzustellen, um Rechtshilfe zu erleichtern. In einer Entschließung[244] forderte der Rat die Mitgliedstaaten in der Folgezeit auf, Personen, die an der Bekämpfung der internationalen organisierten Kriminalität beteiligt sind, zur Zusammenarbeit mit den Justizbehörden zu ermutigen und zugleich geeignete Schutzmaßnahmen für deren Sicherheit zu treffen.
Der Rat betonte 1997 in einem Aktionsplan zur Bekämpfung der organisierten Kriminalität[245] die Notwendigkeit eines umfassenden wechselseitigen Engagements zwischen den Mitgliedstaaten, um organisierte Kriminalität effizient und abgestimmt bekämpfen zu können. Für den Bereich der Rechtshilfe bedeute dies, Vorbehalte einzelner Staaten abzubauen und ein Einvernehmen über den Entwurf eines Rechtshilfeübereinkommens in Strafsachen zwischen den Mitgliedstaaten der Europäischen Union zu erzielen. Die Unterzeichnung eines solchen Übereinkommens dauerte jedoch noch Jahre, da sich ein Konsens als schwierig erwies. Der Rat versuchte daher in der Folgezeit durch zahlreiche andere Rechtsakte, die sich jeweils auf einen kleineren Bereich beschränkten, die justiziellen Systeme der Mitgliedstaaten so zu verbinden, dass Rechtshilfe wirksam und schnell gewährt werden kann.
Zunächst wurde durch eine Gemeinsame Maßnahme[246] die Möglichkeit geschaffen, Gutachterausschüsse einzusetzen, um die Umsetzung Gemeinsamer Maßnahmen voranzutreiben und den Mitgliedstaaten die Möglichkeit zu bieten, Instrumente der Verbrechensbekämpfung auf der Grundlage der Gleichheit und des gegenseitigen Vertrauens zu begutachten. Wenige Monate später wurde das Programm FALCONE geschaffen, ein Austausch-, Ausbildung- und Kooperationsprogramm für Personen, die für die Bekämpfung der organisierten Kriminalität zuständig sind[247]. Im Juni 1998 wurde sodann festgelegt[248], dass jeder Mitgliedstaat eine Erklärung abzugeben hat, bei Ersuchen anderer Mitgliedstaaten um Rechtshilfe in Strafsachen bewährte Methoden anzuwenden. Ziel war es, erstmals gewisse Grundregeln bei der Abwicklung von Rechtshilfeersuchen festzulegen. Als bewährte Methoden werden etwa die Bestätigung des Eingangs eines als dringend gekennzeichneten Ersuchens angesehen, die Pflicht, dringende Ersuchen, sofern dies nicht im Widerspruch zu nationalen Vorschriften steht, bevorzugt zu behandeln und die Mitteilung an einen ersuchenden Mitgliedstaat,

---

[244] Entschließung des Rates vom 20.Dezember 1996, Abl.EG C 10 vom 11.1.1997, S. 1.
[245] Aktionsplan zur Bekämpfung der organisierten Kriminalität, Abl.EG C 251 vom 15.8.1997, S. 1.
[246] Gemeinsame Maßnahme vom 5.Dezember 1997, Abl.EG L 344 vom 15.12.1997, S. 7.
[247] Gemeinsame Maßnahme vom 19.März 1998, Abl.EG L 99 vom 31.3.1998, S. 8.
[248] Gemeinsame Maßnahme vom 29.Juni 1998, Abl.EG L 191 vom 7.7.1998, S. 1.

wenn die erbetene Mitteilung nicht oder nicht vollständig innerhalb der gesetzten Frist geleistet werden kann.
Gleichzeitig schuf der Rat der Europäischen Union durch eine Gemeinsame Maßnahme das Europäische Justizielle Netz[249], um justizielle Rechtshilfe zu vereinfachen und zu beschleunigen. Das Europäische Justizielle Netz ist ein Zusammenschluss der nach nationalem Recht für organisierte Kriminalität zuständigen Behörden. Jeder Mitgliedstaat richtet eine oder mehrere Kontaktstellen ein, die als aktive Vermittler die justizielle Zusammenarbeit der Mitgliedstaaten der Europäischen Union durch die Herstellung möglichst zweckdienlicher Direktkontakte erleichtern sollen[250]. Das Europäische Justizielle Netz stellt zur Erleichterung dieser Aufgabe ein Informationsnetz zur Verfügung, das unter anderem Angaben über die Zuständigkeit der nationalen Kontaktstellen, kurze rechtliche sowie praktische Informationen über das Gerichtswesen und die Verfahrenspraxis in den Mitgliedstaaten und den Wortlaut der in dem jeweiligen Mitgliedstaat geltenden Übereinkommen einschließlich etwaiger Erklärungen und Vorbehalte enthält[251]. Im Rahmen des Europäischen Justiziellen Netzes finden regelmäßige Sitzungen statt, die dem Erfahrungsaustausch dienen und ein Forum für die Erörterung von praktischen und rechtlichen Problemen der justiziellen Zusammenarbeit bieten sollen[252]. Das Europäische Justizielle Netz ist jedoch schon jetzt Zweifeln hinsichtlich seiner Funktionsfähigkeit ausgesetzt, da der Personenkreis beschränkt ist und das Entstehen eines komplexen Beziehungsgeflechts kaum möglich erscheint[253]. Durch die Vielzahl der Kontaktstellen werden die angestrebten persönlichen Beziehungen als Grundlage der notwendigen Vertrauensbildung erschwert[254].
Neben dem Europäischen Justiziellen Netz wurde ein europäisches Netz für Kriminalprävention errichtet[255], das sich aus Kontaktstellen zusammensetzt, die von den Mitgliedstaaten benannt werden, und dessen Aufgabe es ist, die Zusammenarbeit weiter zu fördern, Informationen über bestehende Maßnahmen zur Kriminalprävention zu sammeln und zu analysieren und ein Forum zu bieten für Forschung, Ausbildung, Seminare und Konferenzen.
1999 wies der Rat im Rahmen einer Strategie der Europäischen Union für das neue Jahrtausend[256] erneut auf die Notwendigkeit hin, die justizielle Zusammenarbeit in Strafsachen in den Mitgliedsländern der Europäischen Union weiter zu

---

[249] Gemeinsame Maßnahme vom 29. Juni 1998, Abl.EG L 191 vom 7.7.1998, S. 4.
[250] Art. 4 I der Gemeinsamen Maßnahme, Abl.EG L 191 vom 7.7.1998, S. 4.
[251] Art. 8 der Gemeinsamen Maßnahme, Abl.EG L 191 vom 7.7.1998, S. 4.
[252] Art. 5 der Gemeinsamen Maßnahme, Abl.EG L 191 vom 7.7.1998, S. 4.
[253] Milke, Europol und Eurojust, S. 277.
[254] Nehm, DRiZ 2000, S. 358f.
[255] Abl.EG L 153 vom 8.6.2001, S. 1.
[256] Strategie der EU für das neue Jahrtausend, Abl.EG C 124 vom 3.5.2000, S. 5f.

verbessern und zu beschleunigen. Der organisierten Kriminalität könne nur dann wirksam begegnet werden, wenn Verfahrenserleichterungen geschaffen würden und gegebenenfalls auch eine Rechtsangleichung stattfände. Der Europäische Rat in Tampere griff diesen Gedanken Ende 1999 auf und forderte, den Austausch „bewährter Methoden" weiterzuentwickeln und das Netz der für die Kriminalitätsverhütung zuständigen einzelstaatlichen Behörden auszubauen[257]. Am 29.5.2000 wurde schließlich das EU-Rechtshilfeübereinkommen verabschiedet[258], welches Form und Verfahren des Rechtshilfeverkehrs regelt.

Grundlage für die **Auslieferung** von Straftätern in Europa ist das Europäische Auslieferungsübereinkommen vom 13.12.1957[259]. Um zahlreiche Auslieferungshindernisse zu beseitigen, einigten sich die Mitgliedstaaten der Europäischen Union im September 1996 auf ein neues Übereinkommen über die Auslieferung zwischen den Mitgliedstaaten[260]. Dieses Auslieferungsübereinkommen wird ergänzt durch ein Übereinkommen zur vereinfachten Auslieferung zwischen den Mitgliedstaaten der Europäischen Union[261].
Der Europäische Rat von Laeken 2001 erzielte eine politische Einigung über einen Europäischen Haftbefehl, der die Auslieferung beschleunigen soll. Durch einen Rahmenbeschluss des Rates wurden im Juni 2002 der Europäische Haftbefehl und Modalitäten seiner Vollstreckung geregelt[262].

Die **Vollstreckungshilfe** wurde 1983 erstmals in einer Europaratskonvention festgelegt[263], ist aber mittlerweile Gegenstand eines eigenständigen Vertragwerkes zwischen den Mitgliedstaaten der Europäischen Union[264]. Der Grundsatz *ne bis in idem*, wonach eine in einem Mitgliedstaat rechtskräftig abgeurteilte Tat, die vollstreckt ist, vollstreckt wird oder nicht mehr vollstreckt werden kann, in

---

[257] Schlussfolgerung Nr.42 des Europäischen Rates von Tampere am 15. und 16. Oktober 1999.
[258] Abl.EG C 197 vom 29.5.2000, S. 1; erläuternder Bericht vom 29. Mai 2000, Abl.EG C 379 vom 29.12.2000, S. 7.
[259] BGBl. 1964 II, S. 1369.
[260] Abl.EG C 313 vom 23.10.1996, S. 12, mit erläuterndem Bericht vom 26.5.1997, Abl.EG C 191 vom 23.6.1997, S. 13.
[261] Abl.EG C 78 vom 30.3.1995, S. 2, mit erläuterndem Bericht in Abl.EG C 375 vom 12.12.1996, S. 4.
[262] Rahmenbeschluss des Rates vom 13.Juni 2002, Abl.EG L 190 vom 18.7.2002, S. 1. Den vereinbarten Termin 1.1.2004 zur Umsetzung des Rahmenbeschlusses konnten allerdings nur Belgien, Dänemark, Irland, Finnland, Spanien, Schweden, Portugal und Großbritannien, mithin also 8 von 15 Mitgliedstaaten einhalten.
[263] BGBl. 1991 II, S. 1006.
[264] Übereinkommen zwischen den Mitgliedstaaten der Europäischen Gemeinschaften über die Vollstreckung ausländischer strafrechtlicher Verurteilungen, BGBl. 1997 II, S. 1351; Bekanntmachung über die vorläufige Anwendung in BGBl. 1998 II, S. 896.

einem anderen Mitgliedstaat nicht mehr verfolgt werden darf, ist in allen Mitgliedstaaten anerkannt. Für die Schengen-Vertragsstaaten enthalten Art. 54ff. SDÜ Vorgaben und Ausnahmen zum Verbot der Doppelbestrafung[265].
Um die gegenseitige Anerkennung gerichtlicher Entscheidungen weiter voranzutreiben, wurde 2001 ein Maßnahmenprogramm erstellt, das sich neben dem Verbot der doppelten Strafverfolgung auch mit Anordnungen im Rahmen des Ermittlungsverfahrens, Strafurteilen allgemein und Entscheidungen im Rahmen der Überwachung nach einem Strafverfahren befasst[266]. Für das zweite Halbjahr 2003 ist die Annahme eines Rechtsaktes geplant, der die Anerkennung und sofortige Vollstreckbarkeit der Kontroll-, Überwachungs- oder Präventivmaßnahmen, die von der Justizbehörde bis zum Ergehen eines Gerichtsurteils angeordnet sind, ermöglicht[267].

Art. 31 lit.e EU ermächtigt die Europäische Union zur schrittweisen Festlegung von Mindestvorschriften über die **Tatbestandmerkmale strafbarer Handlungen** und die Strafen in den Bereichen organisierte Kriminalität, Terrorismus und Drogenhandel. Davon ist etwa Gebrauch gemacht worden für Rechtsvorschriften, die der Bekämpfung von Drogenabhängigkeit und illegalem Drogenhandel[268], der Beteiligung an einer kriminellen Vereinigung[269] und der Bekämpfung des Menschenhandels und der sexuellen Ausbeutung von Kindern[270] dienen. Der Europäische Rat von Tampere forderte, die Vereinbarung gemeinsamer Definitionen, Tatbestandsmerkmale und Sanktionen zunächst in einer begrenzten Anzahl besonders relevanter Bereiche voranzutreiben, wie Finanzkriminalität, illegaler Drogenhandel, Menschenhandel, Ausbeutung von Frauen, sexuelle Ausbeutung von Kindern, Hightech-Kriminalität und Umweltkriminalität[271]. Für den Bereich der Bekämpfung der Geldwäsche[272] und der Bekämpfung von Betrug und Fälschung im Zusammenhang mit bargeldlosem Zahlungsverkehr[273] sowie zum Schutz des Euro vor Fälschung[274], gibt es mittlerweile spezielle Rahmenbe-

---

[265] Zum Verbot der Doppelbestrafung nach Art. 54 SDÜ vgl. insbesondere EuGH, Urteil vom 11.2.2003, Verb. Rs. C – 187/01 und C – 385/01, abrufbar im Internet unter www.curia.eu.int.
[266] Abl.EG C 12 vom 15.1.2001, S. 10.
[267] Anzeiger der Fortschritte bei der Schaffung eines „Raums der Freiheit, der Sicherheit und des Rechts", 1. Halbjahr 2003, KOM (2003) 291 endgültig vom 22.5.2003, S. 11.
[268] Abl.EG L 342 vom 31.12. 1996, S. 6; Abl.EG C 10 vom 11.1.1997, S. 3.
[269] Abl.EG L 351 vom 29.12.1998, S. 1.
[270] Abl.EG L 63 vom 3.4.1997, S. 2.
[271] Vgl. Schlussfolgerung Nr.48 des Europäischen Rates von Tampere am 15. und 16. Oktober 1999.
[272] Abl.EG L 182 vom 5.7.2001, S. 1.
[273] Abl.EG L 149 vom 2.6.2001, S. 1.
[274] Abl.EG L 140 vom 14.6.2000, S. 1.

schlüsse des Rates. Durch einen weiteren Rahmenbeschluss soll bis Ende 2003 die Harmonisierung weiter vorangetrieben werden[275].

Die justizielle Zusammenarbeit in Europa erstreckt sich auch auf Teilbereiche des **Strafverfahrensrechts**. So hat etwa der Rat der Europäischen Union eine Entschließung[276] zum Schutz von Zeugen angenommen und den Mitgliedstaaten die Errichtung von DNS-Datenbänken empfohlen[277]. Daneben wurden gemeinsame Anforderungen an die rechtmäßige Überwachung des Fernmeldeverkehrs aufgestellt[278].

Eine weitere Form justizieller Zusammenarbeit, die im Bereich operativer Tätigkeiten eine Zusammenarbeit der Strafverfolgungsbehörden fördern soll, ist die **Task-Force der Polizeichefs**. Die Idee dieser Kooperation geht auf den Europäischen Rat in Tampere zurück, der forderte, eine operative Task-Force der europäischen Polizeichefs einzurichten, die in Zusammenarbeit mit Europol Erfahrungen, bewährte Methoden und Informationen zu aktuellen Trends der grenzüberschreitenden Kriminalität austauschen und zur Planung operativer Maßnahmen beitragen soll[279]. Die Task-Force selbst versteht sich darüber hinaus als Forum für den Informationsaustausch und für Aussprachen, als Berater für den Rat in Bezug auf Strategien und Prioritäten und als Beitrag zur Gewährleistung der Durchführung der beschlossenen Maßnahmen und der Erfolgskontrolle[280]. Die Struktur der Task-Force soll in Zukunft insbesondere für die Bekämpfung des Terrorismus genutzt werden[281].

II. Schwierigkeiten im Bereich der justiziellen Zusammenarbeit in Europa

Die Zusammenarbeit der Mitgliedstaaten der Europäischen Union im justiziellen Bereich ist von erheblichen Schwierigkeiten gekennzeichnet. Das schwerwiegendste Problem ist das Fehlen einer justiziellen Gesamtdokumentation. Es gibt neben dem Europäischen Rechtshilfeübereinkommen und dem Europäischen Auslieferungsübereinkommen etwa 100 bilaterale Verträge, die subregionalen

---

[275] Anzeiger der Fortschritte bei der Schaffung eines „Raums der Freiheit, der Sicherheit und des Rechts“, 1. Halbjahr 2003, KOM (2003) 291 endgültig vom 22.5.2003, S. 11.

[276] Entschließung des Rates vom 23.November, Abl.EG C 327 vom 7.12.1995, S. 5.

[277] Entschließung des Rates vom 9.Juni 1997, Abl.EG C 193 vom 24.6.1997, S. 2.

[278] Entschließung des Rates vom 17.Januar, Abl.EG C 329 vom 4.11.1996, S. 1.

[279] Vgl. Schlussfolgerung Nr.44 des Europäischen Rates von Tampere am 15. und 16. Oktober 1999.

[280] Vgl. Schlussfolgerungen des Vorsitzes aus der sechsten Sitzung der Task-Force, 11751/02 ENFOPOL 114 vom 9. September 2002.

[281] Europol-Arbeitsprogramm 2003, 8385/02 LIMITE EUROPOL 27 vom 30.April 2002, S. 13.

Vereinbarungen unter den EU-Staaten außer Acht gelassen[282]. Zu dieser Regelungsvielfalt kommen weitere Probleme hinzu. Sprachschwierigkeiten im tatsächlichen und rechtlichen Bereich behindern eine reibungslose Kommunikation[283]. Nationale Zuständigkeitsprobleme erschweren das Finden eines Ansprechpartners. Das Auffinden von Texten aus der Gesamtheit der Übereinkommen gestaltet sich schwierig, ganz zu schweigen von der Feststellung, ob ein Übereinkommen schon in Kraft getreten oder vorläufig anzuwenden ist, im Verhältnis welcher Staaten es gilt und welche Vorbehalte einzelner Mitgliedstaaten bestehen[284]. Gerade dieses Problem ist auch Folge der Handlungsinstrumente, die dem Rat im Rahmen der justiziellen Zusammenarbeit in Strafsachen zur Verfügung stehen. Übereinkommen im Sinne des Art. 34 II lit.d EU bedürfen der Annahme durch die Mitgliedstaaten gemäß ihren verfassungsrechtlichen Vorschriften, um in Kraft zu treten. Auch wenn Art. 34 II lit.d S.3 EU die Möglichkeit vorsieht, dass ein Übereinkommen, sobald es von mindestens der Hälfte der Mitgliedstaaten ratifiziert wurde, für diese Mitgliedstaaten in Kraft tritt, dauert das oft noch Jahre. Die Gemeinsame Maßnahme nach Art. K.3 II lit.b EU (Maastricht), von der in der Entwicklung der justiziellen Zusammenarbeit oft Gebrauch gemacht wurde, kann die Mitgliedstaaten nicht zum Erlass oder zur Änderung von Parlamentsgesetzen verpflichten und ist insofern als Rechtsinstrument zur Steigerung der Effektivität und Förderung der justiziellen Zusammenarbeit zwischen den Mitgliedstaaten nicht sehr wirkungsvoll.
Für den Praktiker, der während einer laufenden Ermittlung eine Auskunft von Behörden eines anderen Mitgliedstaates benötigt, stellt dieser *status quo* oft eine unüberwindbare Hürde dar. Selbst wenn die Feststellung getroffen werden kann, ob in dem betreffenden Staat im Verhältnis zum eigenen Staat eine bestimmte Übereinkunft nun tatsächlich gilt, und dass es keine Vorbehalte gibt, heißt das noch lange nicht, dass die gewünschte Auskunft nunmehr problemlos eingeholt werden kann. Eine Reaktion auf Rechtshilfeersuchen kommt oft erst nach Monaten, Jahren oder gar nicht[285]. Für laufende Ermittlungen sind diese Auskünfte, wenn sie schließlich tatsächlich erteilt werden, oft nicht mehr brauchbar, weil die Verfahren längst abgeschlossen sind.
Ein schneller Zugriff auf das fremde Straf- und Strafverfahrensrecht ist damit erheblichen Schwierigkeiten ausgesetzt, obwohl schnelle richterliche oder

---

[282] Nehm, DRiZ 2000, S. 356.
[283] Camphausen, Lehr- und Studienbriefe Kriminalistik Nr.21, S. 57; Schomburg, ZRP 1999, S. 239.
[284] Schomburg, Kriminalistik 2000, S. 16f.; *Albrecht,* in: BKA, Kriminalitätsbekämpfung im zusammenwachsenden Europa, S. 55.
[285] Schomburg, ZRP 1999, S. 239; *Caesar*, in: Zusammenarbeit der Polizei- und Justizverwaltungen in Europa, S. 23.

staatsanwaltschaftliche Entscheidungen oft unerlässlich sind. Eine Vereinfachung und Beschleunigung ist dringend notwendig[286].

III. Eurojust

1. Entwicklung von Eurojust

Der Europäische Rat von Tampere hat 1999 vereinbart, dass zur Bekämpfung der schweren organisierten Kriminalität eine Stelle „Eurojust" eingesetzt werden soll, in der Staatsanwälte, Richter und Polizeibeamte der Mitgliedstaaten zusammengeschlossen sind. Eurojust soll die Aufgabe haben, eine sachgerechte Koordinierung der nationalen Staatsanwaltschaften zu erleichtern und strafrechtliche Ermittlungen zu unterstützen[287].

Nach einem ersten Überlegungsansatz der portugiesischen, der französischen, der schwedischen und der belgischen Delegation im März 2000[288], welcher Orientierungen für die Umsetzung der Eurojust-Initiative geben sollte, gab es mehrere Initiativen im Hinblick auf die Errichtung von Eurojust.

Die Bundesrepublik Deutschland legte einen Entwurf für einen Ratsbeschluss zur Errichtung eines Stabes Eurojust vor, der auf Art. 31 lit.a, 34 II lit.c EU gestützt ist[289]. Eine Initiative von Portugal, Frankreich, Schweden und Belgien[290] empfahl ebenfalls einen Ratsbeschluss als schnellsten Weg zur Errichtung von Eurojust, schloss jedoch nicht aus, dass parallel über ein Übereinkommen beraten wird, in dem insbesondere der Schutz personenbezogener Daten, die Informationsverpflichtungen und die Befreiungen geregelt werden.

Ende 2000 wurde zunächst eine Stelle Pro-Eurojust eingerichtet, die Anfang März 2001 ihre Arbeit aufnahm[291]. Pro-Eurojust sollte bis zur Errichtung von Eurojust die Zusammenarbeit der Ermittlungsbehörden bei der Bekämpfung der schweren grenzüberschreitenden Kriminalität verbessern und die Koordinierung von Ermittlungen anregen und verstärken. Anfang 2002 wurde die Stelle Eurojust errichtet[292], die zu diesem Zeitpunkt die vorläufige Stelle Pro-Eurojust ablöste. Anders als bei Europol erfolgte die Errichtung von Eurojust nicht durch ein Übereinkommen, sondern durch einen Ratsbeschluss im Sinne des Art. 34 II

---

[286] *Heyde*, in: Zusammenarbeit der Polizei- und Justizverwaltungen in Europa, S. 50; Schomburg, ZRP 1999, S. 239.

[287] Schlussfolgerung Nr.46 des Europäischen Rates von Tampere am 15. und 16. Oktober 1999.

[288] 7384/00 EUROJUST 1 CATS 21.

[289] Initiative des Bundesrepublik Deutschland, Abl.EG C 206 vom 19.7.2000, S. 1.

[290] Abl.EG C 243 vom 24.8.2000, S. 15.

[291] Beschluss des Rates vom 14.Dezember 2000, Abl.EG L 324 vom 21.12.2000, S. 2.

[292] Abl.EG L 63 vom 6.3.2002, S. 1.

lit.c EU. Der entscheidende Vorteil der Rechtsgrundlagen von Eurojust ist damit, dass auf geänderte sachliche Anforderungen rasch und flexibel reagiert werden kann. Das Kollegium von Eurojust konnte am 10. Dezember 2002 in Den Haag seine Arbeit aufnehmen[293]. Die Mitgliedstaaten hatten bis zum 6. September 2003 Zeit, ihr innerstaatliches Recht mit dem Beschluss zur Errichtung von Eurojust in Einklang zu bringen. Sieben Mitglieder haben eine Erklärung abgegeben, die es ihnen ermöglicht, den Beschluss bis zu diesem Zeitpunkt in nationales Recht umzusetzen[294].
Seit dem Vertrag von Nizza ist Eurojust im EU-Vertrag institutionell verankert. Art. 31 I lit.a EU legt fest, dass das gemeinsame Vorgehen der Mitgliedstaaten zur Erleichterung und Beschleunigung der Zusammenarbeit im justiziellen Bereich die Einschaltung von Eurojust beinhaltet, wenn dies zweckmäßig erscheint. Art. 31 II EU erlegt dem Rat eine Förderung der Zusammenarbeit durch Eurojust auf, indem es Eurojust ermöglicht wird, zu einer sachgerechten Koordinierung der nationalen Staatsanwaltschaften der Mitgliedstaaten beizutragen (lit.a), indem die Unterstützung durch Eurojust bei strafrechtlichen Ermittlungen in Fällen organisierter grenzüberschreitender Kriminalität unter Berücksichtigung von Europol-Analysen gefördert wird (lit.b) und indem eine enge Zusammenarbeit von Eurojust mit dem Europäischen Justiziellen Netz mit dem Ziel der Erleichterung von Rechtshilfe- und Auslieferungsersuchen angestrebt wird (lit.c).

2. *Tätigkeit von Eurojust*

Eurojust setzt sich gemäß Art. 2 I des Ratsbeschlusses zur Errichtung von Eurojust (Eurojust-Beschluss) aus einem nationalen Mitglied jedes Mitgliedstaates, das den Rang eines Staatsanwalts, Richters oder Polizeibeamten mit gleichwertigen Befugnissen hat, zusammen. Nach Art. 1 S.2 Eurojust-Beschluss hat Eurojust Rechtspersönlichkeit.
Ziel der Einrichtung ist es, im Rahmen von strafrechtlichen Ermittlungen die Koordinierung der Ermittlungen und Strafverfolgungsmaßnahmen zu fördern und zu verbessern, die Zusammenarbeit zwischen den zuständigen Behörden der Mitgliedstaaten zu verbessern und anderweitige Unterstützung zu leisten mit dem Ziel, die Wirksamkeit der Ermittlungen und Strafverfolgungsmaßnahmen zu erhöhen[295]. Zur Erreichung dieser Ziele kann Eurojust die Behörden der betroffenen Mitgliedstaaten ersuchen, in Erwägung zu ziehen, Ermittlungen einzuleiten oder die Strafverfolgung aufzunehmen, eine Koordinierung zwischen den zuständigen Behörden der betroffenen Mitgliedstaaten vorzunehmen oder ein

[293] Eurojust-Jahresbericht 2002, 9124/03 vom 8. Mai 2003, S. 4.
[294] Eurojust-Jahresbericht 2002, 9124/03 vom 8. Mai 2003, S. 22.
[295] Vgl. Art. 3 Eurojust-Beschluss.

gemeinsames Ermittlungsteam einzusetzen[296]. Eurojust nimmt seine Aufgaben durch die betroffenen Mitglieder (Art. 6 Eurojust-Beschluss) oder als Kollegium (Artikel 7 Eurojust-Beschluss) wahr.
Eurojust ist für alle Kriminalitätsformen zuständig, für die zum jeweiligen Zeitpunkt auch Europol zuständig ist und darüber hinaus für die Beteiligung an einer kriminellen Vereinigung im Sinne der Gemeinsamen Maßnahme des Rates[297] sowie andere Straftaten, die mit diesen Kriminalitätsformen und Straftaten begangen worden sind[298]. Die einzelnen Mitgliedstaaten legen die Art und Tragweite der Befugnisse fest, die dem nationalen Mitglied bei Eurojust übertragen werden[299]. Die Vertreter der Mitgliedstaaten bei Eurojust bleiben somit an ihre nationalen Verfahrensordnungen gebunden.
Eurojust kann im Rahmen seiner Zuständigkeiten gemäß Art. 14 I Eurojust-Beschluss personenbezogene Daten in automatisierter Form oder strukturierten manuell geführten Dateien verarbeiten. Neben allgemeinen Angaben wie Name, Geburtsdatum, Staatsangehörigkeit, Bankkonten, zur Last gelegte Straftaten, Tatzeitpunkt und vermutete Zugehörigkeit zu einer kriminellen Organisation dürfen im Ausnahmefall auch personenbezogene Daten, die die rassische oder ethnische Herkunft, politische Meinungen, religiöse oder philosophische Überzeugungen und Daten, die das Sexualleben oder die Gesundheit betreffen, verarbeitet werden, wenn es für die betreffenden einzelstaatlichen Ermittlungen und die Koordinierung im Rahmen von Eurojust erforderlich ist[300]. Neben der Verarbeitung dieser Daten führt Eurojust zur Erfüllung seiner Aufgaben befristete Arbeitsdateien[301] und ein automatisiertes Indexsystem[302], das den Zugang zu Informationen erleichtern soll.
Zur Erfüllung seiner Aufgaben kann Eurojust nach Maßgabe des Art. 27 Eurojust-Beschluss Daten mit Drittstellen austauschen. Mit einstimmigem Beschluss hat das Eurojust-Kollegium am 30.Mai 2002 eine Geschäftsordnung angenommen[303].
Die Errichtung von Eurojust ist ein Versuch, auf europäischer Ebene ein aufeinander abgestimmtes System der Zusammenarbeit aller Strafverfolgungsbehörden im internationalen Bereich aufzubauen, das der jeweiligen innerstaatlichen Aufgabenverteilung uneingeschränkt gerecht werden kann[304]. Gegenüber dem gel-

---

[296] Art. 6 lit.a, 7 lit.a Eurojust-Beschluss.
[297] Gemeinsame Maßnahme vom 21. Dezember 1998, Abl.EG L 351 vom 29.12.1998, S. 1.
[298] Vgl. Art. 4 Eurojust-Beschluss.
[299] Art. 9 III Eurojust-Beschluss.
[300] Art. 15 I, IV Eurojust-Beschluss.
[301] Art. 14 IV, 16 III Eurojust-Beschluss.
[302] Art. 14 IV, 16 I, II Eurojust-Beschluss.
[303] Abl.EG C 286 vom 22.11.2002, S. 1.
[304] Schomburg, Kriminalistik 2000, S. 18.

tenden Rechtshilfesystem hat Eurojust entscheidende Vorteile. Am bedeutendsten ist, dass eine verlässliche Rechtsauskunftsstelle ständig verfügbar ist. Sprachschwierigkeiten können durch die permanente Präsenz von Sprachvermittlern gelöst werden. Eurojust übernimmt eine Dokumentations- und *Clearing*funktion[305]. Dokumentationsfunktion insofern, als dass die Rechtssysteme der Mitgliedstaaten im Bereich Straf- und Strafprozessrecht ständig verfügbar sind und *Clearing*funktion, als dass bilaterale Streitigkeiten über die Anwendung und Auslegung von Rechtshilfeübereinkommen schnell gelöst und zeitnah transnationale Strafverfolgungsmaßnahmen eingeleitet werden können. Eurojust bietet den Ermittlungs- und Strafverfolgungsbehörden eine Plattform für laufende Ermittlungen und Strafverfolgungsmaßnahmen. Durch die Zusammenarbeit werden Verbindungen zwischen Fällen in verschiedenen Zuständigkeitsbereichen deutlich, die es ermöglichen, kriminelle Organisationen gezielt zu bekämpfen[306]. Die Organisation wahrt dabei in vollem Umfang die Souveränität der Mitgliedstaaten, da jeder Mitgliedstaat gemäß Art. 9 III Eurojust-Beschluss selbst festlegen kann, welche Befugnisse dem Vertreter verliehen werden.

3. Berührungspunkte von Europol und Eurojust

Schon im Ratsbeschluss zur Errichtung von Eurojust ist festgelegt, dass Eurojust eine enge Zusammenarbeit mit Europol begründet und pflegt, soweit dies für die Wahrnehmung der Aufgaben und Ziele von Eurojust erforderlich ist[307]. Art. 7 lit.d des Beschlusses zur Errichtung von Eurojust sieht vor, dass es Aufgabe von Eurojust als Kollegium ist, Unterstützung zu leisten, um die Zusammenarbeit zwischen den zuständigen Behörden der Mitgliedstaaten insbesondere auf Grundlage von Europol-Analysen zu verbessern. Art. 7 lit.f sieht vor, dass es Aufgabe von Eurojust als Kollegium ist, Europol Beistand zu leisten, insbesondere durch die Abgabe von Gutachten auf der Grundlage der von Europol vorgenommenen Analysen. Die Resultate der Arbeit von Eurojust sollen ermittlungsbegleitend, unterstützend oder initiierend wirken.

Es gibt jedoch weitere Punkte, in denen eine Zusammenarbeit von Eurojust mit Europol einer Konkretisierung bedarf. Dazu gehören etwa die Modalitäten des Austauschs von Analysen und Informationen zwischen Europol und Eurojust, die praktische Zusammenarbeit bei der Unterstützung gemeinsamer Ermittlungsteams und die Koordinierung bei Initiativen, die darauf abzielen, die zuständigen einzelstaatlichen Behörden um die Durchführung von Ermittlungen und die Koordinierung von Strafverfolgungsmaßnahmen zu ersuchen. Wünschenswert ist weiter, dass ein europäischer Diagonalverkehr zugelassen wird und spontane

---

[305] Schomburg, Kriminalistik 2000, S. 17.

[306] Vgl. Erster Eurojust-Jahresbericht 2002, 9124/03 EUROJUST 11 vom 8.Mai 2003, S. 7.

[307] Art. 26 I Eurojust-Beschluss.

Informationen über zureichende tatsächliche Anhaltspunkte über begangene oder aufzuklärende Straftaten möglich sind[308].

Die Regelung dieser Zusammenarbeit ist notwendig, um von vornherein Kompetenzkonflikte zu vermeiden. Für den Bereich Terrorismusbekämpfung forderte der Rat zudem dazu auf, zu operativen Zwecken regelmäßige Treffen zwischen Eurojust und Europol stattfinden zu lassen[309]. Schon im November 1999 wurde im Rahmen erster Überlegungen zu den Schlussfolgerungen des Europäischen Rates von Tampere festgestellt, dass für die Klärung des Verhältnisses von Eurojust zu Europol eine Änderung der EPK erforderlich sei[310]. Ein Änderungsprotokoll zur EPK[311] sieht im Rahmen der Bestimmungen über die Beziehungen Europols zu Drittstaaten und Drittstellen einen Art. 42 III EPK vor, der lautet: *„Europol begründet und unterhält enge Zusammenarbeit mit Eurojust, soweit dies für die Wahrnehmung der Aufgaben von Europol und für die Verwirklichung seiner Ziele sachdienlich ist wobei dem Erfordernis der Vermeidung von Doppelarbeit Rechnung zu tragen ist."* Wesentliche Bestandteile dieser Zusammenarbeit sollen durch eine Vereinbarung geregelt werden. Der Ratsbeschluss zur Errichtung von Eurojust bestimmt in Art. 26 I ebenfalls, dass die wesentlichen Elemente der Zusammenarbeit zwischen Europol und Eurojust im Wege einer Vereinbarung festgelegt werden, die der Billigung durch den Rat bedarf. Eine Einigung zwischen Europol und Eurojust über die Bestimmungen eines Kooperationsübereinkommens gab es bereits[312], ein Ratsbeschluss steht jedoch noch aus[313]. In dem Entwurf des Kooperationsübereinkommens ist geregelt, dass beide Stellen die Kriminalitätsformen, die in ihren Zuständigkeitsbereich fallen, in koordinierter Weise bekämpfen und unter Vermeidung von Doppelarbeit gemeinsame Strategien gegen das organisierte Verbrechen entwickeln. Dazu können nach Maßgabe des Übereinkommens personenbezogene Daten zwischen Europol und Eurojust ausgetauscht werden. Eurojust kann zudem anregen, dass Europol eine Analysedatei eröffnet und zum Zwecke dieser Datei Informationen anliefern. Europol kann die Analysedaten und Analyseergebnisse an Eurojust übermitteln. Allerdings wird Eurojust keinen direkten Zugang zu den Analysedateien Europols haben.

---

[308] Schomburg, Kriminalistik 2000, S. 18.

[309] Beschluss 2003/48/JI vom 19.12.2002, Abl.EG L 16 vom 22.1.2003, S. 68; zuletzt aktualisiert durch Gemeinsamen Standpunkt 2003/482/GASP vom 27.6.2003, Abl.EG L 160 vom 28.6.2003, S. 100.

[310] Vgl. erste Überlegungen zu Nr.46 der Schlussfolgerungen von Tampere, 13370/99 EUROPOL 48 vom 25.11.1999.

[311] Rechtsakt des Rates vom 27.11.2003, Abl.EG C 2 vom 6.1.2004, S. 1.

[312] Entwurf einer Vereinbarung zwischen Europol und Eurojust, 15829/03 LIMITE CATS 75 EUROJUST 18 EUROPOL 61 vom 9. Dezember 2003.

[313] Der Rat drängt darauf, die Verhandlungen über eine Vereinbarung baldmöglichst abzuschließen, 9771/03 EUROJUST 12 vom 2. Juni 2003, S. 4.

Eurojust kann damit in Zukunft in Zusammenarbeit mit Europol einen dazu Beitrag leisten, dass grenzüberschreitende Tatzusammenhänge sichtbar und eingeleitete Ermittlungen mit Fachwissen unterstützt werden. Europol kann Erkenntnisse aus der Analysetätigkeit einbringen, Eurojust kann die Koordinierung sowie den Informationsaustausch zwischen den die Ermittlungsherrschaft innehabenden Justizbehörden leisten.

IV. Justizielle Zusammenarbeit in Strafsachen nach dem Entwurf einer Verfassung für Europa

Der Entwurf einer Verfassung für Europa sieht im Bereich der justiziellen Zusammenarbeit in Strafsachen zwischen den Mitgliedstaaten der Europäischen Union zahlreiche Neuerungen vor. Durch europäische Gesetze und Rahmengesetze können nach dem Verfassungsentwurf Maßnahmen festgelegt werden, mit denen die Anerkennung jeglicher Art von Urteilen und gerichtlicher Entscheidungen in der Union sichergestellt wird, durch die Kompetenzkonflikte zwischen den Mitgliedstaaten verhindert und beigelegt werden, mit denen die Weiterbildung von Richtern und Staatsanwälten gefördert wird und mit denen die Zusammenarbeit zwischen den Justizbehörden oder entsprechenden Behörden der Mitgliedstaaten im Rahmen der Strafverfolgung sowie des Vollzugs und der Vollstreckung von Entscheidungen erleichtert wird[314]. Zur Erleichterung der gegenseitigen Anerkennung gerichtlicher Entscheidungen und zur Erleichterung der polizeilichen und justiziellen Zusammenarbeit in Strafsachen können durch europäische Rahmengesetze Mindestvorschriften festgelegt werden, die die Zulässigkeit von Beweismitteln, die Rechte des Einzelnen im Strafverfahren, die Rechte der Opfer von Straftaten und sonstige spezifische Aspekte des Strafverfahrens betreffen, die zuvor vom Ministerrat durch einen europäischen Beschluss bestimmt worden sind[315].

Neben diesem Bereich des Strafprozessrechts sieht der Verfassungsentwurf eine Einigung über eine als dringlich erachtete Angleichung bestimmter Teile des materiellen Strafrechts vor[316]. Durch europäische Rahmengesetze können Mindestvorschriften zur Festlegung von Straftaten und Strafen in Bereichen besonders schwerer Kriminalität festgelegt werden[317]. Dem Bürger soll dadurch Gewissheit gegeben werden, dass in allen Mitgliedstaaten schwere grenzüberschreitende Kriminalität mit hinreichend schweren Strafen belegt wird[318].

---

[314] Art. III 171 I des Verfassungsentwurfs.
[315] Art. III 171 II des Verfassungsentwurfs.
[316] CONV 614/03 vom 14. März 2003, S. 23.
[317] Art. III 172 des Verfassungsentwurfs.
[318] CONV 426/02 WGX 14 vom 2. Dezember 2002, S. 9.

Im Bereich der Kriminalprävention können durch europäische Gesetze oder Rahmengesetze Maßnahmen festgelegt werden, um das Vorgehen der Mitgliedstaaten zu fördern und zu unterstützen[319]. Dadurch kann nunmehr die spezifische Bedeutung der Kriminalitätsverhütung auch durch den Erlass von Rechtsakten unterstrichen werden[320].
Eurojust ist nach dem Entwurf des Verfassungsvertrages in Art. III-174 verankert. Die Bestimmung soll einfacher und allgemeiner als bisher sein, um dem Gesetzgeber für die Ausweitung der Aufgaben und Befugnisse einen größeren Handlungsspielraum zu geben[321]. Eurojust soll den Auftrag haben, die Koordinierung und Zusammenarbeit zwischen den nationalen Behörden zu unterstützen und zu verstärken, die für die Verfolgung schwerer Kriminalität zuständig sind, wenn mindestens zwei Mitgliedstaaten betroffen sind[322]. Näheres soll durch europäische Gesetze geregelt werden. Als mögliche Aufgaben von Eurojust sind die Einleitung und Koordinierung von Strafverfolgungsmaßnahmen und die Verstärkung der justiziellen Zusammenarbeit aufgeführt[323]. Während ein früherer Entwurf des Verfassungsvertrages[324] als Aufgabe von Eurojust noch die angemessene Überwachung der operativen Tätigkeit Europols aufzählte, ist dies im endgültigen Entwurf nicht mehr enthalten.
Ausgehend von Eurojust kann nach dem Verfassungsentwurf durch ein europäisches Gesetz des Ministerrates eine europäische Staatsanwaltschaft eingesetzt werden[325]. Die europäische Staatsanwaltschaft wäre zuständig für die strafrechtliche Untersuchung und Verfolgung sowie die Anklageerhebung in Bezug auf Personen, die als Täter oder Teilnehmer schwere, mehrere Mitgliedstaaten betreffende Straftaten oder Straftaten zum Nachteil der finanziellen Interessen der Europäischen Union begangen haben[326]. Der Verfassungsentwurf sieht keinen konkreten Zeitrahmen für die Schaffung einer europäischen Staatsanwaltschaft vor. Auch die einzelnen Modalitäten, etwa die Rechtsstellung, die Verfahrensvorschriften, die Regeln über die Zulässigkeit von Beweismitteln und die gerichtliche Kontrolle werden erst in dem europäischen Gesetz, das die europäische Staatsanwaltschaft einsetzt, festgelegt. Der Gesetzgeber hat dadurch die erforderliche Flexibilität, um Aufbau, Arbeitsweise, Aufgaben und Befugnisse

---

[319] Art. III 173 des Verfassungsentwurfs.
[320] CONV 426/02 WGX 14 vom 2. Dezember 2002, S. 12; CONV 614/03 vom 14. März 2003, S. 12.
[321] CONV 426/02 WGX 14 vom 2. Dezember 2002, S. 19.
[322] Art. III 174 I des Verfassungsentwurfs.
[323] Art. III 174 II des Verfassungsentwurfs.
[324] CONV 644/03 vom 1. April 2003.
[325] Art. III 175 I des Verfassungsentwurfs.
[326] Art. III 175 II des Verfassungsentwurfs.

und auch die strukturellen und funktionellen Beziehungen zwischen der europäischen Staatsanwaltschaft und Eurojust auszugestalten[327].

Insgesamt sind die Bestimmungen zur justiziellen Zusammenarbeit in Strafsachen in dem Entwurf einer Verfassung für Europa zu begrüßen. Im Bereich des Strafprozessrechts und materiellen Strafrechts wird eine Möglichkeit geschaffen, dringend notwendige Angleichungen mitgliedstaatlicher Rechtsvorschriften vorzunehmen. Von besonderer Bedeutung ist die Verankerung einer europäischen Staatsanwaltschaft in dem Entwurf einer Verfassung für Europa. Zwar sind die einzelnen Modalitäten einem europäischen Gesetz vorbehalten und ein konkreter Zeitrahmen derzeit nicht absehbar, der Verankerung in der Verfassung kommt jedoch eine richtungweisende Funktion zu und kann der rechtspolitischen Diskussion neue Impulse geben.

[327] Gerade darauf kam es den Mitgliedern des Konvents an: CONV 614/03 vom 14. März 2003, S. 29.

D. Rechtsstaatliche Vorgaben des Grundgesetzes für die Errichtung und die Weiterentwicklung Europols

I. Einleitung

Ob und in welchem Umfang rechtsstaatliche Vorgaben des Grundgesetzes für die Errichtung und Weiterentwicklung Europols zu beachten sind, ist weitestgehend ungeklärt. Ausgangspunkt ist Art. 23 I GG. Art. 23 I 1 GG fordert für die Verwirklichung eines vereinten Europas die Verpflichtung zu rechtsstaatlichen Grundsätzen und einen dem Grundgesetz im Wesentlichen vergleichbaren Grundrechtsschutz. Art. 23 I 3 GG statuiert für die Begründung der Europäischen Union sowie für Änderungen ihrer vertraglichen Grundlagen und vergleichbare Regelungen, durch die das Grundgesetz seinem Inhalt nach geändert oder ergänzt wird, die Grenze des Art. 79 II, III GG. Diese grundgesetzlichen Vorgaben gilt es zunächst zu konkretisieren.

II. Anforderungen des Art. 23 I GG

1. Art. 23 I 1 GG

Als verfassungsrechtlicher Maßstab für Europol kommt zunächst Art. 23 I 1 GG in Betracht. Art. 23 I 1 GG fordert für die Mitwirkung der Bundesrepublik Deutschland bei der Entwicklung der Europäischen Union, dass diese rechtsstaatlichen Grundsätzen verpflichtet ist. Darüber hinaus muss auf Unionsebene ein Grundrechtsschutz gewährleistet sein, der dem des Grundgesetzes im Wesentlichen vergleichbar ist. Der Auftrag des Art. 23 I 1 GG bezieht sich auf die Entwicklung und den fortschreitenden Ausbau der Europäischen Union einschließlich aller mit der Union im Zusammenhang stehenden Einrichtungen[328]. Das Europäische Polizeiamt ist institutionell in die Europäische Union eingebunden und ist Bestandteil der Entwicklung der Europäischen Union[329]. Art. 23 I 1 GG ist daher einschlägig[330]. Voraussetzung für die Schaffung und den Ausbau Europols ist aus deutscher Sicht, dass die Europäische Union rechtsstaatlichen Grundsätzen verpflichtet ist und ein dem Grundgesetz im Wesentlichen vergleichbarer Grundrechtsschutz gewährleistet ist[331].

---

[328] *Jarass,* in: Jarass / Pieroth, GG, Art. 23, Rn.6; Baldus, ZRP 1997, S. 286; *Streinz,* in: Sachs, GG, Art. 23, Rn.8; *Scholz,* in: Maunz / Dürig, GG, Art. 23, Rn.56; Hölscheid / Schotten, NJW 1999, S. 2855; zustimmend Petri, Europol, S. 157.

[329] Vgl. Kapitel B.III.3.

[330] So auch Petri, DuD 1998, S. 326; Bull, DRiZ 1998, S. 36; Baldus, ZRP 1997, S. 286ff.; König, Übertragung von Hoheitsrechten, S. 328.

[331] Die anderen Strukturvorgaben des Art. 23 I 1 GG sind nicht Gegenstand dieser Arbeit.

2. *Art. 23 I 3 i.V.m. 79 III GG*

Neben Art. 23 I 1 GG kommen als Maßstab für Europol die Grenzen der Integrationsermächtigung aus Art. 23 I 3, 79 III GG in Betracht. Art. 23 I 3 GG bestimmt formelle und materielle Schranken für Verfassungsänderungen, die durch die Mitwirkung an der Europäischen Union verursacht werden (Verfassungsbestandsklausel)[332]. Für Europol hätte die Anwendung der Art. 23 I 3, 79 III GG zur Folge, dass die in Art. 1, 20 GG niedergelegten Grundsätze gewahrt werden müssen.

Art. 23 I 3 GG setzt eine Änderung der vertraglichen Grundlagen der Europäischen Union oder vergleichbare Regelungen voraus, durch die das Grundgesetz seinem Inhalt nach geändert oder ergänzt wird. Eine solche Änderung oder Ergänzung des Grundgesetzes könnte zunächst dann anzunehmen sein, wenn Hoheitsrechte auf Europol übertragen wurden[333].

a) Übertragung von Hoheitsrechten

Die Übertragung von Hoheitsrechten bedeutet, dass der ausschließliche Herrschaftsanspruch der Bundesrepublik im Geltungsbereich des Grundgesetzes zurückgenommen und der unmittelbaren Geltung und Anwendbarkeit eines Rechts aus einer anderen Quelle innerhalb des staatlichen Geltungsbereichs Raum gelassen wird[334]. Hoheitsrechte sind öffentliche Gewalt, also die umfassende Kompetenz zur einseitigen verbindlichen Regelung von Rechtsverhältnissen, wie sie traditionell den Organen des Staates zuerkannt wird[335]. Die Rechtswirkung darf sich nicht nur gegen den Staat als Völkerrechtssubjekt richten, sondern auch unmittelbar an die Rechtssubjekte im staatlichen Rechtsraum. Kennzeichnend ist die – gegebenenfalls auch sanktionsbewehrte – Regelung im Durchgriff gegenüber dem Bürger[336]. Nicht zwingend ist indes, dass diese Hoheitsrechte für die deutsche Staatlichkeit definitiv verloren gehen. Es muss nur eine Übertragung zur supranationalen Wahrnehmung erfolgen[337].

---

[332] *Streinz,* in: Sachs, GG, Art. 23, Rn.15; *Pernice,* in: Dreier, GG, Art. 23, Rn.93; Geiger, JZ 1996, S. 1094.

[333] Zu der Frage, ob tatsächlich mit jeder Übertragung von Hoheitsrechten das Grundgesetz seinem Inhalt nach geändert wird, sogleich unten.

[334] BVerfGE 37, 271, 280.

[335] *Rojahn,* in: v.Münch, GG Art. 24, Rn.19; Geiger, JZ 1996, S. 1094.

[336] *Pernice,* in: Dreier, GG, Art. 23, Rn.83; *Streinz,* in: Sachs, GG, Art. 23, Rn.54; *Rojahn,* in: v.Münch, GG, Art. 23, Rn.42; *Scholz,* in: Maunz / Dürig, GG, Art. 23, Rn.49; Kokott, DVBl. 1996, S. 938.

[337] *Scholz,* in: Maunz / Dürig, GG, Art. 23, Rn.51; *Pernice,* in: Dreier, GG, Art. 24, Rn.19.

aa) Übertragung von Hoheitsrechten durch den EU-Vertrag

Eine Übertragung von Hoheitsrechten könnte zunächst durch die einschlägigen Regelungen des EU-Vertrages erfolgt sein. Die relevanten Vorschriften im EU-Vertrag errichten die Institution Europol jedoch nicht, sondern machen Vorgaben für die Mitgliedstaaten der Europäischen Union, wie die polizeiliche und justizielle Zusammenarbeit in Strafsachen durch Europol zu fördern ist. Art. 30 I EU beschreibt die Bereiche, die das gemeinsame Vorgehen bei der polizeilichen Zusammenarbeit einschließt. Art. 30 II EU enthält ein spezifisches Förderprogramm für Europol, unmittelbare Rechte werden an Europol jedoch nicht verliehen. Die Verpflichtung zur Kooperation allein stellt keine Übertragung von Hoheitsrechten dar[338]. Der Bereich der polizeilichen und justiziellen Zusammenarbeit in Strafsachen bleibt auf das Tätigwerden der in ihr verbundenen Mitgliedstaaten angewiesen. Die Befugnis des Rates zu Gemeinsamen Maßnahmen nach Art. 34 II EU steht dem nicht entgegen. Es wird kein in den Mitgliedstaaten unmittelbar anwendbares und Vorrang beanspruchendes Recht gesetzt[339]. Das gilt insbesondere auch für Rahmenbeschlüsse (Art. 34 II lit.b EU) und Beschlüsse (Art. 34 II lit.c EU), die zwar für ihre Wirksamkeit keiner mitgliedstaatlichen Ratifikation bedürfen, ausweislich ihres ausdrücklichen Wortlauts jedoch nicht unmittelbar wirksam sind. Die Wirkung richtet sich nur gegen die Mitgliedstaaten[340]. Eine unmittelbare Wirkung gegenüber dem Einzelnen erfolgt erst durch das nationale Transformationsgesetz. Hoheitsrechte wurden insofern durch die Normen des EU-Vertrages, die Europol betreffen, nicht übertragen[341].

bb) Übertragung von Hoheitsrechten durch die EPK

Möglicherweise wurden durch die EPK Hoheitsrechte auf Europol übertragen. Die EPK ist ein Übereinkommen auf Grund des Artikel K.3 des EU-Vertrages in der Fassung von Maastricht[342]. Die EPK bedurfte, um Wirksamkeit zu entfalten, wie alle Übereinkommen in diesem Sinne, der Ratifikation in den Mitgliedstaaten. Die Maßnahme des Rates selbst entfaltet nur völkerrechtliche Bindung[343]. Durch die EPK selbst wurde in Deutschland somit dem Recht aus einer anderen Quelle keine unmittelbare Geltung und Anwendbarkeit zuerkannt. Die Rechtswirkung der EPK richtete sich vor der Ratifikation allein gegen den Staat als

---

[338] *Jarass,* in: Jarass / Pieroth, GG, Art. 23, Rn.19; Dieckmann, NStZ 2001, S. 621.

[339] Blanke, DÖV 1993, S. 416f.

[340] So auch das Bundesverfassungsgericht in BVerfGE 89, 155, 176; Möstl, Die staatliche Garantie für die öffentliche Sicherheit und Ordnung, S. 561.

[341] Nanz, Integration 1992, S. 126; Akmann, JA 1994, S. 53; *Rojahn,* in: v.Münch, GG Art. 23, Rn.42; Möstl, Die staatliche Garantie für die öffentliche Sicherheit und Ordnung, S. 564.

[342] Heute ist die Rechtsgrundlage für solche Übereinkommen Art. 34 II lit.d EU.

[343] So auch das Bundesverfassungsgericht in BVerfGE 89, 155, 176.

Völkerrechtssubjekt, nicht aber gegen die Rechtssubjekte im staatlichen Rechtsraum. Es können nur durch das Zustimmungsgesetz zur EPK, das die innerstaatliche Wirkung herbeiführt, Hoheitsrechte übertragen worden sein[344].

Im Zusammenhang mit der Frage, ob Europol Hoheitsgewalt ausübt, taucht immer wieder der Begriff der „operativen Befugnisse“ auf. Es gilt zunächst zu klären, was operative Befugnisse sind, und ob der Begriff synonym zur Ausübung hoheitlicher Gewalt zu verstehen ist.
Der EU-Vertrag selbst spricht in Art. 30 I Nr.1 EU von einer operativen Zusammenarbeit. Der Begriff der operativen Zusammenarbeit soll über die bisher praktizierte internationale Rechtshilfe in Strafsachen hinausgehen und erfasst jede gemeinsame Abstimmung und Koordination von polizeilichen und justiziellen Maßnahmen auf dem Gebiet der Gefahrenabwehr und der Strafverfolgung[345]. Europol selbst versteht operationelle Unterstützung als professionelle Unterstützung in allen Bereichen der nationalen Prävention und Strafverfolgung[346]. Die Definitionsansätze in der Literatur sind vielfältig. So wird teilweise der Standpunkt vertreten, operative Arbeit bedeute, nicht mehr beim einzelnen Täter oder bei der einzelnen Straftat anzusetzen, sondern in Bereichen organisierter Kriminalität Ausgangsbasis, Struktur und Logistik zu neutralisieren, auszuheben und zu beseitigen[347]. Teilweise werden unter operativer Polizeiarbeit im Wesentlichen geheime oder geheimdienstähnliche Ermittlungsmethoden subsumiert[348]. An anderer Stelle wird anhand des Wortsinns versucht, die Bedeutung des Wortes „operativ“ zu bestimmen. Operative Polizeiarbeit bedeute die planvoll tätige oder strategische Vorgehensweise[349].
Ob Europol nach der derzeitigen Rechtslage solche operativen Befugnisse hat, wird in der Literatur kontrovers diskutiert. Es wird – teilweise stereotyp – betont, Europol habe derzeit keine eigenen operativen Befugnisse, so dass von einem „Europäischen FBI“ keine Rede sein könne[350]. Andere Stimmen treten dem

---

[344] Europol-Gesetz, BGBl. 1997 II, 2150.
[345] *Brechmann*, in: Calliess / Ruffert, EU, Art. 30, Rn.3; *Böse*, in: Schwarze, EU, Art. 30, Rn.1.
[346] Tolmein, StV 1999, S. 113.
[347] *Denninger*, in: Handbuch des Polizeirechts, Kap. E, Rn.192; Stümper, Kriminalistik 1980, S. 243.
[348] Aden, Bürgerrechte & Poiizei / CILIP 58 (3/97).
[349] Aden, Bürgerrechte & Polizei / CILIP 58 (3/97).
[350] Lindner, BayVBl. 2001, S. 194; Storbeck, Politische Studien 1998, Nr.359, S. 17 und 25; Aulehner, Polizeiliche Gefahren- und Informationsvorsorge, S. 163; Zieschang, ZRP 1996, S. 427; Bull, DRiZ 1998, S. 32; Kalk, DuD 23 (1999), S. 446; einschränkend Di Fabio, DÖV 1997, S. 96f.; vgl. insgesamt die sehr differenzierte Gegenüberstellung Europols mit dem US-amerikanischen FBI von Ellermann, Europol auf dem Weg zu einem „Europäischen FBI“?.

entschieden entgegen, da die Befugnis Europols zur Datenverarbeitung eine operative Befugnis darstelle[351].
Letztlich ist die Frage des operativen Gehalts der Tätigkeit Europols – was immer man darunter genau verstehen möchte – hier jedoch nicht von Bedeutung. Operative Arbeit ist nämlich nicht gleichzusetzen mit der Ausübung von Hoheitsgewalt, sondern bezeichnet nur ein bestimmtes kriminalpolitisches Konzept[352]. Operative Arbeit beschreibt nicht eine bestimmte qualitative Vorgehensweise, sondern eine bestimmte Zielsetzung polizeilicher Arbeit: Ziel ist nicht der repressive oder präventive Erfolg, sondern die möglichst umfassende Erfüllung des Auftrags der Beseitigung krimineller Ausgangs- und Operationsbasen[353]. Über die Rechtsqualität der polizeilichen Handlungen wird mit der Bezeichnung einer Maßnahme als operativ keine Aussage getroffen[354].

Allein entscheidend ist, ob die Bundesrepublik Deutschland durch das Zustimmungsgesetz zur EPK Hoheitsrechte übertragen hat. Die EPK müsste eine Kompetenz zur einseitigen verbindlichen Regelung von Rechtsverhältnissen, wie sie traditionell den Organen des Staates zuerkannt wird, enthalten. Die Rechtswirkung dürfte sich nicht nur gegen die Bundesrepublik Deutschland als Völkerrechtssubjekt richten, sondern auch unmittelbar an die Rechtssubjekte im staatlichen Rechtsraum. Es müsste eine Regelung im Durchgriff gegenüber dem Bürger getroffen werden können.
Hoheitsrechte wurden – unabhängig von operativen Befugnissen Europols – übertragen. Europol entscheidet gemäß Art. 19 EPK verbindlich über den Auskunftsanspruch einer Person bezüglich der über sie bei Europol gespeicherten Daten. Eine solche verbindliche Entscheidung trifft Europol auch bei Ansprüchen auf Berichtigung oder Löschung von Daten, Art. 20 IV EPK. Die GKI entscheidet nach Art. 24 VII 6 EPK sogar rechtskräftig gegenüber den betroffenen Parteien. Diese Verlagerung von letztverbindlichen Entscheidungen über Ansprüche deutscher Staatsbürger auf eine zwischenstaatliche Instanz ist eine Übertragung von Hoheitsrechten[355].

---

[351] Petri, Europol, S. 23, Fn. 16; Kremer, Immunität für Europol-Bedienstete, S. 310.
[352] So zutreffend Aschmann, Europol aus Sicht der deutschen Länder, S. 208; *Denninger,* in: Handbuch des Polizeirechts, Kap. E, Rn.192.
[353] Stümper nach Weßlau, Vorfeldermittlungen, S. 26.
[354] *Lisken,* in: Handbuch des Polizeirechts, Kap. K, Rn.234; *Storbeck,* in: Baldus / Soine, Rechtsprobleme der internationalen polizeilichen Zusammenarbeit, S. 28, unterscheidet ausdrücklich zwischen operationellen und exekutiven Funktionen Europols; sehr anschaulich zu der Begriffsbestimmung operativer Befugnisse Ellermann, Europol auf dem Weg zu einem „Europäischen FBI"?, Kap. 2.A.IV.3.dd.(bb).
[355] So auch Möstl, Die staatliche Garantie für die öffentliche Sicherheit und Ordnung, S. 585.

Die Übertragung von Hoheitsrechten ist jedoch nicht auf die Entscheidung über Auskunftsansprüche und die Entscheidung über die Berichtigung oder Löschung von Daten beschränkt. Auch im Bereich der Datensammlung, -speicherung und -analyse wurden Hoheitsrechte übertragen. Es greift zu kurz, eine Übertragung von Hoheitsrechten nur bei einem körperlichen Zwangselement der Maßnahme gegenüber dem Bürger zu bejahen[356]. Das Grundgesetz schützt neben unmittelbaren und zweckgerichteten Eingriffen nach neuerem Grundrechtsverständnis auch vor faktischen Beeinträchtigungen[357]. Das Erfordernis eines finalen und zweckgerichteten Durchgriffes in den staatlichen Herrschaftsbereich als kennzeichnendes Merkmal für die Übertragung von Hoheitsbefugnissen wird daher zu Recht zunehmend angezweifelt. Das Bundesverfassungsgericht hat betont, dass eine Übertragung von Hoheitsrechten nicht nur dann vorliegt, wenn eine Einrichtung eine Durchgriffsbefugnis gegenüber dem Einzelnen hat[358]. Eine Übertragung von Hoheitsrechten ist vielmehr auch bei schlicht hoheitlichem Handeln denkbar, wenn es dadurch zu faktischen Grundrechtsbeeinträchtigungen kommt[359]. Diese Erweiterung trägt dem gewandelten Verständnis Rechnung, dass öffentliche Gewalt nicht nur Befehlsmacht und Zwangsgewalt darstellt. Entscheidend für die Übertragung von Hoheitsrechten ist, ob es bei einer entsprechenden Maßnahme im innerstaatlichen Bereich aufgrund des Eingriffs in grundrechtlich geschützte Positionen einer gesetzlichen Ermächtigungsgrundlage bedarf[360].

Im polizeilichen Bereich werden Hoheitsrechte damit nicht nur dann übertragen, wenn die Befugnis für eine Wohnungsdurchsuchung oder zur Festnahme besteht. Entscheidend ist, ob die Befugnis zum Eingriff in Grundrechte Einzelner verliehen wird. Eine solche Befugnis zum Eingriff in Grundrechte kann es auch im Bereich der Erhebung, Speicherung und Verwendung von Daten geben. Es ist daher zu eng, eine Exekutivtätigkeit Europols erst dann in Betracht zu ziehen, wenn über die Speicherung und Verwendung von personenbezogenen Daten hinaus Europol weitere Befugnisse bekommt, etwa ein Initiativrecht zur Anregung von Ermittlungsmaßnahmen oder die Teilnahme an gemeinsamen Ermittlungsgruppen[361]. Grundrechtseingriffe kann es unabhängig von der Klassifizie-

---

[356] Flint, Übertragung von Hoheitsrechten, S. 100.

[357] *Dreier,* in: Dreier, GG, Vor. Art.1, Rn.82; Pieroth / Schlink, Staatsrecht II, S. 58, Rn.240.

[358] BVerfGE 68, 1, 94.

[359] *Streinz,* in: Sachs, GG, Art. 24, Rn.16; *Rojahn,* in: v.Münch, GG, Art. 24, Rn. 22; ablehnend *Randelzhofer,* in: Maunz / Dürig, GG, Art. 24, Rn.42.

[360] So oder ähnlich in der Begründung: *Rojahn,* in: v.Münch, GG, Art. 24, Rn.22; *Streinz,* in: Sachs, GG, Art. 24, Rn.16; Hausen, Rechtsgrundlagen von Europol, S. 94.

[361] So aber Kalk, DuD 23 (1999), S. 446 der erst die Ersuchen Europols um die Einleitung von Ermittlungen als Vorstufe zu einer eigenen Exekutivtätigkeit Europols ansieht.

rung einer Maßnahme als „klassisch polizeiliche" schon im Vorfeld, insbesondere bei der Erhebung, Speicherung und Verwendung von Daten geben.
Im Bereich des allgemeinen Persönlichkeitsrechts wird Europol an zahlreichen Stellen die Befugnis zum Eingriff in grundrechtliche Gewährleistungen übertragen[362]. Die informationelle Selbstbestimmung als Teil des allgemeinen Persönlichkeitsrechts schützt vor der unbegrenzten Sammlung, Verarbeitung und Weitergabe von Daten durch den Staat[363]. Diese Schutzgüter werden durch das Errichten des Informationssystems von Europol noch nicht berührt, da nur technische und organisatorische Vorkehrungen getroffen werden. Auch im Bereich des Indexsystems kommt es nicht zu Grundrechtseingriffen, da gemäß Art. 11 II 3 EPK der abrufende Verbindungsbeamte zwar feststellen kann, ob eine Information gespeichert ist, Verknüpfungen und Rückschlüsse auf den Inhalt der Daten jedoch ausgeschlossen sind. Die Nutzung des Indexsystems ist daher auch nur eine Vorstufe zur Verwendung und Nutzung von Daten.
Die Speicherung von Daten im Informationssystem erfolgt in erster Linie durch die nationalen Verbindungsstellen der Mitgliedstaaten. Diese sind nach Art. 7 III 1 EPK für die Kommunikation mit dem Informationssystem verantwortlich und geben nach Art. 7 I 2 EPK die Daten unmittelbar ein. Die Eingabe von Daten geschieht nach Art. 4 IV EPK auf eigene Initiative oder auf Anfrage Europols. Die Informationen, die die nationalen Verbindungsstellen in das Informationssystem eingeben, dürfen gemäß Art. 9 II 1 EPK alleine sie verändern, berichtigen und löschen. Die nationalen Verbindungsstellen haben nach Art. 15 I Nr.1 EPK die datenschutzrechtliche Verantwortung. Bei der Eingabe und Speicherung dieser mitgliedstaatlichen Daten greift Europol selbst daher nicht in grundrechtliche Gewährleistungen ein. Hoheitsrechte wurden nicht übertragen. Europol kann jedoch gemäß Art. 8 III 3 EPK auch selbst Daten in das Informationssystem eingeben. Dabei handelt es sich um solche Daten, die gemäß Art. 10 IV EPK zu Analysezwecken von Drittstaaten und Drittstellen übermittelt werden, und um die Ergebnisse der Analysetätigkeit. Die Erhebung und Speicherung dieser Daten durch Europol im Informationssystem stellen Eingriffe in das Recht auf informationelle Selbstbestimmung der Betroffenen dar.
Auch im Bereich der Analysetätigkeit übt Europol Hoheitsgewalt aus. Nach Art. 10 I EPK kann Europol die im Informationssystem gespeicherten Daten zu Analysezwecken speichern, verändern und nutzen. Diese Verwendung der gespeicherten Daten greift in das Recht auf informationelle Selbstbestimmung des Einzelnen ein, dessen Daten von der Analyse betroffen sind. Damit gehen Grundrechtseingriffe gegenüber denjenigen einher, deren Daten übermittelt, ge-

---

[362] Ohne jede Begründung verneint Ostendorf, NJW 1997, S. 3419 Exekutivbefugnisse Europols.
[363] BVerfGE 65, 1, 43.

speichert und verwendet werden. Man mag im Einzelnen zweifeln, ob der Zugriff Europols auf das Informationssystem gegenüber allen Betroffenen, deren Daten gespeichert sind, einen unmittelbaren und finalen Eingriff darstellt. Es ist auch denkbar, hinsichtlich solcher Daten, die „gescannt", gleichwohl wegen der fehlenden Relevanz in ein Analyseprojekt aber nicht einbezogen werden, einen nur mittelbaren Eingriff anzunehmen. Es handelt sich bei dem Zugriff auf diese Daten um eine Nebenfolge bei der Konkretisierung der relevanten Daten. Die Gefahr zumindest faktischer Eingriffe in Grundrechte liegt jedoch auf der Hand[364]. Für die Übertragung von Hoheitsrechten reicht das aus.

Schließlich greift Europol auch bei der Übermittlung von Daten an Drittstaaten und Drittstellen in das Grundrecht auf informationelle Selbstbestimmung ein.

Die gegen die Übertragung von Hoheitsrechten vorgebrachten Einwände vermögen nicht zu überzeugen. So wird etwa argumentiert, dass Europol zwar keine echten Exekutivbefugnisse eingeräumt würden, die auf den kognitiven Datenaustausch ausgerichtete Aufgabenstruktur jedoch im Hinblick auf das Grundrecht der informationellen Selbstbestimmung als Ausübung öffentlicher Gewalt mit Datenschutzrelevanz einzustufen sei[365]. Es ist nicht haltbar, eine Befugnis zum Eingriff in das Grundrecht auf informationelle Selbstbestimmung anzuerkennen, andererseits jedoch eine Exekutivtätigkeit Europols abzulehnen. Die Kompetenz zu einer einseitigen verbindlichen Regelung eines Rechtsverhältnisses durch die öffentliche Gewalt, durch die in Grundrechte Einzelner eingegriffen wird, bedeutet die Ausübung von hoheitlicher Gewalt. Im Falle Europols, in dem legislative und judikative Gewalt von vornherein ausscheidet, kann es sich nur um exekutive Gewalt handeln.

An anderer Stelle wird argumentiert, die Befugnisse Europols zum Eingriff in die informationelle Selbstbestimmung führten nur zu faktischen Grundrechtsbeeinträchtigungen. Hoheitsrechte würden dadurch nicht übertragen[366]. Allein entscheidend für die Übertragung von Hoheitsrechten ist jedoch, dass eine Befugnis zum Eingriff in Grundrechte geschaffen wird. Mit der Befugnis zu Maßnahmen, die als Eingriff in Grundrechte klassifizierbar sind, unabhängig davon, ob faktisch oder nicht, geht eine Übertragung von Hoheitsrechten einher.

Der Übertragung von Hoheitsrechten wird weiter entgegengehalten, dass lediglich ein europäisches Polizeikooperationsrecht geschaffen wurde, durch das die Leistungsfähigkeit der zuständigen mitgliedstaatlichen Behörden verbessert werde, die Zuständigkeit der Mitgliedstaaten für die Aufrechterhaltung der öffentlichen Sicherheit und Ordnung und für die Strafverfolgung jedoch unberührt

---

[364] Petri, DuD 22 (1998), S, 327; Lisken, DRiZ 1998, S. 77f.

[365] Di Fabio, DÖV 1997, S. 9; ähnlich auch Hailbronner, JZ 1998, S. 287f.

[366] Möstl, Die staatliche Garantie für die öffentliche Sicherheit und Ordnung, S. 585.

bleibe[367]. Es ist nicht entscheidend, dass die Mitgliedstaaten weiterhin uneingeschränkt für die Aufrechterhaltung der öffentlichen Sicherheit und Ordnung und für die Strafverfolgung zuständig sind. Bei der Übertragung von Hoheitsrechten müssen diese für die deutsche Staatlichkeit nicht verloren gehen. Eine Übertragung zur supranationalen Wahrnehmung – und sei es in Bereichen, die es in dieser Form bisher nicht gab – ist ausreichend[368].
Es bleibt festzustellen, dass die Befugnisse in der EPK an zahlreichen Stellen zu einem Grundrechtseingriff in das Recht auf informationelle Selbstbestimmung führen. Durch die Ausübung seiner Befugnisse greift Europol unmittelbar in den Rechtskreis des Einzelnen ein. Auch im Bereich der Datensammlung, -speicherung und -analyse wurden durch das Zustimmungsgesetz zur EPK daher Hoheitsrechte übertragen[369].

cc) Übertragung von Hoheitsrechten durch das Änderungsprotokoll zur EPK

Es stellt sich die Frage, ob das Änderungsprotokoll[370] zur EPK die Beteiligung Europols an gemeinsamen Ermittlungsteams und die Ersuchen Europol um die Einleitung strafrechtlicher Ermittlungen betreffend die Übertragung weiterer Hoheitsrechte bedeutet. Eine solche Übertragung ist auch hier nur durch das deutsche Zustimmungsgesetz denkbar. Das Änderungsprotokoll selbst entfaltet keine unmittelbare Wirksamkeit[371].
Hinsichtlich der Ersuchen Europols um die Einleitung von Ermittlungen ist eine Übertragung von Hoheitsrechten zu verneinen. Es gibt keine Vorgabe, dass die Mitgliedstaaten solche Ermittlungen auch tatsächlich einleiten müssen. Das Änderungsprotokoll schreibt lediglich vor, dass die Mitgliedstaaten die Ersuchen Europols unverzüglich bearbeiten und in angemessener Weise prüfen sollen[372]. Leiten die zuständigen Behörden keine Ermittlungen ein, setzen sie Europol nur darüber in Kenntnis, sofern dadurch nicht wesentliche nationale Interessen im Bereich der Sicherheit beeinträchtigt würden oder der reibungslose Gang laufender Ermittlungen oder die Sicherheit von Personen gefährdet würde[373]. Eine Verpflichtung der Mitgliedstaaten, Ermittlungen einzuleiten, wird nicht statuiert.

---

[367] Lindner, BayVBl. 2001, S. 198.
[368] *Scholz,* in: Maunz / Dürig, GG, Art. 23, Rn.51; *Pernice,* in: Dreier, GG, Art. 24, Rn.19.
[369] So auch: Hausen, Rechtsgrundlagen von Europol, S. 94; Bull, DRiZ 1998, S. 32; Martinez Soria, VerwArch 1998, S. 419; König, Übertragung von Hoheitsrechten, S. 326f.; Degenhardt, Europol und Strafprozess, S. 200; Kämper, Polizeiliche Zusammenarbeit in der EU, S. 208; vgl. auch Eick / Trittel, EuGRZ 1985, S. 83, die für die parallele Problematik der Datenerhebung, -speicherung und -verwendung Interpols die Übertragung von Hoheitsrechten bejahen.
[370] Rechtsakt des Rates vom 28.11.2002, Abl.EG C 312 vom 16.12.2002, S. 1.
[371] Die Ratifikation des Änderungsprotokolls steht noch aus.
[372] In Zukunft Art. 3b I 1 EPK.
[373] In Zukunft Art. 3b II EPK.

Nur eine solche Verpflichtung hätte jedoch eine unmittelbare Wirkung gegenüber einem Einzelnen, der von den Ermittlungen betroffen ist, bei denen die Gefahr von Grundrechtseingriffen besteht.
Anders ist es mit der Teilnahme Europols an gemeinsamen Ermittlungsgruppen. Europol-Bedienstete werden ermächtigt, in unterstützender Form an gemeinsamen Ermittlungsgruppen teilzunehmen und an allen Tätigkeiten – Zwangsmaßnahmen ausgeschlossen – mitzuwirken[374]. Die Einsätze erfolgen nach Maßgabe der Rechtsvorschriften des Mitgliedstaates, in dem der jeweilige Einsatz stattfindet. Die verwaltungstechnischen Modalitäten werden vor jedem Einsatz in einer Vereinbarung zwischen dem Direktor von Europol und den zuständigen Behörden des Mitgliedstaates festgelegt[375]. Die Europol-Bediensteten unterliegen der Leitung des Gruppenleiters[376]. Die Informationen, die ein Europol-Bediensteter im Rahmen eines solchen Einsatzes erlangt, dürfen nach den Vorgaben der EPK in das Informationssystem Europols eingegeben werden[377].
Diese Erweiterung der Tätigkeit Europols beinhaltet an mehreren Stellen eine Übertragung von Hoheitsrechten. Zum einen wird eine neue Möglichkeit geschaffen, Daten zu erheben und zu speichern, da die teilnehmenden Europol-Bediensteten erlangte Informationen in das Informationssystem eingeben können. Damit gehen Grundrechtsbeeinträchtigungen des Einzelnen im Bereich der informationellen Selbstbestimmung einher. Zum anderen bedeutet die Ermächtigung für Europol-Bedienstete, an allen Tätigkeiten der gemeinsamen Ermittlungsgruppe teilzunehmen, eine Übertragung von Hoheitsrechten. Die Mitglieder von Europol werden dadurch ermächtigt, nach Maßgabe des mitgliedstaatlichen Rechts an allen polizeilichen Maßnahmen – Zwangsmaßnahmen ausgeschlossen – teilzunehmen. Für Deutschland können Europol-Bedienstete damit künftig nach den Vorgaben des Änderungsprotokolls die Befugnisse der StPO und der Gefahrenabwehrgesetze der Länder für sich nutzen. Mit dieser Inanspruchnahme gehen Grundrechtseingriffe unmittelbar im Durchgriff gegen den Einzelnen einher. Dass die Ergreifung von Zwangsmaßnahmen ausgeschlossen ist, bleibt ohne Bedeutung, da die Ausübung hoheitlicher Gewalt nicht von einem Zwangselement abhängig ist. Die Ratifizierung des Änderungsprotokolls der EPK bedeutet damit eine weitere Übertragung von Hoheitsrechten.

b) Materielle Verfassungsänderung

Es gilt nun zu klären, ob tatsächlich jede Übertragung von Hoheitsrechten eine Änderung des Grundgesetzes im Sinne des Art. 23 I 3 GG bedeutet.

---

[374] In Zukunft Art. 3a I EPK.
[375] In Zukunft Art. 3a II EPK.
[376] In Zukunft Art. 3a III EPK.
[377] In Zukunft Art. 3a V EPK.

Es wird vorgebracht, nicht jede Übertragung von Hoheitsrechten müsse eine materielle Änderung der Verfassung mit sich bringen. Art. 23 I 2 GG und Art. 23 I 3 GG stünden insoweit selbstständig nebeneinander. Art. 23 I 3 GG sei nur anwendbar, wenn der Übertragung der materiell-rechtliche Gehalt einer Verfassungsänderung zukomme, da unterhalb der Verfassungsrelevanz die Übertragung von Hoheitsrechten allein nach Maßgabe des Art. 23 I 2 GG möglich sei[378]. Wann eine solche Verfassungsrelevanz vorliegt, ist weiter umstritten. Eine solche Verfassungsrelevanz könnte zum einen dann anzunehmen sein, wenn vom Grundgesetz ausdrücklich zugewiesene Kompetenzen, wie zum Beispiel Art. 88 GG verlagert, Rechte wie etwa das Asylrecht durch Art. 16a GG inhaltlich modifiziert oder die Grundsätze der Verfassung berührt werden[379]. Weiterhin ist denkbar, eine solche Änderung erst dann anzunehmen, wenn aus verfassungsrechtlichen Gründen ein neuer Vertrag oder eine Änderung der vertraglichen Grundlagen nötig wäre[380].

Der Forderung nach einer bestimmten qualitativen Verfassungsrelevanz ist jedoch insgesamt entgegen zu treten. Eine Maßnahme verfassungsändernden Gewichts liegt immer vor, wenn über kompetenz- und verfahrensrechtliche Verschiebungen hinaus in materiell-rechtliche Bestimmungen des Grundgesetzes in einer nur dem verfassungsändernden Gesetzgeber zukommenden Weise eingegriffen wird[381]. Es kommt nicht darauf an, dass der Wortlaut des Grundgesetzes ausdrücklich geändert wird, da Art. 23 I 3 GG nicht auf Art. 79 I GG verweist. Maßgeblich sind vielmehr auch mittelbare materielle Verfassungsänderungen[382]. Eine Verfassungsrelevanz liegt immer vor, wenn europäische Einrichtungen die Befugnis zu rechtsverbindlichen Handlungen haben, die materiell-verfassungsrechtliche Bindungen wie insbesondere die Grundrechte berühren[383]. Dadurch kommt es zu einer Änderung der Kompetenzstruktur des Grundgesetzes, das supranationalen Hoheitsträgern weder konkrete Aufgaben noch bestimmte Befugnisse zuweist[384]. Eine Unterscheidung nach dem qualitativen Gehalt dieser übertragenen Hoheitsrechte kann aus Art. 23 I 3 GG nicht abgelesen

[378] *Scholz,* in: Maunz / Dürig, GG, Art. 23, Rn.83, der zur Begründung auf die BT-Drs. 12/3896, S. 18 verweist; *Pernice,* in: Dreier, GG, Art. 23, Rn.92; Eckertz, FS für Böckenförde, S. 38f.; Magiera, Jura 1994, S. 9; Flint, Übertragung von Hoheitsrechten, S. 138f.

[379] *Pernice,* in: Dreier, GG, Art. 23, Rn.92.

[380] *Scholz,* in: Maunz / Dürig, GG, Art. 23, Rn.83.

[381] *Jarass,* in: Jarass / Pieroth, GG, Art. 23, Rn.23.

[382] Das verkennt *Pernice,* in: Dreier, GG, Art. 23, Rn.92.

[383] Geiger, JZ 1996, S. 1098.

[384] BVerfGE 58, 1, 36; *Rojahn,* in: v.Münch, GG, Art. 23, Rn.47; Geiger, JZ 1996, S. 1097; *Streinz,* in: Sachs, GG, Art. 23, Rn.65; Oschatz / Risse, DÖV 1995, S. 438ff.; Sommermann, DÖV 1994, S. 601; Breuer, NVwZ 1994, S. 423; Scholz, NVwZ 1993, S. 821f.; Scheuing, EuR, Beiheft 1-1997, S. 22; Uhrig, Die Schranken des Grundgesetzes, S. 105; Everling, DVBl. 1993, S. 943; Even, Unantastbarkeitsgarantie, S. 72.

werden. Ausreichend ist vielmehr, dass überhaupt eine Änderung der grundgesetzlichen Vorgaben erfolgt. Dies ist bei der Übertragung von Hoheitsrechten der Fall.
Im Rahmen des Art. 23 I 3 GG ist das deutsche Zustimmungsgesetz zur EPK daher eine „vergleichbare Regelung“, durch die das Grundgesetz seinem Inhalt nach geändert oder ergänzt wird. Art. 23 I 3 i.V.m. 79 III GG ist folglich Maßstab für die Tätigkeit Europols.

3. *Verhältnis von Art. 23 I 1 GG zu Art. 23 I 3 i.V.m. 79 III GG*

Da Maßstab für Europol aus grundgesetzlicher Sicht sowohl Art. 23 I 1 GG, als auch Art. 23 I 3 GG ist, muss das Verhältnis dieser Vorgaben zueinander bestimmt werden.
Rechtsstaatliche Grundsätze im Sinne des Art. 23 I 1 GG sind gemeinschaftsrechtlich zu bestimmen. Es müssen innerhalb der Europäischen Union solche rechtsstaatlichen Grundsätze gewahrt bleiben, wie sie den Mitgliedstaaten der Europäischen Union und gemeineuropäischer Verfassungskultur gemeinsam sind[385]. Es werden positiv-richtungsweisende Zielvorgaben für die Entwicklung der Europäischen Union vorgegeben[386]. Die Europäische Union muss rechtsstaatlichen Grundsätzen verpflichtet sein. Gleichzeitig wird die Grenze für die deutsche Mitwirkung an der Europäischen Union statuiert, wenn rechtsstaatliche Grundsätze nicht mehr gewahrt sind. Nichts anderes gilt für den erforderlichen Grundrechtsschutz: Auf europäischer Ebene muss ein dem Grundgesetz im Wesentlichen vergleichbarer Schutz gewährleistet sein.
Art. 23 I 3, 79 III GG hat demgegenüber ausschließlich eine Begrenzungsfunktion. Es werden aus deutscher Sicht die Grenzen der europäischen Integration festgelegt. Gegenüber der Struktursicherungsklausel des Art. 23 I 1 GG ist Art. 23 I 3 GG eine Bestandssicherungsklausel, die sich nur auf die durch das Grundgesetz konstituierte und strukturierte Staatlichkeit bezieht[387]. Art. 79 III GG ist Maßstab für die Rückwirkung der Rechtsakte auf die Bundesrepublik Deutschland[388].
Art. 23 I 1 GG und Art. 23 I 3 GG machen somit verschiedene Vorgaben: Art. 23 I 1 GG setzt für die deutsche Mitwirkung bei der Entwicklung der Europäischen Union voraus, dass diese rechtsstaatlichen Grundsätzen verpflichtet ist und einen hinreichenden Grundrechtsschutz gewährleistet. Diese Vorgaben sind nach gemeineuropäischer Verfassungsstruktur zu bestimmen. Art. 23 I 3 GG

---

[385] *Streinz*, in: Sachs, GG, Art. 23, Rn.21; *Rojahn*, in: v.Münch, GG, Art. 23, Rn.21.
[386] So die Bundesregierung in BT-Drs. 12/3338, S. 4.
[387] *Pernice*, in: Dreier, GG, Art. 23, Rn.94; Bull, DRiZ 1998, S. 36.
[388] Bull, DRiZ 1998, S. 36; Baldus, ZRP 1997, S. 287.

setzt der europäischen Integration Grenzen, die allein aus Sicht des Grundgesetzes zu bestimmen sind.

III. Gang der Untersuchung

Grundgesetzlicher Maßstab für Europol sind einerseits die Grundsätze des Art. 23 I 1 GG, andererseits die Grenzen der Art. 23 I 3, 79 III GG. Zunächst gilt es, die Vorgaben des Art. 23 I 1 GG zu prüfen. Es wird zu untersuchen sein, was rechtsstaatliche Grundsätze sind, denen die Europäische Union verpflichtet sein muss, und welche Vorgaben sich aus der Verpflichtung der Europäischen Union zu rechtsstaatlichen Grundsätzen für Europol ergeben. Diesen Vorgaben muss Europol gerecht werden. Es wird weiter zu ermitteln sein, ob die Europäische Union einen dem Grundgesetz im Wesentlichen vergleichbaren Grundrechtsschutz im Sinne des Art. 23 I 1 GG gewährleistet und welche Folgen sich daraus für Europol ergeben.

Daran schließt sich die Überprüfung an, ob bei der Errichtung und Weiterentwicklung Europols die grundgesetzlichen Schranken des Art. 79 III GG gewahrt sind. Die Schranken müssen zunächst konkretisiert werden. Es gilt zu klären, welche Grundsätze Art. 79 III GG schützt und in welchen Fällen sie berührt werden. Im Anschluss daran wird Europol an diesen Grundsätzen gemessen. Schwerpunkt der Untersuchung sind einzelne Elemente einer justiziellen Einbindung. Die Untersuchung geht von der Tätigkeit der Polizei in Deutschland aus. Für jedes einzelne Element justizieller Einbindung wird zunächst die deutsche Situation analysiert. Ausgehend von der tatsächlichen Ausgestaltung der deutschen Polizeitätigkeit stellt sich jeweils die Frage nach den grundgesetzlichen rechtsstaatlichen Vorgaben. Erst wenn diese rechtsstaatlichen Vorgaben aus deutscher Sicht konkretisiert sind, kann ein Vergleich zu Europol gezogen werden. Es wird zu ermitteln sein, in welchen Bereichen die justizielle Einbindung Europols im Hinblick auf das deutsche Rechtsstaatsverständnis defizitär ist. Diese Defizite sind schließlich am Maßstab des Art. 79 III GG zu messen.

E. Vereinbarkeit Europols mit den Anforderungen des Art. 23 I 1 GG

I. Rechtsstaatliche Grundsätze

Was versteht nun das Grundgesetz unter rechtsstaatlichen Grundsätzen, denen die Europäische Union verpflichtet sein muss?

Art. 23 I 1 GG hat eine Appell- und Orientierungsfunktion und stellt strukturelle Anforderungen an die Europäische Union[389]. Die Strukturprinzipien sind in einem gemeineuropäischen Sinne zu verstehen[390]. Das ergibt sich schon daraus, dass die rechtsstaatlichen Grundsätze – anders als der auf europäischer Ebene zu gewährleistende Grundrechtsschutz – nicht dem Grundgesetz vergleichbar sein müssen. Durch Art. 23 I 1 GG soll der Wille der Bundesrepublik zum Ausdruck kommen, die Europäische Union nach bestimmten inhaltlichen Prinzipien auszurichten[391]. Es soll gewährleistet sein, dass die Bürger nur einer solchen Hoheitsgewalt unterworfen sind, die die für den deutschen Staat unabdingbaren Werte respektiert und nach vergleichbaren Strukturen verfasst ist[392]. Das Niveau der in Art. 23 I 1 GG normierten Grundsätze kann unterhalb der Grenze liegen, die das Grundgesetz für die Ausübung deutscher Staatlichkeit fordert[393]. Erforderlich ist die Erfüllung solcher rechtsstaatlicher Grundsätze, wie sie den Mitgliedstaaten der Europäischen Union und gemeineuropäischer Verfassungskultur gemeinsam sind[394]. Die rechtsstaatliche Struktur der Europäischen Union ist das Ergebnis eines Kompromisses, der sich aus dem Reservoir der allgemeinen Verfassungsgrundsätze aller Mitgliedstaaten speist[395]. Die in Art. 23 I 1 GG aufgelisteten Grundsätze können daher als Elemente eines „gemeineuropäischen Verfassungsrechts" angesehen werden[396].

Art. 23 I 1 GG gestattet eine Mitwirkung der Bundesrepublik an der Europäischen Union, sofern diese rechtsstaatlichen Grundsätzen verpflichtet ist. Diese Vorgabe richtet sich jedoch allein an die deutsche Regierung und das deutsche Parlament, nicht aber an andere Mitgliedstaaten oder die Europäische Union selbst. Die Bundesrepublik kann europäischen Organen und anderen Mitglied-

---

[389] *Pernice,* in: Dreier, GG, Art. 23, Rn.49; *Streinz,* in: Sachs, GG, Art. 23, Rn.15; *Scholz,* in: Maunz / Dürig, GG, Art. 23, Rn.54; *Rojahn,* in: v.Münch, GG, Art. 23, Rn.17; Geiger, JZ 1996, S. 1094; Schmalenbach, Der neue Europaartikel, S. 58.

[390] Heintzen, EuR 1997, S. 14; *Classen,* in: v.Mangoldt / Klein / Starck, GG, Art. 23, Rn.22; *Scholz,* in: Maunz / Dürig, GG, Art. 23, Rn.54.

[391] Amtliche Begründung der Endfassung, Bundesrat-Drs. 501 / 92, S. 5.

[392] König, Übertragung von Hoheitsrechten, S. 282.

[393] Baldus, ZRP 1997, S. 287; Badura, VVDStRL 23 (1966), S. 38ff.

[394] *Streinz,* in: Sachs, GG, Art. 23, Rn.21; *Rojahn,* in: v.Münch, GG, Art. 23, Rn.21; Kirchner / Haas, JZ 1993, S. 763; Petri, Europol, S. 154; Zuleeg, NJW 1994, S. 546.

[395] Uhrig, Die Schranken des Grundgesetzes, S. 108.

[396] *Pernice,* in: Dreier, GG, Art. 23, Rn.50; der Begriff geht zurück auf Häberle, EuGRZ 1991, S. 261ff.

staaten keine Verfassungsstrukturen vorschreiben, sondern nur sich selbst binden und festlegen, unter welchen Bedingungen eine weitere Integration stattfindet[397].

1. Verpflichtung der Europäischen Union zu rechtsstaatlichen Grundsätzen

Ein Bekenntnis der Europäischen Union zur Rechtsstaatlichkeit findet sich in Art. 6 I EU: „Die Europäische Union beruht auf den Grundsätzen (...) der Rechtsstaatlichkeit; diese Grundsätze sind allen Mitgliedstaaten gemeinsam".

Der Begriff „Rechts*staat*lichkeit" ist auf den ersten Blick erstaunlich, da die Europäische Union kein Staat ist. Das Anliegen der Rechtsstaatlichkeit bezieht sich jedoch nicht nur auf den souveränen Staat, sondern betrifft alle Träger von Hoheitsgewalt, vor deren Machtmissbrauch und Machtüberschreitung der Bürger geschützt werden muss[398]. Kern der Rechtsstaatlichkeit ist die Zügelung der Hoheitsgewalt[399]. Die Zügelung der Hoheitsgewalt geschieht in erster Line durch Kontrolle[400]. Die Europäische Union ist Träger von Hoheitsrechten. Die Gefahr der missbräuchlichen Ausübung von Hoheitsrechten durch die Europäische Union kann durch die Gewährleistung von Rechtsstaatlichkeit minimiert werden. Insofern kann auch die Europäische Union trotz ihrer fehlenden Staatsqualität eine rechtsstaatliche Struktur haben.

Dennoch wird wegen der fehlenden Staatlichkeit der Europäischen Union der Begriff der Rechts*staat*lichkeit bisweilen als unpassend angesehen[401]. Der EuGH verwendet neben dem Begriff der Rechtsstaatlichkeit[402] den Terminus „Rechtsgemeinschaft"[403], der auf *Walter Hallstein* zurückgeht[404]. Das Prinzip der Rechtsgemeinschaft impliziert, dass „weder die Mitgliedstaaten noch die Gemeinschaftsorgane der Kontrolle der Vereinbarkeit ihrer Handlungen mit der Verfassungsurkunde der Gemeinschaft, dem Vertrag, entzogen sind"[405]. Die I-

---

[397] Ossenbühl, DVBl. 1993, S. 633; Sommermann, DÖV 1994, S. 602; Scheuing, EuR Beiheft 1 – 1997, S. 20.

[398] Fuss, Die Europäischen Gemeinschaften und der Rechtsstaatsgedanke, S. 8f.

[399] Fuss, Die Europäischen Gemeinschaften und der Rechtsstaatsgedanke, S. 15; Fuss, DÖV 1964, S. 577; Petri, KritV 1998, S. 441.

[400] Nolte, Kontrolle als zentrales Element unseres Verfassungsstaates, S. 12, 30.

[401] *Stumpf*, in: Schwarze, EU, Art. 6, Rn.14 bezeichnet die Terminologie z.B. als „kühn".

[402] Den Begriff der Rechtsstaatlichkeit benutzt der EuGH in: EuGH, Beschluss vom 31.3.1978, Rs. 101/78 (Granaria / Hoofdproduktschap voor Akkerbouwprodukten), Slg. 1979, S. 623, Rn.5.

[403] EuGH, Urteil vom 23.4.1986, Rs. 294/83 (Les Verts / Parlament), Slg. 1986, S. 1339, Rn.23; EuGH, Gutachten 1/91 vom 14.12.1991, Slg. 1991, I – 6079, Rn.21.

[404] Hallstein, Die Europäische Gemeinschaft, S. 31ff.; vgl. auch *Zuleeg*, in: Der Beitrag Walter Hallsteins, S. 101; *Rodriguez Iglesias*, in: Der Beitrag Walter Hallsteins, S. 94.

[405] EuGH, Urteil vom 23.4.1986, Rs. 294/83 (Les Verts / Parlament), Slg. 1986, S. 1339, Rn.23; das EuG folgt dieser Vorgabe: EuG, Beschluss vom 2.5.2000, Rs. T-17/00 R (Rothley u.a. / Parlament), Slg. 2000, II – 2085, Rn.54.

dee des Rechtsstaats muss auf europäischer Ebene eine so hinreichende Verwirklichung gefunden haben, dass sie ihre verfassungspolitische Funktion der Kontrolle und Begrenzung öffentlicher Gewalt noch erfüllen kann[406]. Es kommt dabei nicht allein darauf an, ob in Rechte einzelner Bürger eingegriffen wird. Der Grundsatz der Rechtsstaatlichkeit gilt vielmehr als objektives Prinzip für jedes Handeln der Europäischen Union[407].
Es gibt keinen feststehenden unabänderlichen Begriff des Rechtsstaates. Rechtsstaatlichkeit setzt sich vielmehr zusammen aus verschiedenen Einzelprinzipien und Einzelrechtssätzen, die das Grundanliegen der Rechtsstaatsidee – die Bändigung der Hoheitsgewalt – verwirklichen[408]. Der EuGH hat den Grundsatz der Rechtsstaatlichkeit in umfangreicher Judikatur konkretisiert und ihm zahlreiche Einzelausprägungen entnommen. Diese einzelnen Elemente werden im Folgenden konkretisiert.

Eines der herausragenden Kennzeichen moderner freiheitlicher Rechtsordnungen ist die **Bindung staatlicher Gewalt an das Gesetz**[409]. Es ist der Hauptverdienst des formellen Rechtsstaats, dass hoheitliche Willkür überwunden oder zumindest gezügelt wird und Normen geschaffen werden, die alle Hoheitsträger binden. Ziel der Bindung ist es, staatliches Handeln für alle der staatlichen Hoheitsgewalt Unterworfenen vorhersehbar und berechenbar zu machen[410]. Das Prinzip der Gesetzmäßigkeit der Verwaltung liegt allen mitgliedstaatlichen Verfassungen der Europäischen Union zugrunde[411]. Ein entsprechendes Prinzip gilt daher auch auf Ebene der Europäischen Union.
Der **Vorbehalt des Gesetzes** geht über die Bindung hoheitlicher Gewalt an das Recht noch hinaus. Das hoheitliche Handeln bedarf zusätzlich einer Ermächtigungsgrundlage. Der Gesetzesvorbehalt bewirkt die Vorhersehbarkeit und Berechenbarkeit staatlichen Handelns und gewährt klare Anhaltspunkte für eine gerichtliche Kontrolle[412]. Eine Begrenzung hoheitlicher Gewalt findet auf europäischer Ebene zunächst durch das Prinzip der begrenzten Einzelermächtigung als übergreifendes Prinzip des Gemeinschafts- und Unionsrechts statt[413]. Nur im Rahmen ausdrücklicher Ermächtigungen gibt es eine Regelungsbefugnis. In den

---

[406] Badura, VVDStRL 23 (1966), S. 66f.
[407] *Stumpf,* in: Schwarze, EU, Art. 6, Rn.15.
[408] Fuss, Die Europäischen Gemeinschaften und der Rechtsstaatsgedanke, S. 15; Fuss, DÖV 1964, S. 577.
[409] *Hofmann,* in: Rechtsstaatlichkeit in Europa, S. 3.
[410] *Hofmann,* in: Rechtsstaatlichkeit in Europa, S. 5.
[411] Rechtsvergleichende Übersicht bei: Schwarze, Europäisches Verwaltungsrecht, S. 198ff.
[412] Triantafyllou, Vom Vertrags- zum Gesetzesvorbehalt, S. 307ff.
[413] Niedergelegt ist das Prinzip der begrenzten Einzelermächtigung im EG-Vertrag in Art. 5 I EG, im EU-Vertrag in Art. 5 EU.

Bereichen, in denen eine Regelungskompetenz grundsätzlich besteht, bedürfen Grundrechtseingriffe in die Freiheitssphäre der Bürger im Sinne des Grundsatzes des Vorbehalts des Gesetzes einer rechtlichen Grundlage[414]. Im Hinblick auf den Rechtskreis des *Common Law* scheint es jedoch geboten, den Vorbehalt des Gesetzes nicht im Sinne eines Parlamentsvorbehalts zu verstehen. Ungeschriebene Rechtsgrundlagen genügen den Anforderungen ebenfalls[415]. Die Ermächtigungsgrundlagen hoheitlichen Handelns müssen in Inhalt und Tragweite so präzisiert sein, dass das Handeln der Organe vorhersehbar und kalkulierbar ist. Der Einzelne muss seine Rechte und Pflichten unzweideutig erkennen und Vorkehrungen treffen können[416]. Rechtlich verbindliche Maßnahmen müssen zudem auf Bestimmungen gestützt werden, die ausdrücklich als Rechtsgrundlage bezeichnet sind[417]. Das Prinzip des Gesetzesvorbehalts gilt im Gemeinschaftsrecht – wie auch im deutschen Recht – verschieden streng, je nachdem, ob es sich um begünstigendes Staatshandeln, Eingriffshandeln, Rechtssetzung oder Informationstätigkeit handelt[418].

Die Bindung staatlicher Macht an das Recht ist nur dann wirksam, wenn Kontrollmechanismen zur Verfügung stehen[419]. Ohne Rechtsschutz können Rechte nicht effektiv gewährleistet werden[420]. Der EuGH erkennt daher das Recht auf **effektiven Rechtsschutz** als gemeinschaftsrechtliches Verfahrensgrundrecht an[421]. Effektiver Rechtsschutz bedeutet zunächst den Zugang zu den Gerichten.

---

[414] Die Notwendigkeit einer Rechtsgrundlage wird vom EuGH immer wieder betont, vgl. etwa: EuGH, Urteil vom 21.9.1989, Verb. Rs. 46/87 und 227/88 (Hoechst / Kommission), Slg. 1989, S. 2859, Rn.19; EuGH, Urteil vom 17.10.1989, Verb. Rs. 97 – 99/87 (Dow Chemical Iberica u.a. / Kommission), Slg. 1989, S. 3165, Rn.16.

[415] So ausdrücklich der EGMR, Urteil vom 26.4.1979, EuGRZ 1979, S. 386, Rn.47.

[416] EuGH, Urteil vom 9.7.1981, Rs. 169/80 (Zollverwaltung / Gongrand Freres), Slg. 1981, S. 1931, Rn.17.

[417] EuGH, Urteil vom 16.6.1993, Rs. C – 325/91 (Frankreich / Kommission), Slg. 1993, I – 3283, Rn.26.

[418] Vgl. den Nachweis bei: Triantafyllou, Vom Vertrags- zum Gesetzesvorbehalt, S. 153, 194, 258, 288, zusammenfassend: S. 304f.

[419] *Merli,* in: Rechtsstaatlichkeit in Europa, S. 31.

[420] *Merli,* in: Rechtsstaatlichkeit in Europa, S. 32.

[421] EuGH, Urteil vom 15.10.1987, Rs. 222/86 (Unectef / Heylens), Slg. 1987, S. 4097, Rn.15; EuGH, Urteil vom 15.5.1986, Rs. 222/84 (Johnsten / Chief Constable of the Royal Ulster Constabulary), Slg. 1986, S. 1651, Rn.18.

Dieser Zugang bezieht sich sowohl auf die mitgliedstaatlichen Gerichte[422], als auch auf den EuGH selbst bei Verfahren unmittelbar gegen die Gemeinschaftsorgane[423]. Im gerichtlichen Verfahren folgt als Konkretisierung aus dem Gebot effektiven Rechtsschutzes der Grundsatz des fairen Verfahrens, der Anspruch auf Rechtsschutz innerhalb angemessener Frist[424] und der Anspruch auf rechtliches Gehör[425]. Die Gewährleistung effektiven Rechtsschutzes fordert weiter, dass neben der Korrektur fehlerhafter Entscheidungen unter Umständen auch finanzielle Leistungen erbracht werden. Der Staat muss für sein Fehlverhalten haften[426].

Nach der Rechtsprechung des EuGH zählt des Weiteren der **Vertrauensschutz** zu den Grundsätzen der Gemeinschaftsrechtsordnung. Vertrauensschutz wird gewährt, wenn eine objektive Vertrauenslage besteht[427], das Vertrauen des Be-

---

[422] EuGH, Urteil vom 15.5.1986, Rs. 222/84 (Johnsten / Chief Constable of the Royal Ulster Constabulary), Slg. 1986, S. 1651, Rn.18; EuGH, Urteil vom 15.10.1987, Rs. 222/86 (Unectef / Heylens), Slg. 1987, S. 4097, Rn.15; EuGH, Urteil vom 7.5.1991, Rs. C – 340/89 (Vlassopoulou), Slg. 1991, I – 2357, Rn.22 ; EuGH, Urteil vom 7.5.1992, Rs. C 104/91 (Aguirre Borrell u.a.), Slg. 1992, C – 3003, Rn.15; EuGH, Urteil vom 31.3.1993, Rs. 19/92 (Kraus), Slg. 1993, I – 1663, Rn.40; EuGH, Urteil vom 26.4.1994, C – 228/92 (Roquette Freres), Slg. 1994, I – 1445, Rn.27; EuGH, Urteil vom 22.11.1998, Rs. C 185/97 (Coote), Slg. 1998, I – 5199, Rn.22.

[423] EuGH, Urteil vom 17.12.1998, Rs. C 185/97 (Baustahlgewerbe / Kommission), Slg. 1998, I – 8417, Rn.21f.; EuGH, Urteil vom 1.4.1987, Rs. 257/85 (Dufay / Parlament), Slg. 1987, S. 1561, Rn.10.

[424] EuGH, Urteil vom 17.12.1998, Rs. C 185/97 (Baustahlgewerbe / Kommission), Slg. 1998, I – 8417, Rn.21.

[425] EuG, Urteil vom 19.3.1998, Rs. T – 83/96 (van der Wal / Kommission), Slg. 1998, II – 545, Rn.45ff.

[426] *Merli,* in: Rechtsstaatlichkeit in Europa, S. 34.

[427] EuGH, Urteil vom 10.1.1992, Rs. C – 177/90 (Kühn), Slg. 1992, I – 35, Rn.14; EuGH, Urteil vom 15.4.1997, Rs. C – 22/94 (Irish Farmers Association u.a.), Slg. 1997, I – 1809, Rn.25.

troffenen schutzwürdig ist[428] und das Individualinteresse im Rahmen einer Abwägung gegenüber dem Gemeinschaftsinteresse überwiegt[429].

Als Ausprägung der **Rechtssicherheit** hat der EuGH ein allgemeines **Rückwirkungsverbot** entwickelt[430]. Im Bereich von Strafvorschriften ist eine Rückwirkung ausnahmslos verboten[431]. In anderen Bereichen kann eine Rückwirkung von Rechtsakten ausnahmsweise zulässig sein, wenn das angestrebte Ziel es erfordert und das berechtigte Vertrauen des Einzelnen hinreichend beachtet wurde[432].

Während der EuGH die allgemeine Geltung eines **Bestimmtheitsgebots** im Gemeinschaftsrecht zunächst offen ließ[433], gab es in Folge zahlreiche Urteile,

---

[428] EuGH, Urteil vom 29.2.1996, Verb. Rs. C – 296/93 und C 307/93 (Frankreich und Irland / Kommission), Slg. 1996, I – 795, Rn.59; EuGH, Urteil vom 7.5.1992, Verb. Rs. C – 258/90 und C – 259/90 (Peresquerias De Bermeo und Naviera Laida / Kommission), Slg. 1992, I – 2901, Rn.34; EuGH, Urteil vom 17.10.1996, Rs. C – 64/95 (Lubella), Slg. 1996, Slg. 1996, I – 5105, Rn.31; EuGH, Urteil vom 10.1.1992, Rs. C – 177/90 (Kühn), Slg. 1992, I – 35, Rn.13; EuGH, Urteil vom 5.10.1994, Rs. 280/93 (Deutschland / Rat), Slg. 1994, I – 4973, Rn.80; EuGH, Urteil vom 12.12.1996, Rs. C – 241/95 (Accrington Beef u.a.), Slg. 1996, I – 6699, Rn.33; EuGH, Urteil vom 28.4.1988, Rs. 120/86 (Mulder / Minister van Landbouw en Visserij), Slg. 1988, S. 2321, Rn.24; EuGH, Urteil vom 11.12.1990, Rs. C 189/89 (Spagl), Slg. 1990, I – 4539, Rn.9; EuGH, Urteil vom 22.10.1992, Rs. C 44/89 (von Deetzen), Slg. 1991, I – 5119, Rn.20.

[429] EuGH, Urteil vom 28.4.1988, Rs. 120/86 (Mulder / Minister van Landbouw en Visserij), Slg. 1988, S. 2321, Rn.24; EuGH, Urteil vom 11.12.1990, Rs. C 189/89 (Spagl), Slg. 1990, I – 4539, Rn.9; EuGH, Urteil vom 22.10.1992, Rs. C 44/89 (von Deetzen), Slg. 1991, I – 5119, Rn.20.

[430] EuGH, Urteil vom 25.1.1979, Rs. 98/78 (Racke / Hauptzollamt Mainz), Slg. 1979, S. 69, Rn.20; EuGH, Urteil vom 25.1.1979, Rs. 99/78 (Decker / Hauptzollamt Landau), Slg. 1979, S. 101, Rn.8; EuGH, Urteil vom 9.1.1990, Rs. C – 337/88 (SAFA), Slg. 1990, I – 1, Rn.13; EuGH, Urteil vom 21.2.1991, Verb. Rs. C – 143/88 und C – 92/89 (Zuckerfabrik Süderdithmarschen und Zuckerfabrik Soest), Slg. 1991, I – 415, Rn.49; EuGH, Urteil vom 11.7.1991, Rs. C – 368/89 (Crispolitini), Slg. 1991, I – 3695, Rn.17; an anderer Stelle zieht der EuGH neben der Rechtssicherheit den Vertrauensschutz als Grundlage des Rückwirkungsverbots heran: EuGH, Urteil vom 12.11.1981, Verb. Rs. 212 – 217/80 (Amministrazione delle finanze dello Stato / Salumi), Slg. 1981, S. 2735, Rn.10.

[431] EuGH, Urteil vom 10.7.1984, Rs. 63/83 (Regina / Kirk), Slg. 1984, S. 2689, Rn.22; EuGH, Urteil vom 13.11.1990, Rs. C – 331/88 (Fedesa u.a.), Slg. 1990, I – 4023, Rn.42.

[432] EuGH, Urteil vom 25.1.1979, Rs. 98/78 (Racke / Hauptzollamt Mainz), Slg. 1979, S. 69, Rn.20; EuGH, Urteil vom 25.1.1979, Rs. 99/78 (Decker / Hauptzollamt Landau), Slg. 1979, S. 101, Rn.8; EuGH, Urteil vom 21.2.1991, Verb. Rs. C – 143/88 und C – 92/89 (Zuckerfabrik Süderdithmarschen und Zuckerfabrik Soest), Slg. 1991, I – 415, Rn.49; EuGH, Urteil vom 9.1.1990, Rs. C – 337/88 (SAFA), Slg. 1990, I – 1, Rn.13; EuGH, Urteil vom 11.7.1991, Rs. C – 368/89 (Crispolitini), Slg. 1991, I – 3695, Rn.17.

[433] EuGH, Urteil vom 13.2.1979, Rs. 85/76 (Hoffmann – La Roche / Kommission), Slg. 1979, S. 461, Rn.4ff.

denen ein solches Bestimmtheitsgebot zugrunde liegt[434]. Der EuGH leitet den Bestimmtheitsgrundsatz aus dem Gebot der Rechtssicherheit ab[435] und betont insbesondere die erforderliche Eindeutigkeit und Genauigkeit von Normen. Das Erfordernis gesetzlicher Bestimmtheit ist mittlerweile ein allgemeiner Rechtsgrundsatz des Gemeinschaftsrechts.

Der **Grundsatz der Gewaltenteilung** wurde vom EuGH schon früh seiner Rechtsprechung zugrunde gelegt[436]. Das klassische System der Gewaltenteilung ist auf die Europäische Union wegen ihrer fehlenden Staatsqualität jedoch nicht in vollem Umfang übertragbar. Die strukturelle Besonderheit der Europäischen Union erfordert ein modifiziertes Verständnis von Gewaltentrennung[437]. Davon abgesehen ist die strikte Umsetzung der formellen Gewaltenteilung auch in den Rechtsordnungen der Mitgliedstaaten der Europäischen Union nicht durchgängig verwirklicht, insbesondere im Verhältnis zwischen Exekutive und Legislative gibt es Überschneidungen[438]. Gewaltenteilung auf europäischer Ebene bedeutet ein wirksames System der *checks and balances*, das der völkervertraglichen Grundstruktur und den jeweiligen Aufgaben gerecht wird[439]. Es geht um die kooperative Verwirklichung von Recht im Zusammenwirken der einzelnen Funktionsträger[440]. Der EuGH selbst betont das institutionelle Gleichgewicht der Organe[441], das als gemeinschaftsrechtliche Ausprägung der Gewaltenteilung in der

---

434 Vgl. etwa: EuGH, Urteil vom 15.5.1991, Rs. C – 328/89 (Berner Allgemeine Versicherungsgesellschaft), Slg. 1991, I – 2431, Rn.22; EuGH, Urteil vom 14.7.1994, Rs. C – 352/92 (Milchwerke Köln/Wuppertal), Slg. 1994, I – 3385, Rn.22; EuGH, Urteil vom 26.5.1982, Rs. 44/81 (Deutschland / Kommission), Slg. 1982, S. 1855, Rn.16; EuGH, Urteil vom 25.9.1984, Rs. 117/83 (Könecke / Balm), Slg. 1984, S. 3291, Rn.11; EuGH, Urteil vom 15.12.1987, Rs. 239/86 (Irland / Kommission), Slg. 1987, S. 5271, Rn.17; EuGH, Urteil vom 15.12.1987, Rs. 336/85 (Frankreich / Kommission), Slg. 1987, S. 5173, Rn.17; EuGH, Urteil vom 22.2.1989, Verb. Rs. 92 und 93/87 (Kommission / Frankreich und Vereinigtes Königreich), Slg. 1989, S. 405, Rn.22; EuGH, Urteil vom 13.2.1996, Rs. C – 143/93 (Van es Donuane Agenten) Slg. 1996, I – 431, Rn.29.

435 Vgl. etwa EuGH, Urteil vom 9.7.1981, Rs. 169/80 (Zollverwaltung / Gondrand Freres), Slg. 1981, S. 1931, Rn.17; EuGH, Urteil vom 12.12.1996, Verb. Rs. C – 74/95 und C – 129/95 (X), Slg. 1996, I – 6609, Rn.25.

436 EuGH, Urteil vom 13.6.1958, Rs. 9 / 56 (Meroni / Hohe Behörde), Slg. 1958, S. 11 (44).

437 Schwarze, JZ 1993, S. 588; Fuss, Die Europäischen Gemeinschaften und der Rechtsstaatsgedanke, S. 21.

438 *Hofmann*, in: Rechtsstaatlichkeit in Europa, S. 11; Fuss, DÖV 1964, S. 581.

439 *Classen*, in: v.Mangoldt / Klein / Starck, GG, Art. 23, Rn.37, 39; *Rojahn*, in: v.Münch, GG, Art. 23, Rn.25; Fuss, DÖV 1964, S. 582; *Bleckmann*, in: Bleckmann, Europarecht, Rn.1229.

440 *Pernice*, in: Dreier, GG, Art. 23, Rn.64.

441 EuGH, Urteil vom 29.10.1980, Rs. 138/79 (Roquette Freres / Rat), Slg. 1980, S. 3333 Rn.33.

Literatur Zustimmung gefunden hat[442]. Entscheidend ist die materielle Gewaltenteilung, also eine klare Abgrenzung der den Gewalten zugewiesenen Kompetenzen und effiziente Mechanismen zur Konfliktlösung[443]. Die Organe kontrollieren sich durch das Zusammenwirken bei der Rechtssetzung gegenseitig[444]. Das System der Gewaltenteilung wird auf europäischer Ebene zudem durch den föderalen Aufbau – die horizontale Gewaltenteilung – gefördert[445].
Ein weiterer rechtsstaatlicher Grundsatz des Gemeinschaftsrechts ist das Prinzip der **Verhältnismäßigkeit.** Im EG-Vertrag ist es ausdrücklich in Art. 5 III EG niedergelegt. Darüber hinaus gilt es als übergreifendes Prinzip belastender Maßnahmen[446]. Ziel des Verhältnismäßigkeitsprinzips ist es, die Freiheit des Einzelnen vor Begrenzungen seiner Freiheit gegenüber der öffentlichen Gewalt zu schützen und einen gerechten Ausgleich zu schaffen[447]. Denn „der Geist der Freiheit besteht (...) in den genau beachteten Verhältnissen“ *(Rousseau)*[448]. Das Verhältnismäßigkeitsprinzip dient zudem den Ideen der Gerechtigkeit, der Gleichheit und der Vernunft[449]. Der EuGH erkennt den Grundsatz der Verhältnismäßigkeit als allgemeinen Rechtsgrundsatz des Gemeinschaftsrechts zur Begrenzung belastender hoheitlicher Maßnahmen an[450]. Die Begriffe der Erforderlichkeit, Geeignetheit und Notwendigkeit sind in der Terminologie des EuGH verschiedene Bezeichnungen zur Kennzeichnung des Verhältnismäßigkeitsprin-

---

[442] Einige Autoren verstehen das institutionelle Gleichgewicht als aliud zum herkömmlichen Gewaltenteilungsprinzip, vgl. etwa Constantinesco, Das Recht der EG, S. 357ff. (Ablehnung des Gewaltenteilungsprinzips), 351, 359, 368 (Anerkennung des institutionellen Gleichgewichts); Bandilla / Hix, NJW 1997, S. 1217; Seeler, EuR 1990, S. 116f.; andere Autoren nehmen an, das institutionelle Gleichgewicht entspreche praktisch dem Gewaltenteilungsprinzip, vgl. etwa *Bleckmann,* in: Bleckmann, Europarecht, Rn.1229; Fuss, Europäische Gemeinschaften, S. 34f.

[443] *Hofmann,* in: Rechtsstaatlichkeit in Europa, S. 11.

[444] Fuss, Die Europäischen Gemeinschaften und der Rechtsstaatsgedanke, S. 32; Fuss, DÖV 1964, S. 584.

[445] Fuss, Die Europäischen Gemeinschaften und der Rechtsstaatsgedanke, S. 34; Fuss, DÖV 1964, S. 583f.

[446] Schwarze, Europäisches Verwaltungsrecht, S. 690; Schwarze, NJW 1986, S. 1069.

[447] Schwarze, Europäisches Verwaltungsrecht, S. 840f.

[448] Rousseau, Politische Ökonomie, S. 93.

[449] Emmerich-Fritsche, Der Grundsatz der Verhältnismäßigkeit, S. 49.

[450] EuGH, Urteil vom 16.7.1956, Rs. 8/55 (Federation Charbonniere de Belgique / Hohe Behörde der EGKS), Slg. 1955/1956, S. 197, 311; EuGH, Urteil vom 17.12.1970, Rs. 11/70 (Internationale Handelsgesellschaft / Einfuhr- und Vorratsstelle für Getreide und Futtermittel), Slg. 1970, S. 1125, Rn.7ff.; EuGH, Urteil vom 8.4.1976, Rs. 29/75 (Kaufhof / Kommission), Slg. 1976, S. 431, Rn.6; EuGH, Urteil vom 20.2.1979, Rs. 122/78 (Buitoni / FORMA), Slg. 1979, S. 677, Rn.16/18; EuGH, Urteil vom 19.6.1980, Verb. Rs. 41, 121 und 796/79 (Testa / Bundesanstalt für Arbeit), Slg. 1980, S. 1979, Rn.21; EuGH, Urteil vom11.7.1989, Rs. 265/87 (Schräder / Hauptzollamt Gronau), Slg. 1989, S. 2237, Rn.21.

zips[451]. Das europäische Verhältnismäßigkeitsprinzip ist mit dem deutschen Verständnis von Verhältnismäßigkeit nicht identisch. Gleichwohl lassen sich aus der Terminologie des EuGH bestimmte Teilaspekte der Verhältnismäßigkeit konkretisieren. Ausgehend vom gesetzgeberischen Ziel einer Maßnahme[452] prüft der EuGH in verschiedener Intensität die Aspekte der Geeignetheit, Erforderlichkeit und Angemessenheit einer Maßnahme[453]. Insbesondere der Aspekt der Erforderlichkeit dominiert die Rechtsprechung des EuGH. Erforderlichkeit bedeutet, dass eine Maßnahme nur dann zulässig ist, wenn es keine milderen Mittel gibt, um das angestrebte Ziel in gleicher Weise zu erreichen[454]. Vielfach finden nur einzelne Aspekte des Verhältnismäßigkeitsgrundsatzes Erwähnung[455]. Dadurch wird der Unterschied zum deutschen Verständnis deutlich[456].

Auf europäischer Ebene finden sich die nach deutschem Verständnis wesentlichen Elemente von Rechtsstaatlichkeit wieder. Es besteht daher ein breiter Konsens, dass die Europäische Union eine Rechtsgemeinschaft ist und die prinzipielle Verwirklichung rechtsstaatlicher Elemente auf europäischer Ebene hinrei-

---

[451] *Calliess,* in: Calliess / Ruffert, EG, Art. 5, Rn.46; Schwarze, Europäisches Verwaltungsrecht, S. 831.

[452] Der EuGH weist explizit auf die notwendige Kenntnis des gesetzgeberischen Ziels hin: EuGH, Urteil vom 13.12.1979, Rs. 44/79 (Liselotte Hauer / Land Rheinland Pfalz), Slg. 1979, S. 3727, Rn.23; EuGH, Urteil vom 26.6.1980, Rs. 808/79 (Pardini), Slg. 1980, S. 2103, Rn.17.

[453] Der EuGH prüft nur selten alle Stufen vollständig und in klassischer Reiheinfolge, so aber in EuGH, Urteil vom 13.11.1990, Rs. C – 331/88 (Fedesa u.a.), Slg. 1990, I – 4023, Rn.13.

[454] Schwarze, Europäisches Verwaltungsrecht, S. 835; Emmerich-Fritsche, Der Grundsatz der Verhältnismäßigkeit, S. 211; EuGH, Urteil vom 11.7.1989, Rs. 265/87 (Schräder / Hauptzollamt Gronau) Slg. 1989, S. 2237, Rn.21; EuGH, Urteil vom 26.6.1990, Rs. 8/89 (Zardi), Slg. 1990, S. 2515, Rn.10.

[455] So prüft der EuGH etwa die Angemessenheit und Erforderlichkeit in EuGH, Urteil vom 23.11.1993, Rs. C – 365/92 (Schumacher), Slg. 1993, I – 6071, Rn.26; EuGH, Urteil vom 27.11.1991, Rs. 119/90 (Italtrade), Slg. 1991, I – 5545, Rn.12; die Eignung und Erforderlichkeit prüft der EuGH in EuGH, Urteil vom 25.6.1997, Rs. C – 114/96 (Kieffer und Thill), Slg. 1997, I – 3629, Rn.33; EuGH, Urteil vom 2.8.1993, Rs. C – 259/91 (Allue u.a.), Slg. 1993, I – 4309, Rn.15; eine dreistufige Verhältnismäßigkeitsdefinition verwendet der EuGH in EuGH, Urteil vom 11.7.1989, Rs. 265/87 (Schräder / Hauptzollamt Gronau) Slg. 1989, S. 2237, Rn.21; EuGH, Urteil vom 23.11.1990, Rs. C – 331/88 (Fedesa u.a.), Slg. 1990, I – 4023, Rn.13.

[456] Das wird auch durch den Wortlaut des Art. 5 III EG bestätigt, der nach allgemeiner Auffassung für die EG Ausdruck des Verhältnismäßigkeitsgrundsatzes ist, ausdrücklich aber nur das Wort „erforderlich“ enthält.

chend ist[457]. Die Europäische Union hat eine rechtsstaatliche Struktur und ist rechtsstaatlichen Grundsätzen verpflichtet[458].

2. Bedeutung der Verpflichtung der Europäischen Union zu rechtsstaatlichen Grundsätzen für Europol

Es bleibt die Frage, was die grundgesetzliche Vorgabe einer Mitwirkung bei der Entwicklung der Europäischen Union, die rechtsstaatlichen Grundsätzen verpflichtet ist, für Europol bedeutet. Auch Europol als internationale Organisation kann über rechtsstaatliche Strukturen verfügen. Die Ausübung von Hoheitsrechten, die in der EPK angelegt ist, muss Beschränkungen unterliegen, also Bindungen, die einem rechtsstaatlichen Verständnis entspringen. Rechtsstaatliche Beschränkungen der Hoheitsgewalt Europols sichern den persönlichen Freiheitsraum des Einzelnen[459]. Doch ist aus Sicht des Art. 23 I 1 GG erforderlich, dass Europol als einzelner Teil der Europäischen Union gleichermaßen über rechtsstaatliche Strukturen verfügt?

Man könnte zunächst daran denken, nicht jeden einzelnen Mitwirkungsakt bei der Entwicklung der Europäischen Union im Hinblick darauf zu überprüfen, ob rechtsstaatliche Grundsätze noch gewahrt werden[460]. Es wird vorgebracht, eine sorgfältige Analyse der Syntax („verpflichtet ist und ...gewährleiste") des Art. 23 I 1 GG ergebe, dass nicht jeder einzelne Entwicklungsschritt, sondern nur das hypothetische rechtliche Endstadium der Europäischen Union vollständig rechtsstaatlichen Grundsätzen genügen müsse[461]. Dem ist jedoch entschieden entgegenzutreten. Ein hypothetisches rechtliches Endstadium ist eine bloße Fiktion. Es ist nicht ersichtlich, wie dieses Stadium bestimmt werden soll oder ab welcher Entwicklungsstufe es erreicht ist. Es gibt für die Europäische Union keinen bestimmten „Fahrplan"; es ist noch nicht einmal konkret abzusehen, wie weit die Integration in Zukunft tatsächlich gehen wird[462]. Rechtsstaatliche Grundsätze müssen jedoch zu jedem Zeitpunkt gewahrt sein.

Es liegt daher zunächst nahe, über die grundsätzliche Verpflichtung der Europäischen Union zur Rechtsstaatlichkeit hinaus jeden einzelnen Rechtssetzungsakt an diesem gemeinschaftsrechtlichen Rechtsstaatsverständnis zu messen. Die Verpflichtung der Europäischen Union zu rechtsstaatlichen Grundsätzen wäre

457 *Scholz,* in: Maunz / Dürig, GG, Art. 23, Rn.59; Zuleeg, NJW 1994, S. 545; Möstl, Die staatliche Garantie für die öffentliche Sicherheit und Ordnung, S. 574.

458 In diesem Sinne: Zuleeg, NJW 1994, S. 545; *Scholz,* in: Maunz / Dürig, GG, Art. 23, Rn.59; *Classen,* in: v.Mangoldt / Klein / Starck, GG, Art.23, Rn.37; *Streinz,* in: Sachs, GG, Art. 23, Rn.27; *Rojahn,* in: v.Münch, GG, Art. 23, Rn.25; Hammer-Strnad, Das Bestimmtheitsgebot, S. 1; Schwarze, NJW 1986, S. 1073.

459 Petri, KritV 1998, S. 441.

460 Hausen, Rechtsgrundlagen von Europol, S. 112f.

461 Hausen, Rechtsgrundlagen von Europol, S. 113.

462 Vgl. dazu etwa Schmalenbach, Der neue Europaartikel, S. 56ff.

demzufolge nur dann erfüllt, wenn auch jeder einzelne Mitwirkungsakt seinerseits diesen rechtsstaatlichen Vorgaben voll gerecht wird.
Ein solches Verständnis geht jedoch zu weit. Für den erforderlichen europäischen Grundrechtsschutz hat das Bundesverfassungsgericht in der „Solange-II"-Entscheidung ausgeführt, dass es ausreiche, wenn ein solcher Schutz generell gewährleistet ist, der dem vom Grundgesetz als unabdingbar gebotenen Grundrechtsschutz im Wesentlichen gleich zu achten ist und der Wesensgehalt generell verbürgt ist[463]. Dies bedeutet, dass es gerade nicht auf den Einzelfall ankommt, sofern im Ganzen ein vergleichbares Schutzniveau besteht[464]. Überträgt man diesen Gedanken auf rechtsstaatliche Grundsätze bedeutet das, dass auch ein bestimmtes rechtsstaatliches Niveau nur generell gewährleistet sein muss. Es ist nicht nachvollziehbar, warum bei rechtsstaatlichen Grundsätzen strengere Maßstäbe angelegt werden sollen als im Bereich der Grundrechte. Dazu kommt, dass im Bereich des Grundrechtsschutzes die Europäische Union einen bestimmten Grundrechtsschutz *gewährleisten* muss; rechtsstaatlichen Grundsätzen muss sie hingegen nur *verpflichtet* sein, sich also grundsätzlich zur Rechtsstaatlichkeit bekennen. Schließlich ist es aus grundgesetzlicher Sicht nicht notwendig, die Entwicklung Europols als Mitwirkungsakt bei der Entwicklung der Europäischen Union im Einzelnen an gemeinschaftsrechtliche Strukturvorgaben zu binden, da Europol unionsrechtlich ohnehin an Art. 6 I EU und damit auch an die europäische Rechtsstaatlichkeit gebunden ist.
Art. 23 I 1 GG fordert daher grundsätzlich nur die generelle Verpflichtung der Europäischen Union zu rechtsstaatlichen Grundsätzen. Diese Verpflichtung besteht. Um allerdings zu verhindern, dass hinter der Fassade dieser Verpflichtung Einrichtungen geschaffen werden, die – möglicherweise eklatant – gegen dieses Verständnis verstoßen, ist hinsichtlich eines einzelnen Mitwirkungsaktes die Frage zu stellen, ob durch die Errichtung dieser Institution die rechtsstaatliche Ausrichtung der Europäischen Union insgesamt in Zweifel zu ziehen ist. Da es sich bei Europol nur um einen kleinen Teilbereich der Europäischen Union handelt, mag man schon bezweifeln, ob die Errichtung und Weiterentwicklung Europols überhaupt dazu führen kann, dass die generelle rechtsstaatliche Ausrichtung der Europäischen Union nicht mehr als gegeben angesehen werden kann. Zumindest aber müsste die Errichtung und Ausgestaltung Europols in eklatanter Weise gegen rechtsstaatliche Grundsätze verstoßen. Mit anderen Worten: Das Europäische Polizeiamt darf nicht so eklatant rechtsstaatswidrig sein, dass die rechtsstaatliche Struktur der Europäischen Union insgesamt nicht mehr gewährleistet ist.

---

[463] BVerfGE 73, 339, 387.
[464] *Jarass*, in: Jarass / Pieroth, GG, Art. 23, Rn. 13; *Classen*, in: v.Mangoldt / Klein / Starck, GG, Art. 23, Rn.52; *Streinz*, in: Sachs, GG, Art. 23, Rn.41; BVerfGE 102, 147, 164.

3. Vereinbarkeit Europols mit den Vorgaben des Art. 6 I EU

Der Frage, ob Europol die rechtsstaatliche Struktur der Europäischen Union in Frage stellt muss die Untersuchung vorausgehen, in welchen Bereichen rechtsstaatliche Vorgaben überhaupt gefährdet scheinen. Es gilt daher zunächst zu klären, ob die Rechtsgrundlagen Europols den rechtsstaatlichen Vorgaben der Europäischen Union gerecht werden[465]. Sofern hinsichtlich einzelner Regelungen Bedenken bestehen, ist die weitergehende Frage zu stellen, ob dadurch die rechtsstaatliche Struktur der Europäischen Union insgesamt gefährdet ist.

a) Bestimmtheit

Die EPK enthält zahlreiche Rechtsbegriffe, deren mangelnde Bestimmtheit gerügt wird. Um die Legitimität der Vorwürfe zu prüfen, bedarf es zunächst einiger allgemeiner Überlegungen zur erforderlichen Bestimmtheit gesetzlicher Regelungen.

Grundsätzlich ist es dem Gesetzgeber ungenommen, unbestimmte auslegungsbedürftige Rechtsbegriffe zu verwenden[466]. Der Gesetzgeber darf sich jedoch nicht seiner Aufgabe entledigen, Inhalt, Zweck und Ausmaß zulässiger Grundrechtseingriffe im Wesentlichen selbst zu bestimmen[467]. Die Bestimmtheit gesetzlicher Regelungen hat die Funktion, dem Rechtsunterworfenen zu zeigen, welche Rechte und Pflichten sich aus einer Norm ergeben. Die rechtlichen Entscheidungen müssen voraussehbar und berechenbar sein[468]. Darüber hinaus wird der Gefahr willkürlicher Rechtsanwendung durch die Hoheitsgewalt vorgebeugt und Rechtssicherheit durch Rechtsanwendungsgleichheit gewährleistet[469]. In Hinblick auf den Grundsatz der Gewaltenteilung gewährleistet eine hohe Bestimmtheit von Normen, dass staatliche Kompetenzen eindeutig verteilt und festgelegt werden. Je unbestimmter eine Norm ist, desto größer wird der Handlungsspielraum der Exekutive und desto geringer wird die Gewährleistung effektiven Rechtsschutzes[470]. Durch einen unbegrenzten Freiraum der Exekutive infolge unbestimmter Normen würde schließlich auch der Grundsatz des Gesetzesvorbehalts leer laufen.

Gerade im polizeilichen Bereich muss jedoch die Frage nach der Bestimmtheit einer Norm in engem Zusammenhang mit der Frage der Bestimm*bar*keit einer

---

[465] Die Untersuchung ist auf solche Regelungen beschränkt, die rechtsstaatlich bedenklich erscheinen.

[466] So für den innerstaatlichen Bereich BVerfGE 21, 73, 79; 31, 255, 264; 37, 132, 142; 49, 89, 133.

[467] So für den innerstaatlichen Bereich BVerfGE 8, 274, 325; 9, 137, 147; 69, 1, 41.

[468] Hammer-Strnad, Das Bestimmtheitsgebot, S. 14; *Schmidt-Aßmann,* in: Handbuch des Staatsrechts I, § 24, Rn.85.

[469] Hammer-Strnad, Das Bestimmtheitsgebot, S. 15.

[470] Gusy, JuS 1983, S. 192f.; Hammer-Strnad, Das Bestimmtheitsgebot, S. 17.

Norm stehen. Die höchste Bestimmtheit ist nicht immer möglich. Die effiziente und optimale Aufgabenwahrnehmung erfordert, dass die handelnde Stelle einen gewissen Spielraum hat. Generalklauseln ermöglichen Einzelfallgerechtigkeit, ein gleichfalls grundlegendes rechtsstaatliches Anliegen. Bei vielschichtigen und komplizierten Materien können überhöhte Bestimmtheitsanforderungen dazu führen, dass eine praktische Regelung gar nicht mehr möglich ist, weil die Grenzen des technisch Möglichen gesprengt werden[471]. Eine solche Komplexität findet sich insbesondere bei schnelllebiger und sich wandelnder Materie, wofür die Bekämpfung der Kriminalität ein Paradebeispiel ist. Auch das deutsche Strafprozessrecht ist in Teilen höchst unbestimmt[472]. Für den deutschen Raum hat das Bundesverfassungsgericht entschieden, dass ein Gesetz, das vielgestaltige Fallkonstellationen regeln soll, ohne die Verwendung unbestimmter Rechtsbegriffe nicht auskommen kann[473]. Strafprozessuale Normen können nicht wie Tatbestände des materiellen Strafrechts in hohem Maße konkretisiert sein, sondern müssen von der Notwendigkeit strafrechtlicher Ermittlungstätigkeit ausgehen und die Aufklärung einer Vielzahl von Taten ermöglichen. Generalklauseln sind unverzichtbar[474]. Auch der EuGH erkennt mehrdeutige Textstellen ausdrücklich an, wenn die dadurch verursachten Schwierigkeiten auf die Komplexität der fraglichen Materie zurückgehen[475]. Weiter wurde vom EuGH eine weite Fassung von Ermächtigungsgrundlagen als zulässig erachtet, wenn die „Natur der Sache" eine weite Fassung gebiete[476]. Eine höhere Bestimmtheit würde in diesen Fällen unweigerlich zu einer mangelhaften Kasuistik führen[477].

In das **Informationssystem** Europols dürfen nach **Art. 8 I 2 Nr.2 EPK** Daten über Personen gespeichert werden, bei denen bestimmte schwerwiegende Tatsachen nach Maßgabe des nationalen Rechts die Annahme rechtfertigen, dass sie Straftaten begehen werden, für die Europol zuständig ist. Kritiker führen an, das Tatbestandsmerkmal der „bestimmten schwerwiegenden Tatsachen" beinhalte eine Prognoseentscheidung und sei unsicher, weil es nach nationalem Recht zu

---

[471] Hammer-Strnad, Das Bestimmtheitsgebot, S. 186.

[472] *Bull,* in: Baldus / Soine, Rechtsprobleme der internationalen polizeilichen Zusammenarbeit, S. 12.

[473] BVerfGE 11, 234, 237.

[474] *Bull,* in: Baldus / Soine, Rechtsprobleme der internationalen polizeilichen Zusammenarbeit, S. 13.

[475] EuGH, Urteil vom 17.7.1997, Rs. C – 354/95, (National Farmers' Union u.a.), Slg. 1997, I – 4559, Rn.50, 58.

[476] EuGH, Urteil vom 21.5.1987, Verb. Rs. 133 – 136/85 (Rau / Balm), Slg. 1987, S. 2289, Rn.31.

[477] Mayer, Datenschutz und Europol, S. 249.

bestimmen sei und gerade im deutschen Recht dieser Begriff nicht gebräuchlich sei[478].
Dabei wird allerdings verkannt, dass zwangsläufig nicht immer Rechtsbegriffe verwendet werden können, die allen Mitgliedstaaten der Europäischen Union geläufig sind. Eine solche Forderung würde die Formulierung internationaler Übereinkommen erheblich erschweren, wenn nicht sogar unmöglich machen. Das Problem der Mehrsprachigkeit ist charakteristisch für die Europäische Union. Jede Sprache hat Eigenarten und Fachtermini, die nicht kongruent in alle anderen Sprachen übersetzt werden können[479]. Dazu kommt die Vielzahl von Redakteuren, die nicht in ihrer Muttersprache arbeiten, die Notwendigkeit politischer Kompromisse und der Zeitdruck, unter dem die Regelungen entstehen[480]. Dem Wortlaut kommt nicht die allein entscheidende Bedeutung zu. Verschiedene sprachliche Fassungen einer Vorschrift, die eine klare und einheitliche Auslegung nicht zulassen, sind nach dem allgemeinen Aufbau, dem Zweck der Regelung und dem Gesamtsystem auszulegen[481]. Insofern ergeben sich aus der Ungebräuchlichkeit der Terminologie im deutschen Recht keine Bedenken.
Es bleibt die Frage nach der Zulässigkeit einer Prognoseentscheidung im Rahmen des Art. 8 I 2 Nr.2 EPK. Eine solche Prognoseentscheidung ist im Rahmen der Identifizierung potentieller Straftäter unumgänglich. Die Entscheidung, ob bestimmte Daten im Informationssystem zu speichern sind, hängt von kriminalistischen Erfahrungen ab und beruht zwangsläufig auf einer Prognose, die ihrer Natur nach eine Unsicherheit und Fehlbarkeit in sich trägt. Der Ausschluss jeder Art von Prognosen würde eine Informationssammlung in hohem Maße ineffektiv machen. Es erscheint im Bereich der Erkennung kriminalistischer Strukturen und Handlungen ausgeschlossen, die den Verdacht begründenden Tatsachen für alle Bereiche zu spezifizieren. Die Vorgabe des Art. 8 I 2 Nr.2 EPK beschränkt sich zudem nicht auf irgendeine kriminalistische Prognose, sondern fordert *bestimmte schwerwiegende* Tatsachen. Der Maßstab für die Prognose wird dadurch verschärft.

Im Informationssystem dürfen gemäß **Art. 8 I Nr.1 EPK** Daten über Personen gespeichert werden, die nach Maßgabe des nationalen Rechts einer Straftat oder Beteiligung an einer Straftat verdächtigt werden, die in den Zuständigkeitsbereich von Europol fällt. Der bloße Verdacht einer Straftat erscheint zunächst

---

478 So etwa Kübler, Die Säulen der Europäischen Union, S. 107f.
479 Dazu grundlegend Luttermann, EuZW 1998, S. 151ff.
480 Wägenbaur, EuZW 1993, S. 713.
481 EuGH, Urteil vom 21.11.1974; Rs. 6/74 (Moulijn / Kommission), Slg. 1974, S. 1287, Rn.9, 11; EuGH, Urteil vom 27.3.1990, Rs. C – 372/88 (Cricket St Thomas), Slg. 1990, I – 1345, Rn.19; EuGH, Urteil vom 7.12.1995, Rs. C 449/93 (Rockfon), Slg. 1995, I – 4291, Rn.28.

sehr weit. Auch im deutschen Polizeirecht reicht ein Verdacht jedoch für ein polizeiliches Tätigwerden aus. Im Rahmen der Gefahrenabwehr gibt es den Gefahrverdacht, wenn also der objektive Betrachter *ex-ante* den Eindruck gewinnt, dass sich die Möglichkeit einer Gefahr nicht ausschließen lässt[482]. Im Bereich der Strafverfolgung reicht für ein Tätigwerden der Polizei der Anfangsverdacht, also zureichende tatsächliche Anhaltspunkte für das Vorliegen einer verfolgbaren Straftat. Solche Anhaltspunkte liegen vor, wenn es nach kriminalistischen Erfahrungen als möglich erscheint, dass eine verfolgbare Straftat vorliegt, wobei bloße Vermutungen nicht ausreichen[483]. Um ein flexibles Tätigwerden der Polizei zu ermöglichen, müssen Verdachtsmomente ausreichen. Ein Vorgehen nur bei der Gewissheit, dass eine Gefahr vorliegt oder eine Straftat begangen wurde, macht polizeiliches Handeln uneffektiv. Insofern ist es unverständlich, dass mit der Speicherung von Daten solcher Personen, die einer Straftat verdächtigt werden, ein unangemessener Fokus auf ein Subjekt einhergehen soll[484]. Dem Begriff des Verdachts ist aus deutschem Verständnis das Vorliegen bestimmter objektiver Anhaltspunkte, durch die der Verdacht gestützt wird, immanent. Das Erfordernis bestimmter objektiver Anhaltspunkte ist auf Europol übertragbar. Auch bei Europol reichen bloße Vermutungen gerade nicht aus[485]. Ein unangemessener Fokus auf ein Subjekt ist insofern nicht zu befürchten.

Zahlreiche Regelungen der EPK normieren als Tatbestandsvoraussetzung die **Erforderlichkeit,** etwa die Art. 8 I, II Nr.5, 9 I 2, 10 I, III, IV, V, 18 I, 21 I, II EPK. Dieses allgemeine und unbestimmte Gebot der Erforderlichkeit, ohne einen konkreten Maßstab für diese Erforderlichkeit vorzugeben, wird als unzureichend angesehen[486]. Das Kriterium der Erforderlichkeit in der EPK ist jedoch im Zusammenhang mit dem europarechtlichen Verhältnismäßigkeitsbegriff zu sehen. Nach europäischem Verständnis ist eine Maßnahme erforderlich, wenn es kein milderes Mittel gibt, um das angestrebte Ziel zu erreichen[487]. Das Kriterium der Erforderlichkeit ist zudem an anderer Stelle in der EPK selbst konkretisiert. Art. 25 I 2 EPK bestimmt, dass Maßnahmen nur erforderlich sind, wenn ihr Aufwand in einem angemessenen Verhältnis zu dem angestrebten Schutzzweck steht. Diese Bestimmung bezieht sich zunächst nur auf den vorstehenden Satz 1, also auf die technischen und organisatorischen Maßnahmen Europols zur Ausführung der EPK. Darüber hinaus kann ihr jedoch ein allgemeiner Rechtsgedan-

---

482 Schoch, JuS 1994, S. 669; Schink, DVBl. 1989, S. 1187.
483 BVerfG NStZ 1982, S. 430, 430; *Schoreit*, in: KK StPO, § 152, Rn.28.
484 In diesem Sinne Petri, KritV 1998, S. 447.
485 Schwach, EUROPOL, S. 243.
486 Mayer, Datenschutz und Europol, S. 243.
487 Vgl. statt vieler Schwarze, Europäisches Verwaltungsrecht, S. 835.

ke entnommen werden, was im Rahmen der EPK insgesamt unter Erforderlichkeit zu verstehen ist. Mit diesem Hintergrund bereitet die Bestimmung eines Maßstabs für das Kriterium der Erforderlichkeit in der EPK keine Schwierigkeiten. Die Vorgabe einerseits, dass es kein genauso geeignetes milderes Mittel geben darf, ist nach deutschem Verständnis als Teil des Verhältnismäßigkeitsprinzips bekannt. Das angemessene Verhältnis des Mittels zum Zweck ist ebenfalls ein Bestandteil des deutschen Verständnisses von Verhältnismäßigkeit. Die Tatbestandsvoraussetzung der Erforderlichkeit bedarf keiner weiteren Konkretisierung.

Es wird vorgebracht, der Begriff der **Analyse** sei völlig unklar, insbesondere fehle es an einer gegenständlichen Eingrenzung[488]. In dieselbe Richtung geht der Einwand, die in Art. 10 I 1 EPK angelegte Befugnis zur Speicherung, Veränderung und Nutzung von Daten und die in Art. 10 I 2 EPK angelegte Erhebung, Speicherung und Verarbeitung sensibler Daten sei kaum mehr bestimmbar[489].
Dem ist jedoch entgegenzutreten. Zwar ist der Kreis der Personen in den Analysedateien zunächst schwer fassbar, jedoch folgt daraus keine unbegrenzte Speicherungsmöglichkeit. Es können nicht Daten von Personen erfasst werden, die Informationen über irgendwelche Straftaten liefern können, sondern nur über eine bestimmte Straftat, für die Europol zuständig ist. Die Straftaten sind in einem Anhang zu Art. 2 EPK enumerativ aufgelistet. Schon dadurch wird der Begriff der Analyse gegenständlich eingegrenzt.
Die Speicherung sensibler Daten in Analysedateien steht entgegen gegenteiliger Behauptungen auch nicht weitgehend im Ermessen der Europol-Bediensteten[490]. Voraussetzung für die Speicherung sensibler Daten ist gemäß Art. 10 I 2 EPK die unbedingte Notwendigkeit der Speicherung und Verarbeitung. Andere Daten dürfen gespeichert, verarbeitet und genutzt werden, wenn dies zur Erreichung der Ziele Europols erforderlich ist. Die Voraussetzung der Erforderlichkeit und der Notwendigkeit als Ausdruck der Verhältnismäßigkeit kompensieren die verbleibende Weite des Begriffs der Analyse. Kompensationsmöglichkeiten für notwendige Unbestimmtheit sind in den Mitgliedstaaten der Europäischen Union weitestgehend anerkannt[491]. Die Geltung des Verhältnismäßigkeitsprinzips kann als Einzelfallkorrektiv die von unbestimmten Rechtsbegriffen ausgehenden Gefahren zumindest deutlich einschränken[492]. Die angestrebten Ziele können nur

---

[488] Petri, Europol, S. 106; Petri, KritV 1998, S. 447.
[489] Sule, Europol und europäischer Datenschutz, S. 86.
[490] So aber Petri, KritV 1998, S. 449.
[491] Hammer-Strnad, Das Bestimmtheitsgebot, S. 193; zur Kontrollfunktion des Verhältnismäßigkeitsprinzips vgl. Emmerich-Fritsche, Der Grundsatz der Verhältnismäßigkeit, S. 270f.
[492] Schwarze, Europäisches Verwaltungsrecht, S. 841; Leisner, NJW 1997, S. 637; Hammer-Strnad, Das Bestimmtheitsgebot, S. 198f.

unter möglichst geringen Opfern für die Betroffenen verwirklicht werden[493]. Eine leichtfertige Speicherung gegebenenfalls auch sensibler Daten in den Analysedateien wird dadurch verhindert.
Darüber hinaus relativiert der Auskunftsanspruch des Betroffenen nach Art. 19 EPK und der Anspruch auf Berichtigung und Löschung von Daten gemäß Art. 20 EPK die Unbestimmtheit des Begriffs der Analyse. Neben der Geltung des Prinzips der Verhältnismäßigkeit ist Rechtsschutz ein anerkannter Mechanismus zur Kompensation unbestimmter Regelungen[494]. Der Betroffene kann die Speicherung seiner Daten in einem Verfahren vor der GKI überprüfen lassen.
Der Begriff der Analyse ist somit zum einen gegenständlich auf bestimmte enumerativ festgelegte Straftaten beschränkt. Zum anderen erfolgt eine Kompensation der Eingriffsweite durch den Grundsatz der Verhältnismäßigkeit als Tatbestandsvoraussetzungen und die Rechtsschutzmöglichkeiten des Betroffenen. Dem Bestimmtheitsgebot wird dadurch hinreichend Rechnung getragen.

Die EPK sieht eine Zusammenarbeit bei der Kriminalitätsbekämpfung in Bereichen vor, die in den Mitgliedstaaten strafrechtlich nicht einheitlich erfasst sind, zum Beispiel das **Computerstrafrecht**[495]. Eine Legaldefinition gibt es im Anhang zur EPK lediglich für die Begriffe der Kriminalität mit nuklearen oder radioaktiven Substanzen, die Schleuserkriminalität, den Menschenhandel, die Kraftfahrzeugkriminalität und Geldwäschehandlungen. Daraus können Unklarheiten über die Zuständigkeit Europols im Einzelnen resultieren. Die genaue Definition der Straftaten, für die Europol zuständig ist, hat Auswirkungen auf zahlreiche Aufgabenzuweisungen der EPK, die auf die Ziele Europols verweisen. Die Frage, ob ein bestimmtes Verhalten unter einen Straftatbestand zu subsumieren ist, entscheidet daher über das prinzipielle Tätigwerden Europols.
Der Anhang der EPK betreffend Art. 2 EPK bestimmt, dass die Kriminalitätsformen von den zuständigen nationalen Behörden nach den Rechtsvorschriften ihrer jeweiligen Staaten beurteilt werden. Für die Übermittlung der Informationen durch die nationalen Stellen gibt es daher eine klare Vorgabe. So muss das BKA etwa bei der Übermittlung von Identitätsmerkmalen eines potentiellen Straftäters dessen Strafbarkeit nach deutschem Strafrecht beurteilen. Erhebliche Probleme gibt es jedoch bei dem Abruf von Daten. Ruft etwa das BKA Daten über Straftäter im Bereich Computerkriminalität ab, erhält es Informationen aus

---

[493] Emmerich-Fritsche, Der Grundsatz der Verhältnismäßigkeit, S. 270.
[494] Hammer-Strnad, Das Bestimmtheitsgebot, S. 192ff.; weitere Kompensationsmöglichkeiten sind formelle Sicherungen eines ausgebauten Verwaltungsverfahrens, eine Begründungspflicht und die Konkretisierung unbestimmter Rechtsbegriffe durch Rechtsprechung und Verwaltungspraxis.
[495] Die Forderung nach einer Vereinheitlichung des materiellen Strafrechts in bestimmten Bereichen gibt es schon lange, vgl. etwa Pitschas, NVwZ 94, 627.

anderen Mitgliedstaaten und solche Daten, die Europol von Drittstaaten und Drittstellen erlangt hat[496]. Es ist denkbar, dass die Strafbarkeit der Personen im Einzelfall nach deutschem Strafrecht anders beurteilt worden wäre.
Diese Zuständigkeitsregelungen stoßen hinsichtlich der erforderlichen Bestimmtheit auf Bedenken. Es kann für den Einzelnen schwer sein, seine Rechte und Pflichten unzweideutig zu erkennen und sein Verhalten danach einzurichten.
Die Unbestimmtheit betrifft jedoch nicht alle Kriminalitätsformen, für die Europol zuständig ist. Neben den Straftaten, die im Anhang zur EPK definiert sind, können wichtige Vorgaben aus anderen Vereinbarungen zwischen den Mitgliedstaaten der Europäischen Union gewonnen werden. Solche Vorgaben gibt es etwa für Straftaten gegen fremdes Vermögen und staatliches Eigentum sowie Betrug[497], Kinderpornographie[498] und die Beteiligung an einer kriminellen Vereinigung[499]. Für die Bestimmung des Begriffs „illegaler Drogenhandel" verweist Art. 2 EPK auf das Übereinkommen der Vereinten Nationen vom 20. Dezember 1988 gegen den unerlaubten Verkehr mit Suchtstoffen und psychotropen Stoffen. Bei anderen Straftaten scheint eine gemeinsame Definition kaum geboten, etwa bei Straftaten gegen das Leben, die körperliche Unversehrtheit und Freiheit. Unklarheiten kann es daher nur in einzelnen Bereichen, etwa dem Computerstrafrecht, der Produktpiraterie und der Umweltkriminalität geben. Auch in diesen Bereichen werden sich etwaige Unklarheiten jedoch auf die Randgebiete beschränken.
Die Zuständigkeit Europols ist allerdings in diesen Bereichen nicht allein unbestimmt, sondern wegen der Vielzahl der verschiedenen Rechtsordnungen nur schwer bestimm*bar*. Die Kriminalitätsformen werden von den zuständigen nationalen Behörden nach den Rechtsvorschriften ihrer jeweiligen Staaten beurteilt.

---

[496] Zumindest für den Abruf von Daten aus dem Informationssystem ist diese Konstellation jedoch ein Zukunftsszenario, da das Informationssystem derzeit allein im Bereich der Straftaten im Zusammenhang mit der Fälschung des Euro voll einsatzfähig ist.

[497] Rahmenbeschluss des Rates vom 29. Mai 2000 über die Verstärkung des mit strafrechtlichen und anderen Sanktionen bewehrten Schutzes gegen Geldfälschung im Hinblick auf die Einführung des Euro, Abl.EG L 140 vom 14.6.2000, S. 1; Rahmenbeschluss des Rates vom 28. Mai 2001 zur Bekämpfung von Betrug und Fälschung im Zusammenhang mit unbaren Zahlungsmitteln, Abl.EG L 149 vom 2.6.2001, S. 1.

[498] Gemeinsame Maßnahme vom 24. Februar 1997 – vom Rat aufgrund von Art. K.3 des Vertrages über die Europäische Union angenommen – betreffend die Bekämpfung des Menschenhandels und der sexuellen Ausbeutung von Kindern, Abl.EG L 63 vom 4.3.1997, S. 2; Rahmenbeschluss des Rates vom 22. Dezember 2003 zur Bekämpfung der sexuellen Ausbeutung von Kindern und der Kinderpornografie, Abl.EG L 13 vom 20.1.2004, S. 44.

[499] Gemeinsame Maßnahme vom 21. Dezember 1998 – vom Rat aufgrund von Art. K.3 des Vertrages über die Europäische Union angenommen – betreffend die Strafbarkeit der Beteiligung an einer kriminellen Vereinigung in den Mitgliedstaaten der Europäischen Union, Abl.EG L 351 vom 29.12.1998, S. 1.

Eine höhere Bestimmtheit durch gemeinsame Definitionen ist wünschenswert, wegen der fehlenden Kompetenz der Europäischen Union zum Erlass harmonisierender Strafrechtsvorschriften jedoch nur eingeschränkt möglich. Art. 31 lit.e EU ermächtigt die Europäische Union zur *schrittweisen* Festlegung von Mindestvorschriften über die Tatbestandmerkmale strafbarer Handlungen und die Strafen in den Bereichen organisierte Kriminalität, Terrorismus und Drogenhandel. Der Europäische Rat von Tampere hat insbesondere den Handlungsbedarf für die Bereiche der Finanzkriminalität, des illegalen Drogenhandels, des Menschenhandels, der Ausbeutung von Frauen, der sexuellen Ausbeutung von Kindern und der Hightech-Kriminalität und Umweltkriminalität betont[500]. Die Harmonisierung soll durch einen Rahmenbeschluss des Rates bis Ende 2003 weiter vorangetrieben werden[501]. Derzeit ist jedoch eine höhere Bestimmtheit der Kriminalitätsformen, für die Europol zuständig ist, nicht möglich, weil sie mangels einer Kompetenz der Europäischen Union nicht bestimmbar sind.

Insgesamt bleibt festzuhalten, dass zahlreiche Formulierungen, die als zu unbestimmt angesehen werden, dem Schein zum Trotze nicht in diesem Maße unbestimmt sind. Vor dem Hintergrund der möglichen Bestimmbarkeit ist eine weitere Konkretisierung vielfach nicht möglich. Die Unbestimmtheit einzelner Regelungen wird durch anerkannte Mechanismen wie die Verhältnismäßigkeit und Rechtsschutzmöglichkeiten – zumindest teilweise – kompensiert. Jedenfalls führt eine verbleibende Unbestimmtheit nicht dazu, dass das Bekenntnis der Europäischen Union zu rechtsstaatlichen Grundsätzen in Frage gestellt ist. Allein darauf kommt es an. Die Regelungen der EPK sind hinsichtlich ihrer Bestimmtheit nicht derart eklatant unvereinbar mit rechtsstaatlichen Grundsätzen, dass die Verpflichtung der Europäischen Union zu rechtsstaatlichen Grundsätzen insgesamt nicht mehr gewährleistet ist.

b) Normenklarheit

Im Gegensatz zur Bestimmtheit einer Norm bezieht sich die Normenklarheit auf die Durchschaubarkeit eines Regelwerks, nämlich die widerspruchsfreie Gesetzgebung. Der Betroffene muss die Rechtslage insgesamt erkennen und sein Verhalten danach ausrichten können[502]. Die Normenklarheit ist die formale Eigenschaft des Gesetzes, die Frage der gesetzgeberischen Qualität und der adäquaten Gesetzessprache[503]. Normenklarheit bedeutet die Durchsichtigkeit im Zusam-

---

[500] Vgl. Schlussfolgerung Nr.48 des Europäischen Rates von Tampere am 15. und 16. Oktober 1999.

[501] Anzeiger der Fortschritte bei der Schaffung eines „Raums der Freiheit, der Sicherheit und des Rechts", 1. Halbjahr 2003, KOM (2003) 291 endgültig vom 22.5.2003, S. 11.

[502] BVerfGE 20, 150, 158ff., 31, 255, 264; 45, 400, 420; 65, 1, 44.

[503] Braun, VerwArch 76 (1985), S. 46; Hammer-Strnad, Das Bestimmtheitsgebot, S. 7.

menspiel der einzelnen Sätze und Begriffe und die einheitliche Verwendung grundlegender normativer Begriffe[504].

Es wird angeführt, die Befugnisnormen Art. 8 I EPK und Art. 10 I EPK verknüpften als Eingriffsschwelle lediglich die Aufgaben- und Zielbeschreibungen mit der Erforderlichkeit und stellten insofern rechtsstaatlich problematische **tatbestandslose Befugnisnormen** dar[505]. Richtig daran ist, dass Art. 8 und Art. 10 EPK auf die Aufgaben und Ziele Europols nach Art. 2 I, 3 EPK verweisen und diese mit dem Kriterium der Erforderlichkeit verbinden. Nicht nachvollziehbar ist es hingegen, weshalb es sich deswegen um tatbestandslose Befugnisnormen handeln soll. Es gibt einen Tatbestand, nämlich die Erforderlichkeit zur Erfüllung eines in Art. 2 I EPK dargelegten Ziels, beziehungsweise die Erforderlichkeit zur Erfüllung der in Art. 3 EPK genannten Aufgaben. Im Rahmen der Arbeitsdateien zu Analysezwecken ist also etwa die Speicherung, Veränderung und Nutzung von Daten möglich, wenn dies zur Verhütung und Bekämpfung des illegalen Drogenhandels erforderlich ist und zwei oder mehr Mitgliedstaaten in einer Weise betroffen sind, die aufgrund des Umfangs, der Bedeutung und der Folgen der strafbaren Handlungen ein gemeinsames Vorgehen der Mitgliedstaaten erfordert. Die Daten im Informationssystem dürfen etwa genutzt werden, wenn dies Ermittlungen in den Mitgliedstaaten unterstützt und die Verwendung für diese Ermittlungen erforderlich ist (Art. 3 I Nr.4 EPK). Für einen Betroffenen ist diese Regelungstechnik insofern ungewöhnlich, als nicht wie in zahlreichen Normen des deutschen Rechts in einem Paragraphen oder einem Artikel sowohl alle Tatbestandsvoraussetzungen, als auch die Rechtsfolgen normiert sind. Auch dem deutschen Recht ist eine solche Regelungstechnik indes nicht fremd. Zahlreiche Regelungen verknüpfen Befugnisse in ähnlicher Weise mit der Zuweisung von Aufgaben. So bestimmt etwa § 10 BKAG, dass das BKA personenbezogene Daten an andere Polizeien des Bundes und an Polizeien der Länder übermitteln kann, wenn dies zur Erfüllung seiner Aufgaben oder der des Empfängers erforderlich ist. § 28 BKAG lässt den Abgleich personenbezogener Daten mit Dateien zu, wenn Grund zu der Annahme besteht, dass dies zur Erfüllung einer ihm obliegenden Aufgabe erforderlich ist. Der Bundesgrenzschutz kann gemäß § 21 BGSG personenbezogene Daten erheben, soweit dies zur Erfüllung einer ihm obliegenden Aufgabe erforderlich ist und Daten gemäß § 29 BGSG speichern, verändern und nutzen, soweit dies zur Erfüllung seiner jeweiligen Aufgabe erforderlich ist. Auch bei diesen deutschen Normen knüpfen konkrete Befugnisse an allgemeine Aufgabenzuweisungen in anderen Bestimmungen an.

---

[504] Braun, VerwArch 76 (1985), S. 46f.

[505] Petri, Europol, S. 173.

Die Regelungen der EPK werden durch eine solche Verknüpfung nicht weniger durchschaubar oder widersprüchlich. Die einzige andere Möglichkeit zur Regelung der Befugnisse wäre gewesen, die Ziele und Aufgaben Europols als Tatbestandsvoraussetzungen in die Befugnisnormen vollständig aufzunehmen. Gerade das hätte jedoch die Regelungen undurchschaubar gemacht. Die Befugnisnormen der Art. 8, 10 EPK sind somit nicht tatbestandslos. Durch den Bezug auf die Aufgaben und Ziele werden einzig überflüssige Wiederholungen und übermäßig lange und undurchschaubare Vorschriften vermieden.

Einen weiteren Ansatzpunkt für mangelnde Normenklarheit der EPK bietet **Art. 19 VIII EPK**. Danach gelten die vorstehenden Bestimmungen entsprechend für die nicht automatisierten Daten von Europol, die in Karteien festgehalten werden. Es wird vorgebracht, das Verhältnis zu den Vorschriften über die Verwendung personenbezogener Daten (Art. 17 EPK) und ihrer Aufbewahrung beziehungsweise Berichtigung (Art. 22 EPK), sowie die Rechtsschutzmöglichkeiten blieben ungeklärt[506].
Dieser Argumentation kann jedoch nicht gefolgt werden. Hinsichtlich der Vorschriften über die Verwendung personenbezogener Daten in Art. 17 EPK kann eine Konkurrenz gar nicht bestehen. Art. 19 VIII EPK spricht von den vorstehenden Bestimmungen und bezieht sich auf die vorangestellten Absätze des Art. 19 EPK. Eine Erstreckung auf Art. 18 EPK oder Art. 17 EPK ist nicht notwendig. Art. 18 EPK regelt die Datenübermittlung an Drittstaaten und Drittstellen und spricht von den bei Europol aufbewahrten Daten. Unter den bei Europol aufbewahrten Daten sind alle, also automatisierte Daten aus dem Informationssystem und Daten in Akten zu verstehen. Die Verwendungsregelung des Art. 17 EPK bezieht neben personenbezogenen Daten aus dem Informationssystem, dem Indexsystem und den Analysedateien ausdrücklich die auf jede andere geeignete Weise mitgeteilten Daten mit ein. Die Daten, die von Europol in Karteien festgehalten werden, sind davon umfasst.
Auch das Verhältnis der Auskunft über Daten in Karteien zu deren Berichtigung oder Vernichtung ist nicht unklar. Hinsichtlich des Auskunftsanspruchs gelten gemäß Art. 19 VIII EPK die Regelungen für automatisierte Daten entsprechend, also die Absätze I bis VII. Auf die Berichtigung und Löschung von Daten bezieht er sich nicht. Dafür sieht Art. 22 I EPK eine eigene Regelung vor. Die Akte oder die Daten sind zu vernichten, beziehungsweise mit dem Vermerk der Verwendungsuntersagung zu versehen, wenn die Aufbewahrung für die Erfüllung der Aufgaben Europols nicht mehr erforderlich ist oder die Informationen

[506] Petri, Europol, S. 106f.

im Widerspruch zur EPK stehen. Das Verhältnis des Art. 19 VIII EPK zu Art. 22 EPK ist insoweit klar.
Die Rechtsschutzmöglichkeiten ergeben sich ebenfalls eindeutig aus den Vorschriften. Ein Auskunftsanspruch über Daten in Akten kann in entsprechender Anwendung des Art. 19 EPK geltend gemacht werden. Einen Anspruch auf Berichtigung, Aufnahme eines Vermerkes oder Aktenvernichtung gewährt Art. 22 III EPK, der auf Art. 20 IV und Art. 24 II-VII EPK verweist.
Ein Änderungsprotokoll zur EPK[507] stellt in einem einzufügenden Artikel 22 IV EPK ausdrücklich klar, dass die in diesem Titel niedergelegten Grundsätze auf die in Akten enthaltenen Daten anwendbar sind. Damit wird jeder Zweifel ausgeräumt. Der Vorwurf mangelnder Normenklarheit der EPK ist insoweit unbegründet. Die Rechtsgrundlagen Europols genügen den rechtsstaatlichen Anforderungen der Normenklarheit.

c) Verhältnismäßigkeit

Die Vorgaben des Verhältnismäßigkeitsprinzips für ein komplexes Regelwerk wie die EPK lassen sich nicht abstrakt bestimmen. Das Prinzip der Verhältnismäßigkeit ist ein Einzelfallkorrektiv und kann eine konkrete Maßnahme an einem konkret verfolgten Ziel messen. Es kann daher grundsätzlich nur jede einzelne Bestimmung im Hinblick darauf untersucht werden, ob die Anforderungen des Verhältnismäßigkeitsprinzips erfüllt sind. Die Befugnisse Europols stehen in Verbindung mit den Aufgaben und den Zielen. Aus dieser Verbindung ergeben sich unzählige Konstellationen, in denen ein Tätigwerden Europols theoretisch möglich ist. An jede einzelne dieser theoretisch denkbaren Handlungsmöglichkeiten Europols kann der Maßstab der Verhältnismäßigkeit angelegt werden.
Problematisch sind insbesondere die Vorschriften über die Datensammlung und die Analyse, also die Art. 7ff. EPK. Diese relevanten Bestimmungen enthalten als Tatbestandsvoraussetzung die Verhältnismäßigkeit. Es dürfen nach Art. 8 I EPK nur die *erforderlichen* Daten gespeichert, verändert oder genutzt werden. Daten über Personen dürfen über Name, Geburtsdatum, Staatsangehörigkeit und Geschlecht hinaus andere Identitätsmerkmale nur umfassen, soweit das *erforderlich* ist. Der Abruf von Daten ist gemäß Art. 9 I 2 EPK zulässig, soweit es zur Aufgabenerfüllung im Einzelfall *erforderlich* ist. Die Errichtung einer Analysedatei muss nach Art. 10 I 1 EPK *erforderlich* sein. Die nationalen Stellen übermitteln dazu gemäß Art. 10 III EPK nur die *erforderlichen* Informationen. Auch der Abruf von Daten zu Analysezwecken aus anderen Informationssystemen muss gemäß Art. 10 V EPK *erforderlich* sein. Es ist also im Rahmen der jeweiligen Befugnisnorm zu prüfen, ob eine bestimmte Maßnahme im Einzelfall erforderlich ist. Die Terminologie der Erforderlichkeit bedeutet in diesem Zu-

---

[507] Rechtsakt des Rates vom 27.11.2003, Abl.EG C 2 vom 6.1.2004, S. 1.

sammenhang nichts anderes als Verhältnismäßigkeit. Auf europäischer Ebene wird im Rahmen des Verhältnismäßigkeitsprinzips nicht immer die Geeignetheit, Erforderlichkeit und Angemessenheit in gleichem Umfang geprüft. Der EuGH selbst prüft oft nur einzelne Aspekte, ohne dass der Inhalt des Verhältnismäßigkeitsprinzips dadurch reduziert würde[508]. Die EPK kennt sogar eine besonders strenge Form der Verhältnismäßigkeit. So heißt es in Art. 10 I 2 EPK für sensible Daten, dass diese für die Zwecke der betreffenden Datei *unbedingt notwendig* sein müssen. Der Maßstab wird dadurch noch verstärkt[509]. Die Terminologie *„notwendig"* bedeutet nichts anders als *„verhältnismäßig"*[510]. Ein solches Verständnis wird durch Art. 25 EPK verstärkt. Die Bestimmung gibt Europol auf, die technischen und organisatorischen Maßnahmen zu treffen, die erforderlich sind, um die Ausführung der EPK zu gewährleisten. In Satz 2 heißt es: „Erforderlich sind Maßnahmen nur, wenn ihr Aufwand in einem angemessenen Verhältnis zu dem angestrebten Schutzzweck steht". Das Kriterium der Erforderlichkeit enthält nach dem Verständnis der EPK somit ausdrücklich die Komponente der Angemessenheit[511].

Die Regelungstechnik der EPK führt dazu, dass eine abstrakte Verhältnismäßigkeitsprüfung der Vorschriften nicht möglich ist. Eine abstrakte Prüfung ist im Übrigen auch gar nicht notwendig. Sofern eine Norm an konkrete Tatbestandsvoraussetzungen bestimmte Rechtsfolgen knüpft, kann das angemessene Verhältnis bestimmt werden. Das ist jedoch nicht möglich, wenn die Verhältnismäßigkeit selbst Tatbestandsvoraussetzung ist. Eine Prüfung erfolgt dann im konkreten Fall. Es ist für jede einzelne Befugnis Europols im konkreten Fall abzuwägen, ob die Maßnahme zur Erreichung eines bestimmten Ziels erforderlich, beziehungsweise sogar unbedingt notwendig ist. Den Anforderungen an den Grundsatz der Verhältnismäßigkeit als allgemeinen Rechtsgrundsatz wird damit in vollem Umfang Rechnung getragen.

d) Fazit

Es bleibt festzuhalten, dass Europol nicht in eklatanter Weise gegen die rechtsstaatlichen Grundsätze der Europäischen Union verstößt. An zahlreichen Stellen erweist sich die Kritik als unbegründet. An anderen Stellen sind Einwände zwar nicht ganz von der Hand zu weisen, dadurch wird jedoch nicht die Rechtsstaat-

[508] Vgl. Kapitel E.I.1.

[509] So auch Petri, Europol, S. 108.

[510] Auch im deutschen Recht werden die Begriffe der Erforderlichkeit und Notwendigkeit im Rahmen des Verhältnismäßigkeitsprinzips oft synonym verwendet.

[511] Emmerich-Fritsche, Der Grundsatz der Verhältnismäßigkeit, S. 66 leitet die Angemessenheit aus dem europäischen Gerechtigkeitsgedanken, der dem Gedanken der Erforderlichkeit zugrunde liegt, ab.

lichkeit der Europäischen Union insgesamt in Frage gestellt. Von einem rechtsstaatlichen Sündenfall der Europäischen Union[512] kann keine Rede sein.

II. Gewährleistung eines vergleichbaren Grundrechtsschutzes

Voraussetzung der Übertragung von Hoheitsrechten ist gemäß Art. 23 I 1 GG, dass die Europäische Union einen dem Grundgesetz im Wesentlichen vergleichbaren Grundrechtsschutz gewährleistet. Im Hinblick auf Europol ist für den Grundrechtsschutz insbesondere die informationelle Selbstbestimmung als Ausprägung des allgemeinen Persönlichkeitsrechts von Bedeutung. Allein dieser Bereich ist Gegenstand der Untersuchung.

Die Formulierung des Art. 23 I 1 GG knüpft an die „Solange-II"-Rechtsprechung des Bundesverfassungsgerichts an[513]. Anders als im Rahmen rechtsstaatlicher Grundsätze, die allein europäisch zu bestimmen sind, muss sich der europäische Grundrechtsschutz am Grundgesetz orientieren und diesem vergleichbar sein[514]. Das bedeutet jedoch nicht, dass die einzelnen grundrechtlichen Gewährleistungen deckungsgleich sein müssen. Einzelne Abweichungen bei dem Schutzbereich einzelner Grundrechte und hinsichtlich der Schutzfunktion sind möglich; der Grundrechtsschutz in der Europäischen Union kann eigenen dogmatischen Strukturen folgen[515]. Entscheidend ist, dass der europäische Grundrechtsschutz kein strukturelles und schweres Defizit aufweist. Grundrechtliche Schutzgüter dürfen nicht prinzipiell in Frage gestellt und der Kerngehalt der geschützten Tätigkeit nicht generell unterbunden werden[516].

Es ist im Folgenden zunächst der Grundrechtsstandard im Bereich der informationellen Selbstbestimmung auf deutscher und auf europäischer Ebene darzulegen, um sodann untersuchen zu können, ob der Standard im Wesentlichen vergleichbar ist.

1. Informationelle Selbstbestimmung im Grundgesetz

Das Bundesverfassungsgericht hat im Volkszählungsurteil[517] entschieden, dass der Einzelne gegen die unbegrenzte Erhebung, Speicherung, Verwendung und

---

[512] So Ostendorf, NJW 1997, S. 3420.

[513] Gemeinsame Verfassungskommission in BT-Drs. 12/6000, S. 21; *Rojahn,* in: v.Münch, GG, Art. 23, Rn.36; *Streinz,* in: Sachs, GG, Art. 23, Rn.41; *Scholz,* in: Maunz / Dürig, GG, Art. 23, Rn.61; Schmalenbach, Der neue Europaartikel, S. 74.

[514] *Rojahn,* in: v.Münch, GG, Art. 23, Rn.34.

[515] *Classen,* in: v.Mangoldt / Klein / Starck, GG, Art. 23, Rn.53; *Rojahn,* in: v.Münch, GG, Art. 23, Rn.34; *Scholz,* in: Maunz / Dürig, GG, Art. 23, Rn.61; *Pernice,* in: Dreier, GG, Art. 23, Rn.75 spricht von funktioneller Äquivalenz.

[516] *Rojahn,* in: v.Münch, GG, Art. 23, Rn.38; *Classen,* in: v.Mangoldt / Klein / Starck, GG, Art. 23, Rn.52.

[517] BVerfGE 65, 1ff.

Weitergabe seiner persönlichen Daten geschützt werden muss. Art. 2 I i.V.m. Art. 1 I GG gewährleistet daher die Befugnis des Einzelnen, grundsätzlich selbst über die Preisgabe und Verwendung seiner persönlichen Daten zu bestimmen[518]. Eine besondere Gefahr erkennt das Bundesverfassungsgericht in dem Aufbau miteinander vernetzter Datensammlungen, mit deren Hilfe sich ein nahezu vollständiges Persönlichkeitsbild zusammenfügen lässt, ohne dass der Betroffene die Richtigkeit und Verwendung ausreichend kontrollieren kann. Einschränkungen der informationellen Selbstbestimmung sind möglich, sofern es zum Schutz öffentlicher Interessen unerlässlich ist und die gesetzliche Grundlage die Voraussetzungen und den Umfang der Beschränkung klar und für den Bürger erkennbar vorgibt[519]. Der Zwang zur Abgabe personenbezogener Daten setzt insbesondere voraus, dass der Gesetzgeber den Verwendungszweck der Daten bereichsspezifisch und präzise bestimmt und die Verwendung der Daten auf diesen gesetzlich bestimmten Zweck begrenzt ist[520]. Sinn dieser Zweckbindung ist es, die Ermächtigung konkret und spezifisch auf den Zweck zuzuschneiden und zu verhindern, dass „Rohinformationen" von anderen Stellen als Nutznießer mit verwendet werden[521]. Der Zwangsbegriff ist ein spezifisch datenschutzrechtlicher: Zwangsweise erhoben sind alle Daten, die vom Betroffenen nicht freiwillig preisgegeben werden[522]. Das Volkszählungsurteil des Bundesverfassungsgerichts hatte für den Bereich der polizeilichen Datenverarbeitung weit reichende Folgen, da es notwendig wurde, im Bereich der Datenerhebung und Datenverarbeitung spezifische Ermächtigungsgrundlagen zu schaffen[523].

Problematisch ist, ob nach deutschem Verständnis auch im Verhältnis präventiver zu repressiver Daten eine Zweckänderung vorliegt. Das Bundesverwaltungsgericht[524] hat entschieden, dass im Verhältnis von Gefahrenabwehr und Strafverfolgung keine Zweckänderung vorliegt. Bei polizeilicher Datenerhebung gelte, so das Bundesverwaltungsgericht, das Einheitsprinzip. Es müsse daher nicht zwischen Vorsorge-, Gefahrenabwehr- und Strafverfolgungszwecken unterschieden werden. Der Zweck sei vielmehr die rechtsstaatlich gebotene Ver-

---

[518] BVerfGE 65, 1, 43.
[519] BVerfGE 65, 1, 44.
[520] BVerfGE 65, 1, 46.
[521] *Bull,* in: Baldus / Soine, Rechtsprobleme der internationalen polizeilichen Zusammenarbeit, S. 16.
[522] *Bäumler,* in: Handbuch des Polizeirechts, Kap. J, Rn.12.
[523] Zu dieser Entwicklung: *Bäumler,* in: Handbuch des Polizeirechts, Kap. J, Rn.27ff.; *Bäumler,* in: Handbuch Datenschutzrecht, Kap. 8.3, Rn.3ff. Mittlerweile wurden entsprechende gesetzliche Grundlagen geschaffen, in der StPO beispielsweise § 111, §§ 98 a bis c, § 163d, § 163e, § 100c; in den Polizeigesetzen der Länder beispielsweise § 21 HSOG, § 41 PolG BW, Art. 39 Bay.PAG, § 37 Sächs.PolG; § 26 PolG NRW, § 25a POG RhPf, § 26 SOG LSA; § 41 BbgPolG; § 191 LVwG SH.
[524] BVerwG NJW 1990, S. 2768ff.

folgung von Straftaten, wobei Strafverfolgung in einem umfassenden Sinne zu verstehen sei und das gesamte Spektrum der Verbrechensbekämpfung umfasse. Eine Verarbeitung der polizeilich erhobenen Daten dürfe auch zu allen polizeilichen Zwecken erfolgen. Das hat zur Folge, dass es eine Datenspeicherung ausschließlich zu präventiven oder repressiven Zwecken nicht gibt[525].
Auch die Rechtsprechung des BGH geht in diese Richtung. So wurde entschieden, polizeirechtliche Daten seien, sofern sie rechtmäßig erhoben wurden, auch im Strafverfahren als Beweismittel verwertbar, da die Pflicht zur umfassenden Sachverhaltserforschung ein Zurückhalten von Daten, die strafprozessual relevant sein könnten, nicht zulasse[526]. Begründen lässt sich diese Auffassung mit einem übergreifenden Zweck der Strafverfolgung, der nicht auf die Förderung eines einzelnen Strafverfahrens beschränkt ist, sondern die Aufklärung weiterer Straftaten aus dem betreffenden Kriminalitätsfeld umfasst[527].
Diese Auffassung mag zwar in der Praxis von deutschen Polizeibehörden begrüßt werden, ist jedoch im Hinblick auf die vom Bundesverfassungsgericht geforderte Zweckbindung der Daten nicht haltbar. Die Trennung zwischen präventiven und repressiven Maßnahmen würde aufgehoben[528], der Unterschied zwischen repressiven und präventiven Zielsetzungen nivelliert[529]. Repression ist kein Unterfall der Prävention und geht nach der Konzeption des Grundgesetzes dieser auch nicht vor[530]. Prävention und Repression verfolgen vielmehr ganz verschiedene Zielsetzungen. Die Verwendung von Daten für polizeiliche Aufgaben im Allgemeinen ist keine bereichsspezifische und präzise Zweckbestimmung für die Datenspeicherung und -verwertung mehr. Ein präventives Gesamtkonzept, das Repression und Prävention verbindet, gibt es nicht. Eine solche Gleichbehandlung repressiver und präventiver Daten würde zu einem Zustand führen, den das Bundesverfassungsgericht ausdrücklich abgelehnt hat: Der Einzelne würde nicht mehr wissen können, wer was bei welcher Gelegenheit von ihm weiß[531].
Informationelle Selbstbestimmung bedeutet vielmehr eine strenge Zweckbindung der Daten. Eine Datenerhebung, die ausschließlich zu repressiven oder präventiven Zwecken erfolgt, darf auch ausschließlich für diesen Zweck ver-

---

[525] Zustimmend: Pitschas / Aulehner, NJW 1989, S. 2357; *Bull*, in: Baldus / Soine, Rechtsprobleme der internationalen polizeilichen Zusammenarbeit, S. 16.
[526] BGH NJW 1991, S. 2652.
[527] So ausdrücklich: *Bull*, in: Baldus / Soine, Rechtsprobleme der internationalen polizeilichen Zusammenarbeit, S. 17.
[528] Hassemer, ZRP 1991, S. 123; Riegel, ZRP 1991, S. 286f.
[529] Artzt, Vorfeldermittlungen, S. 84; Staechelin, ZRP 1996, S. 431.
[530] Mehr dazu bei der Einordnung der vorbeugenden Verbrechensbekämpfung in das System präventiver und repressiver Tätigkeit, vgl. Kapitel F.II.3.b.
[531] BVerfGE 65, 1, 43.

wendet werden. Es bedarf einer hinreichend präzisen gesetzlichen Ermächtigungsgrundlage, wenn zu repressiven Zwecken erhobene Daten zum Zwecke der Gefahrenabwehr eingesetzt werden, da es sich um eine Zweckänderung handelt[532]. Einen übergreifenden Vorsorge-, Gefahrenabwehr- und Strafverfolgungszweck gibt es nicht.

2. *Informationelle Selbstbestimmung in der EU*

In der Europäischen Union wurden Grundrechte durch Richterrecht entwickelt. Der EuGH hat die Grundrechte als allgemeine Grundsätze des Gemeinschaftsrechts in seiner Rechtsprechung anerkannt[533]. Art. 6 II EU verdeutlicht, dass die europäischen Grundrechte uneingeschränkt auch im Bereich der Europäischen Union, also insbesondere auch im Bereich Justiz und Inneres gelten, da Art. 6 EU zu den „Gemeinsamen Bestimmungen" in Titel I EU gehört, die für alle Säulen gelten.

Im Juni 1999 beschloss der Europäische Rat in Köln auf Initiative der deutschen Ratspräsidentschaft die Ausarbeitung eines Entwurfs einer Grundrechtscharta[534]. Unter Vorsitz des ehemaligen deutschen Bundespräsidenten Roman Herzog erarbeitete ein Konvent den Entwurf einer Grundrechtscharta, die am 7.12.2000 in Nizza feierlich proklamiert wurde. Die Charta ist derzeit noch rechtlich unverbindlich. Eine Bindungswirkung der Grundrechtecharta könnte ab dem Inkrafttreten einer Verfassung für Europa eintreten, wenn die Charta – wie derzeit vorgesehen – Bestandteil der europäischen Verfassung wird. Ungeachtet der rechtlichen Unverbindlichkeit erklärten die Vertreter der Kommission und des Europäischen Parlaments schon jetzt, die Charta im Wege der Selbstbindung künftig zu beachten[535]. Auch einzelne Generalanwälte haben vor dem EuGH in ihren Schlussanträgen schon mehrmals auf die Grundrechtscharta Bezug genommen[536]. Art. 8 I der Grundrechtscharta spricht jeder Person das Recht auf Schutz der sie betreffenden personenbezogenen Daten zu. Art. 8 II betrifft die Verarbeitung von Daten. Eine solche ist nur zulässig, wenn die Person eingewilligt hat

---

[532] Paeffgen, JZ 1991, S. 444f; Wolter, Jura 1992, S. 532; *Lisken,* in: Polizei und Datenschutz, S. 37f.; Riegel, ZRP 1991, S. 288 m.w.N.

[533] Zu dieser Entwicklung Schwarze, EuGRZ 1986, S. 293f.; Lenz, EuGRZ 1993, S. 585ff.

[534] Beschluss des Europäischen Rats von Köln vom 4. Juli 1999, EuGRZ 1999, S. 364f.

[535] Zur Selbstbindung der Organe der EU Alber, EuGRZ 2001, S. 350ff.

[536] GA Alber in. EuGH, Urteil vom 17.5.2001, Rs. C – 340 /99 (TNT Traco Spa ./. Poste Italiane Spa), Rn.94; GA Tizziano in: EuGH, Urteil vom 26.6.2001, Rs. C – 173/99 (BECTU vs. Secretary of State for Trade and Industry), Rn.26 – 28; GA Mischo in: EuGH, Urteil vom: 31.5.2001, Verb. Rs. C – 122/99 und C 125/99 (D/Rat), Rn.97; GA Jacobs in: EuGH, Urteil vom 27.11.2001, Rs. C 270/99 P (Z/Europäisches Parlament), Rn.40, und in: EuGH, Urteil vom 9.10.2001, Rs. C – 377 /98 (Niederlande / Parlament und Rat), Rn.197; die Schlussanträge sind alle im Internet abrufbar unter www.europa.eu.int/eur-lex/de/search/search_lif.html.

oder eine gesetzlich geregelte legitime Grundlage besteht. Zudem darf eine Verarbeitung nur für festgelegte Zwecke erfolgen. Diese Bestimmung der Charta kann, obwohl rechtlich nicht bindend, zur Untermauerung eines aus Art. 6 EU hergeleiteten Grundrechts oder als Interpretations- und Argumentationshilfe dienen[537]. In erster Linie ist für die Ermittlung des Grundrechtsstandards im Bereich der informationellen Selbstbestimmung jedoch die Judikatur des EuGH maßgebend.
Grundlegend für die informationelle Selbstbestimmung auf europäischer Ebene ist die Entscheidung des EuGH in der *Rs. Stauder*, in der auf europäischer Ebene – allerdings nicht ausdrücklich – ein Recht auf informationelle Selbstbestimmung begründet wurde[538]. Der EuGH hat für Recht befunden, dass bei der Abgabe verbilligter Butter eine namentliche Erfassung des Begünstigten zur Individualisierung nicht erforderlich ist[539]. An anderer Stelle leitet der EuGH aus Art. 214 EWG (heute Art. 287 EG) eine Verpflichtung der Gemeinschaftsorgane ab, dem Wesen nach vertrauliche Auskünfte nicht preiszugeben, insbesondere wenn es um die Anonymität des Informanten geht[540]. Dieser allgemeine Grundsatz sichert die Persönlichkeitssphäre als Teil des gemeinschaftsrechtlichen Grundrechtsverständnisses ab[541]. In weiteren Urteilen nimmt der EuGH Bezug auf das in Art. 8 EMRK verankerte Recht auf Achtung des Privat- und Familienlebens[542]. Der EuGH erkennt daher ein Recht auf informationelle Selbstbestimmung grundsätzlich an. Allerdings können der Judikatur kaum feste Konturen entnommen werden. Das Defizit an Konturen ist Folge der Dogmatik europäischer Grundrechte, die nicht in einem Katalog schriftlich fixiert wurden, sondern vom EuGH in Einzelfallrechtsprechung entwickelt wurden.

Zur Konkretisierung des Schutzbereiches hilft zunächst die Bezugnahme des EuGH auf Art. 8 EMRK weiter. Der EuGH bezeichnet die in Art. 8 EMRK enthaltene Gewährleistung als sich aus den Verfassungstraditionen der Mitgliedstaaten ergebend und von der Gemeinschaftsrechtsordnung geschütztes Grundrecht[543]. Nach Art. 8 I EMRK hat jede Person das Recht auf Achtung ihres Pri-

---

537 Tettinger, NJW 2001, S. 1015 bezeichnet die Charta als argumentativen Steinbruch.
538 EuGH, Urteil vom 12.11.1969, Rs. 29/69 (Stauder / Ulm), Slg. 1969, S. 419.
539 EuGH, Urteil vom 12.11.1969, Rs. 29/69 (Stauder / Ulm), Slg. 1969, S. 419, Rn.6f.
540 EuGH, Urteil vom 7. 11. 1985, Rs. 145/83, (Adams / Kommission), Slg. 1985, S. 3539, Rn.34.
541 Schwarze, EuGRZ 1986, S. 295; Scherer, JA 1987, S. 484, Fn.15.
542 EuGH, Urteil vom 26.6.1980, Rs. 136/79 (National Panasonic / Kommission), Slg. 1980, S. 2033, Rn.17; EuGH, Urteil vom 5.10.1994, Rs. C – 404/92 (X / Kommission), Slg. 1994, S. 4737, Rn.17.
543 EuGH, Urteil vom 5.10.1994, Rs. C – 404/92 (X / Kommission), Slg. 1994, S. 4737, Rn.17; EuGH, Urteil vom 8.4.1992, Rs. C – 62/90 (Kommission / Deutschland), Slg. 1992, I – 2575, Rn.23.

vat- und Familienlebens, ihrer Wohnung und ihrer Korrespondenz. Eine allgemeine Definition, was unter Achtung des Privatlebens zu verstehen ist, gibt es allerdings nicht; die Europäische Kommission für Menschenrechte und der Europäische Gerichtshof für Menschenrechte gehen überwiegend pragmatisch und kasuistisch vor[544]. Schon früh wurde aus Art. 8 EMRK ein Recht auf Achtung der Intimsphäre und die Freiheit der Willensentschließung abgeleitet[545]. Der Anspruch auf Privatleben, so die EKMR, wird in dem Maße automatisch gemindert, in dem der Einzelne sein Privatleben mit dem öffentlichen Leben in Verbindung bringt oder eng mit anderen geschützten Interessen verbindet[546]. Der EGMR hat etwa qualifizierte Maßnahmen der Telefonüberwachung, die ohne Benachrichtigung des Betroffenen vorgenommen werden, als Eingriff in die von Art. 8 EMRK geschützte Privatsphäre gewertet[547]. Der Eingriff konnte allerdings angesichts der Bedeutung der Terrorismusbedrohung – Gegenstand war das deutsche G 10 Gesetz – nach Art. 8 II EMRK gerechtfertigt werden. Eine solche Rechtfertigung erfordert Klarheit und Voraussehbarkeit der einschränkenden Vorschriften[548]. Der Bürger muss in einer nach den Umständen hinreichenden Weise erkennen können, welche rechtlichen Vorschriften auf einen Fall anwendbar sind[549]. Die Vorhersehbarkeit erfordert die hinreichende Genauigkeit der Eingriffsgrundlage, um dem Einzelnen die Möglichkeit zu geben, sein Verhalten darauf einzustellen[550].

Art. 8 EMRK schützt damit vor unbegrenzter Datenerhebung und -speicherung[551]. Auch eine Weitergabe von Daten ist nicht uneingeschränkt möglich. Die Übermittlung von Daten an eine andere Stelle stellt einen Eingriff in

---

[544] *Wildhaber*, EMRK, Art. 8, Rn.96.
[545] EKMR, EuGRZ 1978, S. 199 Nr.55.
[546] EKMR, EuGRZ 1978, S. 425, § 64.
[547] EGMR, Urteil vom 6.9.1978 (Klass u.a. ./. Deutschland), EuGRZ 1979, S. 284, Nr. 41ff.
[548] EGMR, Urteil vom 2.8.1984 (Malone ./. Vereinigtes Königreich), EuGRZ 1985, S. 20, Nr. 66f.
[549] EGMR, Urteil vom 26.4.1979 (Sunday Times ./. Vereinigtes Königreich), EuGRZ 1979, S. 387, Nr. 49; EGMR, Urteil vom 2.8.1984 (Malone ./. Vereinigtes Königreich), EuGRZ 1985, S. 20, Nr. 66ff. EGMR, Urteil vom 25.3.1983 (Silver u.a. ./. Vereinigtes Königreich), EuGRZ 1984, S. 150, Nr. 87.
[550] EGMR, Urteil vom 25.3.1985 (Barthold ./. Bundesrepublik Deutschland), EuGRZ 1985, S. 173. Nr. 45, 47; EGMR, Urteil vom 26.4.1979 (Sundy Times ./. Vereinigtes Königreich), EuGRZ 1979, S. 387, Nr. 49; EGMR, Urteil vom 25.3.1983 (Silver u.a. ./. Vereinigtes Königreich), EuGRZ 1984, S. 150, Nr. 88; EGMR, Urteil vom 2.8.1984 (Malone ./. Vereinigtes Königreich), EuGRZ 1985, S. 20, Nr. 66ff.
[551] *Frowein*, in: Frowein / Peukert, EMRK, Art. 8, Rn.5; Grabenwarter, EMRK, § 22, Rn.9.

die Privatsphäre dar, der einer gesetzlichen Grundlage bedarf[552]. In Einzelfällen wurde vom EGMR auch ein Recht auf Zugang zu eigenen Daten, ein Informationsanspruch, bejaht[553].

Neben der Rechtsprechung des EuGH und dem Rückgriff auf die EMRK kann zur Ermittlung des Standards der informationellen Selbstbestimmung auf europäische Rechtsakte zurückgegriffen werden. Im Bereich der EG und auch der EU gibt es zahlreiche Regelungen bezüglich des Datenschutzes und der Erhebung, Speicherung und Verarbeitung personenbezogener Daten, insbesondere die Datenschutzrichtlinie aus dem Jahr 1995[554]. Die Richtlinie richtet sich an die Mitgliedstaaten der Europäischen Union, bindet gemäß Art. 286 EG aber auch die europäischen Organe und Einrichtungen selbst.
Bei der Datenschutzrichtlinie handelt es sich allerdings nur um Sekundärrecht. Rechtssetzungsorgan waren die Gemeinschaftsorgane, nicht die Mitgliedstaaten auf primärrechtlicher Ebene. Der Geltungsbereich der Richtlinie schließt zudem die Titel V (gemeinsame Außen- und Sicherheitspolitik) und IV (Bestimmungen über die Zusammenarbeit in den Bereichen Justiz und Inneres) des Vertrages über die Europäische Union explizit aus[555]. Gleichwohl lässt die Richtlinie einen Rückschluss auf das europäische Datenschutzverständnis zu. Sekundärrecht muss die Anforderungen des EU- und EG-Vertrages in vollem Umfang erfüllen, also auch grundrechtliche Anforderungen. Durch einfachgesetzliche Rechtsakte werden verfassungsrechtliche Anforderungen konkretisiert. Die Regelungen der Datenschutzrichtlinie können mithin zur Konkretisierung des auf Unionsebene geltenden Standards der informationellen Selbstbestimmung herangezogen werden.
Art. 6-9 der RL 95/46/EG machen Vorgaben für die Verarbeitung personenbezogener Daten. So sind die Daten insbesondere zweckgebunden[556] und müssen für diesen Zweck auch erforderlich sein[557]. Eine spätere Änderung der Zweckbestimmung ist nur dann zulässig, wenn sie mit der ursprünglichen Zweckbestimmung vereinbar ist[558]. Eine Verarbeitung personenbezogener Daten darf ohne Einwilligung des Betroffenen nur erfolgen, wenn sie im Hinblick auf einen Ver-

---

[552] EGMR, Urteil vom 26.3.1987 (Leander ./. Schweden), 10/1985/96/144; EGMR, Urteil vom 25.2.1997 (Z ./. Finnland), 9/1996/627/811; EGMR, Urteil vom 27.8.1997 (M.S. ./. Schweden), 74/1996/693/885; alle im Internet abrufbar unter www.echr.coe.int/Eng/Judgements.htm.
[553] EGMR, Urteil vom 7.7.1989, (Gaskin ./. Vereinigtes Königreich), 2/1988/146/200, im Internet abrufbar unter www.echr.coe.int/Eng/Judgements.htm.
[554] RL 95/46/EG, Abl.EG L 281 vom 23.11.1995, S. 31.
[555] Art. 3 II RL 95/46/EG.
[556] Art. 6 II lit.b RL 95/46/EG.
[557] Art. 6 I lit.c RL 95/46/EG.
[558] Erwägungsgründe Nr.28 und 29 zu RL 95/46/EG.

trag erfolgt, an dem der Betroffene beteiligt ist, wenn sie der Erfüllung einer gesetzlichen Verpflichtung dient oder der Wahrnehmung einer Aufgabe im öffentlichen Interesse, in Ausübung hoheitlicher Gewalt oder wenn nach einer Interessenabwägung die Interessen einer anderen Person überwiegen[559]. Besondere Schutzvorschriften bestehen für die Verarbeitung von personenbezogenen Daten, die rassische oder ethnische Herkunft, religiöse oder philosophische Überzeugungen, Gewerkschaftszugehörigkeit, Gesundheit oder Sexualleben betreffen[560]. Für die von der Datenerhebung Betroffenen sieht die Richtlinie Informationspflichten[561] und ein Auskunftsrecht[562] vor.

3. *Vergleichbare Gewährleistung*

Es stellt sich die Frage, ob die Gewährleistung der informationellen Selbstbestimmung auf Ebene der Europäischen Union der des Grundgesetzes im Wesentlichen vergleichbar ist.

Kern der grundgesetzlichen informationellen Selbstbestimmung ist der Schutz des Einzelnen vor der unbegrenzten Erhebung, Speicherung, Verwendung und Weitergabe seiner personenbezogenen Daten. Der Einzelne hat die Befugnis, grundsätzlich selbst über die Preisgabe und Verwendung seiner persönlichen Daten zu bestimmen. Einschränkungen der informationellen Selbstbestimmung sind zum Schutz öffentlicher Interessen möglich, sofern eine gesetzliche Grundlage die Voraussetzungen und den Umfang der Beschränkung klar und für den Bürger erkennbar vorgibt. Der Verwendungszweck von Daten muss durch den Gesetzgeber bereichsspezifisch und präzise bestimmt werden. Die Verwendung der Daten ist auf diesen gesetzlich bestimmten Zweck begrenzt. Es bedarf einer gesetzlichen Ermächtigungsgrundlage, wenn Daten zu einem anderen Zweck eingesetzt werden.

Diese Kernelemente informationeller Selbstbestimmung werden auch auf europäischer Ebene hinreichend gewährleistet. Der EuGH erkennt ein Persönlichkeitsrecht des Einzelnen in seiner Rechtsprechung an. Der Inhalt der grundrechtlichen Gewährleistung ergibt sich aus Art. 8 EMRK, Art. 8 der Charta der Grundrechte und in gewissem Umfang aus der EG-Datenschutzrichtlinie.

Art. 8 EMRK schützt vor unbegrenzter Datenerhebung und -speicherung. Einschränkende Vorschriften müssen klar und voraussehbar sein. Eine Weitergabe von Daten ist nicht uneingeschränkt möglich, sondern bedarf einer gesetzlichen Grundlage. Art. 8 I der Grundrechtscharta spricht jeder Person das Recht auf Schutz der sie betreffenden personenbezogenen Daten zu. Eine Verarbeitung

---

[559] Art. 7 RL 95/46/EG.
[560] Art. 8 RL 95/46/EG.
[561] Art. 10f. RL 95/46/EG.
[562] Art. 12 RL 95/46/EG.

von Daten ist nur zulässig, wenn die Person eingewilligt hat oder eine gesetzlich geregelte legitime Grundlage besteht. Zudem darf eine Verarbeitung nur für festgelegte Zwecke erfolgen. Auch die EG-Datenschutzrichtlinie sieht eine Zweckbindung der Daten vor. Eine spätere Änderung der Zweckbestimmung ist nur dann zulässig, wenn sie mit der ursprünglichen Zweckbestimmung vereinbar ist[563].
Im Bereich der EU ist somit die Befugnis des Einzelnen, selbst über Preisgabe und Verwendung seiner Daten zu bestimmen, grundsätzlich anerkannt. Einschränkungen bedürfen einer gesetzlichen Ermächtigungsgrundlage, die hinreichend klar und präzise sein muss. Zudem sind die Daten zweckgebunden. Die Verwendung zu anderen Zwecken ist nur möglich, wenn der Betroffene einwilligt oder es eine gesetzliche Ermächtigungsgrundlage gibt. Diese Gewährleistung ist dem Grundgesetz im Wesentlichen vergleichbar.

Wie im Rahmen der Verpflichtung der Europäischen Union zu rechtsstaatlichen Gründsätzen stellt sich auch im Rahmen des im Wesentlichen vergleichbaren Grundrechtsschutzes die Frage, welche konkreten Konsequenzen sich für Europol ergeben. Es gilt an dieser Stelle das oben Ausgeführte entsprechend[564]. Um die Gewährleistung eines dem Grundgesetz vergleichbaren Grundrechtsschutzes auf Ebene der Europäischen Union im Bereich der informationellen Selbstbestimmung insgesamt in Frage zu stellen, müsste die Errichtung und Ausgestaltung Europols in eklatanter Weise gegen den ermittelten europäischen Grundrechtsstandard verstoßen.

4. Die Gewährleistungen der EPK

Die Datenverarbeitung bei Europol unterliegt zahlreichen Datenschutzprinzipien[565]. Formal ist jede Datenverarbeitung an die Vorgaben der EPK gebunden[566], wodurch die Rechtmäßigkeit der Datenverarbeitung gewährleistet wird. Die Datenverarbeitung und die Datenübermittlung unterliegen einer Zweckbindung[567]. Die Datenerhebung und -verarbeitung ist zeitlich begrenzt[568] und wird

563 Erwägungsgründe Nr.28 und 29 zu RL 95/46/EG.
564 Vgl. Kapitel E.I.2.
565 Felgenhauer, Datenübermittlungen und Vorermittlungen, S. 80ff. erkennt die Prinzipien der Rechtmäßigkeit der Datenverarbeitung, die Zweckbindung der Datenverarbeitung, die Zweckbindung der Datenübermittlung, die Datenqualität, die Proportionalität, das Prinzip der zeitlichen Begrenzung, das Prinzip der Weiterübermittlung von Daten, das Prinzip der Datensicherheit, das Prinzip der Transparenz, das Prinzip der Haftung wegen unzulässiger oder unrichtiger Datenverarbeitung, das Prinzip der Protokollierung und das Prinzip der Datenschutzkontrolle.
566 Art. 10 III, 14 III, 15 EPK.
567 Art. 17 EPK regelt das für die Verarbeitung, Art. 18 EPK für die Übermittlung von Daten.
568 Art. 21, 22 EPK.

protokolliert[569]. Weiter wird durch technische und organisatorische Sicherheitsmaßnahmen Datensicherheit[570], durch Auskunfts- und Berichtungsansprüche Transparenz gewährleistet. Formal wird daher im Rahmen der EPK ein hohes Datenschutzniveau verwirklicht. Gleichwohl scheint es an einzelnen Stellen problematisch, ob informationelle Selbstbestimmung hinreichend gewährleistet wird.

a) Keine unbegrenzte Erhebung und Speicherung personenbezogener Daten

Zunächst stellt sich die Frage, ob in den Informationssystemen Europols die Datenerhebung, Speicherung und Weitergabe tatsächlich begrenzt ist, oder ob die unbegrenzte Erfassung und Verarbeitung von Daten möglich ist. Im Informationssystem können Daten über Personen gespeichert, verändert und genutzt werden, die nach Maßgabe des nationalen Rechts einer Straftat oder der Beteiligung an einer Straftat, für die Europol zuständig ist, verdächtigt sind oder die wegen einer solchen Straftat verurteilt sind. Ferner gibt es Daten über Personen, bei denen bestimmte schwerwiegende Tatsachen nach Maßgabe des nationalen Rechts die Annahme rechtfertigen, dass sie Straftaten begehen werden, für die Europol zuständig ist. Neben dem Personenkreis sind die zu erfassenden Daten gemäß Art. 8 II EPK gegenständlich begrenzt auf Identifikationsmerkmale und gemäß Art. 8 III EPK auf Modalitäten der Straftat. Es kommt dadurch im Informationssystem zu einer hinreichenden Begrenzung.

Problematisch ist die Begrenzung in den Arbeitsdateien zu Analysezwecken. Sowohl der Personenkreis, über den Daten erfasst werden können, als auch die Art der erfassten Daten ist wesentlich weitläufiger. In einer Analysedatei können gemäß Art. 10 I Nr.2 EPK Daten über Zeugen und gemäß Art. 10 I Nr.3 EPK Daten über Opfer gespeichert, verändert und genutzt werden. Ferner können nach Art. 10 I Nr.4 EPK Daten über Kontakt- und Begleitpersonen und gemäß Art. 10 I Nr.5 EPK Daten über Personen, die Informationen über die betreffende Straftat liefern können, gespeichert, verändert oder genutzt werden. Dieser Personenkreis ist sehr weit. Die informationelle Selbstbestimmung steht jedoch einer sehr weitgehenden Datenerfassung grundsätzlich nicht entgegen, soweit es gesetzliche Grundlagen gibt und die Datenerfassung nicht konturenlos erfolgt, also eine Begrenzung noch erkennbar ist. Eine solche Begrenzung gibt es hinsichtlich des Personenkreises, über den in den Analysedateien Daten erfasst werden können. Daten von Zeugen, Opfern, Kontakt- und Begleitinformationen und Informanten werden von vornherein auf Antrag aufgenommen und nur

---

569 Nach Art. 16 EPK wird zumindest jeder zehnte, im Informationssystem jeder Abruf personenbezogener Daten protokolliert.

570 Art. 25 EPK.

dann, wenn spezifische Gründe angeführt werden können[571]. Dadurch wird einer leichtfertigen Speicherung von Daten beliebiger Personen entgegengewirkt. In einem Vermerk zu jeder Analysedatei ist anzugeben, welchen Personenkreis die Speicherung betrifft[572]. Welche Personen jeweils zu den aufgeführten Personenkreisen gehören, wird in den Durchführungsbestimmungen konkretisiert. Nach Art. 6 III der Durchführungsbestimmungen sind etwa Kontakt- und Begleitpersonen nicht solche Personen, die nur zufällig in Kontakt mit Verdächtigen stehen. Die Datenerfassung von Zeugen und Opfern ist grundsätzlich auf Identifizierungsmerkmale beschränkt[573]. Zu diesen Begrenzungen kommt eine entscheidende Sicherung hinzu: die Verhältnismäßigkeit – die Speicherung der Daten muss erforderlich sein. Damit wird bei jeder Arbeitsdatei zu Analysezwecken ein Einzelfallkorrektiv angelegt, das eine unbegrenzte Erhebung, Speicherung und Verwendung von Daten verhindert.
Es bleibt die Frage nach der Zulässigkeit der Art der erfassten Daten im Hinblick auf die informationelle Selbstbestimmung. Neben Identifikationsmerkmalen und Tatmodalitäten können in den Analysedateien auch sensible Daten wie die rassische Herkunft, politische Anschauungen, religiöse Überzeugungen, Gesundheit und Sexualleben gespeichert werden. Dagegen wurden erhebliche Einwände erhoben, da derartige Daten für Kriminalitätsbekämpfung nicht notwendig seien und die Qualität der Daten nicht hinreichend bestimmt sei[574]. Das Europäische Parlament hat in einer Entschließung zur Achtung der Menschenrechte vom 17.9.1996[575] gefordert, alle Informationen persönlichen Charakters, wie Angaben zur Religionszugehörigkeit, zu politischen, philosophischen oder religiösen Überzeugungen, Rasse, Gesundheit und sexuellen Gewohnheiten von der Erfassung in den Datenbanken Europols auszuschließen. Gerade diese sensiblen Daten können für die Ermittlungsarbeit jedoch entscheidend sein, wenn Straftaten mit einem bestimmten Hintergrund erforscht werden.
Die informationelle Selbstbestimmung steht der Erfassung auch hochsensibler Daten grundsätzlich nicht entgegen. Entscheidend ist, dass es eine gesetzliche Grundlage gibt und Mechanismen bereitstehen, die eine unbegrenzte Erhebung, Speicherung und Verarbeitung verhindern. Eine solche Begrenzung gibt es in der EPK. Die Errichtung einer Analysedatei ist nur bei Vorliegen der Voraussetzung des Art. 10 EPK zulässig. Der Verwaltungsrat von Europol muss gemäß

---

[571] Art. 5 II UA 2 der Durchführungsbestimmungen für Arbeitsdateien zu Analysezwecken.
[572] Art. 6 I der Durchführungsbestimmungen für Arbeitsdateien zu Analysezwecken.
[573] Art. 6 IV der Durchführungsbestimmungen für Arbeitsdateien zu Analysezwecken.
[574] Petri, Europol, S. 181; Petri, DuD 22 (1998), S. 328; Kübler, Die Säulen der Europäischen Union, S. 110.
[575] Bundesrat-Drs. 775/96, Nr.56.

Art. 12 I EPK der Errichtung einer jeden Analysedatei zustimmen[576]. Die gespeicherten Daten werden zudem nach der Quelle und dem Grad der Verlässlichkeit eingestuft und danach unterschieden, ob sie auf Fakten beruhen oder auf Meinungen und persönlichen Einschätzungen beruhen[577]. Über den Grad und die Änderung der Empfindlichkeit der Daten entscheidet der Mitgliedstaat, der die Daten an Europol weitergibt[578]. Darüber hinaus gibt es auch für die Art der Daten die entscheidende Sicherung der Verhältnismäßigkeit. Der Maßstab für die Verhältnismäßigkeit ist sogar verschärft. Sensible Daten müssen für die Zwecke der betreffenden Datei gemäß Art. 10 I 2 EPK unbedingt notwendig sein. Als unbedingt notwendig wurde etwa bei Ermittlungen um die Verbreitung kinderpornographischen Materials die Verarbeitung von Informationen zum Sexualverhalten, bei religiös motiviertem Terrorismus die Verarbeitung zu religiösen Anschauungen angesehen[579]. In der Errichtungsanordnung einer Analysedatei muss dieses unbedingte Erfordernis niedergelegt werden[580].
Eine unbegrenzte Datenerfassung ist daher auch in den Analysedateien nicht möglich. Zwar sind sowohl der Personenkreis, über den Daten gespeichert werden können, als auch die Art der zu erfassenden Daten weit, zu einer unbegrenzten Speicherung und Verarbeitung von Daten kommt es jedoch nicht. Ein schweres Defizit der Rechtsgrundlagen Europols im Hinblick auf die Gewährleistung der informationellen Selbstbestimmung lässt sich nicht verzeichnen[581].

b) Zweckbindung der Daten

Bedeutend im Hinblick auf die informationelle Selbstbestimmung ist ferner die Zweckbindung der Daten. Die von Europol gespeicherten und verarbeitenden Daten müssen an einen bestimmten Zweck gebunden sein.
Art. 17 EPK sieht eine solche Zweckbindung der Daten von Europol vor. Eine Datenübermittlung und Datennutzung ist nur hinsichtlich des Zweckes möglich, die in den Zuständigkeitsbereich von Europol fallende Kriminalität und sonstige schwerwiegende Formen internationaler Kriminalität zu verhüten und zu be-

---

[576] Nach Inkrafttreten eines Änderungsprotokolls, Rechtsakt des Rates vom 27.11.2003, Abl.EG C 2 vom 6.1.2004, S. 1, muss der Verwaltungsrat nicht im Vorfeld zustimmen, kann den Direktor jedoch jederzeit anweisen, eine Errichtungsanordnung zu ändern oder eine Analysedatei zu schließen.
[577] Art. 8 der Durchführungsbestimmungen für Arbeitsdateien zu Analysezwecken.
[578] Art. 10 VIII 1 EPK.
[579] Milke, Europol und Eurojust, S. 82.
[580] Art. 12 I Nr.4 EPK, Art. 5 II der Durchführungsbestimmungen für Arbeitsdateien zu Analysezwecken; Kübler, Die Säulen der Europäischen Union, S. 110 bezeichnet dieses Erforderlichkeitskriterium als bei näherem Hinsehen unbrauchbar.
[581] So auch Sule, Europol und europäischer Datenschutz, S. 87.

kämpfen. Für die Arbeitsdateien zu Analysezwecken ist zudem in der Errichtungsanordnung jeweils der Zweck konkret festzulegen[582].
Eine Zweckbindung der Daten besteht also dahingehend, dass die in den Zuständigkeitsbereich von Europol fallenden Straftaten verhindert und bekämpft werden. Aus deutscher Sicht ist diese Zweckbindung ungewöhnlich, da im deutschen Recht unterschieden wird zwischen Daten zu repressiven Zwecken und Daten zu präventiven Zwecken. Die Verwendung präventiv erhobener Daten zu Zwecken der Strafverfolgung bedarf einer hinreichenden gesetzlichen Ermächtigungsgrundlage. Die EPK kennt keine Trennung nach repressiven und präventiven Gesichtspunkten. Die Ziele Europols sind gemäß Art. 2 I EPK gleichermaßen die Verhütung und die Bekämpfung von Straftaten. Es ist daher nur konsequent, dass die Daten, die Europol selbst erhebt oder nutzt, gerade der Verhütung und der Bekämpfung von Straftaten dienen. Die Zweckbindung bezieht sich auf die konkreten Ziele Europols. Auch wenn aus deutscher Sicht plausible Gründe für die Trennung repressiver und präventiver Tätigkeiten der Polizei sprechen, handelt es sich nicht um ein unumstößliches Dogma, das keiner Modifikation offen ist[583]. Konsequenzen hat die Zweckbindung der Daten Europols allerdings für die Übermittlung von Daten durch das BKA. Im innerdeutschen Raum sind die Daten an einen repressiven oder präventiven Zweck geknüpft. Bei der Übermittlung von Daten an Europol muss diese Zweckbindung beachte werden. Es können nicht ohne weiteres Daten der Gefahrenabwehr an Europol übermittelt werden, weil der Zweck dadurch verändert wird[584]. Die Verwendung von Daten zu einem anderen Zweck bedarf einer hinreichenden gesetzlichen Grundlage. Da die Übermittlung von Daten an Europol nach Maßgabe des nationalen Rechts erfolgt, müssen die gesetzlichen Ermächtigungen für die Übermittlung daher entsprechend ausgestaltet sein. Dies bedeutet, dass die Übermittlung im Hinblick darauf erfolgen muss, dass die Zweckbindung bei Europol eine andere ist und es keine Trennung in repressive und präventive Daten gibt. In Art. 10 III 2 EPK ist das ausdrücklich festgehalten: Die Mitgliedstaaten übermitteln Daten nur, wenn sie nach dem jeweiligen nationalen Recht zu Zwecken der Verhütung, Bekämpfung oder Analyse von Straftaten verarbeitet werden dürfen. Die Zweckbindung der Daten wird wegen der relativ dehnbaren Formulierung „sonstige schwerwiegende Formen der Kriminalität“ in Art. 2 I EPK angegriffen[585]. Die Formulierung wird jedoch durch Art. 2 II, III EPK konkretisiert[586].

[582] Art. 12 I Nr.2 EPK.
[583] Kämper, Polizeiliche Zusammenarbeit in der EU, S. 154.
[584] Zieschang, ZRP 1996, S. 429.
[585] Zieschang, ZRP 1996, S. 428; Kämper, Polizeiliche Zusammenarbeit in der EU, S. 147.
[586] *Aulehner*, in Baldus / Soine, Rechtsprobleme der internationalen polizeilichen Zusammenarbeit, S. 113.

Darüber hinaus enthält die EPK in einem Anhang betreffend Art. 2 EPK eine Liste sonstiger schwerwiegender Formen der internationalen Kriminalität. Europol ist seit 2002 für alle aufgeführten Formen schwerwiegender internationaler Kriminalität zuständig[587]. Die Zweckbindung der Daten muss daher wegen der Formulierung „sonstiger schwerwiegender Formen der Kriminalität" nicht in Frage gestellt werden[588].
Art. 17 II 1 EPK schafft eine Möglichkeit, die jeweiligen Daten von dem Überlieferer mit einer entsprechenden Verwendungsbeschränkung zu versehen, an die der Verwender der Daten gebunden ist. Die Zweckbindung wird dadurch sogar noch erweitert. Im Ausnahmefall können sich Gerichte, an der Gesetzgebung beteiligte Institutionen oder andere unabhängige Stellen, die mit der Kontrolle der nationalen Verbindungsstelle gesetzlich beauftragt sind, über eine Verwendungsbeschränkung hinwegsetzen[589]. Das bedeutet jedoch nicht, dass in diesem Fall die Daten nicht mehr zweckgebunden sind oder die Zweckbindung überwunden wird. Eine Hinwegsetzung erfolgt alleine über die von einem Mitgliedstaat vorgegebene besondere Verwendungsbeschränkung, nicht über die Zweckbindung, die Art. 17 I EPK allgemein festlegt.
Die Verwendung der Daten für andere Zwecke ist nach Art. 17 III EPK möglich, wenn der übermittelnde Mitgliedstaat dies genehmigt. Die Genehmigung erteilt der jeweilige Mitgliedstaat nach seinem innerstaatlichen Recht. Es wird eingewandt, die Zustimmung des jeweiligen Mitgliedstaates als einzige Voraussetzung ließe die Zweckbindung der Daten völlig ins Leere laufen[590]. Dabei wird jedoch übersehen, dass in den anderen Mitgliedstaaten gemäß Art. 14 I EPK zumindest der Datenschutzstandard des Übereinkommens des Europarates vom 28. Januar 1981[591] gewährleistet wird. Art. 5 lit.b dieses Übereinkommens beschränkt die Speicherung personenbezogener Daten auf einen festgelegten und rechtmäßigen Zweck. Die Verarbeitung darf gemäß Art. 5 lit.c des Übereinkommens nicht über diesen Zweck hinausgehen. Die Mitgliedstaaten können eine Genehmigung im Sinne des Art. 17 III EPK daher nur in diesem Rahmen erteilen. Es kann keine Rede davon sein, dass das Zweckbindungsprinzip völlig ins Leere liefe.
Die Daten Europols sind insgesamt an einen bestimmten Zweck, die in den Zuständigkeitsbereich von Europol fallende Kriminalität und die sonstigen schwerwiegenden Formen der Kriminalität zu verhüten und zu bekämpfen. Eine

---

[587] Beschluss des Rates vom 6.12.2001, Abl.EG C 362 vom 18.12.2001, S. 1.
[588] So auch Schwach, EUROPOL, S. 256; Petri, Europol, S. 185; Kritisch Kübler, Die Säulen der Europäischen Union, S. 116.
[589] Art. 17 II 1 2. Hs. EPK.
[590] Petri, KritV 1998, S. 455.
[591] BGBl. 1985 II, S. 538.

Verwendung für andere Zwecke ist nach der Zustimmung der übermittelnden Mitgliedstaaten zwar möglich, diese sind jedoch bei der Erteilung der Zustimmung an die Vorgaben des Übereinkommens des Europarates vom 28.Januar 1981 gebunden. Diese Vorgaben für die Zweckbindung der Daten genügen den im Hinblick auf die informationelle Selbstbestimmung zu stellenden Anforderungen.

c) Weitergabe von Daten

Problematisiert werden kann im Hinblick auf die informationelle Selbstbestimmung die Möglichkeit Europols, gemäß Art. 10 IV EPK Daten von Drittstellen anzufordern und gemäß Art. 18 EPK Daten an Drittstaaten und Drittstellen weiterzugeben. Es besteht die Gefahr, dass der Einzelne die Herrschaft über seine Daten verliert und nicht mehr weiß, wer was wann bei welcher Gelegenheit über ihn weiß. Das erscheint im Hinblick auf die Grundsätze der informationellen Selbstbestimmung problematisch. Es gilt jedoch zu bedenken, dass Europol Drittstaaten und Drittstellen lediglich um die Übermittlung weiterer Informationen ersuchen kann. Inwiefern diese Stellen einem solchen Ersuchen nachkommen, regelt die EPK nicht und kann sie auch gar nicht regeln. Beeinträchtigt die Übermittlung daher datenschutzrechtliche Belange, so liegt das Defizit im Bereich der Drittstaaten und Drittstellen, nicht jedoch im Bereich der EPK. Problematisch ist nur, ob Daten von Drittstellen, die offensichtlich rechtswidrig erhoben wurden, im Informationssystem Europols gespeichert werden dürfen[592]. Diese Daten können in der Folgezeit zu Rechtseingriffen in den Mitgliedstaaten führen. Die Modalitäten der Entgegennahme von Informationen Dritter werden durch einen Rechtsakt des Rates konkretisiert[593]. Nach Art. 3 I der Bestimmungen über die Entgegennahme von Daten soll der Drittstaat oder die Drittstelle die Information und die Quelle bewerten, um Europol eine Zuverlässigkeitseinstufung zu ermöglichen. Liegt eine solche Bewertung nicht vor, ist gemäß Art. 3 II der Bestimmungen über die Entgegennahme von Daten Europol selbst gehalten, die Zuverlässigkeit zu beurteilen. Werden die übermittelten Informationen von dem Drittstaat oder der Drittstelle gelöscht, muss Europol dem grundsätzlich folgen[594]. Daten, bei denen offenkundig ist, dass sie von einem Drittstaat unter offensichtlicher Verletzung der Menschenrechte erhoben wurden, dürfen

[592] Kalk, DuD 23 (1999), S. 444 mahnt angesichts des bekannten unterentwickelten Datenschutzbewusstsein und des fehlenden Datenschutzrechts insbesondere zur Vorsicht bei der Zusammenarbeit mit den USA.

[593] Rechtsakt des Rates vom 3. November 1998 über Bestimmungen über die Entgegennahme der von Dritten gelieferten Informationen durch Europol, Abl.EG C 26 vom 30.1.1999, S. 17.

[594] Art. 4 I, II der Bestimmungen über die Entgegennahme der von Dritten gelieferten Daten, Abl.EG C 26 vom 30.1.1999, S. 17.

von Europol gar nicht gespeichert werden[595]. Es gibt somit Vorkehrungen, um Schutz auch hinsichtlich solcher Informationen zu bieten, die von Drittstaaten und Drittstellen an Europol übermittelt werden.
Art. 18 EPK macht detaillierte Vorgaben für die Datenübermittlung an Drittstaaten und Drittstellen. Die Empfänger müssen insbesondere einen hinreichenden Datenschutzstandard erfüllen, was Vorschriften über die Art der Daten, die Zweckbestimmung und die Dauer der geplanten Verarbeitung erfordert[596]. Da die EPK sowohl für die Mitgliedstaaten als auch für Europol selbst in Art. 14 EPK als Datenschutzstandard die Grundsätze des Übereinkommens des Europarates vom 28. Januar 1981[597] und der Empfehlung Nr. R 87) 15 des Ministerkomitees des Europarates vom 17. September 1987[598] vorschreibt[599], wird dieser Standard auch im Rahmen des Art. 18 EPK maßgeblich sein müssen[600]. Stammen die Daten aus einem Mitgliedstaat, muss dieser der Weitergabe außerdem zustimmen[601]. Der Mitgliedstaat behält daher bei der Weitergabe weiterhin die Kontrolle über die Daten. Ein eklatanter Verstoß kann nicht festgestellt werden[602].

d) Löschung von Daten

Im Hinblick auf die Anforderungen informationeller Selbstbestimmung werden schließlich die Vorschriften über die Löschung von Daten kritisiert. Es wird vorgebracht, ein Anspruch auf Löschung von Daten sei nicht effektiv, da vor der Löschung die Daten möglicherweise schon weitergegeben wurden[603]. Dem kann jedoch nur eingeschränkt zugestimmt werden, da nach Art. 5 lit.d des Europarat-Übereinkommens vom 28. Januar 1981 die Mitgliedstaaten des Übereinkommens verpflichtet sind, die Daten auf den neuesten Stand zu bringen. Gleiches folgt aus Art. 4 IFV Nr.3 EPK: Die Mitgliedstaaten sind verpflichtet, die Infor-

---

[595] Art. 4 IV der Bestimmungen über die Entgegennahme der von Dritten gelieferten Daten Abl.EG C 26 vom 30.1.1999, S. 17.
[596] Art. 18 III EPK.
[597] BGBl. 1985 II, S. 538.
[598] Abgedruckt bei Baldus, Polizeirecht des Bundes, Nr.92.
[599] Sowohl das Übereinkommen des Europarates, als auch die Empfehlung des Ministerkomitees sind allerdings auf automatisierte Dateien beschränkt. Deutschland, Österreich und die Niederlande haben eine Erklärung abgegeben, wonach die Datenübermittlung an Europol in der Erwartung erfolgt, dass Europol und die Mitgliedstaaten bei der nicht – automatisierten Verarbeitung und Nutzung dieser Daten die datenschutzrechtlichen Bestimmungen des Übereinkommens sinngemäß anwenden, BGBl. 1997 II, S. 2169.
[600] So auch Kübler, Die Säulen der Europäischen Union, S. 116.
[601] Art. 18 IV 1 EPK.
[602] So auch Sule, Europol und europäischer Datenschutz, S. 87f.; *Aulehner*, in Baldus / Soine, Rechtsprobleme der internationalen polizeilichen Zusammenarbeit, S. 117; Milke, Europol und Eurojust, S. 84.
[603] Zieschang, ZRP 1996, S. 428; Oberleitner, Schengen und Europol, S. 136.

mationen und Erkenntnisse auf dem neusten Stand zu halten. Die Art. 21, 22 EPK sehen detaillierte Regelungen vor, wann Daten zu löschen sind. Grundsätzlich dürfen alle Daten gemäß Art. 21 I 1 EPK nur so lange gespeichert werden, wie dies zur Erfüllung der Aufgaben Europols erforderlich ist. Die Erforderlichkeit der Speicherung ist spätestens nach 3 Jahren zu überprüfen[604]. Nach Art. 8 V EPK sind die Daten Betroffener aus dem Informationssystem insbesondere bei der Einstellung des Verfahrens oder bei einem rechtskräftigen Freispruch zu löschen. In den Analysedateien wird die Erforderlichkeit der weiteren Speicherung sogar jährlich überprüft[605]. Bei der Entscheidung über die Erforderlichkeit der weiteren Speicherung wird der Abschluss der Ermittlungen oder eine endgültige gerichtliche Entscheidung wie Freispruch, Rehabilitation oder Amnestie besonders berücksichtigt. Diese Regelung erscheint zunächst bedenklich, weil die Daten eines Betroffenen bei einem rechtskräftigen Freispruch nicht zwingend gelöscht werden müssen. Das Bundesverfassungsgericht hat jedoch eine vergleichbare nationale Konstellation als mit dem Grundgesetz vereinbar erachtet. Die Unschuldvermutung, so das Bundesverfassungsgericht[606], stehe einer Speicherung und Verwendung von Daten auch dann nicht entgegen, wenn der Betroffene rechtskräftig freigesprochen wurde, sofern gegen ihn sprechende Verdachtsmomente nicht ausgeräumt wurden. Der Tatverdacht sei substanziell etwas anderes, als die Schuldfeststellung in einem Strafprozess[607]. Die Einstellung des Verfahrens oder ein Freispruch führten nicht notwendigerweise dazu, dass auch der Tatverdacht ausgeräumt ist. Voraussetzung einer weiteren Speicherung sei jedoch eine eingehende Würdigung des Einzelfalls und die Wiederholungsgefahr[608]. Es kann daher nicht beanstandet werden, dass bei der Entscheidung über die Erforderlichkeit einer weiteren Speicherung in den Analysedateien Europols ein rechtskräftiger Freispruch nur berücksichtigt wird, nicht jedoch in jedem Fall zur Löschung der Daten führt. Gleiches gilt für die weitere Speicherung mitgliedstaatlicher Daten durch Europol nach Art. 21 IV 2 EPK, wenn der Mitgliedstaat seine Daten aus dem Informationssystem löscht.

e) Fazit

Insgesamt sind bei der Gewährleistung informationeller Selbstbestimmung nach deutschem Verständnis in der EPK durchaus Schwächen festzustellen. Es ist nicht zwingend gewährleistet, dass der einzelne Betroffene immer weiß, wer

---

604 Art. 21 I 2 EPK.
605 Art. 7 I UA 2 der Durchführungsbestimmungen für Arbeitsdateien zu Analysezwecken.
606 BVerfG, B. v. 16.5.2002 – 1 BvR 2257/01, Rn.11.
607 BVerfG, B. v. 16.5.2002 – 1 BvR 2257/01, Rn.9.
608 BVerfG, B. v. 16.5.2002 – 1 BvR 2257/01, Rn.15.

was wann bei welcher Gelegenheit über ihn weiß[609]. Die EPK sieht jedoch zahlreiche Mechanismen vor, um den Datenschutz zu optimieren. Die Zusammenarbeit der Mitgliedstaaten der Europäischen Union im Bereich der polizeilichen Zusammenarbeit wird nicht unter dem Deckmantel der Effektivität instrumentalisiert, um nationale Regelungen oder einen auf europäischer Ebene bereits gefundenen Konsens zu schwächen[610]. Europol ist gemäß Art. 14 III EPK schon formal zur Beachtung der Grundsätze des Übereinkommens des Europarates vom 28. Januar 1981[611] und der Empfehlung Nr. R 87) 15 des Ministerkomitees des Europarates vom 17. September 1987[612] verpflichtet.

Pauschalen Behauptungen, dass Datenschutz so klein geschrieben werde, dass man ihn mit der Lupe suchen müsse[613], dass Europol für die Tendenz stehe, das Grundrecht auf informationelle Selbstbestimmung insgesamt auszuhebeln[614] oder dass bei Europol praktisch kein Datenschutz vorhanden sei[615], ist wegen ihrer Undifferenziertheit entschieden entgegenzutreten.

Die wesentlichen Vorgaben informationeller Selbstbestimmung finden sich in der EPK wieder. Es kommt nicht zu einer unbegrenzten Datenerhebung, Datenspeicherung und Datenverarbeitung. Die Daten Europols sind zweckgebunden und dürfen nur unter bestimmten Voraussetzungen weitergegeben werden. Die Ausgestaltung der EPK verstößt nicht in eklatanter Weise gegen Grundsätze der informationellen Selbstbestimmung auf europäischer Ebene[616]. Das hat zur Folge, dass die Schaffung und Weiterentwicklung Europols nicht dazu führt, dass der Schutzstandard der informationellen Selbstbestimmung auf Ebene der Europäischen Union insgesamt in Frage gestellt werden muss.

5. *Zwischenergebnis*

Europol wird den rechtsstaatlichen Vorgaben des Art. 23 I 1 GG gerecht. Sowohl im Bereich der Verpflichtung der Europäischen Union zu rechtsstaatlichen Grundsätzen als auch im Bereich des im Wesentlichen vergleichbaren Grundrechtsschutzes gibt es zwar Defizite, diese führen jedoch nicht dazu, dass das Bekenntnis zu rechtsstaatlichen Grundsätzen insgesamt oder die generelle Gewährleistung eines vergleichbaren Grundrechtsschutzes in Frage gestellt werden

---

[609] Schwach, EUROPOL, S. 257; Kübler, Die Säulen der Europäischen Union, S. 123f.; Petri, KritV 1998, S. 457; Zieschang, ZRP 1996, S. 428.
[610] So aber Kübler, Die Säulen der Europäischen Union, S. 124.
[611] BGBl. 1985 II, S. 538.
[612] Abgedruckt bei Baldus, Polizeirecht des Bundes, Nr.92.
[613] Prantl, DRiZ 1997, S. 234.
[614] Tolmein, StV 1999, S. 116.
[615] Lavranos, DuD 20 (1996), S. 406.
[616] So auch Sule, Europol und europäischer Datenschutz, S. 92.

müssen. Im Hinblick auf die Vorgaben des Art. 23 I 1 GG steht Europol daher mit den rechtsstaatlichen Vorgaben des Grundgesetzes in Einklang.

F. Vereinbarkeit Europols mit den Anforderungen des Art. 23 I 3, 79 III GG

I. Vorgaben des Art. 79 III GG

Art. 79 III GG, der die Berührung der in Art. 1 und 20 GG niedergelegten Grundsätze untersagt, statuiert die Grenze jeder Übertragung von Hoheitsrechten in Deutschland. Es stellt sich zunächst die Frage, was „Berührung" bedeutet. Daran schließt sich die Frage an, welche Grundsätze in Art. 1, 20 GG niedergelegt sind.

1. „Berührung"

Hintergrund der Statuierung des Art. 79 III GG waren die historischen Erfahrungen im Zusammenhang mit dem Ende der Weimarer Republik[617]. Das Reichsgesetz vom 24.3.1933[618] schuf für die Reichsregierung die Möglichkeit, Gesetze zu erlassen, die in weitem Umfang von der Reichsverfassung abweichen durften. Die Revisionsklausel des Art. 76 WRV enthielt keinerlei Sicherungen von Grundstrukturen und -inhalten gegenüber dem verfassungsändernden Gesetzgeber. Ziel der Normierung des Art. 79 III GG war infolgedessen, grundlegende Gehalte der Verfassungsordnung auch vor Verfassungsänderungen abzusichern[619]. Revolutionären Bestrebungen sollte die „Maske der Legalität" genommen werden. Es sollte nicht möglich werden, neues Recht zu schaffen, das eine dem Recht selbst fehlende Legitimität und Rechtsqualität durch die Berufung auf das äußerlich legale Zustandekommen zu ersetzen vermag[620]. Das Bundesverfassungsgericht führte in diesem Sinne aus, eine Berührung der Grundsätze von Art. 1, 20 GG sei nur anzunehmen, wenn eine prinzipielle Preisgabe stattfinde, da Grundsätze von vornherein nicht berührt würden, wenn ihnen im Allgemeinen Rechnung getragen würde und sie nur für eine Sonderlage entsprechend deren Eigenart aus evident sachgerechten Gründen modifiziert würden[621]. Insoweit bedeute „berühren", dass nur der Kerngehalt der fundamentalen rechtsstaatlichen Grundsätze nicht angetastet werden dürfe[622].

---

617 *Evers,* in: BK, GG, Art. 79 Abs. 3, Rn.66; Dreier, JZ 1994, S. 747 führt aus, Art. 79 III GG diene der Vergangenheitsbewältigung.

618 Gesetz zur Behebung der Not von Volk und Reich, RGBl. 1933 I, S. 141.

619 Vgl. die Anmerkungen des Allgemeinen Redaktionsausschusses und Äußerungen der Abgeordneten des Parlamentarischen Rates, JÖR 1 (1951) n.F., S. 585f.

620 *Maunz / Dürig,* in Maunz / Dürig, GG, Art. 79 Rn. 28; *Dreier,* in: Dreier, GG, Art. 79 III, Rn. 12.

621 BVerfGE 30, 1, 24; 84, 90, 121; 89, 155, 208f.; Schmidt-Bleibtreu / Klein, GG, Art. 79, Rn.39; *Bryde,* in: v.Münch, GG, Art. 79, Rn.28; a.A. die Richter Geller, Schlabrendorff, Rupp in Sondervotum BVerfGE 30, 33, 38, 41ff.

622 *Bryde,* in: v.Münch, GG, Art. 79, Rn.28; *Maunz / Dürig,* in: Maunz / Dürig, GG, Art. 79, Rn.31.

Dem wird entgegengehalten, der Schutz müsse über die prinzipielle Preisgabe der Schutzgüter hinausgehen[623]. Es sei vielmehr jede Einwirkung auf die normierten Wesenselemente zu unterlassen[624]. Art. 79 III GG habe nicht nur den Zweck zu verhindern, dass die geltende Verfassungsordnung in ihrer Substanz beseitigt werde, sondern solle auch einer allmählichen Aushöhlung der Schutzgüter einen Riegel vorschieben[625].

Beide Ansätze haben Schwächen. Bei der restriktiven Auslegung des Art. 79 III GG wird die Norm letztlich auf ein Revolutionsverbot reduziert und der normative Gehalt nicht ausgeschöpft. Andererseits darf es jedoch durch eine extensive Auslegung nicht zu normativen Zementierungen kommen[626]. Das Gebot, den Kerngehalt nicht anzutasten, gilt ohne Zweifel absolut. Problematisch ist allerdings, ob darüber hinaus sachgerechte Modifikationen im Sinne der Rechtsprechung des Bundesverfassungsgerichts möglich sind, oder ob jede Einwirkung ausgeschlossen ist. Eine Lösung ergibt sich für die vorliegende Untersuchung im Hinblick auf die besondere Konstellation: den spezifischen Fall der Übertragung von Hoheitsrechten auf Europol als Teil der Europäischen Union.

Für demokratische Grundsätze hat das Bundesverfassungsgericht in der „Maastricht“-Entscheidung betont, dass demokratische Legitimation auf europäischer Ebene „nicht in gleicher Form hergestellt werden könne, wie innerhalb einer durch eine Staatsverfassung einheitlich und abschließend geregelten Staatsordnung“[627]. Überträgt man diese Aussage auf die in den Art. 1, 20 GG niedergelegten rechtsstaatlichen Grundsätze, bedeutet das, dass auch das deutsche Verständnis rechtsstaatlicher Grundsätze der Tatsache Rechnung zu tragen hat, dass die europäische Einigung nur Ausschnitte aus dem Gesamtgefüge eines souveränen Staates betrifft und die Europäische Union selbst kein Staat ist. Rechtsstaatlichkeit kann in der Europäischen Union nicht in gleicher Form verwirklicht werden wie in einem souveränen Staat.

---

[623] Besonders deutlich die abweichende Meinung der Richter Geller, Schlabrendorff, Rupp in Sondervotum BVerfGE 30, 33, 38, 41ff.

[624] *Lücke,* in: Sachs, GG, Art. 79, Rn.24; Häberle, JZ 1971, S. 149.

[625] *Lücke,* in: Sachs, GG, Art. 79, Rn.25; Even, Unantastbarkeitsgarantie, S. 92f.; Alberts, JuS 1972, S. 321; Stern, JuS 1985, S. 331; Erichsen, VerwArch Bd. 62 (1971), S. 295; Hain, Grundsätze des Grundgesetzes, S. 48; Hausen, Rechtsgrundlagen von Europol, S. 134; ablehnend auch Schlink, Der Staat Bd. 12 (1973), S. 103.

[626] So zutreffend *Bryde,* in: v.Münch, GG, Art. 79, Rn.28; den Konflikt erkennt explizit *Dreier,* in: Dreier, GG, Art. 79 III, Rn.15, ohne jedoch eine handhabbare Lösung zu entwickeln – der Ansatz, für jeden Einzelfall einen Vergleich zu anderen freiheitlichen Verfassungsstaaten anzustellen, überzeugt nicht, da das deutsche Verständnis nicht in rechtsvergleichender Sicht bestimmt werden kann; Alberts, JuS 1972, S. 322 versucht den Konflikt durch Herstellung einer praktischen Konkordanz zu lösen.

[627] BVerfGE 89, 155, 182.

Kernaussagen des „Solange-II"-Beschlusses verdeutlichen den Unterschied zwischen einer Übertragung von Hoheitsrechten auf die Europäische Union und einer rein nationalen Grundgesetzänderungen, für die Art. 79 III GG gleichermaßen Maßstab ist. Zwar war Gegenstand der „Solange-II"-Entscheidung nicht Art. 79 III GG, die Kernaussagen zum erforderlichen Grundrechtsschutz auf Gemeinschaftsebene sind jedoch übertragbar. Das Bundesverfassungsgericht führte in der „Solange-II"-Entscheidung aus, dass auf europäischer Ebene ein solcher Grundrechtsschutz generell gewährleistet sein müsse, der dem vom Grundgesetz als unabdingbar gebotenen Grundrechtsschutz im Wesentlichen gleich zu achten sei und der den Wesensgehalt generell verbürge[628]. Andersartige Regelungen bei der Regelung von Grundrechten oder die Konkretisierung ihres Schutzbereiches führten aus grundgesetzlicher Sicht nicht dazu, den gemeinschaftsrechtlichen Grundrechtsschutz generell in Frage zu stellen[629]. Überträgt man diese Aussagen auf die Grundsätze der Art. 1, 20 GG, ergibt sich Folgendes: Die besondere Struktur der Europäischen Union führt zu Modifikationen des herkömmlichen deutschen Verständnisses eines Rechtsstaates. Die sind hinzunehmen, solange der unabdingbare Wesensgehalt des deutschen Verständnisses nicht generell angetastet wird.
Bei der Übertragung von Hoheitsrechten kann daher nicht gefordert werden, dass deutsche Maßstäbe absolut zu sein haben und jede Einwirkung auf die Grundsätze des Art. 1, 20 GG zu unterbleiben habe. Ein solches Verständnis würde zur Integrationsunfähigkeit führen, da es durch die besondere strukturelle Ausgestaltung der Europäischen Union zwangsläufig zu Modifikationen kommt. Im Rahmen von Art. 79 III GG müssen Modifikationen zulässig sein, solange die unberührbaren Leitgedanken gewahrt bleiben. Die absolute Grenze dabei die prinzipielle Preisgabe der in Art. 1, 20 GG niedergelegten Grundsätze. In welchen Fällen im Einzelnen eine solche prinzipielle Preisgabe der unberührbaren Leitgedanken anzunehmen ist, kann nicht abstrakt vor dem Hintergrund des Art. 79 III GG bestimmt werden, sondern nur in Ansehung der einzelnen, in den Art. 1, 20 GG niedergelegten Grundsätze.

2. *„Die in Art. 1, 20 GG niedergelegten Grundsätze"*

a) Grundsätze des Art. 1 GG

Art. 1 I GG erklärt die Würde des Menschen für unantastbar. Sie zu achten und zu schützen ist Verpflichtung aller staatlichen Gewalt. Die Menschenwürde ist

---

[628] BVerfGE 73, 339, 387.
[629] BVerfGE 73, 339, 386.

der höchste Rechtswert innerhalb der verfassungsmäßigen Ordnung[630]. Bei der Menschenwürde ist eine Differenzierung zwischen dem Schutzbereich und einem reduzierten „Grundsatz“ im Sinne des Art. 79 III GG nicht möglich[631]. Der Menschenwürde kommt insgesamt Grundsätzlichkeit zu. Allerdings ist der Schutzbereich der Menschenwürde eng zu fassen. Der Grundsatz der Menschenwürde umfasst nur Essentiales, Grundlegendes und Richtungsweisendes[632]. Das Bundesverfassungsgericht betonte[633], dass der Mensch nicht selten bloßes Objekt der Verhältnisse und der gesellschaftlichen Entwicklung sei, der er sich ohne Rücksicht auf seine Interessen fügen müsse. Eine Verletzung der Menschenwürde komme dadurch nicht in Betracht. Hinzukommen müsse vielmehr, dass der Mensch einer Behandlung ausgesetzt werde, die seine Subjektsqualität prinzipiell in Frage stelle oder dass in der Behandlung im konkreten Fall eine willkürliche Missachtung der Menschenwürde liege. Die Behandlung des Menschen durch die öffentliche Hand müsse, wenn sie die Menschenwürde berühren soll, Ausdruck der Verachtung des Wertes sein, der dem Menschen kraft seines Personseins zukomme.

In Art. 1 II GG bekennt sich der Verfassungsgeber zu unverletzlichen und unveräußerlichen Menschenrechten. Auch Art. 1 II hat insgesamt Grundsatzcharakter[634]. Art. 1 II GG bietet jedoch bei etwaigen Lücken des Verfassungsrechts keine Normreserve, die über Art. 1 I GG hinausgeht; dem Grundgesetz werden keine Menschenrechte inkorporiert[635]. Art. 1 II GG hindert den verfassungsändernden Gesetzgeber jedoch daran, den Sinngehalt des Grundgesetzes so zu verändern, dass das Bekenntnis zu unverletzlichen und unveräußerlichen Menschenrechten in Frage gestellt würde[636].

Art. 1 III GG legt die Grundrechtsbindung aller staatlichen Gewalt fest. Das setzt voraus, dass Grundrechte gewährleistet werden. Den Grundrechten darf nicht ihr subjektiver Rechtscharakter genommen werden. Es ginge jedoch zu weit, einen bestimmten Grundrechtskatalog als unabänderlich zu bezeichnen.

---

[630] BVerfGE 6, 32, 41; 12, 45, 53; 27, 1, 6; 30, 173, 193; 32, 98, 106, 108; 45, 187, 227; 50, 166, 175.

[631] *Pieroth*, in: Jarass / Pieroth, GG, Art. 79, Rn.7; *Dreier*, in: Dreier, GG, Art. 79 III, Rn.22; *Lücke*, in: Sachs, GG, Art. 79, Rn.30; Stern, JuS 1985, S. 334; Erichsen, VerwArch Bd. 62 (1971), S. 298.

[632] *Dreier*, in: Dreier, GG, Art. 79 III, Rn. 22.

[633] BVerfGE 30, 1, 25.

[634] Zeidler, DVBl. 1950, S. 600; Stern, JuS 1985, S. 335.

[635] *Dreier*, in: Dreier, GG, Art. 1 II, Rn.15; *Höfling*, in: Sachs, GG, Art. 1, Rn.66, 68; *Hain*, in: v.Mangoldt / Klein / Starck, GG, Art. 79 Abs. 3, Rn.70f.

[636] BVerfG, U.v. 3.3.04, 1 BvR 2378/98 und 1 BvR 1084/99, Rn. 109; Zeidler, DVBl. 1950, S. 600; zustimmend Brenner, Der Staat 32 (1993), S. 501.

Die Hinzufügung neuer und die Streichung bestehender Grundrechte ist möglich[637]. Dafür spricht zum einen der Wortlaut, der gerade nicht von den in Art. 1 „bis" 20 GG niedergelegten Grundsätzen spricht, zum anderen der Wille des Verfassungsgebers[638]. Auch Art 1 III GG hat insgesamt Grundsatzcharakter, wird also von Art. 79 III GG vollumfänglich geschützt[639].

b) Grundsätze des Art. 20 GG

Für die Ermittlung der in Art. 20 GG niedergelegten Grundsätze sind nur die Absätze I bis III des Art. 20 GG von Bedeutung, weil Art. 79 III GG nur solche Grundsätze schützt, die vom Verfassungsgeber selbst in Art. 20 niedergelegt wurden[640]. Art. 20 IV GG wurde erst später eingefügt.

In Art. 20 II 2 GG ist niedergelegt, dass es drei Gewalten gibt, die durch besondere Organe ausgeübt werden. Die Gewaltenteilung verbietet, dass eine der Gewalten die ihr von der Verfassung zugeschriebenen typischen Aufgaben preisgibt[641]. Offen bleibt indes, welche Aufgaben jeweils im Einzelnen von Legislative, Exekutive und Judikative wahrzunehmen sind[642].

In Art. 20 III bringt die Bindung an „Recht und Gesetz" das Prinzip des Vorrangs des Gesetzes zum Ausdruck[643]. Darüber hinaus wird auch das Prinzip des Vorbehalts des Gesetzes aus Art. 20 III GG abgeleitet[644]. Eine Bindung an das Gesetz würde ihren Sinn verlieren, wenn staatliches Handeln in bestimmten Bereichen nicht durch ein förmliches Gesetz legitimiert sein müsste[645]. Der Vorbehalt des Gesetzes soll den Gesetzgeber dazu zwingen, die wesentlichen Entscheidungen selbst zu treffen[646].

c) Rechtsstaatsprinzip

Es ließe sich folgern, neben den in Art. 1 GG angeführten seien allein die in Art. 20 GG ausdrücklich genannten Elemente zu den Grundsätzen im Sinne des Art. 79 III GG zu zählen. Diesen Weg wählt das Bundesverfassungsgericht im „Ab-

---

[637] *Dreier,* in: Dreier, GG, Art. 79 III, Rn.26; Even, Unantastbarkeitsgarantie, S. 112; Brenner, Der Staat 32 (1993), S. 503; Stern, JuS 1985, S. 335; a.A. Kipp, FS Laforet, S. 101.

[638] Entsprechende Anträge fanden keine Mehrheit, z.B. Abgeordneter Seebohm, Parlamentarischer Rat, 9. Sitzung des Plenums am 6. Mai 1949, Plenum-Steno, S. 470.

[639] Stern, JuS 1985, S. 335; *Lücke,* in: Sachs, GG, Art. 79, Rn.30; *Bryde,* in: v.Münch, GG, Art. 79, Rn.33.

[640] *Lücke,* in: Sachs, GG, Art. 79, Rn.47; *Dreier,* in: Dreier, GG, Art. 79 III, Rn.45.

[641] BVerfGE 34, 52, 59.

[642] *Lücke,* in: Sachs, GG, Art. 79, Rn.42.

[643] *Lücke,* in: Sachs, GG, Art. 79, Rn.46; *Dreier,* in: Dreier, GG, Art. 79 III, Rn.43; *Maunz / Dürig,* in: Maunz / Dürig, GG, Art. 79, Rn.48; *Bryde,* in: v.Münch, GG, Art. 79, Rn.44.

[644] BVerfGE 40, 237, 248f.; 48, 210, 221; 49, 89, 126; 77, 170, 230; *Dreier,* in: Dreier, GG, Art. 79 III, Rn.43; *Lücke,* in: Sachs, GG, Art. 79, Rn.46.

[645] So ausdrücklich das Bundesverfassungsgericht in BVerfGE 40, 237, 249.

[646] BVerfGE 48, 210, 221.

hörurteil". Unantastbare Grundsätze des Rechtsstaatsprinzips, so das Bundesverfassungsgericht, seien nur die in Art. 20 II 2 GG niedergelegte Gewaltenteilung und der Grundsatz der Bindung der Gesetzgebung an die verfassungsmäßige Ordnung beziehungsweise der vollziehenden Gewalt und der Rechtsprechung an Recht und Gesetz gemäß Art. 20 III GG[647]. Ein allgemeines Rechtsstaatsprinzip wäre in Art. 20 GG demzufolge nicht verankert[648]. Eine solche Annahme wird unterstützt durch das Fehlen des Begriffes „Rechtsstaat" in Art. 20 GG.
Demgegenüber könnte man auch ein allgemeines – ungeschriebenes – Rechtsstaatsprinzip in Art. 20 GG verankert sehen[649]. Dieses Rechtsstaatsprinzip könnte neben den in Art. 20 I GG ausdrücklich genannten Strukturprinzipien stehen[650]. Ein solches Verständnis zeigt das Bundesverwaltungsgericht und bisweilen auch das Bundesverfassungsgericht selbst[651]. Als Begründung kann Art. 28 I GG herangezogen werden. Art. 28 I GG gibt vor, dass die verfassungsmäßige Ordnung in den Ländern den Grundsätzen des republikanischen, demokratischen und sozialen Rechtsstaats im Sinne dieses Grundgesetzes entsprechen muss. Der Wortlaut legt den Rückschluss nahe, dass dem Grundgesetz ein übergreifendes Rechtsstaatsprinzip immanent ist. Denn wie kann sonst die verfassungsmäßige Ordnung in den Ländern den Grundsätzen des (...) Rechtsstaats im Sinne des Grundgesetzes entsprechen?
Die Frage, ob es ein übergeordnetes Rechtsstaatsprinzip gibt, ist jedoch an dieser Stelle letztlich nicht entscheidend, da es allein auf den normativen Gehalt des Grundgesetzes im Hinblick auf Rechtsstaatlichkeit ankommt. Die Existenz eines allgemeinen Rechtsstaatsprinzips würde nicht zu einer Ausdehnung des normativen Gehalts der in Art. 20 GG niedergelegten Grundsätze führen.
Rechtsstaatlichkeit setzt sich zusammen aus zahlreichen Einzelelementen, die im Grundgesetz an verschiedenen Stellen Niederschlag gefunden haben. Diese Elemente sind neben den in Art. 1, 20 GG niedergelegten Grundsätzen etwa die Grundrechte, die Rechtsweggarantie nach Art. 19 IV GG, die Staatshaftung, die Anforderungen an Verordnungsermächtigungen nach Art. 80 I GG, das Rechtsprechungsmonopol der Gerichte (Art. 92 GG), die Unabhängigkeit der Richter (Art. 97 GG), die Sicherung der Einheitlichkeit der Rechtsprechung (Art. 95 I, III GG), die Garantie des gesetzlichen Richters in Art. 101 GG, der Anspruch auf rechtliches Gehör nach Art. 103 GG und die Verfahrensrechte bei Freiheitsentzug nach Art. 104 GG. Darüber hinaus gibt es weitere ungeschriebene Ele-

---

[647] BVerfGE 30, 1, 24f.
[648] In diesem Sinne *Lücke,* in: Sachs, GG, Art. 79, Rn.46; *Kirchhof,* in: Handbuch des Staatsrechts I, § 19, Rn.73.
[649] *Schmidt-Assmann,* in: Handbuch des Staatsrechts I, § 24, Rn.3, 90; *Herzog,* in: Maunz / Dürig, GG, Art. 20, VII, Rn.35.
[650] In diesem Sinne *Schulze-Fielitz,* in: Dreier, GG, Art. 20, Rn.38.
[651] BVerwGE 15, 341, 345; 28, 1, 10; BVerfGE 35, 41, 47; 39, 128, 143; 63, 343, 353.

mente, die aus den Art. 1, 20 GG und anderen Verfassungsbestimmungen, insbesondere Grundrechten, abgeleitet werden. In diesem Sinne wurden in der Vergangenheit etwa die Prinzipien der Rechtssicherheit und materiellen Gerechtigkeit[652], der Bestimmtheitsgrundsatz[653], das Rückwirkungsverbot[654], der Grundsatz der Verhältnismäßigkeit[655], die Justizgewährleistung[656] und diverse Verfahrensanforderungen wie das Unbeteiligsein[657] und die Unbefangenheit[658] des Richters, der Ausschluss der Selbstbelastungspflicht[659], die Waffengleichheit der Parteien[660], der Anspruch auf rechtliches Gehör bei nichtrichterlicher Entscheidung[661] und der Anspruch auf materielle Beweisteilhabe[662] entwickelt. Diese Elemente sind zwar Ausdruck eines rechtsstaatlichen Verständnisses, sie wurden jedoch nicht aus einem abstrakten Prinzip abgeleitet, sondern aus einzelnen anderen rechtsstaatlichen Garantien[663].

„Das" Rechtsstaatsprinzip würde die einzelnen im Grundgesetz niederlegten geschriebenen und ungeschriebenen Elemente umfassen und als übergeordnetes Ordnungsprinzip fungieren[664]. Das Bundesverwaltungsgericht verwendet den Begriff des Rechtsstaats in zahlreichen Entscheidungen als Sammelbezeichnung für einzelne rechtsstaatliche Normen, etwa für Art. 2 I, 19, 28, 80 I GG[665]. Auch das Bundesverfassungsgericht nimmt in dieser Weise „verkürzend" auf das Rechtsstaatsprinzip Bezug[666]. „Das" Rechtsstaatsprinzip kann die einzelnen Be-

652 BVerfGE 2, 380, 403; 3, 225, 237; 7, 89, 92; 13, 261, 271; 20, 323, 331; 25, 269, 290.

653 BVerfGE 21, 73, 79f; 31, 255, 264, 37, 132, 142; 52, 1, 41; 62, 169, 183; 84, 133, 149; 87, 234, 263; 87, 287, 317f.

654 BVerfGE 7, 89, 92; 13, 261, 271; 18, 429, 439; 45, 142, 173f.; 72, 200, 258.

655 BVerfGE 3, 383, 399; st.Rspr. seit BVerfGE 7, 377, 405, 407f.

656 BVerfGE 54, 277, 291f.; 85, 337, 345; 88, 118, 123f.; 91, 176, 181; 93, 99, 107; 97, 169, 185.

657 BVerfGE 3, 377, 381; 14, 56, 69.

658 BVerfGE 37, 57, 65.

659 BVerfGE 38, 105, 113; 56, 37, 41f.; 95, 220, 241.

660 BVerfGE 52, 131, 156f.; 69, 248, 254.

661 BVerfGE 101, 397, 405.

662 BVerfG NJW 2001, S. 2246f.

663 Einschränkend *Sachs*, in: Sachs, GG, Art. 20, Rn.76, der den Gesamtbestand einschlägiger Einzelgarantien als nicht ausreichend erachtet.

664 Gegen ein allgemeines Rechtsstaatsprinzip Kunig, Rechtsstaatsprinzip, S. 459, der mangels größerer Trennschärfe ein allgemeines Prinzip ablehnt; dagegen auch Sobota, Das Prinzip Rechtsstaat, S. 443, die es gerade nicht als zulässig erachtet, unter dem Begriff Rechtsstaat einschlägige Regelungen zusammenzufassen, die schon anderweitig mit demselben Inhalt getroffen und systematisiert sind; auch *Hain,* in: v.Mangoldt / Klein / Starck, GG, Art. 79, Rn.89 erachtet „das" Rechtsstaatsprinzip als verzichtbar.

665 BVerwGE 4, 24, 39; 6, 247, 249; 24, 8, 10; 54, 291, 304.

666 In BVerfGE 11, 150, 162f. führt das Bundesverfassungsgericht aus, die einseitige, parteiische und drakonische Strafpraxis der DDR-Gerichte widerspreche dem Rechtsstaatsprinzip.

standteile des Grundgesetzes bündeln, die Rechtsstaatlichkeit gewährleisten[667]. Aus dem Rechtsstaatsprinzip als solchem können jedoch keine weiterführenden Erkenntnisse gewonnen werden, weil ein übergeordnetes Prinzip nicht weiter reichen würde, als die Summe der Einzelelemente, die es ausmachen[668]. Die Existenz „des" Rechtsstaatsprinzips kann auch nicht dazu führen, dass über die in Art. 1, 20 GG ausdrücklich niedergelegten Grundsätze und die aus gerade diesen abgeleiteten ungeschriebenen Grundsätze hinaus weitere rechtsstaatliche Einzelelemente dem Schutz des Art. 79 III GG unterliegen[669]. Dadurch würde der Schutzbereich des Art. 79 III GG in einer vom Verfassungsgeber nicht gewollten Weise ausgedehnt[670]. Genau das ist für die vorliegende Untersuchung entscheidend: die normative Reichweite der Art. 1, 20 GG, deren Grundsätze von Art. 79 III GG als unabänderlich statuiert werden. Für rechtsstaatliche Gewährleistungen – seien sie geschrieben oder ungeschrieben – kommt es mithin alleine darauf an, ob eine Verbindung etwa zur Menschenwürde oder dem Grundsatz der Gesetzesbindung hergestellt werden kann. Nur dann kann eine Gewährleistung dem Schutz des Art. 79 III GG unterliegen und der Verfassungsänderung entzogen sein[671]. Eine solche Verbindung zu den Vorgaben der Art. 1, 20 GG ist durch Auslegung zu ermitteln[672]. Eine abstrakte Untersuchung, inwiefern eine solche Verbindung im Einzelfall besteht, kann in diesem Rahmen nicht geleistet werden. Es wird vielmehr für die sich ergebenden konkreten Konstellationen zu untersuchen sein, ob eine bestimmte rechtsstaatliche Gewährleistung des Grundgesetzes dem Schutz des Art. 79 III GG unterliegt.

d) Grundrechte

Es ist umstritten, ob neben Art. 1 I GG die Grundrechte zu den in Art. 1, 20 GG niederlegten Grundsätzen zu zählen sind. Die Gewährleistung von Grundrechten ist ein wesentlicher Bestandteil von Rechtsstaatlichkeit. Gleichwohl sind die Grundrechte nicht in ihrer vollen Ausprägung den in Art. 1, 20 GG niedergeleg-

---

[667] Kunig, Rechtsstaatsprinzip, S. 463; Schnapp, JuS 1983, S. 852; *Schmidt-Aßmann,* in: Handbuch des Staatsrechts I, § 24, Rn.9; a.A. Schachtschneider, JA 1978, S. 185, der das Rechtsstaatsprinzip nicht aus einzelnen Bestimmungen, sondern aus der Gesamtkonzeption des Grundgesetzes ableiten möchte.

[668] Schnapp, JuS 1983, S. 852.

[669] *Schnapp,* in: v.Münch, GG, Art. 20, Rn.24; Hain, Grundsätze des Grundgesetzes, S. 342; a.A. Schachtschneider, JA 1978, S. 186.

[670] *Hain,* in: v.Mangoldt / Klein / Starck, GG, Art. 79 Abs. 3, Rn.89; Kunig, Rechtsstaatsprinzip, S. 72f.

[671] Kunig, Rechtsstaatsprinzip, S. 478.

[672] *Herzog,* in: Maunz / Dürig, GG, Art. 20, VII, Rn.37ff. möchte für jede einzelne rechtsstaatliche Gewährleistung den Schutz durch Art. 79 III GG danach bestimmen, ob eine hinreichende Nähe zum Rechtsstaatsprinzip besteht; Kunig, Rechtsstaatsprinzip, S. 479 erachtet eine solche Abstufung als überflüssig, weil ein Ergebnis im Wege einfacher Auslegung gefunden werden kann.

ten Grundsätzen zuzurechnen, da der Wortlaut des Art. 79 III GG von den in Art. 1 „und" 20 GG niedergelegten Grundsätzen spricht und nicht die in Art. 1 „bis" 20 GG niedergelegten Grundsätzen für unantastbar erklärt werden[673]. Obwohl die Grundrechte zu den unverzichtbaren Ausprägungen des Rechtsstaats zählen, gehören sie doch nicht in allen Einzelheiten zu seinen *Essentialia*.

Es ist aber denkbar, Grundrechte insoweit zu den in Art. 1, 20 GG niedergelegten Grundsätzen zu zählen, als sich normative Wirkungen zugleich aus Art. 1 I GG ergeben. Umfasst wäre damit der Menschenwürdegehalt der jeweiligen Grundrechte[674].

Der Einbeziehung des Menschenwürdegehalts eines jeden Grundrechts wird entgegengehalten, ein solcher Menschenwürdegehalt sei nicht klassifizierbar. Die Menschenwürde sage nichts über die Schutzansprüche einzelner Grundrechte aus; vielmehr sei eine menschenwürdige staatliche Ordnung auch ohne subjektiv einklagbare Grundrechte mit Verfassungsrang möglich[675]. Eine Verknüpfung zwischen der Menschenwürde und grundrechtlichen Gewährleistungen stellten erst Art. 1 II GG und Art. 1 III GG her[676].

Dem ist jedoch entgegenzutreten. Art. 1 I GG ist der Kern des grundrechtlichen Wertesystems. Es besteht ein innerer Zusammenhang zwischen der Unberührbarkeit der Menschenwürde und bestimmten Grundrechtsgehalten[677]. Den Menschenwürdegehalt der einzelnen Grundrechte nicht zu schützen würde bedeuten, den Schutz der Menschenwürde willkürlich zu reduzieren, da einzelne Ausprägungen, die auch in den Schutzbereich eines anderen Grundrechts fallen, aus dem Schutzbereich der Menschenwürde herausgenommen würden. Der Menschenwürde ist es immanent, dass sie in viele Bereiche ausstrahlt. Es ist nahezu immer auch der Schutzbereich eines anderen Grundrechts betroffen. Der Schutz der Menschenwürde kann deswegen nicht entfallen. Die Einbeziehung des Menschenwürdegehalts in den Schutzbereich des Art. 79 III GG darf gleichwohl nicht dazu führen, dass grundrechtliche Gewährleistungen durch Art. 1 I GG in weitem Umfang der Unveränderlichkeitssperre des Art. 79 III GG unterworfen

---

[673] So *Maunz / Dürig*, in: Maunz / Dürig, GG, Art. 79, Rn.39; *Bryde*, in: v.Münch, GG, Art. 79, Rn.36; Zeidler, DVBl. 1950, S. 599; a.A.: *Wernicke*, in: BK, GG (Erstbearbeitung) Art. 1, Anm. II.5.b., der mittels einer „Kettenreaktion" alle Grundrechte geschützt sieht.

[674] *Pieroth*, in: Jarass / Pieroth, GG, Art. 79, Rn.10; *Lücke*, in: Sachs, GG, Art. 79, Rn.24; *Maunz / Dürig*, in: Maunz / Dürig, GG, Art. 79, Rn.42; *Bryde*, in: v.Münch, GG, Art. 79, Rn.36; *Hain*, in: v.Mangoldt / Klein / Starck, GG, Art. 79 Abs. 3, Rn.62; Alberts, JuS 1972, S. 322; Stern, JuS 1985, S. 336; Zeidler, DVBl. 1950, S. 600; *Kirchhof*, in: Handbuch des Staatsrechts I, § 19, Rn.74; Brenner, Der Staat 32 (1993), S. 501f.

[675] So hat das Bundesverfassungsgericht etwa erklärt, dass das Grundrecht auf Asyl durch den verfassungsändernden Gesetzgeber ganz abgeschafft werden könnte, BVerfGE 94, 49, 103f.

[676] *Dreier*, in: Dreier, GG, Art. 79 III, Rn.23.

[677] Stern, JuS 1985, S. 336.

werden. Entscheidend ist eine besondere Nähe zur Würdegarantie, die in gewissen Minimalanforderungen für die menschliche Existenz, der Achtung und dem Schutz der persönlichen Sphäre des Einzelnen sowie der Gewährleistung minimaler Freiheitspositionen liegen kann[678]. Ein solcher Menschenwürdegehalt wird insbesondere dann anzunehmen sein, wenn ein enger Bezug zum Persönlichkeitsrecht besteht[679].
Der Menschenwürdegehalt ist jedoch keinesfalls gleichzusetzen mit dem Wesensgehalt im Sinne des Art. 19 II GG[680]. Der Wesensgehalt der Grundrechte soll nach dem Willen des Verfassungsgebers ausdrücklich nicht von Art. 79 III GG umfasst sein[681]. Schon die Adressaten sind verschieden: Art. 79 III GG richtet sich an den verfassungsändernden Gesetzgeber, Art. 19 II GG an den einfachen Gesetzgeber. Während ein jedes Grundrecht über einen Wesensgehalt verfügt, gibt es Grundrechte ohne Menschenwürdegehalt, etwa Art. 7 IV 1 GG oder Art. 5 I 2 GG[682]. Ebenso gibt es Grundrechte, bei denen der Wesensgehalt über den Menschenwürdegehalt hinausgehen dürfte, etwa Art. 14 GG[683].

Gerade für den Bereich der informationellen Selbstbestimmung, die für Europol von maßgeblicher Bedeutung ist, bereitet die Bestimmung des Menschenwürdegehalts Probleme. Die informationelle Selbstbestimmung wurde vom Bundesverfassungsgericht aus Art. 2 I und Art. 1 I GG abgeleitet. Welcher Teil der Gewährleistung der unantastbaren Menschenwürde unterfällt, bleibt vielfach unbestimmt. Die Zuordnung eines Teils der informationellen Selbstbestimmung zur Menschenwürde birgt die Gefahr der Relativierung des Art. 1 I GG[684]. Daraus könnte man den Schluss ziehen, die Menschenwürde nicht als eigentlich betroffenes Grundrecht anzusehen, sondern nur als Leit- und Auslegungsrichtlinie[685]. Andererseits gibt es die Notwendigkeit, den unantastbaren Bereich der Menschenwürde nicht zu eng zu fassen, um mehr als die bloße „Gehirnwäsche“

---

678 Even, Unantastbarkeitsgarantie, S. 133.
679 Stern, JuS 1985, S. 338; Even, Unantastbarkeitsgarantie, S. 133.
680 BVerfG, U.v. 3.3.04, 1 BvR 2378/98 und 1 BvR 1084/99, Rn. 112; *Lücke,* in: Sachs, GG, Art. 79, Rn.32; *Bryde,* in: v.Münch, GG, Art. 79, Rn.36; Stern, JuS 1985, S. 337; Brenner, Der Staat 32 (1993), S. 507; Zeidler, DVBl. 1950, S. 600; so auch *Dreier,* in: Dreier, GG, Art. 79 III, Rn.23, 50, der jedoch die Einbeziehung eines Menschenwürdegehalts generell ablehnt.
681 Ein entsprechender Antrag, Art. 19 II GG in Art. 79 III GG aufzunehmen, fand im Parlamentarischen Rat keine Mehrheit, Plenum-Steno, S. 470.
682 *Bryde,* in: v.Münch, Art. 79, Rn.36; a.A. *Maunz / Dürig,* in: Maunz / Dürig, GG, Art. 79, Rn.42, der den Wesensgehalt vornehmlich mit dem Menschenwürdegehalt gleichsetzt.
683 Brenner, Der Staat 32 (1993), S. 507; *Bryde,* in: v.Münch, Art. 79, Rn.36.
684 *Höfling,* in: Sachs, GG, Art. 1, Rn.59.
685 *Dreier,* in: Dreier, GG, Art. 2 I, Rn.50.

zu erfassen[686]. Das Bundesverfassungsgericht führte aus, es sei nicht jede Erhebung von Daten geeignet, die menschliche Persönlichkeit in ihrer Würde zu beeinträchtigen. Jedermann müsse als gemeinschaftsbezogener und gemeinschaftsgebundener Bürger die Notwendigkeit von Datenerhebungen in gewissem Umfang hinnehmen[687]. Während eine Verwertung von Daten, die in den Bereich der unantastbaren Menschenwürde fallen, schlechthin ausgeschlossen ist[688], kann die Verwertung solcher Daten, die in anderer Weise das Persönlichkeitsrecht tangieren, zur Wahrung vorrangiger Interessen erforderlich und zumutbar sein[689].

Das Bundesverfassungsgericht bringt einzelne Gewährleistungselemente unmittelbar mit der Menschenwürde in Verbindung. Aus der Menschenwürde folge, so das Bundesverfassungsgericht, ein unantastbarer Bereich privater Lebensgestaltung, die der Einwirkung durch die öffentliche Gewalt entzogen sei[690]. Mit der Menschenwürde sei es nicht vereinbar, wenn der Staat den Menschen zwangsweise in seiner ganzen Persönlichkeit registriere und katalogisiere und ihn damit wie eine Sache behandele, die einer Bestandsaufnahme in jeder Beziehung zugänglich sei[691]. Dem Einzelnen müsse zur freien Entfaltung seiner Persönlichkeit ein „Innenraum“ verbleiben, in den er sich zurückziehen könne und zu dem die Umwelt keinen Zutritt habe[692]. Klare Vorgaben, wo dieser „Innenraum“ endet, werden allerdings nicht gemacht. Statistische Erhebungen hat das Bundesverfassungsgericht als unzulässig erachtet, sofern ein Bereich menschlichen Eigenlebens erfasst wird, der von Natur aus Geheimnischarakter hat[693]. Zulässig seien dagegen solche Erhebungen, die nur Verhaltensweisen erfassen, insbesondere wenn sie durch Anonymisierung den Persönlichkeitsbezug verlieren[694]. Dies wird auf die Formel verkürzt, dass Art. 2 I GG die dynamische Entwicklung des eigenen Lebensbildes zuzurechnen sei, während unter Art. 1 I GG der statische Bestandsschutz des Lebensentwurfes fällt[695]. Letztlich kann jedoch nur anhand eines konkreten Falles untersucht werden, wie eng der Bezug zur Menschenwürde ist. Allgemeingültige Kriterien lassen sich nicht in der Weise konkretisieren, dass eine generelle Einordnung vorgenommen werden kann.

---

[686] Geis, JZ 1991, S. 115, allerdings ohne selbst eine klare Abgrenzung vorzunehmen.
[687] BVerfGE 4, 7, 15f.; 7, 198, 205; 24, 119, 144.
[688] BVerfGE 34, 238, 245.
[689] BVerfGE 44, 353, 373; 56, 37, 49.
[690] BVerfGE 6, 32, 41; 27, 1, 6; 34, 238, 245.
[691] BVerfGE 27, 1, 6.
[692] BVerfGE 27, 1, 6.
[693] BVerfGE 27, 1, 7.
[694] BVerfGE 27, 1, 7.
[695] *Höfling*, in: Sachs, GG, Art. 1, Rn.59.

e) Rechtsweggarantie

Die Rechtsweggarantie ist in Art. 19 IV GG niedergelegt, nicht in Art. 1 oder Art. 20 GG, die Art. 79 III GG ausdrücklich der Disposition des verfassungsändernden Gesetzgebers entzieht. Ein entsprechender Antrag, Art. 19 IV GG dem Schutz des Art. 79 III GG zu unterstellen, fand im Parlamentarischen Rat keine Mehrheit[696]. Das wirft die Frage auf, ob die Garantie eines Rechtsweges im Rahmen von Art. 79 III GG geschützt wird.

Vielfach wird proklamiert, Art. 19 IV GG sei Ausdruck eines allgemeinen Justizgewährungsanspruchs, der Teil des Rechtsstaatsprinzips sei[697]. Die Justizgewährung bilde als staatliche Pflicht die Kehrseite des staatlichen Gewaltmonopols, der bürgerlichen Friedenspflicht und des Selbsthilfeverbots[698]. Damit wird jedoch lediglich zum Ausdruck gebracht, dass der Normierung der Rechtsweggarantie in Art. 19 IV GG die Idee eines Justizgewährungsanspruchs zugrunde liegt, der einem allgemeinen Rechtsstaatsprinzip zuzuordnen wäre. Ein allgemeines Rechtsstaatsprinzip führt jedoch – auch wenn man es systematisch in Art. 20 GG ansiedeln möchte – gerade nicht dazu, dass alle geschriebenen und ungeschriebenen, rechtsstaatlichen Einzelausprägungen des Grundgesetzes dem Schutz des Art. 79 III GG unterstellt werden. Über die Konstruktion einer allgemeinen Justizgewährungspflicht kann damit nicht erreicht werden, dass Art. 19 IV GG oder der Gewährleistungsgehalt des Art. 19 IV GG dem Schutz des Art. 79 III GG unterliegen. In diesem Sinne führte das Bundesverfassungsgericht aus, Art. 19 IV GG sei einer Einschränkung und Modifikation durch den verfassungsändernden Gesetzgeber nicht entzogen[699].

Dem kann jedoch nur eingeschränkt zugestimmt werden. Einzelne Elemente der Gewährleistung effektiven Rechtsschutzes unterfallen nämlich deswegen dem Schutz des Art. 79 III GG, weil eine untrennbare Verbindung zu den in Art. 1, 20 GG niedergelegten Grundsätzen besteht. Das Recht bedarf, um seinen Geltungsanspruch zu realisieren, notwendigerweise einer Garantie für dessen Beachtung, einer Gewährleistung seiner tatsächlichen Umsetzung[700]. Die Bindung des Staates an das Recht und dessen Wirksamkeit ist nur gesichert, wenn eine unparteiische, allein dem Recht verpflichtete Instanz für dessen Schutz bereit-

---

[696] 9. Sitzung des Plenums am 6.5.1949, Plenum-Steno, S. 470.

[697] BVerfGE 54, 277, 291; 85, 337, 345; 88, 118, 123; 97, 169, 185; *Schmidt-Assmann,* in: Maunz / Dürig, GG, Art. 19 IV, Rn.16; *Krebs,* in: v.Münch, GG, Art. 19, Rn.50.

[698] BVerfGE 54, 277, 292; *Schmidt-Aßmann,* in: Handbuch des Staatsrechts I, § 24, Rn.71.

[699] BVerfGE 30, 1, 25, allerdings insofern einschränkend, als ein äquivalenter Rechtsschutz durch eine anderweitige Rechtskontrolle zum Schutz des Betroffenen geboten ist; zustimmend *Schenke,* in: BK, GG, Art. 19 IV, Rn.71; Rasenack, Der Staat Bd. 9 (1970), S. 273; Schlink, Der Staat Bd. 12 (1973), S. 98.

[700] Fechner, JZ 1969, S. 349; Hagen, NJW 1970, S. 1017; Häberle, JZ 1971, S. 153.

steht[701]. Die Bindung aller Staatsgewalt an das Gesetz liefe leer, wenn der Bürger keine Möglichkeit hätte, Gesetzesverstöße feststellen und unterbinden zu lassen. Es ergeben sich somit Anforderungen an die Gewährung eines Rechtsweges aus dem Grundsatz des Vorrangs des Gesetzes. Daneben steht der Vorbehalt des Gesetzes in enger Beziehung zur Rechtsweggarantie. Das Verwaltungshandeln wird durch das Erfordernis einer gesetzlichen Ermächtigungsgrundlage verrechtlicht. Die Lehre der Gesetzesvorbehalte schafft die Basis des Gerichtsschutzes[702]. Eine Verbindung der Rechtsweggarantie besteht ferner zu Art. 1 III GG. Der Geltungsanspruch und der Vorrangcharakter der Grundrechte aus Art. 1 III GG bedarf notwendigerweise eines effektiven Schutzes und einer justizförmigen Kontrolle[703]. Das Gebot wirksamen Individualrechtsschutzes ergibt sich nicht schon aus den einzelnen Grundrechten[704]. Zwar haben die Grundrechte auch eine verfahrensrechtliche Dimension, Art. 19 IV GG zieht die Schutzgehalte des gerichtlichen Verfahrens jedoch hinter die Klammer[705]. Individualrechtsschutz muss nicht zwingend Gerichtsschutz sein[706]. Eine anderweitige äquivalente Rechtskontrolle zum Schutz des Betroffenen ist ausreichend[707]. Nicht zuletzt können aus Art. 1 I GG in grundlegenden Bereichen Vorgaben für den Zugang des Einzelnen zu Gerichten gewonnen werden. Es ist mit der Menschenwürde unvereinbar, im Bereich der Verteidigung des Lebens, der körperlichen Unversehrtheit oder elementarer Freiheiten den Zugang zum Gericht auszuschließen[708]. Ebenso schließt Art. 1 I GG obrigkeitliche Willkür aus[709]. Allerdings ist bei einem Rückgriff auf die Menschenwürde Vorsicht geboten, um sie nicht „zu kleiner Münze" verkommen zu lassen. Es sind kaum konkrete Vorgaben zu gewinnen, wie der Rechtsweg ausgestaltet sein muss, oder welche verfahrensrechtlichen Anforderungen zu stellen sind. Vorgaben für die Garantie eines Rechtsweges ergeben sich schließlich auch aus dem Grundsatz der Gewaltenteilung. Art. 19 IV GG ist eine organisatorische Grundentscheidung, welche

---

701 Häberle, JZ 1971, S. 152; *Schulze-Fielitz,* in: Dreier, GG, Art. 19 IV, Rn.27. Schlink, Der Staat Bd. 12 (1973), S. 102.

702 Schmidt-Aßmann, NVwZ 1983, S. 3.

703 *Dreier,* in: Dreier, GG, Art. 79 III, Rn.28; *Bryde,* in: v.Münch, GG, Art. 79, Rn.37; Klein, VVDStRL 8 (1950), S. 92.

704 Anders einzelne Aussagen des Bundesverfassungsgerichts, vgl. BVerfGE 24, 367, 401; 35, 348, 361; 46, 325, 334; 49, 220, 225; 51, 150, 156 zu Art. 14 I GG; BVerfGE 39, 276, 294 für Art. 12 I GG; BVerfGE 53, 30, 57 für Art. 2 II GG.

705 *Krebs,* in: v.Münch, GG, Art. 19, Rn.48; *Schulze-Fielitz,* in: Dreier, GG, Art. 19 IV, Rn.112; Lorenz, JURA 1983, S. 396; Schmidt-Assmann, NVwZ 1983, S. 4.

706 *Maunz / Dürig,* in: Maunz / Dürig, GG, Art. 79, Rn.47; *Bryde,* in: v.Münch, GG, Art. 79, Rn.47; Erichsen, VerwArch Bd. 62 (1971), S. 297.

707 BVerfGE 30, 1, 28f.

708 *Schmidt-Aßmann,* in: Maunz / Dürig, GG, Art. 19 IV, Rn.30.

709 *Schulze-Fielitz,* in: Dreier, GG, Art. 19 IV, Rn.27.

die Balance des Systems der Gewaltenteilung maßgeblich bestimmt, indem der Judikative Kontrollrechte hinsichtlich der Ausübung der übrigen Staatsfunktionen zugebilligt werden[710]. Das Prinzip der Gewaltenteilung ist jedoch zahlreichen Modifikationen bei der Verschränkung der Gewalten zugänglich[711]. Konkrete Vorgaben für die Ausgestaltung des Rechtsweges lassen sich dem Grundsatz der Gewaltenteilung allerdings kaum entnehmen.
Es bleibt festzuhalten, dass die grundsätzliche Garantie eines Rechtsweges zu den in Art. 1, 20 GG niedergelegten Grundsätzen zu zählen ist, da eine untrennbare Verbindung zum Grundsatz der Gewaltenteilung, dem Vorrang und dem Vorbehalt des Gesetzes, der Grundrechtsbindung der öffentlichen Gewalt aus Art. 1 III GG und zur Menschenwürde besteht. Ein Kern des Art. 19 IV GG ist daher unveränderlich, obwohl die Norm nicht ausdrücklich zu den gemäß Art. 79 III GG unveränderbaren Verfassungsnormen zählt[712]. Abstrakte Vorgaben, welche Elemente unveränderbar sind, lassen sich gleichwohl nicht gewinnen. Eine Zuordnung ist nur in Ansehung eines konkreten Falles möglich. Es ist wie bei geschriebenen und ungeschriebenen rechtsstaatlichen Elementen des Grundgesetzes außerhalb der Art. 1, 20 GG für jeden konkreten Einzelfall zu untersuchen, inwiefern eine hinreichend enge Verbindung zu den ausdrücklich in Art. 1, 20 GG niedergelegten Grundsätzen besteht. Fest steht jedoch, dass der Gewährleistungsgehalt des Art. 19 IV GG nicht in vollem Umfang übertragen werden kann. Es kann im Rahmen des Art. 79 III GG keine Forderung nach einem lückenlosen gerichtlichen Rechtsschutz geben.

Nachdem ermittelt wurde, welches die Grundsätze der Art. 1, 20 GG sind und unter welchen Voraussetzungen sie berührt werden, gilt es, Europol an diesen Vorgaben zu messen. Die Rechtsgrundlagen Europols dürfen die in den Art. 1, 20 GG niedergelegten Grundsätze nicht berühren. Der Schwerpunkt der Untersuchung soll im Bereich der justiziellen Einbindung Europols liegen. Es wird zu untersuchen sein, ob eine gegebenenfalls mangelhafte justizielle Einbindung Europols zur Berührung der in Art. 1, 20 GG niedergelegten Grundsätze führt. Dazu bedarf es zunächst der Konkretisierung der grundgesetzlichen Vorgaben für die justizielle Einbindung der Polizei. Maßstab für die Tätigkeit Europols kann nur sein, was verfassungsrechtlich zwingend ist. Für jedes Element justi-

---

[710] Lorenz, Der Rechtsschutz des Bürgers und die Rechtsweggarantie, S. 15; Schmidt-Assmann, NVwZ 1983, S. 5; *Schulze-Fielitz,* in: Dreier, GG, Art. 19 IV, Rn.27; Even, Unantastbarkeitsgarantie, S. 273.

[711] So zu Recht *Schmidt-Aßmann,* in: Maunz / Dürig, GG, Art. 19 IV, Rn.30.

[712] BVerfGE 30, 1, 25ff.; 54, 277, 291; 88, 118, 123f.; *Jarass,* in: Jarass / Pieroth, GG, Art. 19, Rn.22, Art. 79, Rn.11; *Schmidt-Aßmann,* in: Maunz / Dürig, GG, Art. 19 IV, Rn.17; Alberts, JuS 1972, S. 323, Klein, VVDStRL 8 (1950), S. 92; *Schmidt-Aßmann,* in: Handbuch des Staatsrechts I, § 24, Rn.90; Petri, DuD 22 (1998), S. 327.

zieller Einbindung gilt es daher zu klären, welche zwingenden verfassungsrechtlichen Vorgaben bestehen. An diesen verfassungsrechtlichen Vorgaben wird Europol gemessen. Können verfassungsrechtliche Bedenken hinsichtlich einzelner Regelungen nicht ausgeräumt werden, stellt sich die weitergehende Frage, ob es dadurch zu einer Berührung der in Art. 1, 20 GG niedergelegten Grundsätze kommt.
Zu Beginn gilt es jedoch, die deutsche Systematik polizeilichen Tätigwerdens darzulegen und Europol in dieses System einzuordnen. Die detaillierte Erfassung der Struktur und der Methoden polizeilichen Tätigwerdens ist wesentliche Voraussetzung für eine Reduktion auf die zwingenden verfassungsrechtlichen Vorgaben.

II. Tätigkeit der Polizei in Deutschland im Vergleich zur Tätigkeit Europols

In Deutschland erfolgt eine Trennung polizeilicher Aufgaben in repressive und den präventive. Präventive Aufgaben der Polizei betreffen den Bereich der Gefahrenabwehr, also die Verhinderung und Abwehr von Gefahren für die öffentliche Sicherheit und Ordnung, repressive Aufgaben betreffen den Bereich der Strafverfolgung. Diese Unterscheidung ist in Deutschland grundlegend. Zum einen gibt es innerstaatlich verschiedene Gesetzgebungskompetenzen: Der Bereich der Strafverfolgung ist Teil der konkurrierenden Gesetzgebung nach Art. 72 I, 74 I Nr.1 GG, der Bund hat hier mit der StPO von seiner Gesetzgebungsbefugnis Gebrauch gemacht[713]. Für die Gefahrenabwehr sind die Länder gesetzgebungsbefugt[714]. Zum anderen erlangt die Unterscheidung nach präventiv und repressiv Bedeutung für den Rechtsweg, den ein Betroffener, der sich gegen polizeiliche Maßnahmen wehren will, zu beschreiten hat. Justizverwaltungsakte, also alle Anordnungen, Verfügungen und sonstige Maßnahmen, die von den Justizbehörden auf dem Gebiet der Strafrechtspflege getroffen werden, weist § 23 EGGVG den ordentlichen Gerichten zu. Für Maßnahmen der Polizei im Bereich der Gefahrenabwehr sind nach § 40 I 1 VwGO die Verwaltungsgerichte zuständig.
Für die vorliegende Untersuchung ist von Bedeutung, dass die Maßstäbe an die justizielle Einbindung der Polizei variieren, je nachdem, in welchem Bereich die Polizei tätig wird. Eine staatsanwaltschaftliche Einbindung gibt es nur im Be-

---

[713] Der Bund hat mit Schaffung der StPO abschließend von seinem Gesetzgebungsrecht Gebrauch gemacht. Die abschließende Regelung kommt insbesondere in § 6 EGStPO zum Ausdruck. Landesrechtliche Regelungen dürfen daher keine Regelungen enthalten, die den Bereich des Strafverfahrens bereffen.
[714] Ausnahmsweise werden Gefahrenabwehraufgaben jedoch auch vom Bund wahrgenommen. Der Bund kann nach Art. 87 I S. 2 GG Sonderpolizeibehörden einrichten, etwa der Bundesgrenzschutz oder das Bundeskriminalamt.

reich der Strafverfolgung, also im repressiven Bereich. Das Tätigwerden der Polizei ist zudem an ganz verschiedene Voraussetzungen geknüpft, je nachdem, ob ein Eingriff repressiv oder präventiv erfolgt. Dabei ist nicht die Aufteilung der Befugnisnormen in zwei verschiedene Regelungekomplexe, die StPO und die Gefahrenabwehrgesetze der Länder, von Bedeutung, sondern vielmehr die unterschiedlichen Voraussetzungen für das Tätigwerden der Polizei.

1. Präventive Tätigkeit

Präventive Tätigkeit der Polizei bedeutet eine ereignisbezogene, prognostisch fundierte, möglichst effektive und flexible Reaktion auf eine Schadenswahrscheinlichkeit[715]. Ziel ist es, einer Gefahr für die öffentliche Sicherheit und Ordnung entgegenzuwirken, oder eine bereits eingetretene Störung zu beseitigen, um weitere Gefahren abzuwenden.

Voraussetzung für ein Tätigwerden der Polizei im präventiven Bereich ist eine Gefahr für die öffentliche Sicherheit und Ordnung. Die Polizei kann entweder mittels spezieller Standardmaßnahmen tätig werden oder aufgrund einer Generalklausel. Voraussetzung ist jedoch immer das Vorliegen einer Gefahr. Eine Gefahr ist im Sinne aller Landespolizeigesetze eine Sachlage, in der bei ungehindertem Ablauf des Geschehens in absehbarer Zeit mit hinreichender Wahrscheinlichkeit ein nicht ganz unerheblicher Schaden für die Schutzgüter der öffentlichen Sicherheit oder Ordnung eintreten wird[716]. Liegt nur ein Gefahrverdacht vor, also ein objektiver Betrachter *ex-ante* den Eindruck gewinnt, dass sich die Möglichkeit einer Gefahr nicht ausschließen lässt[717], kann die Polizei Gefahrerforschungsmaßnahmen ergreifen[718]. Auch eine Anscheinsgefahr kann für ein polizeiliches Eingreifen genügen. Eine Anscheinsgefahr liegt vor, wenn die Gefahrenabwehrbehörden im Zeitpunkt ihres Handelns bei verständiger Würdigung der objektiven Anhaltspunkte eine Gefahrenlage annehmen durften, auch wenn sich nachträglich herausstellt, dass eine Gefahr nicht bestand[719]. Nimmt die Polizei hingegen im Widerspruch zu einer vernünftigen objektivierten Betrachtung irrtümlich an, dass ein Gefahrverdacht oder der Anschein einer Gefahr besteht, ist das polizeiliche Eingreifen pflichtwidrig[720].

Die Polizei hat im Bereich ihrer präventiven Tätigkeit ein Entschließungs- und Auswahlermessen, das nur in Ausnahmefällen bei einer Ermessensreduzierung

---

[715] *Denninger*, Handbuch des Polizeirechts, Kap. E, Rn.158.

[716] Vgl. statt vieler VG Münster, NWVBl. 1991, S. 317; OVG Koblenz, NVwZ 1992, S. 499, 499; VGH Kassel, NVwZ 1993, S. 1009, 1010; OVG Münster, NWVBl. 1990, S. 159.

[717] Schoch, JuS 1994, S. 669; Schink, DVBl. 1989, S. 1187.

[718] OVG Koblenz, NVwZ 1992, S. 499, 501; VGH Kassel, NVwZ 1993, S. 1009, 1010.

[719] OVG Münster, NJW 1980, S. 138, 139; OVG Hamburg, NJW 1986, S. 2005, 2006; VGH Mannheim, NVwZ-RR 1991, S. 24, 26; VGH München, BayVBl. 1993, S. 429, 431.

[720] *Denninger*, Handbuch des Polizeirechts, Kap. E, Rn. 39.

auf Null in eine Verpflichtung umschlagen kann. Folglich gilt das Opportunitätsprinzip, um der Verschiedenartigkeit der Lebenssachverhalte Rechnung tragen[721]. Es ist nicht möglich, die Eingriffsvoraussetzungen für alle denkbaren Sachverhalte gesetzlich festzulegen. Ein Ermessensspielraum ist unverzichtbar, um eine jeder Situation angemessene und gerechte Entscheidung zu ermöglichen[722].
Externen Weisungen eines anderen Organs unterliegt die Polizei bei der Gefahrenabwehr nicht, allein nach Maßgabe der polizeilichen Behördenstruktur können von übergeordneten Stellen, als oberste Führungsebenen von den Innenministerien bzw. Senatsverwaltungen der Länder, Vorgaben gemacht werden[723].

Schon in der Präambel zur EPK kommt der präventive Charakter der Tätigkeit Europols zum Ausdruck. Entsprechende Fortschritte sollen den Schutz der öffentlichen Sicherheit und Ordnung weiter verbessern. Europol hat gemäß Art. 2 I EPK das Ziel, die Leistungsfähigkeit der zuständigen Behörden der Mitgliedstaaten zu verbessern im Hinblick auf die *Verhütung* von Terrorismus, illegalem Drogenhandel und sonstigen schwerwiegenden Formen internationaler Kriminalität, die in den Zuständigkeitsbereich von Europol fallen. Zur Erreichung dieses Ziels sieht Art. 3 I EPK einen Aufgabenkatalog vor, der zur Verwirklichung der Ziele nach Art. 2 I EPK, also der Verhütung von Straftaten, dient. Insbesondere ist die Analysetätigkeit Europols gemäß Art. 10 I EPK davon abhängig, dass sie zur Erreichung der Ziele erforderlich ist, also der Verhütung der in den Zuständigkeitsbereich von Europol fallenden Straftaten dient. Diese Tätigkeiten zur Verhütung von Straftaten sind nach deutschem Verständnis eine präventive Tätigkeit; es sollen im Vorfeld Maßnahmen ergriffen werden, um eine Störung der öffentlichen Sicherheit und Ordnung zu verhindern. Dabei ist es unerheblich, ob eine solche präventive Maßnahme durch den Einsatz von Beamten vor Ort erfolgt, oder ob durch Datenverarbeitung Maßnahmen ergriffen werden, um Gefahren abzuwehren. Europol wird im präventiven Bereich tätig. Jedoch ist die Tätigkeit Europols möglicherweise nicht ausschließlich präventiv.

2. *Repressive Tätigkeit*

Die repressive Tätigkeit der Polizei in Deutschland ist Teil eines tat- und täterbezogenen, vergangenheitsfundierten, an der Einzelfallgerechtigkeit orientierten

---

[721] Warschko, Vorbeugende Verbrechensbekämpfung, S. 102.
[722] OLG Celle, DÖV 1972, S. 243, 244.
[723] Rieger, Abgrenzung doppelfunktionaler Maßnahmen der Polizei, S. 33.

Verfahrens[724]. Ziel ist es, den staatlichen Strafanspruch gegen den Täter, der eine Gesetzesverletzung begangen hat, durchzusetzen[725].
Voraussetzung für eine Strafverfolgungsmaßnahme ist ein Anfangsverdacht im Sinne des § 152 II StPO. Ein solcher liegt vor, wenn zureichende tatsächliche Anhaltspunkte für das Vorliegen einer verfolgbaren Straftat vorliegen. Solche Anhaltspunkte liegen vor, wenn es nach kriminalistischen Erfahrungen als möglich erscheint, dass eine verfolgbare Straftat vorliegt, wobei bloße Vermutungen nicht ausreichen[726]. Der Verdacht braucht jedoch weder dringend zu sein, noch muss er genügend Anlass für eine spätere Anklage bieten[727]. Unschädlich ist, wenn sich der Anfangsverdacht noch nicht gegen eine bestimmte Person richtet; ein Ermittlungsverfahren kann zunächst auch gegen „Unbekannt" geführt werden[728].
Die Ermittlungstätigkeit obliegt grundsätzlich der Staatsanwaltschaft, § 160 StPO. Der Staatsanwalt bestimmt in eigener Verantwortung über Art und Ablauf der Ermittlungen[729]. Der Polizei kommt nach § 163 I StPO die Aufgabe zu, alle Straftaten zu erforschen und alle keinen Aufschub gestattenden Anordnungen zu treffen, um die Verdunklung der Sache zu verhüten. Die Ergebnisse dieser Ermittlungen sind nach § 163 II StPO der Staatsanwaltschaft zu übermitteln, die als „Herrin des Vorverfahrens" eine unmittelbare Leitungs- und Weisungsbefugnis gegenüber der Polizei hat[730]. Die Leitungsbefugnis findet neben § 161 I StPO[731] an zahlreichen anderen Stellen Niederschlag[732].
Die Strafprozessordnung enthält zahlreiche spezielle Eingriffsermächtigungen für Maßnahmen der Strafverfolgung. Ein Rückgriff auf Befugnisse der Gefahrenabwehr ist bei repressivem Tätigwerden ausgeschlossen[733]. Es war lange um-

---

[724] *Denninger*, in: Handbuch des Polizeirechts, Kap. E, Rn.158.
[725] Warschko, Vorbeugende Verbrechensbekämpfung, S. 5.
[726] BVerfG NStZ 1982, S. 430, 430; *Schoreit*, in: KK StPO, § 152, Rn.28.
[727] *Schoreit*, in: KK StPO, § 152, Rn.30.
[728] Kleinknecht / Meyer-Goßner, § 152, Rn.5; *Wache*, in: KK StPO, § 160, Rn.14; Kaiser, NJW 1965, S. 2380.
[729] Kleinknecht / Meyer-Goßner, StPO, § 160, Rn.1; *Krehl*, in: Heidelberger Kommentar StPO, § 160, Rn.1; *Wache*, in: KK StPO, § 160, Rn.2.
[730] BGHSt 34, 209, 217; *Wache*, in: KK StPO, § 163, Rn.3; Ahlers, Grenzbereich zwischen Gefahrenabwehr und Strafverfolgung, S. 42; Pfeiffer, StPO, § 163, Rn.1.
[731] Ein Ersuchen verpflichtet die Polizeibehörde, die notwendigen Maßnahmen mit Hilfe ihrer Beamten durchzuführen. Ein Auftrag ist die konkrete Anweisung der Staatsanwaltschaft gegenüber einem Hilfsbeamten im Sinne des § 152 GVG. Vgl. dazu: *Wache*, in: KK StPO, § 161, Rn.28; Kleinknecht / Meyer-Goßner, StPO, § 161, Rn.11; *Krehl*, in: Heidelberger Kommentar StPO, § 161, Rn.10; Görgen, ZRP 1976, S. 61.
[732] Z.B. Zustimmung zum Einsatz eines verdeckten Ermittlers nach § 110 b I 1 StPO und Eilkompetenzen bei Gefahr im Verzug nach den §§ 163 e IV 2, 98 b I 1, 81 a II, 81 c V, 98 I 1, 111 II163 d II 1 StPO.
[733] Ahlers, Grenzbereich zwischen Gefahrenabwehr und Strafverfolgung, S. 41.

stritten, ob die Polizei für Eingriffe, die unterhalb der Schwelle von Zwangsbefugnissen liegen, speziellen Befugnisnormen braucht[734]. Bei der Änderung des § 163 StPO a.F.[735] stellte der Gesetzgeber daher klar, dass es zumindest für den weniger grundrechtsintensiven Bereich einer gewissen Flexibilität bedarf. Zwar soll § 163 StPO nach dem Willen des Gesetzgebers keine umfassende Generalermächtigung sein[736], es bestehe jedoch die Notwendigkeit, Ermittlungshandlungen und -eingriffe vornehmen zu können, ohne in jedem Fall auf eine spezielle abschließende legislative Ermächtigung zurückgreifen zu können, da den sich ständig ändernden Kriminalitätserscheinungen so nicht Rechnung getragen werden könne. § 163 StPO sei daher neben einer Aufgabenzuweisungsnorm auch eine Generalklausel, die als Grundlage für weniger gewichtige Eingriffe in Grundrechte dienen könne[737].
Im Strafverfahren gilt das Legalitätsprinzip. Das bedeutet, dass bei Vorliegen eines Anfangsverdachtes gegenüber dem Verfolgten ein Ermittlungsverfahren eingeleitet werden muss. Der Legalitätsgrundsatz (§ 152 II StPO) gilt neben der Staatsanwaltschaft auch für die Polizei bei der Wahrnehmung ihrer Aufgaben nach § 163 StPO[738]. Für die Polizei folgt aus dem Legalitätsprinzip eine gesetzliche Strafverfolgungspflicht[739]; die Staatsanwaltschaft steht unter Verfolgungs- und Anklagezwang[740]. Das Legalitätsprinzip gilt jedoch nicht uneingeschränkt, sondern wird in bestimmten Bereichen durch das Opportunitätsprinzip (insbesondere die §§ 153-154e StPO) eingeschränkt.

Neben der *Verhütung* von Straftaten hat Europol gemäß Art. 2 I EPK das Ziel, die Leistungsfähigkeit der zuständigen Behörden bei der *Bekämpfung* des Terrorismus, des illegalen Drogenhandels und sonstiger schwerwiegender Formen internationaler Kriminalität zu verbessern. Ziel der Tätigkeit ist es also auch, Straftaten aufzudecken und zu verfolgen. Die Aufgaben des Art. 3 EPK dienen

---

[734] Die Schwellentheorie wird z.B. vertreten von Schwan, VerwArch 70 (1979), S. 116ff.; Seeber, Kriminalitik 1981, S. 205; Steinke, DVBl. 1980, S. 438; Ernesti, NStZ 1983, S. 59; Scholz / Pitschas, Informationelle Selbstbestimmung, S. 173.

[735] § 163 StPO wurde durch das Strafverfahrensänderungsgesetz 1999 (StVÄG 1999, BGBl. 2000 I, S. 1253) geändert

[736] So die Gesetzesbegründung, BT-Drs. 14/1484, S. 17.

[737] BT-Drs. 14/1484, S. 17.

[738] Schmidt, Lehrkommentar, Nr.398; Pfeiffer, StPO, § 163, Rn.1; *Krehl,* in: Heidelberger Kommentar StPO, § 163, Rn.1; *Wache,* in: KK StPO, § 163, Rn.1.

[739] Rieger, Abgrenzung doppelfunktionaler Maßnahmen der Polizei, S. 33; a.A. Gössel, FS für Dünnebier, S. 133, nach dessen Ansicht die Verfolgungspflicht für die Polizei nicht unmittelbar aus § 163 StPO folgt, sondern mittelbar aus der Ermittlungspflicht der Staatsanwaltschaft abgeleitet ist.

[740] Notzon, Zum Rückgriff auf polizeirechtliche Befugnisse zur Gefahrenabwehr im Rahmen der vorbeugenden Verbrechensbekämpfung, S. 6f.

neben der Verhütung gleichermaßen der Bekämpfung dieser Straftaten. Einzelne Aufgaben haben stark repressiven Charakter: die zuständigen Behörden der Mitgliedstaaten über die sie betreffenden Informationen und die in Erfahrung gebrachten Zusammenhänge von Straftaten unverzüglich zu unterrichten (Art. 3 I Nr.3 EPK) und die Unterstützung von Ermittlungen in den Mitgliedstaaten durch die Übermittlung aller sachdienlichen Informationen (Art. 3 I Nr.4 EPK). Auch die Arbeitsdateien zu Analysezwecken dienen neben der Verhütung gleichermaßen der Bekämpfung von Straftaten, ohne dass eine Priorität erkennbar ist. Die Bekämpfung von Straftaten und Unterstützung von strafrechtlichen Ermittlungen fällt in den repressiven Bereich. Auch das Änderungsprotokoll zur EPK[741] ist stark repressiv geprägt. Europol hat nach dessen Inkrafttreten die Aufgabe, in unterstützender Funktion an gemeinsamen Ermittlungsgruppen teilzunehmen und sich an die zuständigen Behörden der Mitgliedstaaten zu wenden mit dem Ersuchen, Ermittlungen in speziellen Fällen vorzunehmen und zu koordinieren. Sowohl die Teilnahme an strafrechtlichen Ermittlungen als auch die Einleitung solcher Ermittlungen ist nach deutschem Verständnis eine repressive Polizeitätigkeit. Europol wird somit auch repressiv tätig. Klare Konturen des repressiven und präventiven Bereiches können bei der Tätigkeit Europols nicht gefunden werden[742].

Es ist zunächst denkbar, die deutschen Grundsätze doppelfunktionaler polizeilicher Maßnahmen heranzuziehen, um eine Einordnung der Tätigkeit Europols zu ermöglichen. Doppelfunktionale Maßnahmen sind solche, die untrennbar sowohl repressiven als auch präventiven Zwecken dienen. Kern der Diskussion ist, ob bei einer doppelfunktionalen Maßnahme – etwa einer Identitätsfeststellung, die sowohl nach den Polizeigesetzen der Länder, als auch im Rahmen von § 163 b I StPO durchgeführt werden kann – die präventive oder repressive Eingriffsermächtigung einschlägig ist, wenn die Maßnahme verschiedenen Zielsetzungen dient, also zum Beispiel ein Verdächtiger festgenommen wird, um weitere Straftaten zu verhindern und um Ermittlungen gegen ihn einzuleiten. In Deutschland ist die Zuordnung insbesondere deswegen von Bedeutung, weil die Eingriffsvor-

[741] Rechtsakt des Rates vom 28. November 2002, Abl.EG C 312 vom 16.12.2002, S. 1.

[742] *Storbeck,* in: Baldus / Soine, Rechtsprobleme der internationalen polizeilichen Zusammenarbeit, S. 30; Zöller, Informationssysteme und Vorfeldmaßnahmen, S. 426; Lindner, BayVBl. 2001, S. 201; Schwach, EUROPOL, S. 242; Zieschang, ZPR 1996, S. 428; Tolmein, StV 1999, S. 110; Ellermann, Europol auf dem Weg zu einem „Europäischen FBI"?, Kap 3.A.II.2.b.; einzelne Autoren versuchen, einen Schwerpunkt der Tätigkeit Europols zu bestimmen: *Bull,* in: Baldus / Soine, Rechtsprobleme der internationalen polizeilichen Zusammenarbeit, S. 14 bezeichnet die Tätigkeit als überwiegend strafverfolgend; nach Tolmein, StV 1999, S. 116 überwiegt der präventive Bereich, Storbeck, DRiZ 2000, S. 486 bezeichnet die Tätigkeit zu 80% als repressiv.

aussetzungen für eine Maßnahme variieren können und weil der Betroffene je nach der Zuordnung der Maßnahme den jeweiligen Rechtsweg beschreiten muss. Für die Charakterisierung der Tätigkeit Europols hilft die Einordnung jedoch nicht weiter, da es zum einen nicht verschiedene Gesetze – wie in Deutschland die StPO und die Gefahrenabwehrgesetze der Länder – gibt, die für eine bestimmte Maßnahme gegebenenfalls verschiedene Voraussetzungen normieren, und zum anderen der Rechtsweg gegen Maßnahmen Europols einheitlich ist. Entscheidend ist vielmehr, wie polizeiliche Tätigkeit im Grenzbereich zwischen Gefahrenabwehr und Strafverfolgung zu charakterisieren ist und welche verfassungsrechtlichen Vorgaben gelten.

Die Tätigkeit der Polizei im Grenzbereich zwischen repressiven und präventiven Aufgaben ist dem deutschen Polizeirecht nicht fremd. Gerade in neuerer Zeit treten angesichts der rasanten technischen und logistischen Entwicklung Kriminalitätserscheinungen auf, die durch rein repressives oder rein präventives Handeln nicht wirksam bekämpft werden können. Bei der Vornahme einer Maßnahme steht oftmals noch nicht fest, ob es tatsächlich schon zu einer Straftat gekommen ist, die es aufzuklären gilt, oder ob eine solche Straftat durch das Tätigwerden der Polizei noch verhindert werden kann. Repressive und präventive Zielsetzungen überschneiden sich, wenn eine Kriminalitätserscheinung insgesamt bekämpft werden soll. Ziel ist die Aufklärung bereits begangener Straftaten und die Verhinderung weiterer Straftaten. Genau in diesem Bereich wird Europol tätig. Ziel der Tätigkeit ist gemäß Art. 2 I EPK die Verhütung *und* die Bekämpfung der in den Zuständigkeitsbereich von Europol fallenden Straftaten. In Deutschland hat sich für diese Art polizeilicher Tätigkeit der Begriff der „vorbeugenden Verbrechensbekämpfung“ etabliert.

3. *Vorbeugende Verbrechensbekämpfung*

a) *Begriffsbestimmung*

Das Bewusstsein für den Bereich der vorbeugenden Verbrechensbekämpfung wurde in Deutschland infolge des politischen Terrorismus der siebziger Jahre geschärft[743]. Für eine wirkungsvolle Bekämpfung des Terrorismus reichte es nicht mehr aus, punktuell auf einzelne Täter zuzugreifen. Erforderlich wurde vielmehr die Ausweitung der Beobachtungen und Ermittlungen auf das Umfeld, also auf Personen mit mutmaßlichen Nähebeziehungen zu Straftätern[744]. Heute

---

[743] Gusy, StV 1993, S. 269.

[744] Gusy, StV 1993, S. 269; Kniesel, ZRP 1992, S. 164; Wick, DRiZ 1992, S. 219; Stümper, in: FS für Samper, S. 3; Artzt, Polizeiliche Vorfeldermittlungen, S. 13f.; Ellermann, Europol auf dem Weg zu einem „Europäischen FBI“?, Kap 3.A.II.2.a.

steht neben dem Terrorismus insbesondere die organisierte Kriminalität im Fokus der vorbeugenden Verbrechensbekämpfung[745].
Die Definitionsansätze für vorbeugende Verbrechensbekämpfung sind denkbar vielfältig. Vorbeugende Verbrechensbekämpfung wird etwa bezeichnet als „Vorfeldaktivität", „operative Vorbeugung", „offensive Erkenntnisgewinnung" oder „Kontrolle im Vorfeld"[746]. Der Musterentwurf eines einheitlichen Polizeigesetzes von 1977[747] versteht vorbeugende Verbrechensbekämpfung als Maßnahme gegen einen Betroffenen, der verdächtig ist, eine Tat begangen zu haben, die mit Strafe bedroht ist und wegen der Art und Ausführung der Tat die Gefahr der Wiederholung besteht. Zu der klassischen Präventionsaufgabe der *Verhütung von Straftaten* tritt die *Vorsorge für die Verfolgung von künftigen Straftaten* hinzu. Diese Begriffsbestimmung hat sich weitestgehend durchgesetzt.
Dem Bereich der vorbeugenden Verbrechensbekämpfung sind in Deutschland etwa erkennungsdienstliche Maßnahmen nach § 81 b Alt.2 StPO[748], Razzien[749], polizeiliche Beobachtung[750], der Einsatz verdeckter Ermittler und die Schleppnetz- und Rasterfahndung zuzuordnen. Auch die Führung kriminalpolizeilicher personenbezogener Datensammlungen wird als Maßnahme der vorbeugenden Verbrechensbekämpfung klassifiziert[751]. Den verschiedenen Maßnahmen, die geschaffen wurden, um Verbrechen vorbeugend bekämpfen zu können, ist gemeinsam, dass sie eine elektronische Informations- und Datenverarbeitung beinhalten. Diese Informationsarbeit dient neben der Verhütung von Straftaten und auch der Vorsorge für die Verfolgung künftiger Straftaten.
Die Regelungen zur vorbeugenden Verbrechensbekämpfung sind in Deutschland über die StPO[752] und die Länderpolizeigesetze[753] verstreut. Diese Rege-

[745] Kniesel, ZRP 1989, S. 329; Notzon, Zum Rückgriff auf polizeirechtliche Befugnisse zur Gefahrenabwehr im Rahmen der vorbeugenden Verbrechensbekämpfung, S. 57.
[746] Vgl. etwa Willner, Kriminalistik 1991, S. 76f.; Vahle, Kriminalistik 1990, S. 573; Burghard, Kriminalistik 1990, S. 504; Merten / Merten, ZRP 1991, S. 217; Kniesel, ZRP 1992, S. 164.
[747] Abgedruckt bei Erhardt / Kunze, Musterentwurf des Polizeirechtsstaates.
[748] Ausführlich Schweckendieck, ZRP 1989, S. 125ff.
[749] Riegel NJW 1979, S. 147.
[750] Riegel JZ 1980, S. 224; Rieger, Abgrenzung doppelfunktionaler Maßnahmen der Polizei, S. 18ff.
[751] VGH München, NJW 84, S. 2235, 2235; Rieger, Abgrenzung doppelfunktionaler Maßnahmen der Polizei, S. 17; Schoreit, KritV. 1988, S. 168f.
[752] Beispiel sind etwa § 81 b Alt.2 StPO, § 98 a StPO, §§ 100 a ff. StPO, § 163 d StPO, § 163 e StPO, § 111 StPO

lungssystematik gilt es zu hinterfragen, weil sich weit reichende Konsequenzen daraus ergeben. Aus deutscher Sicht ist das im Hinblick auf die Schaffung neuer Befugnisse, die aktuellen Entwicklungen Rechnung tragen sollen, notwendig. Es muss im Hinblick auf die Gesetzgebungskompetenz, die Ressortkompetenz[754] und die Zuständigkeit der Staatsanwaltschaft geklärt werden, in welchem Bereich Maßnahmen zur vorbeugenden Verbrechensbekämpfung nach deutschem Verständnis richtigerweise anzusiedeln sind.
Für die vorliegende Untersuchung ist eine Systematisierung deswegen unverzichtbar, weil es gilt, die grundgesetzlichen Maßstäbe für die justizielle Einbindung Europols zu konkretisieren, und die Tätigkeit Europols in einem Bereich stattfindet, der zwischen Repression und Prävention liegt und Elemente aus beiden Bereichen enthält.
Die Überlegung, dass die Polizei mit vorbeugender Verbrechensbekämpfung ein drittes Aufgabenfeld erlangt habe, das sich nur schwer in die Bereiche Gefahrenabwehr und Strafverfolgung einordnen lasse[755], mag zwar richtig sein, führt jedoch nicht weiter. Denn wie in diesem dritten Bereich die Verantwortlichkeit aufgeteilt sein soll, ist mit Schaffung einer dritten Kategorie polizeilichen Handelns nicht geklärt[756].

b) Einordnung

Schon die Terminologie „vorbeugende Verbrechensbekämpfung" verdeutlicht die Problematik. Das Wort „Verbrechensbekämpfung" hat repressiven Charakter, wohingegen das Wort „vorbeugend" präventive Bezüge aufweist. Nach deutschem Verständnis gehören zur vorbeugenden Verbrechensbekämpfung die Verhütung von Straftaten und die Vorsorge für die Verfolgung von künftigen Straftaten. Es lassen sich zwei Bereiche trennen. Die Einordnung von Informationsarbeit zur Verhütung von Straftaten liegt auf der Hand: es handelt sich um eine klassisch präventive Aufgabe[757]. Dieser Bereich vorbeugender Verbre-

---

753 Vgl. etwa zur Rasterfahndung / Datenabgleich §§ 25, 26 HSOG, Art. 44 BayPAG, § 31 PolG NRW, §§ 39f. PolG BW, §§ 25aff. RhPf.POG, §§ 30f. SOG LSA; zum Einsatz verdeckter Ermittler § 16 HSOG, Art. 33 I Nr.3, 35 BayPAG, § 20 PolG NRW, §§ 22, 24 PolG BW, § 41 Sächs.PolG; zum Einsatz technischer Mittel § 15 II Nr.2 HSOG, Art. 34 BayPAG, §§ 17, 18 PolG NRW; zur Observation § 15 I Nr.1 HSOG, Art. 33 I Nr.1 BayPAG, § 16 PolG NRW; zur polizeilichen Beobachtung Art. 36 BayPAG, § 21 PolG NRW, § 42 Sächs.PolG.

754 Für das gerichtliche Verfahren ist der Justizminister, für die Gefahrenabwehr der Innenminister zuständig.

755 So Gusy, StV 1993, S. 270; Sydow, ZRP 1977, S. 125; dagegen *Lisken,* in: Handbuch des Polizeirechts, Kap. C, Rn.79.

756 So auch Warschko, Vorbeugende Verbrechensbekämpfung, S. 170.

757 So auch Kniesel, ZRP 1992, S. 165; Kniesel, ZRP 1989, S. 330; Merten / Merten, ZRP 1991, S. 217.

chensbekämpfung wird wegen der eindeutigen Zuweisung daher im Folgenden ausgeklammert. Anders jedoch die Vorsorge für die Verfolgung künftiger Straftaten, also etwa erkennungsdienstliche Maßnahmen und die Führung polizeilicher Datensammlung mit personenbezogenen Daten, die eine mögliche Strafverfolgung erleichtern sollen. Eine konkrete Gefahr liegt zum Zeitpunkt der Datenerhebung meist nicht vor, da es sich nicht um den letzten Zeitpunkt handelt, ab dem ein weiteres Abwarten auf zusätzliche Informationen die Effektivität der Schadensverhindern mindern würde[758]. Auch eine Anscheinsgefahr liegt nicht vor, da es an der zur Legitimation des Eingriffs notwendigen Schadensnähe fehlt[759]. Schließlich liegt regelmäßig auch kein Gefahrverdacht vor[760]. Ein Gefahrverdacht knüpft an eine konkrete Gefahrenlage an, an der es bei Vorfeldermittlungen regelmäßig fehlt, weil informelle Vorarbeiten zu späterer konkreter Ermittlungsarbeit geleistet werden. Die Vorsorge für die Verfolgung künftiger Straftaten kann daher nur schwer als präventive Aufgabe qualifiziert werden. Ziel der Datenerhebung ist es nicht alleine, Straftaten zu verhüten und damit konkrete Gefahren abzuwehren, sondern Straftaten später effektiv verfolgen zu können[761].

Auch die Einordnung in den repressiven Bereich ist jedoch problematisch, da meist kein konkreter Anfangsverdacht i.S. von § 152 II StPO vorliegt, der die Einleitung von Ermittlungen und damit das Tätigwerden der Polizei rechtfertigt[762]. Ein solcher Anfangsverdacht ist erst gegeben, wenn nach kriminalistischer Erfahrung Anhaltspunkte vorliegen, die es als möglich erscheinen lasen, dass eine verfolgbare Straftat begangen wurde. Eine bloße Vermutung reicht nicht aus[763]. Bei der Vorsorge für die Verfolgung künftiger Straftaten gibt es jedoch oft noch keine konkreten Anhaltspunkte, sondern allenfalls solche Vermutungen. Der polizeiliche Handlungsraum wird auf das Vorfeld traditioneller Strafverfolgung ausgeweitet[764].

Es wurden in der Vergangenheit erhebliche argumentative Anstrengungen unternommen, um eine Einordnung der vorbeugenden Verbrechensbekämpfung in die Bereiche der Repression und Prävention zu begründen.

---

758 Hoppe, Vorfeldermittlungen, S. 85.

759 Hoppe, Vorfeldermittlungen, S. 88.

760 Die Konstruktion des Gefahrverdachts wird gleichwohl zum Teil als Argumentationshilfe herangezogen, um vorbeugende Verbrechensbekämpfung der Prävention zuzuordnen, vgl. Schäfer, GA 1986, S. 66; Kniesel, ZRP 1987, S. 380f.

761 Merten, NStZ 1987, S. 12f.; Riegel, ZRP 1978, S. 19f.; Wolter, GA 1988, S. 65f.; Sydow, ZRP 1977, S. 125; Warschko, Vorbeugende Verbrechensbekämpfung, S. 110.

762 Kniesel ZRP 89, S. 332; Sydow, ZRP 1977, S. 125; Warschko, Vorbeugende Verbrechensbekämpfung, S. 110; Weßlau, Vorfeldermittlungen, S. 40f.

763 BVerfG NStZ 1982, S. 430, 430; Warschko, Vorbeugende Verbrechensbekämpfung, S. 106.

764 Gusy, StV 1993, S. 270; Roggan, KritV 1998, S. 338.

Eine Einordnung könnte zunächst mit Hilfe einer zeitlichen Komponente vorgenommen werden. Gefahrenabwehr könnte ausschließlich und alleine auf die Zukunft gerichtet sein, Strafverfolgung ausschließlich und allein auf die Vergangenheit. Liegen demnach Anhaltspunkte vor, dass in der Vergangenheit eine strafbare Handlung begangen wurde, richtet sich das polizeiliche Handeln nach der StPO, fehlen solche Anhaltspunkte, kommt ein Tätigwerden allein nach den Landespolizeigesetzen in Betracht[765]. Eine solche Differenzierung geht jedoch an der Realität vorbei[766]. Zum einen ist auch im Rahmen der Strafverfolgung die Sammlung von Material und Erkenntnissen möglich, um später Straftaten leichter aufklären zu können[767]. Zum anderen hat die Strafverfolgung sowohl spezialpräventive, als auch generalpräventive Zielsetzungen, die sich auf die Zukunft beziehen. Strafe dient nicht allein der Sühne und Vergeltung, sondern soll dem Täter auch vor Augen führen, dass es sich nicht lohnt, Straftaten zu begehen; er soll mittels der Erteilung einer solchen Lehre wieder zu einem nützlichen Teil der Gesellschaft gemacht, also resozialisiert werden[768]. Daneben soll auch die Umwelt von der Begehung weiterer Straftaten abgeschreckt werden (Generalprävention)[769]. Gleichermaßen sind Gefahrenabwehrmaßnahmen keineswegs bei Vorliegen eines Anfangsverdachts ausgeschlossen; sie können parallel zum Ermittlungsverfahren durchgeführt werden, sofern weiterhin Gefahren drohen[770]. Zwecke der Strafverfolgung und der Gefahrenabwehr schließen sich nicht aus, sondern überschneiden sich in weiten Bereichen[771].

An anderer Stelle wurde vorgebracht, der Auftrag der Gefahrenabwehr sei vorrangig, da das verfassungsrechtliche Schutzgebot aus Art. 2 II 1 GG den nur einfachgesetzlich normierten Strafverfolgungsauftrag überlagere. Vorbeugende Verbrechensbekämpfung sei daher ein Teil der Gefahrenabwehr[772]. Das Grundgesetz macht jedoch keine solchen Prioritäten, die Strafverfolgung und die Gefahrenabwehr stehen vielmehr gleichrangig nebeneinander[773]. Es ist daher auch

---

[765] So oder ähnlich OVG Berlin, NJW 1986, S. 2004, 2004; BayVGH, BayVBl. 1984, S. 272; Schäfer, GA 1986, S. 51; Hoppe, Vorfeldermittlungen, S. 69; Mayer, Europol und Datenschutz, S. 192.

[766] Schwan, VerwArch Bd. 70 (1979), S. 120f.

[767] §§ 474ff. StPO setzen Verfahrensregister der Staatsanwaltschaft voraus.

[768] Schwan, VerwArch Bd. 70 (1979), S. 122; BVerfG, Urt. v. 5.2.2004, 2 BvR 2029/01, Rn.168, im Internet abrufbar unter www.bundesverfassungsgericht.de.

[769] Schäfer, GA 1986, S. 52; Schwan, VerwArch Bd.70 (1979), S. 122.

[770] Kniesel / Tegtmeyer / Vahle, Handbuch des Datenschutzes, S. 23, Rn.49.

[771] Schwan, VerwArch Bd. 70 (1979), S. 123.

[772] Kniesel, ZRP 1987, S. 378; Kniesel / Tegtmeyer / Vahle, Handbuch des Datenschutzes, S. 26, Rn.57ff.; Wolf, Kriminalistik 1975, S. 391; Schäfer, GA 1986, S. 55ff. spricht von der „Prädominanz der Prävention".

[773] So auch Emmerig, DVBl. 1958, S. 340; Krey ZRP 1971, S. 226f.; Krey / Meyer, ZRP 1973, S. 2; Scholz / Pitschas, Informationelle Selbstbestimmung, S. 159.

ausgeschlossen, der Strafverfolgung stets höhere Bedeutung beizumessen, weil etwa Bundesrecht dem Landesrecht generell vorgehe[774].

Ein anderer Ansatz ist, dass der Bund für den Bereich der Vorsorge für die Verfolgung künftiger Straftaten gesetzgebungsbefugt kraft Sachzusammenhangs ist, weil die vorbeugende Verbrechensbekämpfung eng mit dem Strafprozessrecht verknüpft ist[775]. Eine Regelung hätte dann insgesamt in der StPO zu erfolgen. Eine Zuständigkeit kraft Sachzusammenhangs setzt nach der Rechtsprechung des Bundesverfassungsgerichts jedoch voraus, dass eine dem Bund zugewiesene Materie nicht geregelt werden kann, ohne dass eine nicht ausdrücklich zugewiesene Materie mitgeregelt wird. Das Übergreifen muss eine unerlässliche Voraussetzung für eine sinnvolle Gesamtregelung sein[776]. Einen solchen unerlässlichen Grund gibt es hier nicht. Es ist der Systematik polizeilichen Handelns in Deutschland immanent, dass die Bereiche der Prävention und Repression enge Bezüge zueinander aufweisen. Es kann nicht jede Materie, die repressive Bezüge aufweist, vom Bund geregelt werden, da sonst das System der polizeilichen Tätigkeit hinfällig wäre.

Für die pauschale Zuordnung der vorbeugenden Verbrechensbekämpfung in den Regelungsbereich der StPO gibt es zahlreiche weitere Begründungsansätze.

Es wird etwa vorgebracht, angesichts der Verwässerung des Anfangsverdachts durch Schaffung von abstrakten Gefährdungsdelikten, Versuchsstrafbarkeit, Unternehmenstatbestände und Organisationsdelikte liege es nahe, den Bereich der vorbeugenden Verbrechensbekämpfung insgesamt in der StPO anzusiedeln[777]. Die Vorsorge für die Verfolgung künftiger Straftaten diene allein der Strafverfolgung, eine Regelung durch die Länder sei wegen der abschließenden Regelung der StPO (§ 6 StPO) daher ausgeschlossen[778]. Weiter wird beklagt, die Gefahrenabwehr werde durch Regelungen zur vorbeugenden Verbrechensbekämpfung maßlos überdehnt, was zu einer Verwischung von Strafverfolgung und Gefahrenabwehr führe und das Verhältnis der Staatsanwaltschaft zur Polizei schwer störe[779]. Der Polizei wird vorgeworfen, sie wolle sich von der Staatsanwaltschaft abnabeln und das Strafrecht zugunsten eines uferlosen Polizeirechts

---

[774] So aber *Schoreit,* in: KK StPO, § 152, Rn.18d.

[775] Artzt, Polizeiliche Vorfeldermittlungen, S. 96; VGH BW, DÖV 1973, S. 462, 463; Merten, ZRP 1988, S. 172.

[776] BVerfGE 3, 407, 421; 15, 1, 20.

[777] Hund, ZRP 1991, S. 464f.; Kniesel, ZRP 1989, S. 329; Merten / Merten, ZRP 1991, S. 220.

[778] Hund, ZRP 1991, S. 466; Schweckendieck, ZRP 1989, S. 127; Schwan, DVR 1982, S. 326.

[779] Schoreit, DRiZ 1986, S. 55; Schoreit, KritV. 1988, S. 158; im Ansatz ähnlich Lohner, Der Tatverdacht im Ermittlungsverfahren, S. 135.

abschaffen[780]. Andere gehen sogar soweit, die vorbeugende Verbrechensbekämpfung als Beleg für den nahenden Polizeistaat zu sehen[781].
Schließlich wurde auch angezweifelt, ob „Vorsorgekompetenzen" überhaupt mit dem Grundgesetz vereinbar sind, weil der grundrechtliche Schutz der Privatheit einen Eingriff verbiete, wenn nicht eine konkrete Störung drohe – sei es durch das Vorliegen einer konkreten Gefahr oder in Form eines Anfangsverdachts[782]. Der Polizei im demokratischen Rechtsstaat obliege nicht die Sozialhygiene, wie sie der Wohlfahrts- und Präventionsstaat des vorherigen Jahrhunderts betreiben konnte[783]. Ein Zugriff ohne jeden Tatverdacht stelle das Recht auf Freiheit vor Furcht und Zweifeln fundamental in Frage[784]. Ein absolutes Verbot von Vorfeldermittlungen kann jedoch aus dem Grundgesetz nicht abgeleitet werden, sofern spezifische Eingriffsvoraussetzungen erfüllt sind.

Es ist wenig überzeugend, um jeden Preis eine Einordnung vornehmen zu wollen. Es ist das Charakteristikum der vorbeugenden Verbrechensbekämpfung, dass präventive und repressive Aspekte untrennbar vermischt sind. Überzeugend ist allein die Möglichkeit, die sich auch in der Praxis durchgesetzt hat: eine Regelung von Maßnahmen der vorbeugenden Verbrechensbekämpfung grundsätzlich im repressiven und präventiven Bereich zuzulassen und für jede neue Eingriffsermächtigung neu zu überprüfen, ob sie richtigerweise in der StPO oder im jeweiligen Landespolizeigesetz zu verankern ist. Einzelne Maßnahmen können eher zugeordnet werden, als ein ganzer Bereich polizeilicher Tätigkeit. Sofern bei einer konkreten Maßnahme jedoch nicht eindeutig präventive oder repressive Aspekte überwiegen, bleibt die Frage, wie im konkreten Einzelfall eine Zuordnung zu erfolgen hat.
Eine Einordnung könnte nach dem Zweck der konkreten Maßnahme erfolgen[785]. Ist der Zweck überwiegend repressiv, geht es also im Kern um die Verfolgung einer Straftat, wäre die StPO der richtige Regelungsstandort. Dient die Maßnahme hingegen präventiven Zwecken, also der Vorsorge für Straftaten, muss eine Regelung in den Landespolizeigesetzen erfolgen. Beim Zweck der Aufklärung oder Verfolgung vergangener oder zukünftiger Straftaten, wäre dann die

---

780 Backes, KritV 1986, S. 332.
781 Uhlig, RuP 1985, S. 234; Uhlig, DRiZ 1986, S. 249.
782 Lisken, ZRP 1990, S. 17; Merten ZRP 1991, S. 213ff.; Backes KritV 1986, S. 340ff.
783 Lisken, ZRP 1990, S. 20.
784 BVerfGE 19, 342, 347; 34, 238, 246f., 250; 35, 202, 221.
785 Notzon, Zum Rückgriff auf polizeirechtliche Befugnisse zur Gefahrenabwehr im Rahmen der vorbeugenden Verbrechensbekämpfung, S. 44; Artzt, Polizeiliche Vorfeldermittlungen, S. 14; Weßlau, Vorfeldermittlungen, S. 45; BVerwGE 47, 255, 264; BVerwG, DVBl. 1984, S. 836, 836; OVG Berlin, DVBl. 1971, S. 279, 280; OVG Münster, NJW 1980, S. 855, 855; VGH BW, DÖV 1989, S. 171, 171.

StPO einschlägig, andere Maßnahmen wären nach den Landespolizeigesetzen vorzunehmen[786].
Doch wie ist zu verfahren, wenn zum Zeitpunkt der Maßnahme noch nicht feststeht, ob bereits eine Straftat begangen wurde? Gerade das ist Charakteristikum der vorbeugenden Verbrechensbekämpfung. Es wird eine Vorsorge für die spätere Verfolgung von Straftaten getroffen. Eine Differenzierung nach dem Zweck ist wenig brauchbar, da Maßnahmen zur *Aufklärung oder Verfolgung* künftiger Straftaten, die dem repressiven Bereich zugeordnet werden sollen, nicht zu unterscheiden sind von Maßnahmen, die der *Verhinderung* künftiger Straftaten dienen, mithin also präventiven Maßnahmen.
Der Regelungsstandort ergibt sich jedoch in Deutschland aus der Regelungssystematik des Grundgesetzes. Die Gesetzgebung obliegt nach Art. 70 GG grundsätzlich den Ländern, nur bei einer ausdrücklichen Zuweisung an den Bund ist den Ländern die Kompetenz entzogen. Insofern ist es nahe liegend, die Bereiche, in denen der Bund eine Zuständigkeit hat, restriktiv auszulegen[787]. Für die Befugnisse nach der StPO bedeutet das, dass ein konkreter Bezug zu einem laufenden oder künftigen Strafverfahren bestehen muss. Ausdruck dieses konkreten Bezuges zu einem künftigen Strafverfahren ist das Erfordernis eines Anfangsverdachts im Sinne von § 152 StPO. Neue Befugnisse zur vorbeugenden Verbrechensbekämpfung in der StPO dürfen kein Tätigwerden der Strafverfolgungsbehörden ohne das Vorliegen eines konkreten Anfangsverdachts einer Straftat zulassen[788]. Gibt es keine Anhaltspunkte für die Begehung einer verfolgbaren Straftat, muss die Polizei von präventiven Befugnissen Gebrauch machen, also auf die Länderpolizeigesetze zurückgreifen[789].

c) Konsequenzen für die Tätigkeit Europols

Welche Konsequenzen können nun aus der Einordnung der vorbeugenden Verbrechensbekämpfung für die Tätigkeit Europols gezogen werden? Ziel der Tätigkeit Europols ist gleichermaßen die Verhütung und die Bekämpfung der in den Zuständigkeitsbereich von Europol fallenden Straftaten. Die Verhütung von Straftaten hat präventiven Charakter, die Bekämpfung repressiven. Während bei einzelnen Aufgaben Europols eine Zuordnung zu jeweils einem Element dieser Zielsetzung möglich ist, so etwa die Unterstützung von Ermittlungen durch die

---

[786] Denninger CR 1988, 53f.; Wolter, GA 1988, 80; Dreier, JZ 1987, S. 1016.
[787] So auch Gusy, StV 1993, S. 272.
[788] *Lisken,* in: Handbuch des Polizeirechts, Kap. C, Rn.79ff.; Hund, ZRP 1991, S. 463; a.A. Wick, DRiZ 1992, S. 222; Notzon, Zum Rückgriff auf polizeirechtliche Befugnisse zur Gefahrenabwehr im Rahmen der vorbeugenden Verbrechensbekämpfung, S. 40f.
[789] Der Regelungsumfang im Bereich vorbeugender Verbrechensbekämpfung ist in den Ländern jedoch nicht einheitlich geregelt, vgl. dazu etwa Ahlers, Grenzbereich zwischen Gefahrenabwehr und Strafverfolgung, S. 143f.

Übermittlung sachdienlicher Informationen nach Art. 3 I Nr.4 EPK, ist dies in weiten Bereichen nicht möglich. Im Informationssystem dürfen nach Art. 8 I EPK die zur Erfüllung der Aufgaben von Europol erforderlichen Daten gespeichert werden, also solche Daten, die der Verhütung *und* Bekämpfung der in den Zuständigkeitsbereich von Europol fallenden Straftaten dienen. Gleiches gilt für die Arbeitsdateien zu Analysezwecken. Die Speicherung, Veränderung und Nutzung ist gemäß Art. 10 I EPK davon abhängig, dass dies zur Erreichung der Ziele von Europol erforderlich ist, also in den Bereich der Verhütung *und* Bekämpfung der entsprechenden Straftaten fällt.
Eine Unterscheidung danach, ob eine konkrete Maßnahme eher der Verhütung oder der Bekämpfung von Straftaten zuzuordnen ist, ist nicht möglich und kann dazu führen, die Maßnahme willkürlich auf einen Aspekt zu reduzieren. Eine derartige Trennung ist in der EPK nicht angelegt, da Europol eine Unterscheidung in repressive und präventive Tätigkeit nicht kennt. Es ist auch nicht möglich, eine solche Trennung im Nachhinein zu konstruieren.
Das hat zur Folge, dass aus deutscher Sicht weder die verfassungsrechtlichen Vorgaben an die justizielle Einbindung der Polizei im Bereich der Gefahrenabwehr noch die Vorgaben an die justizielle Einbindung der Polizei im Bereich der Strafverfolgung ohne weiteres auf Europol übertragen werden können. Es wird vielmehr für jedes einzelne Element der justiziellen Einbindung polizeilicher Tätigkeit zu untersuchen sein, warum aus Sicht des Grundgesetzes eine Notwendigkeit dafür besteht und an welches spezifische Merkmal polizeilicher Tätigkeit angeknüpft wird. Davon ausgehend kann dann bestimmt werden, ob die grundgesetzlichen Anforderungen auch für die Tätigkeit Europols gelten.

III. Einzelne Elemente justizieller Einbindung

Wesentliche Elemente einer justiziellen Einbindung der Polizei sind nach deutschem Verständnis die Einbindung strafrechtlicher Ermittlungen in die Sachleitungsbefugnis der Staatsanwaltschaft, also die Kontrolle durch ein externes Organ, die Normierung von Richtervorbehalten als Voraussetzung für bestimmte Maßnahmen der Polizei und die nachträgliche gerichtliche Überprüfung polizeilichen Handelns. Wesentlich ist weiter, welche Voraussetzungen für das Tätigwerden der Polizei gelten, welche rechtsstaatlichen Anforderungen also an die jeweiligen Befugnisnormen der Polizei zu stellen sind. Eng damit verbunden ist die Frage, ob polizeiliches Handeln geheim erfolgen darf oder ob das Grundgesetz einem verdeckten Vorgehen entgegensteht.

1. Staatsanwaltschaft

Eine europäische Staatsanwaltschaft, welche die Tätigkeit des europäischen Polizeiamtes Europol leitet und überwacht, gibt es nicht. Gleichwohl wird Europol nicht ohne Kontrolle tätig, es wurde in der EPK ein spezifisches Kontrollsystem für die Tätigkeit Europols entwickelt. Um festzustellen, ob das Grundgesetz einer Kontrolle der Polizei durch andere Instanzen entgegensteht oder ob es zwingend einer Staatsanwaltschaft bedarf, welche die polizeiliche Ermittlungstätigkeit leitet und überwacht, gilt es zunächst die historischen Wurzeln der Staatsanwaltschaft und ihre Funktion darzulegen. Ausgehend von der Stellung der Staatsanwaltschaft gilt es zu untersuchen, ob ihre Tätigkeit verfassungsrechtlich unverzichtbar ist und inwiefern das Grundgesetz Raum für Modifikationen des Verhältnisses der Staatsanwaltschaft zur Polizei – insbesondere im Hinblick auf Europol als europäisches Polizeiamt – lässt.

a) Historische Entwicklung

Die Regulierung strafrechtlicher Ermittlungen der Polizei durch Bestimmungen der Strafprozessordnung geht zurück ins 19. Jahrhundert[790]. Zuvor hatte die Erforschung des Sachverhalts in der Hand eines Strafgerichts gelegen, das der Exekutive angehörte. Dabei beherrschte aus Zweckmäßigkeitsgründen oft blanke Willkür die richterliche Tätigkeit[791]. Der den Sachverhalt erforschende Richter führte die Untersuchungen, bestimmte, in welche Richtung zu ermitteln war und entschied, wann das Material ausreichte, um anzuklagen und zu verurteilen[792]. Dieser Richter führte dann auch die Hauptverhandlung und fällte am Ende ein Urteil, beziehungsweise führte aufgrund des Untersuchungsergebnisses die nach der Aktenlage ergehende Entscheidung eines Spruchkörpers herbei[793]. Die Vereinigung der verfolgenden und richtenden Tätigkeit führte unvermeidlich zu einer psychologischen Überforderung der Richter[794]. Das Verfahren war geheim, eine Beteiligung von Laienrichtern fand nicht statt[795]. Zur problematischen Stellung des Richters kam hinzu, dass die Polizei im 18. und zu Beginn des 19. Jahrhunderts sehr extensive Ermittlungen betrieb, bei denen es nicht selten zu erheblichen Eingriffen in Rechte der Bürger kam, die in keinem Verhältnis zur Schwere der möglicherweise begangenen Straftat standen. Eine klare und früh-

[790] Gleß, DRiZ 2000, S. 365.
[791] Gössel, GA 1980, S. 327.
[792] Bietau, Das Verhältnis der Staatsanwaltschaft zu anderen Hoheitsträgern, S. 2; Wohlers, Entstehung und Funktion der Staatsanwaltschaft, S. 50.
[793] Wohlers, Entstehung und Funktion der Staatsanwaltschaft, S. 50.
[794] Schmidt, Lehrkommentar, Nr.347.
[795] Kommission für die Angelegenheiten der Staatsanwälte im Deutschen Richterbund (DRiB), DRiZ 1968, S. 357.

zeitige Ausrichtung polizeilicher Tätigkeit an den Zielsetzungen des späteren Strafverfahrens gab es nicht[796].

Diese Prozessstruktur entsprach den sich wandelnden Vorstellungen von der Funktion der Strafrechtspflege nicht mehr[797]. Das Ziel aller am Verfahren beteiligten Organe sollte die materielle Wahrheit sein[798]. Das allein der schrankenlosen und unkontrollierten Gewalt der Exekutive überantwortete Untersuchungsverfahren war nicht geeignet, die materielle Wahrheit zu ermitteln[799]. Es bestand daher die Überzeugung von der Notwendigkeit, eine staatliche Einrichtung zu schaffen, die eine Verfolgung begangener Verbrechen unabhängig von dem Belieben Einzelner sicherstellte und allein der materiellen Wahrheit verpflichtet war[800]. Es galt, eine eigenständige, allein der materiellen Wahrheit verpflichtete Staatsgewalt der Judikative zu schaffen[801].

Neben der Zielsetzung der Ermittlung der materiellen Wahrheit setzte sich die Überzeugung durch, dass die Erforschung der Wahrheit auf justizförmige Weise zu erfolgen habe, dem Staat also bei der Erforschung von Straftaten Grenzen gesetzt werden müssten[802]. Im Rahmen des Ermittlungsverfahrens bestand noch immer die Gefahr, dass der Zweck möglichst umfassender und schneller Aufklärung aus Zweckmäßigkeitserwägungen in den Hintergrund geriete. Die Ermittlungstätigkeit verführt in besonderem Maße dazu, die materielle Gerechtigkeit dem Aufklärungszweck und der höchstmöglichen Effektivität von Kriminalitätsbekämpfung zu opfern[803].

Die Schaffung des Instituts der Staatsanwaltschaft im Jahr 1846 verfolgte damit zweierlei Ziele: Zum einen sollte der Richter von den Ermittlungen befreit werden und zum anderen sollte Sorge dafür getragen werden, dass sich die Arbeit der Polizei an den Grundsätzen der materiellen Wahrheit und an prozessrechtlichen Vorschriften orientierte[804]. Die Staatsanwaltschaft stellt eine Schaltstelle zwischen Polizei und Gericht dar, die vom Zweckmäßigkeitsbestreben der Exekutive abgekoppelt ist, und mit dem Ziel der materiellen Wahrheit die Initiative zur gerichtlichen Aburteilung durch die Anklageerhebung ergreift[805]. Neben der

---

[796] Bietau, Das Verhältnis der Staatsanwaltschaft zu anderen Hoheitsträgern, S. 3.

[797] Wohlers, Entstehung und Funktion der Staatsanwaltschaft, S. 51; Schröder, Das Verhältnis der strafverfolgenden Polizei zur Staatsanwaltschaft, S. 37.

[798] Schmidt. Lehrkommentar, Nr.363.

[799] Wohlers, Entstehung und Funktion der Staatsanwaltschaft, S. 55.

[800] Wohlers, Entstehung und Funktion der Staatsanwaltschaft, S. 174f.

[801] Schmidt, DRiZ 1957, S. 278; Wagner, MDR 1973, S. 713.

[802] Schmidt, Lehrkommentar, Nr.363; Wagner, MDR 1973, S. 713.

[803] Gössel, GA 1980, S. 333, 339.

[804] Wohlers, Entstehung und Funktion der Staatsanwaltschaft, S. 62f.; Bietau, Das Verhältnis der Staatsanwaltschaft zu anderen Hoheitsträgern, S. 5; Schreiber, FS für Samper, S. 8; Schröder, Das Verhältnis der strafverfolgenden Polizei zur Staatsanwaltschaft, S. 38.

[805] Gössel, GA 1980, S. 334; Hund, ZRP 1991, S. 464.

Kontrolle der Polizei nimmt die Staatsanwaltschaft auch eine Kontrollfunktion gegenüber den Strafgerichten wahr[806]. Die Orientierung an Zweckmäßigkeitserwägungen ist für das Gericht deswegen ausgeschlossen, weil es nicht von sich aus aburteilend tätig werden kann, sondern auf die Anklageerhebung der Staatsanwaltschaft angewiesen ist, die in jedem Fall Voraussetzung für ein gerichtliches Tätigwerden ist[807].

b) Stellung der Staatsanwaltschaft in Deutschland

Im Einzelnen ist die verfassungsrechtliche Stellung der Staatsanwaltschaft in Deutschland umstritten. Das Grundgesetz selbst erwähnt die Staatsanwaltschaft nicht, so dass die Stellung bis heute kontrovers diskutiert wird[808]. Es ist sowohl eine Zuordnung zur Exekutive denkbar, als auch die Einstufung als Organ der Rechtspflege, also als Teil der Judikative. Hintergrund des Streits ist die Tätigkeit der Staatsanwaltschaft an der Schnittstelle zwischen Exekutive und Judikative. Die Anklageerhebung schließt das Ermittlungsverfahren ab und ist zugleich Beginn des gerichtlichen Verfahrens.

Zumindest scheidet die Qualifizierung der Staatsanwaltschaft als Teil der Rechtsprechung aus, obwohl sie über die Erhebung der Anklage oder die Einstellung des Verfahrens entscheidet. Die staatsanwaltschaftliche Entscheidung bedeutet weder in tatsächlicher Hinsicht einen „Wahrspruch", noch in rechtlicher Hinsicht einen „Rechtsspruch"[809].

Es bleibt die Möglichkeit, die Staatsanwaltschaft als ein Organ der Rechtsprechung außerhalb der Gerichte anzusehen[810]. Bedenklich ist dabei, dass Rechtsprechung im Sinne der Art. 20, 92 GG neben der Rechtsprechung als solcher nicht auch die sonstige Rechtspflege erfasst[811]. Zudem hätte die Zuordnung der Staatsanwaltschaft zur Rechtsprechung die Folge, dass die Initiative zur Aburteilung in den Händen derselben Gewalt liegt, die dann das Urteil spricht.

Man könnte auf die Idee kommen, mit der Staatsanwaltschaft als Justizbehörde sei ein selbstständiges Organ der Rechtspflege geschaffen worden, das außerhalb von Exekutive und Judikative anzusiedeln sei[812]. Dem steht jedoch die

---

[806] Koller, Die Staatsanwaltschaft, S. 320.

[807] Dies gilt für alle Formen strafgerichtlichen Tätigwerdens: § 152 I StPO, §§ 200, 266, 407 StPO; bei der Privatklage § 374 StPO.

[808] Krey, JA 1985, S. 61 ist der Ansicht, die Staatsanwaltschaft werde durch das Verfassungsrecht „stiefmütterlich" behandelt; Schoreit, ZRP 1969, S. 133 meint sogar, die Staatsanwaltschaft sei verfassungsrechtlich nicht fundiert.

[809] So Schmidt, MDR 1964, S. 631, heute überwiegend anerkannt.

[810] Görcke, ZStW Bd.73 (1961), S. 578ff.; Wagner, NJW 1963, S. 9; Arndt, NJW 1961, S. 1617; Fuhrmann, JR 1964, S. 419.

[811] Gössel, GA 1980, S. 335; Roxin, Strafverfahrensrecht, § 10, Rn.8; Krey / Pföhler, NStZ 1985, S. 146; Schnarr, NStZ 1991, S. 212.

[812] Roxin, Strafverfahrensrecht, § 10, Rn.8.

grundgesetzliche Entscheidung für eine Gewaltentrias entgegen. Staatliche Gewalt außerhalb der 3 Teilgewalten ist nicht möglich[813].
Annehmbar ist daher alleine, die Staatsanwaltschaft als einen der Rechtspflege zugeordneten Teil der Exekutive anzusehen[814]. Die Staatsanwaltschaft stellt ein dem Gericht gleichgeordnetes[815], von diesem unabhängiges[816] Organ der Strafrechtspflege dar. Staatsanwaltschaft und Gericht erfüllen gleichermaßen den Auftrag der Justizgewährung[817]. Neben der generellen Bindung an Art. 20 III GG trifft die Staatsanwaltschaft insbesondere die Verpflichtung, unmittelbar der Rechtsverwirklichung zu dienen und auf Wahrung der materiellen Gerechtigkeit hinzuwirken[818]. Die Staatsanwaltschaft verkörpert in besonderem Maße den Rechts- oder Gerechtigkeitswillen des Staates[819].

c) Verfassungsrechtliche Grundlagen der Staatsanwaltschaft

Um die rechtsstaatlichen Vorgaben das Grundgesetz für die Tätigkeit der Staatsanwaltschaft zu erfassen, bedarf es zunächst eines Blickes in die StPO, die einfachgesetzlich die Tätigkeit der Staatsanwaltschaft festlegt.
Nach der Konzeption der StPO obliegt die strafprozessuale Ermittlungstätigkeit grundsätzlich der Staatsanwaltschaft, § 160 StPO. Der Staatsanwalt bestimmt in eigener Verantwortung über Art und Ablauf der Ermittlungen[820]. Die Staatsanwaltschaft ist aus § 152 II StPO verpflichtet, wegen aller verfolgbaren Straftaten einzuschreiten, sofern zureichende tatsächliche Anhaltspunkte vorliegen. § 170 I StPO verpflichtet die Staatsanwaltschaft, öffentliche Klage zu erheben, wenn die Ermittlungen genügend Anlass bieten. Die Staatsanwaltschaft steht damit unter Verfolgungs- und Anklagzwang[821]. Gegenüber der Polizei hat die Staatsanwalt-

---

[813] Gössel, GA 1980, S. 336.

[814] Kleinknecht / Meyer-Goßner, StPO, v. § 141 GVG, Rn.6; Ulrich, DRiZ 1988, S. 369; Krey / Pföhler, NStZ 1985, S. 146.

[815] BGHSt 24, 170, 171; Krey / Pföhler, NStZ 1985, S. 146; *Schoreit,* in: KK StPO, § 141 GVG, Rn.3; Odenthal, StV 1991, S. 443; Schnarr, NStZ 1991, S. 213.

[816] *Schoreit,* in: KK StPO, § 141 GVG, Rn.3; Pfeiffer, StPO, § 141 GVG, Rn.2; Odenthal, StV 1991, S. 443f.; Schnarr, NStZ 1991, S. 213; Vogel, DRiZ 1974, S. 236.

[817] BVerfGE 9, 223, 228; 63, 45, 63; *Schoreit,* in: KK StPO, § 141 GVG, Rn.3; Görcke, ZStW Bd.73 (1961), S. 581; Schnarr, NStZ 1991, S. 213.

[818] BVerfGE 63, 45, 63; BGHZ 20, 178, 180; *Schoreit;* in: KK StPO, § 141 GVG, Rn.2f.; Deutscher Richterbund, DRiZ 1972, S. 181; Görcke, ZStW Bd. 73 (1961), S. 577f.; Krey / Pföhler, NStZ 1985, S. 146; Krey / Pohl, JA 1985, S. 62.

[819] Schmidt, MDR 1964, S. 632; Schmidt, DRiZ 1957, S. 279; Deutscher Richterbund, DRiZ 1972, S.181; Amelunxen, DRiZ 1955, S. 92; Krey / Pföhler, NStZ 1985, S. 146; Krey / Pohl, JA 1985, S. 62; Ulrich, DRiZ 1988, S. 369; Vogel, DRiZ 1974, S 236.

[820] Kleinknecht / Meyer-Goßner, StPO, § 160, Rn.1; *Krehl,* in: Heidelberger Kommentar StPO, § 160, Rn.1; *Wache,* in: KK StPO, § 160, Rn.2.

[821] Notzon, Zum Rückgriff auf polizeirechtliche Befugnisse zur Gefahrenabwehr im Rahmen der vorbeugenden Verbrechensbekämpfung, S. 6f.

schaft als „Herrin des Vorverfahrens" eine unmittelbare Leitungs- und Weisungsbefugnis[822].

Ein Blick in die Realität zeigt jedoch, dass die Wirklichkeit des Ermittlungsverfahrens mit der Vorstellung des selbst ermittelnden, die Polizei anweisenden und kontrollierenden Staatsanwalts nicht viel gemein hat. Gerade im Bereich der kleineren und mittleren Delikte entscheidet die Staatsanwaltschaft nicht mehr aufgrund ihrer eigenen Ermittlungstätigkeit über die Anklage oder Einstellung des Verfahrens, sondern nach der Aktenlage, die sich nach dem Abschluss der polizeilichen Ermittlungen ergibt[823]. Entgegen § 163 II StPO ist faktisch die Polizei zur Herrin des Ermittlungsverfahrens geworden, weil diese selbstständig ermittelt und die Ergebnisse erst nach Abschluss der Ermittlungen der Staatsanwaltschaft vorlegt. Die Polizei entscheidet selbst darüber, ob ein Ermittlungsverfahren eingeleitet wird und wie es durchzuführen ist[824]. Grund für diese Entwicklung ist die technische Ausstattung der Polizei, die verbesserte Personalstruktur und das überlegene Sachwissen[825]. Die Staatsanwaltschaft ist insbesondere im Bereich der kleinen und mittleren Kriminalität statt einer Ermittlungsbehörde nur noch eine Aktenbearbeitungsbehörde[826].

Diese Entwicklung wirft mehrere verfassungsrechtliche Fragen auf. Zum einen ist es fraglich, inwieweit die Kontrollfunktion der Staatsanwaltschaft gegenüber der Polizei aus deutscher Sicht rechtsstaatlich unentbehrlich ist. Sind also polizeiliche strafprozessuale Ermittlungen auch ohne die Kontrolle des Staatsanwalts zulässig? Daran schließt sich die Frage an, ob die Führung der Ermittlungen an sich eine originäre Aufgabe der Staatsanwaltschaft ist, ob also die Ermittlungstätigkeit nicht auch im Einklang mit dem Grundgesetz vollständig von der Polizei wahrgenommen werden könnte. Schließlich gilt es zu klären, ob eine Anklage zwingend durch die Staatsanwaltschaft vorgenommen werden muss. Verfassungsrechtliche Vorgaben ergeben sich aus dem Legalitätsprinzip und dem Grundsatz der Gewaltenteilung.

---

822 BGHSt 34, 215, 217; *Wache,* in: KK StPO, § 163, Rn.3; Ahlers, Grenzbereich zwischen Gefahrenabwehr und Strafverfolgung, S. 42; Pfeiffer, StPO, § 163, Rn.1.

823 Bräutigam, DRiZ 1992, S. 214; Gössel, GA 1980, S. 347.

824 BVerwGE 47, 255, 261f.; Warschko, Vorbeugende Verbrechensbekämpfung, S. 76; Maas, DRiZ 1967, S. 7; Heimeshoff, DRiZ 1972, S. 164.

825 Kuhlmann, DRiZ 1976, S. 265; Bräutigam, DRiZ 1992, S. 215; Notzon, Zum Rückgriff auf polizeirechtliche Befugnisse zur Gefahrenabwehr im Rahmen der vorbeugenden Verbrechensbekämpfung, S. 96; Kaiser, NJW 1972, S. 15.

826 Blankenburg, ZRP 1978, S. 263; anders sieht es jedoch z.T. in den Bereichen der Kapitalsachen und der Wirtschaftskriminalität aus, vgl. Bräutigam, DRiZ 1992, S. 215f.

aa) Kontrolle der Polizei

(1) Legalitätsprinzip

Der Legalitätsgrundsatz gehört mit dem Anklagemonopol nach § 152 I StPO zu den grundlegenden Maximen des deutschen Strafprozesses[827]. Beide Prinzipien sind die Grundlage für das Vertrauen des Volkes in eine gerechte Justiz[828]. Der Bürger soll erkennen, dass dem Rechtsgüterschutz eine funktionsfähige Strafrechtspflege gegenübersteht. Das Legalitätsprinzip verpflichtet die Strafverfolgungsbehörden, alle strafbaren Handlungen ohne Rücksicht auf Zweckmäßigkeitserwägungen zu verfolgen, soweit nicht gesetzliche Ausnahmen einschlägig sind. Das Legalitätsprinzip hat damit eine friedenssichernde Aufgabe: Es ist einfachgesetzliche Ausprägung des verfassungsrechtlichen Willkürverbotes, da Gerechtigkeit ohne Ansehen der Person gewährleistet wird[829]. Das Bundesverfassungsgericht hat betont[830], der Rechtsstaat könne nur verwirklicht werden, wenn sichergestellt sei, dass Straftäter im Rahmen der geltenden Gesetze verfolgt, abgeurteilt und einer gerechten Bestrafung zugeführt würden. Das Bekenntnis zur Rechtsstaatlichkeit verpflichte daher den Staat, die Sicherheit seiner Bürger und deren Vertrauen in die Funktionsfähigkeit der staatlichen Institutionen zu schützen.

Die einfachgesetzliche Ausprägung des Legalitätsprinzips, § 152 II StPO, lässt jedoch Abweichungen von der ausnahmslosen Verfolgung von Straftaten zu („soweit nicht"). Das Legalitätsprinzip wird an vielen Stellen durch Opportunitätsgesichtspunkte beschränkt. So kann nach §§ 153 ff. StPO etwa bei Geringfügigkeit, bei Erfüllung von Weisungen, bei Auslandsstraftaten und bei politischen Straftaten von der Verfolgung einer Straftat abgesehen werden, wenn kein besonderes öffentliches Interesse an der Strafverfolgung besteht. Auch das materielle Strafrecht kennt Vorschriften, in denen von Strafe abgesehen werden kann, etwa die Strafmilderung nach § 49 II StGB oder die Vorschriften zur tätigen Reue[831]. Diesen Regelungen ist gemein, dass sie eine Ermessenskomponente beinhalten, ob von der Möglichkeit des Absehens von Strafe, der Nichtfolgung

---

[827] BVerfGE 16, 194, 202; 46, 214, 222f.; *Schoreit*, in: KK StPO, § 152, Rn.13; Hassemer, FS zum 125jährigen Bestehen der Staatsanwaltschaft, S. 530; Eckl, ZRP 1973, S. 139; Schultz / Leppin, JURA 1981, S. 524.

[828] Warschko, Vorbeugende Verbrechendbekämpfung, S. 76; *Schoreit*, in: KK StPO, § 152, Rn.13; Eckl, ZRP 1973, S. 139.

[829] BVerfG NStZ 1982, S. 430, 430; BVerfGE 20, 162, 222; Warschko, Vorbeugende Verbrechensbekämpfung, S. 100; Kommission für die Angelegenheiten der Staatsanwälte im Deutschen Richterbund, DRIZ 1968, S. 358; Schmidt-Jortzig, NJW 1989, S. 133; Eckl, ZRP 1973, S. 139; Schultz / Leppin, JURA 1981, S. 525.

[830] BVerfGE 46, 214, 222f.

[831] Vgl. etwa §§ 83a, 84 V, 85 III, 87 III, 98 II, 99 III, 129 VI, 129a V, 158, 261 X,II, 315b VI, 320 I, II StGB.

oder der Strafmilderung Gebrauch gemacht wird. Angesichts dieser opportunitätsgeprägten Regelungen stellt sich die Frage, ob dem Legalitätsprinzip eine absolute Wirkung zukommt.
Die Durchbrechung der Verfolgungspflicht durch die §§ 153ff. StPO dient der Effektivität der Strafrechtspflege, der Justizökonomie[832]. Es ist unökonomisch und politisch fragwürdig, die Ermittlungsbehörden in gleicher Weise und gleicher Intensität zur Aufklärung sämtlicher Straftaten zu verpflichten, da die personellen und sachlichen Ressourcen beschränkt sind[833]. Die strikte Einhaltung des Legalitätsprinzips würde dazu führen, dass die Ermittlungstätigkeit nicht selektiert werden könnte. Bagatellfälle und Straftaten, bei denen von vornherein feststeht, dass ein ordnungsgemäßer Vollzug nicht möglich ist, müssten mit dem gleichen Aufwand verfolgt werden wie Schwerstkriminalität oder organisierte Kriminalität[834]. Eine Beförderungserschleichung würde denselben Ermittlungsaufwand fordern wie ein Völkermord. Eine solche undifferenzierte Verfolgung aller Straftaten würde Staatsanwaltschaften und Gerichte handlungsunfähig machen und zu einem Stillstand der Justiz führen[835]. Durch die Einräumung eines Ermessens kann hingegen hinreichend zwischen verschiedenen Fällen differenziert werden[836].
Der allgemeine Gleichheitssatz steht opportunitätsgeprägten Regelungen nicht grundsätzlich entgegen, sondern nur einer Selektion der Strafverfolgung, die nicht auf sachliche, von der Rechtsordnung anerkannte Gründe gestützt ist[837]. Es bestehen keine grundsätzlichen Bedenken dagegen, dass insbesondere durch die §§ 153ff. StPO der Rechtsanwender dazu ermächtigt wird, die Besonderheiten des Einzelfalls gegeneinander abzuwägen[838]. Auch faktische Differenzen bei der

[832] Es ist zum Teil heftig umstritten, ob die Entlastung der Rechtspflege überhaupt ein legitimes Argument ist, vgl. etwa Erfurth, Verdeckte Ermittlungen, S. 24f.; Hirsch, ZStW Bd. 92 (1980), S. 222; Albrecht, KritV 1993, S. 178; Hamm NJW 1996, S. 237; vom Bundesverfassungsgericht wird das Erfordernis einer effektiven und funktionstüchtigen Rechtspflege anerkannt, vgl. BVerfGE 19, 342, 347; 20, 45, 49; 20, 144, 147; 33, 367, 383; 38, 105, 115f.; 46, 214, 222.
[833] Hassemer, FS zum 125jährigen Bestehen der Staatsanwaltschaft, S. 534; Döhring, Ist das Strafverfahren vom Legalitätsprinzip beherrscht?, S. 244; Pott, Die Außerkraftsetzung der Legalität durch das Opportunitätsdenken, S. 39.
[834] Hassemer, FS zum 125jährigen Bestehen der Staatsanwaltschaft, S. 534.
[835] Pott, Die Außerkraftsetzung der Legalität durch das Opportunitätsdenken, S. 39.
[836] Döhring, Ist das Strafverfahren vom Legalitätsprinzip beherrscht?, S. 67f.; Pott, Die Außerkraftsetzung der Legalität durch das Opportunitätsdenken, S. 39; Schmidt, Lehrkommentar, Nr.394.
[837] Erb, Legalität und Opportunität, S. 97.
[838] Erb, Legalität und Opportunität, S. 98; Döhring, Ist das Strafverfahren vom Legalitätsprinzip beherrscht?, S. 67f.

Ermessensausübung begründen keinen Verstoß gegen Art. 3 GG[839]. Gleichwohl muss die Einräumung von Ermessen bei der Strafverfolgung die Ausnahme bleiben, die im Einzelnen einer sorgfältigen Begründung ihrer rechtspolitischen oder praktischen Notwendigkeit bedarf[840]. Verkürzt bedeutet dies: „So viel Legalität wie möglich, so viel Opportunität wie (aktuell politisch und ökonomisch) nötig“[841]. Die Einschränkung der Legalität folgt aus dem zwingenden Erfordernis heraus, eine effektive Strafrechtspflege zu gewährleisten[842]. Die Funktion der Rechtspflege verpflichtet den Staat, Regelungen zu schaffen, welche die Menge der zu erfüllenden Aufgaben an die verfügbaren Mittel anpassen[843]. Die einzig Alternative zur Erhaltung der Funktionsfähigkeit der Justiz wäre die Zurücknahme von Strafandrohungen. Dadurch würde für potentielle Rechtsbrecher jedoch ein falsches Signal gesetzt. Es ist aus generalpräventiven Gründen unerlässlich, den Täter, wenn schon nicht mit der Gewissheit, so doch wenigstens mit dem Risiko strafrechtlicher Ahndung zu belasten[844]. Das Legalitätsprinzip kann somit zwar keinen absoluten Vorrang beanspruchen, bedarf jedoch bei einer Beschränkung einer sorgfältigen Abwägung zwischen den widerstreitenden Belangen[845].

Welche konkreten Vorgaben ergeben sich nun aus dem Legalitätsprinzip für das strafprozessuale Ermittlungsverfahren? Es darf im Hinblick auf den Legalitätsgrundsatz nicht hingenommen werden, dass die Polizei aus Zweckmäßigkeitserwägungen oder Bequemlichkeit nicht ermittelt oder zur Entlastung dienende Umstände entgegen § 160 II StPO unberücksichtigt bleiben. Gerade das zu verhindern, ist nach der Systematik der StPO die Staatsanwaltschaft berufen. Andererseits hat das Legalitätsprinzip auch eine ermittlungsbegrenzende Funktion[846]. Ermittlungen und damit verbundene Grundrechtseingriffe sind nur bei Vorliegen eines Anfangsverdachts zulässig. Die Staatsanwaltschaft ist aus § 152 II StPO verpflichtet, die Polizei zur gleichmäßigen und strikten Einhaltung des Legali-

---

[839] So übereinstimmend das Bundesverfassungsgericht, der Bundesgerichtshof und das Bundesverwaltungsgericht: BVerfGE 1, 82, 85; 75, 329, 347; 79, 127, 158; BGHSt 1, 183, 183f.; BVerwG 5, 1, 8f.

[840] Rieß, NStZ 1981, S. 5; Erb, Legalität und Opportunität, S. 150; Pott, Die Außerkraftsetzung der Legalität durch das Opportunitätsdenken, S. 44.

[841] So Hassemer, FS zum 125jährigen Bestehen der Staatsanwaltschaft, S. 537.

[842] Das Erfordernis einer funktionsfähigen Rechtspflege wurde vom Bundesverfassungsgericht in BVerfGE 33, 367, 383; 39, 156, 163 aus dem Rechtsstaatsprinzip abgeleitet.

[843] Döhring, Ist das Strafverfahren vom Legalitätsprinzip beherrscht?, S. 37f.

[844] Erb, Legalität und Opportunität, S. 172f.; Hünerfeld, ZStW Bd. 90 (1978), S. 910ff.

[845] Materiell rechtlich ist das Legalitätsprinzip abgesichert durch § 258a StGB. Eine prozessrechtliche Absicherung durch das Klageerzwingungsverfahren gibt es wegen § 172 II 3 StPO nicht.

[846] Wick, DRiZ 1992, S. 222.

tätsprinzips anzuhalten[847]. Sie ist ein Garant des Rechtsstaats[848]. Diese Garantenstellung der Staatsanwaltschaft ist schon im März 1846 von den preußischen Justizministern *v. Savigny* und *Uhden* in ihrem „Promemoria" deklariert worden[849]: „*Der Staatsanwalt soll als Wächter des Gesetzes befugt sein, bei dem Verfahren gegen den Angeklagten von Anfang an dahin zu wirken, dass überall dem Gesetz ein Genüge geschehe*". Doch es bleibt die Frage, ob diese Garantenstellung rechtsstaatlich unverzichtbar ist.

Hinsichtlich der Kontrolle polizeilicher Ermittlungen ist das zu bejahen. Die polizeiliche Ermittlungstätigkeit muss im Hinblick auf den Legalitätsgrundsatz überwacht werden können[850]. Die Staatsanwaltschaft trägt die uneingeschränkte Verantwortung dafür, dass das Legalitätsprinzip im Ermittlungsverfahren eingehalten wird[851]. Ihr obliegt die Pflicht zur justizförmigen Sachleitung des Verfahrens[852]. Die uneingeschränkte Geltung des Legalitätsprinzips ist gefährdet, wenn die Polizei im Ermittlungsverfahren nicht der Kontrolle und den Anweisungen der Staatsanwaltschaft unterliegt[853]. Gerade im Bereich der Schwerkriminalität und Wirtschaftskriminalität sowie in Presse- und Staatsschutzsachen bedarf es oft einer detaillierten Kenntnis von Gesetzen und Rechtsprechung, über die nur der Staatsanwalt aufgrund seiner juristischen Ausbildung in dem erforderlichen Maße verfügt[854]. Die Pflicht zur justizförmigen Sachleistung erfordert es, dass der Staatsanwalt in solche Verfahren lenkend eingreifen kann. Es kann jedoch auch im Bereich der leichten und mittleren Kriminalität geschehen, dass die Polizei aus Zweckmäßigkeitsüberlegungen nicht ermittelt, also etwa Anzeigen nicht aufnimmt oder unzulässigerweise auf den Privatklageweg verweist. Es bedarf einer kontrollierenden Instanz, die solche Fehler korrigieren kann. Die Kontrollfunktion der Staatsanwaltschaft ist rechtsstaatlich daher unverzichtbar[855]. Einer Aufgabenteilung von Polizei und Staatsanwaltschaft dergestalt, dass die Polizei völlig eigeninitiativ ermittelt und die Aufgabe der Staatsanwaltschaft darauf beschränkt ist, eine das Ermittlungsverfahren abschließende Entscheidung zu treffen, steht das Legalitätsprinzip entgegen[856]. Die Kontrollfunktion schließt notwendig auch das Recht der Staatsanwaltschaft ein, gegen-

---

[847] *Schoreit*, in: KK StPO, § 152, Rn.18; Schmidt – Jortzig, NJW 1989, S. 131.
[848] Kommission für die Angelegenheiten der Staatsanwälte im Deutschen Richterbund, DRIZ 1968, S. 358.
[849] Zitiert nach dem Abdruck bei Otto, Die preußische Staatsanwaltschaft, S. 40ff.
[850] Gössel, GA 1980, S. 351; Bräutigam, DRiZ 1992, S. 214.
[851] Bräutigam, DRiZ 1992, S. 214; Gauf, DRiZ 1989, S. 363.
[852] Wick, DRiZ 1992, S. 218; Warschko, Vorbeugende Verbrechensbekämpfung, S. 76.
[853] Wick, DRiZ 1992, S. 219; Warschko, Vorbeugende Verbrechensbekämpfung, S. 182f.; Gauf, DRiZ 1989, S. 363.
[854] Heimeshoff, DRiZ 1972, S. 165; Kohlhaas, JR 1953, S. 322.
[855] Stümper, in: FS für Samper, S. 8f.; Bottke, JuS 1990, S. 86.
[856] Heimeshoff, DRiZ 1972, S. 165; Rüping, ZStW Bd. 95 (1983), S. 915f.

über der strafverfolgenden Polizei weisungsbefugt zu sein[857]. Ohne ein solches Weisungsrecht liefe eine Kontrolle leer, weil die Staatsanwaltschaft darauf beschränkt wäre, Ermittlungsfehler oder Ermittlungsdefizite festzustellen, ohne jedoch eine Möglichkeit zur Durchsetzung zu haben. Ebenso muss es der Staatsanwaltschaft ungenommen sein, eigene Ermittlungen durchzuführen, da sie sonst auf die Handlungsbereitschaft der Polizei angewiesen wäre.

(2) Grundsatz der Gewaltenteilung

Vorgaben für die Kontrolle der Polizei durch die Staatsanwaltschaft ergeben sich auch aus dem Grundsatz der Gewaltenteilung. Die Gewaltenteilung ist ein tragendes Organisationsprinzip des Grundgesetzes und gehört zu den maßgeblichen Prinzipien der freiheitlich-demokratischen Grundordnung[858]. Die Bedeutung der Gewaltenteilung liegt in der Mäßigung der Staatsgewalt durch Ineinandergreifen der drei Gewalten[859]. Die Gewaltenteilung ist im modernen Staat das notwendige Korrelat des von ihm beanspruchten Machtmonopols, dessen Ausübung durch die Trennung der Gewalten konstituiert und reglementiert wird. Die Freiheit des Einzelnen wird durch die sich gegenseitig kontrollierenden und begrenzenden Gewalten geschützt[860]. Neben dem Bestreben, unerwünschte Machtkonzentrationen, die der Freiheit des Individuums abträglich sind, zu verhindern, soll die Gewaltenteilung dazu beitragen, dass eine Teilhabe vieler an der Macht gewährleistet ist[861]. Das Prinzip der Gewaltenteilung wird im Grundgesetz jedoch nicht streng verfolgt, es ist vielmehr ein System gegenseitiger Kontrolle und Mäßigung vorgesehen[862].

Gewaltenteilung bedeutet im Strafprozess zum einen, dass die Exekutive die Entscheidung über die Strafbarkeit eines festgestellten Verhaltens vollständig der Judikative zu überlassen hat[863]. Nur der weisungsunabhängige und ausschließlich dem Gesetz unterworfene Richter darf Verdächtige oder Straftäter freistellen. Die Ermittlungsbehörden haben allein den Verdacht zu prüfen und das Verfahren vorzubereiten[864]. Zum anderen hat die Staatsanwaltschaft eine Kontrollfunktion gegenüber den Gerichten: Sie setzt die Zugangsschwelle zur

---

857 Gössel, GA 1980, S. 352.

858 BVerfGE 2, 1, 13; 3, 225, 247; 2, 307, 329; 34, 52, 59.

859 *Schmidt-Aßmann*, in: Handbuch des Staatsrechts I, § 24, Rn.49; Schreiber, FS für Samper, S. 8.

860 BVerfGE 9, 267, 279.

861 *Schnapp*, in: v.Münch, GG, Art. 20, Rn.32.

862 BVerfGE 3, 225, 247; 7, 183, 188; 22, 106, 111; 34, 52, 59; Schmidt-Bleibtreu / Klein, GG, Art. 20, Rn.43a; *Bryde*, in: v.Münch, GG, Art. 79, Rn.43; *Schnapp*, in: v.Münch, GG, Art. 20, Rn.41.

863 Hassemer, FS zum 125jährigen Bestehen der Staatsanwaltschaft, S. 531.

864 Hassemer, FS zum 125jährigen Bestehen der Staatsanwaltschaft, S. 531.

richterlichen Entscheidung fest[865]. Die Tätigkeit der Gerichte ist gemäß §§ 155, 264 StPO durch den Umfang der angeklagten Tat begrenzt. Gegen unangemessene richterliche Entscheidungen kann die Staatsanwaltschaft mit Rechtsmitteln vorgehen.
Die Diskussion, ob neben der Kontrolle des Gerichts auch die polizeiliche Ermittlungstätigkeit im Hinblick auf die Gewaltenteilung einer Kontrolle bedarf, ist geprägt von den Ereignissen in der nationalsozialistischen Zeit. Die Nationalsozialisten schufen mit der Gestapo eine politische Polizei, neben die die SS[866] und der Sicherheitsdienst[867] traten. Dadurch entstand eine mit praktisch unbegrenzten Kompetenzen ausgestattete, zentral zusammengefasste und vorwiegend politisch orientierte Reichspolizei, die eine Überordnung der Staatsanwaltschaft nie anerkannte[868]. Die Polizei konnte unbeschränkt in Grundrechte eingreifen. Eine polizeiliche Schutzhaft eröffnete die Möglichkeit, die persönliche Freiheit aus politischen Gründen einzuschränken[869]. Die politische Polizei konnte Personen ohne jedes Gerichtsurteil oder nach der Verurteilung einer zu milde erscheinenden Strafe festnehmen und in ein Konzentrationslager bringen[870]. Seit Beginn des Krieges nahm die Polizei sogar für sich das Recht in Anspruch, ohne jede Mitwirkung der Justiz die Todesstrafe zu verhängen[871].
Die historische Erfahrung macht das Bedürfnis einer besonderen Behörde zur Kontrolle der Polizei deutlich. Der potentiellen Gewaltenkonzentration aufseiten der Polizei muss eine andere Gewalt entgegentreten. Durch die Überschneidungen und die gegenseitige Kontrolle muss es zu einer Mäßigung der Staatsgewalt kommen. Die Ermittlungstätigkeit verführt in besonderem Maße dazu, die materielle Wahrheit dem Aufklärungszweck und der höchstmöglichen Effektivität von Kriminalitätsbekämpfung zu opfern[872]. Die Kontrolle durch die Staatsanwaltschaft bietet eine Gewähr dafür, dass nicht polizeistaatliches Zweckmäßigkeitsdenken das Ermittlungsverfahren beherrscht[873]. Dadurch wird eine Machtkonzentration vermieden.

Es drängt sich jedoch die Frage auf, ob die Justizförmigkeit des Ermittlungsverfahrens im Geltungsbereich des Grundgesetzes nicht schon dadurch gewährleis-

---

865 Koller, Die Staatsanwaltschaft, S. 313f.; Gössel, GA 1980, S. 340f.
866 Schutzstaffel, 1925 zum Schutz Hitlers und prominenter Parteiführer gegründet, danach mit der Aufgabe betraut, das Regime im Inneren zu sichern.
867 Ursprünglich war der Sicherheitsdienst eine Nachrichtenorganisation der NSDAP.
868 Riehle, Die rechtsstaatliche Bedeutung der Staatsanwaltschaft, S. 123.
869 Riehle, Die rechtsstaatliche Bedeutung der Staatsanwaltschaft, S. 124; Tesmer, DR 1936, S. 136.
870 Tesmer, DR 1936, S. 137.
871 Riehle, Die rechtsstaatliche Bedeutung der Staatsanwaltschaft, S. 124.
872 Gössel, GA 1980, S. 339.
873 Wohlers, Entstehung und Funktion der Staatsanwaltschaft, S. 44.

tet wird, dass die Polizei als Träger öffentlicher Gewalt durch Art. 1 III, Art. 20 III GG an Recht und Gesetz gebunden ist.

Würde man jedoch Art. 1 III, 20 III GG als Vorkehrung dafür ausreichen lassen, dass die Staatsgewalt einzig an Recht und Gesetz orientiert ausgeübt wird, bräuchte es insgesamt keine gegenseitige Kontrolle mehr, weil die Art. 1 III, 20 III GG alle Staatsgewalt an das Grundgesetz binden. Es ist ein Charakteristikum der Gewaltenteilung, dass die Gewalten sich trotz ihrer grundsätzlichen Bindung an das Grundgesetz gegenseitig kontrollieren und begrenzen[874]. Das Misstrauen gegenüber der Polizei ist kein spezifisches Misstrauen gegen diese Behörde, sondern ist dem Rechtsstaat immanent. Jede Macht tendiert zu einem Missbrauch ihrer Möglichkeiten, auch wenn sie der Gerechtigkeit verpflichtet ist[875]. So hat schon *Montesquieu* ausgeführt: *„Eine ewige Erfahrung lehrt jedoch, dass jeder Mensch, der Macht hat, dazu getrieben wird, sie zu missbrauchen. Er geht immer weiter, bis er an die Grenzen stößt. Wer hätte das gedacht: sogar die Tugend hat Grenzen nötig. Damit die Macht nicht missbraucht werden kann, ist es nötig, durch die Anordnung der Dinge zu bewirken, dass die Macht die Macht bremse"*[876]. Die geteilten Gewalten müssen aufeinander bezogen werden, um sich kontrollierend Grenzen setzen zu können. Die Balance und Kontrolle der Gewalten dient der Stabilisierung des Gesamtsystems und der Freiheitssicherung[877]. Die Bindung an Art. 20 III GG ist eine wesentliche Voraussetzung für die Wahrung der materiellen Gerechtigkeit, aber noch keine hinreichende[878]. Die Wahrung von Rechten des Einzelnen im Strafverfahren ist von besonderer Bedeutung, da der strafrechtliche Eingriff des Staates der existentiellste ist, den der Staat überhaupt ausüben kann[879]. Der Verlust der Kontrolle der Staatsanwaltschaft über die Polizei würde zu einer vom Grundgesetz nicht vorgesehenen Verlagerung von Verantwortung führen[880]. Es kommt weder darauf an, dass die Polizei selbst durch Art. 20 III GG an Recht und Gesetz gebunden ist, noch darauf, ob seit Bestehen des Grundgesetzes ernsthafte Tendenzen zu einem Machtmissbrauch der Polizei zu erkennen waren[881]. Ebenso wenig kommt es darauf an, dass die Polizei regelmäßig mit dem Willen handelt, die Verfassung und die Gesetze zu beachten. Entscheidend ist vielmehr, dass das Verhalten eines so wichtigen staatlichen Instruments einer ständigen Rechtskontrolle unterliegt. Die

---

[874] BVerfGE 9, 267, 279.
[875] Gössel, GA 1980, S. 329f.
[876] Montesquieu, Vom Geist der Gesetze, XI. Buch, 4. Kapitel, S. 211.
[877] *Zippelius,* in: Merten, Gewaltentrennung im Rechtsstaat, S. 27.
[878] Gössel, GA 1980, S. 332.
[879] Riehle, Die rechtsstaatliche Bedeutung der Staatsanwaltschaft, S. 348.
[880] Koller, Die Staatsanwaltschaft, S. 348; Ostendorf, NJW 1997, S. 3418.
[881] Bull, DRiZ 1998, S. 38 bezeichnet das Misstrauen gegen die Polizei als unbegründet, weil es keine Belege dafür gebe, dass die Polizei weniger gesetzestreu und sorgfältig arbeite.

Kontrollfunktion der Staatsanwaltschaft im Ermittlungsverfahren ist daher auch aus Gründen der Gewaltenteilung zwingend.

bb) Ermittlungstätigkeit der Polizei

(1) Legalitätsprinzip

Wie ist es nun aber mit der Ermittlungstätigkeit an sich? Es bleibt zu untersuchen, ob diese zwingend in der Hand der Staatsanwaltschaft liegen muss oder ob auch die Polizei, über die Fälle der Gefahr im Verzug nach § 163 StPO hinaus, diese Aufgabe in vollem Umfang übernehmen?

Der Rückzug der Staatsanwaltschaft aus der Ermittlungstätigkeit und die Schaffung eines polizeilichen Ermittlungsverfahrens wurden in den siebziger Jahren im Rahmen der Einsetzung einer Gemeinsamen Kommission der Justiz kontrovers diskutiert. Der Gesamtbericht der Kommission enthielt 15 Leitsätze, wie das Verhältnis der Staatsanwaltschaft zur Polizei reformiert werden könnte[882]. Der Staatsanwaltschaft stünde nach diesem Konzept zwar weiterhin die Verantwortung für das Ermittlungsverfahren zu, die Polizei sollte jedoch originäre Ermittlungsbefugnisse auch ohne Gefahr im Verzug erlangen, die durch ein Anordnungsrecht der Staatsanwaltschaft begrenzt würden. Die originäre Ermittlungsbefugnis der Staatsanwaltschaft würde zugunsten eigener polizeilicher Ermittlungen eingeschränkt[883]. Die Polizei unterläge in bestimmten Fällen der Unterrichtungspflicht an die Staatsanwaltschaft und würde nach Abschluss der Ermittlungen die Ermittlungsvorgänge ohne Verzug an die Staatsanwaltschaft übersenden. Die Staatsanwaltschaft könnte Ermittlungen auch selbst durchführen und Anordnungen an die Polizei geben, die die Art und den Umfang der Ermittlungen betreffen. Zudem könnte die Staatsanwaltschaft zu jedem Zeitpunkt der Ermittlungen Informationen anfordern. Die Vorschläge wurden allerdings nie umgesetzt.

Im Hinblick auf den Legalitätsgrundsatz ist die entscheidende Frage, ob die Justizförmigkeit des Verfahrens bei eigenen Ermittlungen der Polizei gefährdet ist. Es wird vorgebracht, die Polizei könne kein Ermittlungsverfahren leiten, weil ihr entsprechende Kenntnisse fehlen. Die Polizei arbeite nämlich automatisch auf die Aufklärung eines Falles hin, während der Staatsanwalt bereits zu einem sehr frühen Zeitpunkt Überlegungen mit einbeziehe, die in einer späteren Verhand-

---

[882] Die Leitsätze sind abgedruckt in ZRP 1977, S. 159ff.

[883] Zustimmend Kaiser, NJW 1972, S. 15; Bottke, JuS 1990, S. 86.; Rupprecht, ZRP 1977, S. 276f.; Kritisch Ulrich, ZRP 1977, S. 162; Görgen, ZRP 1976, S. 62.

lung von Bedeutung sein könnten[884]. Die pauschale Behauptung, der Polizei fehlten entsprechende Kenntnisse zur Führung eines Ermittlungsverfahrens überzeugt jedoch nicht, da die Polizeibehörden in der Praxis täglich genau dieses tun. Wie bereits dargelegt, findet bei kleinerer und mittlerer Kriminalität oft gar keine staatsanwaltschaftliche Beteiligung statt. Eine solche scheint auch kaum geboten, um etwa einen Dieb zu fassen oder einen Diebstahl aufzuklären[885]. Der Staatsanwaltschaft ist es durch ihre Kontrollbefugnis ungenommen, in juristisch schwierigen Fragen die Ermittlungen zu überwachen und Einfluss zu nehmen. Aus diesem Gesichtspunkt heraus lässt sich die Notwendigkeit der Leitung der Ermittlungen durch die Staatsanwaltschaft nicht begründen[886].

Gegen eine eigene Ermittlungsbefugnis der Polizei wird weiter eingewandt, die Gesamtheit der Ermittlungen müsse in der Hand der Stelle liegen, die die abschließende Verantwortlichkeit trägt, da keinem Staatsanwalt zugemutet werden könne, eine Sache vor Gericht zu vertreten, die nicht nach seinen Anweisungen ermittelt wurde[887]. Dabei wird jedoch übersehen, dass es dem Staatsanwalt durch die Kontrollfunktion möglich ist, die Ermittlungen in die von ihm gewünschte Richtung zu lenken, sofern die Notwendigkeit besteht.

Schließlich wird eingewandt, dass nicht von Beginn an vorhersehbar sei, welche Fälle juristisch schwierig oder besonders bedeutend seien. Da es in diesen Fällen jedoch außerordentlich wichtig sei, von Beginn an die Weichen richtig zu stellen und den Gang der Ermittlungen zu leiten, müsse die Staatsanwaltschaft immer die Ermittlungen selbst führen[888]. Auch diese Begründung kann nicht überzeugen. Es leuchtet nicht ein, woran der Staatsanwalt vor Beginn der eigentlichen Ermittlungen erkennen soll, ob es sich um einen bedeutenden Fall handelt, bei dem er selbst Vorgaben machen muss. Sollte es sich der Tat um einen Fall handeln, bei dem das von Anfang an absehbar ist, ist es dem Staatsanwalt ungenommen, im Rahmen seiner Kontrollfunktion lenkend einzugreifen.

Im Hinblick auf das Legalitätsprinzip ergibt sich somit keine verfassungsrechtliche Notwendigkeit, dass strafprozessuale Ermittlungen stets von der Staatsanwaltschaft geführt werden müssen. Sofern die Staatsanwaltschaft eine hinrei-

---

[884] Geißer, GA 1983, S. 409; Rüping, ZStW Bd. 95 (1983), S. 899; Warschko, Vorbeugende Verbrechensbekämpfung, S. 98; Notzon, Zum Rückgriff auf polizeirechtliche Befugnisse zur Gefahrenabwehr im Rahmen der vorbeugenden Verbrechensbekämpfung, S. 7; ähnlich auch Deutscher Richterbund, DRiZ 1993, S. 448.

[885] Maas, DRiZ 1967, S. 8.

[886] Die Befürchtung von Kalk, DuD 23 (1999), S. 445, die fehlende Rechtskontrolle Europols durch die Staatsanwaltschaft hätte zur Folge, dass die Daten aus den Analysedateien nicht hinreichend ausgewertet werden können, ist daher unbegründet.

[887] Schoreit, ZRP 1982, S. 289f.; im Ergebnis ähnlich Wick, DRiZ 1992, S. 219; Warschko, Vorbeugende Verbrechensbekämpfung, S. 182f.

[888] Schoreit, ZRP 1982, S. 289.

chende Kontrollbefugnis hat, kann auch die Polizei die Ermittlungen selbstständig führen.

(2) Grundsatz der Gewaltenteilung

Der Grundsatz der Gewaltenteilung steht der Übertragung der Ermittlungstätigkeit auf die Polizei in eigener Verantwortung nicht entgegen. Es wird vorgebracht, jede Kompetenzverlagerung auf die Polizei sei von vornherein ausgeschlossen, weil die Erfahrungen der Vergangenheit dazu geführt haben, mit der Schaffung der Staatsanwaltschaft eine judikative Stelle im Ermittlungsverfahren einzurichten, die das Ermittlungsverfahren in die Hand der Justiz zurückführe und insofern Abstand vom Polizeistaat nehme[889]. Daraus folgt jedoch nicht zwingend, dass nicht auch die Polizei die Ermittlungen führen könnte. Die Staatsanwaltschaft hat aus verfassungsrechtlichen Gründen der Gewaltenteilung eine Kontrollfunktion gegenüber der Polizei wahrzunehmen. Die Ermittlungen dürfen nicht von Zweckmäßigkeitsgesichtspunkten geprägt werden. Das bedeutet jedoch nicht, dass alle Ermittlungen in der Hand der Staatsanwaltschaft liegen müssen. Die Kontrollbefugnis sichert der Staatsanwaltschaft die Möglichkeit, polizeiliches Ermittlungsverhalten zu korrigieren und etwa im Fall der Nichteinleitung von Ermittlungen trotz Vorliegen eines Anfangsverdachts darauf hinzuwirken, dass ein Ermittlungsverfahren eingeleitet wird. Auch in Fällen der Wirtschaftskriminalität, in denen die Staatsanwaltschaft regelmäßig eine leitende Funktion hat, bleibt es der Staatsanwaltschaft ungenommen, durch eine sehr differenzierte Kontrolle die Ermittlungen zu leiten. Die Korrektivaufgaben des Staatsanwalts fordern, dass ihm das eigene Ermittlungsrecht nicht vollständig beschnitten wird, weil er sich sonst ganz in die Hand der Polizei geben müsste[890]. Eine eigene Ermittlungstätigkeit der Polizei, sofern sie von der Staatsanwaltschaft kontrolliert wird, begegnet jedoch im Hinblick auf die Gewaltenteilung keinen Bedenken.

cc) Anklageerhebung

Es schließt sich die Frage an, ob die anklagende Instanz im Strafprozess aus verfassungsrechtlichen Gründen zwingend die Staatsanwaltschaft sein muss. Der Grundsatz der Gewaltenteilung scheint einer Anklagebefugnis der Polizei zunächst nicht entgegenzustehen. Die Klageerhebung durch ein der Exekutive angehörendes Organ hat eine Kontrollfunktion gegenüber den Gerichten. Da die Tätigkeit des Gerichts nach §§ 155, 264 StPO durch den Umfang der angeklagten Tat begrenzt ist, legt die anklagende Instanz den richterlichen Entschei-

---

[889] Görgen, ZRP 1976, S. 62.
[890] Riehle, Die rechtsstaatliche Bedeutung der Staatsanwaltschaft, S. 378.

dungsrahmen durch die Bestimmung des Prozessgegenstandes fest[891]. Der Beschuldigte wird dadurch vor einer willkürlichen Ausdehnung der gerichtlichen Untersuchung geschützt. Daraus lässt sich jedoch keine Erkenntnis darüber gewinnen, ob diese Funktion zwingend durch die Staatsanwaltschaft wahrgenommen werden muss. Die Gewaltenteilung erfordert, dass Initiativkompetenzen nicht von einem Organ der Judikative wahrgenommen werden, sondern von einem Teil der Exekutive[892]. Dem würde die Initiative durch die Polizei als Exekutivgewalt ebenfalls gerecht.

Auch aus dem Legalitätsprinzip ergibt sich ein Anklagemonopol der Staatsanwaltschaft zunächst nicht zwingend. Nach einem ordnungsgemäß geführten und von der Staatsanwaltschaft überwachten Ermittlungsverfahren ist die Anklageerhebung oft nur noch eine Formsache, um das gerichtliche Verfahren einzuleiten. Die Erkenntnisse und Beweise aus dem Ermittlungsverfahren werden systematisiert und aufgearbeitet, um sie dem Strafrichter zuzuführen. Das scheint auch die Polizei leisten zu können.

Es muss jedoch auch bei Einleitung des strafgerichtlichen Verfahrens die Justizförmigkeit des Verfahrens gewährleistet sein. Bei der Anklageerhebung besteht gleichermaßen die Gefahr, dass der möglichst zweckmäßige Einsatz das materielle Gerechtigkeitsstreben überwuchert[893]. Um die Anklageerhebung an die materielle Gerechtigkeit zu binden, muss sie von den Ermittlungen abgekoppelt werden, die von dem Aufklärungszweck bestimmt sind[894]. Das Recht der Staatsanwaltschaft, eine das Ermittlungsverfahren abschließende Entscheidung zu treffen, folgt zum einen aus der Pflicht zur Gewährleistung der Justizförmigkeit des gesamten Strafverfahrens – also aus Gründen des Legalitätsprinzips. Zum anderen ist der Grundsatz der Gewaltenteilung von Bedeutung, da es zu einer gegenseitigen Kontrolle und Mäßigung kommt. Die Staatsanwaltschaft steht – auch wenn die nach deutschem Verständnis der Exekutive zuzuordnen ist – der Polizei unabhängig gegenüber und gewährleistet im Rahmen ihrer Kontrollbefugnis eine Mäßigung polizeilichen Handelns. Die Notwendigkeit der Kontrolle ist mit Abschluss der polizeilichen Ermittlungen nicht beendet, sondern erstreckt sich auf das gesamte Strafverfahren und insbesondere auf die das Ermittlungsverfahren abschließende Entscheidung, da an dieser Stelle die Weichen für den gesamten weiteren Strafprozess gestellt werden. Das Anklagemonopol muss daher aus rechtsstaatlichen Gründen bei der Staatsanwaltschaft liegen.

---

[891] Riehle, Die rechtsstaatliche Bedeutung der Staatsanwaltschaft, S. 417; Schmidt, Lehrkommentar, Nr.352.

[892] Koller, Die Staatsanwaltschaft, S. 315.

[893] Gössel, GA 1980, S. 334.

[894] Gössel, GA 1980, S. 334, 344.

dd) Zwischenergebnis

Die Polizei muss aus Gründen der Gewaltenteilung und des Legalitätsprinzips im Bereich der Strafverfolgung von der Staatsanwaltschaft kontrolliert werden können. Die Führung der Ermittlungen durch die Polizei, sofern sie von der Staatsanwaltschaft kontrolliert wird, ist verfassungsrechtlich zulässig. Der Staatsanwaltschaft muss allerdings das Anklagemonopol zustehen.

d) Die staatsanwaltschaftliche Einbindung Europols

Aus Sicht des Grundgesetzes können für die staatsanwaltschaftliche Einbindung Europols von vornherein nur solche Maßstäbe gelten, die rechtsstaatlich zwingend sind. Die Leitung polizeilicher Ermittlungen durch die Staatsanwaltschaft ist wie dargelegt nicht zwingend. Einer eigenen Ermittlungskompetenz der Polizei steht weder das Legalitätsprinzip, noch der Grundsatz der Gewaltenteilung entgegen. Allein die Kontrolle der Polizei ergibt sich zwingend aus dem Legalitätsprinzip und dem Grundsatz der Gewaltenteilung. Für die gebotene staatsanwaltschaftliche Kontrolle Europols bedeutet das Folgendes: Die Forderung nach einer europäischen Staatsanwaltschaft kann verfassungsrechtlich von vornherein nur hinsichtlich der Kontrolle Europols begründet sein. Das Grundgesetz macht keine Vorgaben, wem die strafprozessuale Ermittlungstätigkeit an sich obliegen muss.

Die Anklageerhebung nach Abschluss der strafprozessualen Ermittlungen muss nach deutschem Verständnis der Staatsanwaltschaft obliegen. Insofern ergeben sich keine Bedenken. Im gegenwärtigen Rechtsrahmen bleibt das gerichtliche Verfahren vollständig in der Hand der nationalen Stellen; das Anklagemonopol der Staatsanwaltschaft in Deutschland wird nicht angetastet. Erst mit der Schaffung einer europäischen Staatsanwaltschaft, wie sie im Entwurf einer Verfassung für Europa vorgesehen ist, könnte künftig das Anklagemonopol der deutschen Staatsanwaltschaft modifiziert werden. Der Entwurf einer Verfassung für Europa sieht in Art. III 175 II vor, dass eine ausgehend von Eurojust eingesetzte Europäische Staatsanwaltschaft in Zukunft für die Anklageerhebung in Bezug auf Personen zuständig sein könnte, die als Täter oder Teilnehmer schwere, mehrere Mitgliedstaaten betreffende Straftaten zum Nachteil der finanziellen Interessen der Europäischen Union begangen haben. Allerdings müssen sowohl diese Straftaten, als auch die Rechtsstellung der Staatsanwaltschaft, die Modalitäten für die Erfüllung ihrer Aufgaben, die Verfahrensvorschriften und die Regeln für die Zulässigkeit von Beweismitteln und die gerichtliche Kontrolle durch ein europäisches Gesetz festgelegt werden.

Derzeit gibt es Differenzen zwischen zwingenden verfassungsrechtlichen Vorgaben und der Tätigkeit Europols im Hinblick auf das Anklagemonopol der deutschen Staatsanwaltschaft nicht. Entscheidend ist alleine, ob die Tätigkeit Europols einer hinreichenden Kontrolle unterliegt.

Die Tätigkeit Europols bedarf nicht in jeder Hinsicht einer Kontrolle. Das Grundgesetz fordert nur für den repressiven Bereich polizeilicher Tätigkeit die Kontrolle durch die Staatsanwaltschaft. Europol wird nicht ausschließlich strafverfolgend tätig, die Bereiche Repression und Prävention sind eng, an zahlreichen Stellen auch untrennbar, verbunden. Es kann daher nicht gefordert werden, die gesamte Tätigkeit Europols einer staatsanwaltschaftlichen Kontrolle zu unterwerfen, weil es für den präventiven Bereich eine derartige verfassungsrechtliche Vorgabe nicht gibt. Genauso wenig ist es allerdings möglich, pauschal auf die Notwendigkeit der Kontrolle zu verzichten, weil die Tätigkeit Europols nicht allein Strafverfolgung betrifft.
Wie kann nun aber ohne die formale Unterscheidung nach repressiv und präventiv bestimmt werden, in welchen Bereichen Kontrollmechanismen bestehen müssen? Eine Einordnung muss einzelfallbezogen erfolgen. Es gilt für jede einzelne Aufgabe Europols zu entscheiden, inwieweit eine Kontrolle geboten ist. Dabei kommt es entscheidend darauf an, ob zwischen einer bestimmten Aufgabe oder Befugnis Europols und einem laufenden oder zukünftigen strafrechtlichen Ermittlungsverfahren eine Verbindung besteht. Sofern eine Tätigkeit Europols in einem späteren Strafverfahren von Relevanz sein kann, ist es geboten, schon bei dieser Tätigkeit Europols eine Kontrolle durch eine unabhängige Instanz zu fordern. Nationalen Polizeibeamten dürfen in einem konkreten Ermittlungsverfahren keine Europol-Informationen zur Verfügung stehen, die den verfassungsrechtlichen Anforderungen nicht genügen. Bei Informationen, deren Erhebung und Analyse keiner Kontrolle unterliegt, ist nicht gewährleistet, dass sie nicht von Zweckmäßigkeitsgesichtspunkten geprägt sind. Gerade das darf im Ermittlungsverfahren nicht passieren. Die Polizei muss zur Achtung der Legalität angehalten werden. Dürften Europol-Informationen in einem Ermittlungsverfahren verwendet werden, ohne dass sie ihrerseits in Übereinstimmung mit der EPK stehen, wäre diese Legalität gefährdet. Es ist bei dem konkreten Zugriff auf das Informationssystem oder auf ein Analyseergebnis für die zugreifende Stelle kaum möglich, einen Verstoß gegen die Vorgaben der EPK auszuschließen. Es ist denkbar dass die Eingabe der Informationen in das Informationssystem Europols oder die Ergebnisse einer Analyse von Zweckmäßigkeitsdenken geprägt sind. Unterliegt die Tätigkeit Europols hingegen selbst einer Kontrollinstanz, die dazu angehalten ist, über die Einhaltung der Bestimmungen der EPK zu wachen, wird das Risiko eines Abrufs von Daten, die nicht in Einklang mit den gesetzlichen Bestimmungen stehen, minimiert. Dadurch wird Legalität gewährleistet.

Einen Bezug zu einem laufenden oder späteren Strafverfahren gibt es insbesondere im Bereich der Datensammlung und Datenanalyse durch Europol. Die im Informationssystem gespeicherten Informationen und die Ergebnisse von Analysen können von den nationalen Stellen abgerufen und in einem Ermittlungsverfahren verwendet werden. Die Befugnis Europols, Informationen und Erkenntnisse zu sammeln, zusammenzustellen und zu analysieren (Art. 3 I Nr.2 EPK), die Mitgliedstaaten über die sie betreffenden Informationen und in Erfahrung gebrachte Zusammenhänge von Straftaten unverzüglich zu unterrichten (Art. 3 I Nr.3 EPK), die Übermittlung sachdienlicher Informationen an die nationalen Stellen (Art. 3 I Nr.4 EPK) und die Unterhaltung automatisierter Informationssammlungen (Art. 3 I Nr.5 EPK) müssen daher einer Kontrollinstanz unterstehen. Da die EPK eine Unterscheidung nach repressiv und präventiv nicht kennt, müssen etwa die Informationen aus der Analysetätigkeit nicht zwingend in einem Strafverfahren verwendet werde. Es ist auch denkbar, dass Straftaten verhindert werden können, die Daten also präventiv verwendet werden. Entscheidend für das Erfordernis einer Kontrolle ist jedoch alleine, dass die Daten möglicherweise repressiv verwendet werden.

Kontrolle muss bei diesen Tätigkeiten Europols nur insofern stattfinden, als Europol auch eigenverantwortlich tätig wird. Das ist insbesondere nicht der Fall bei der Eingabe von Daten in das Informationssystem durch die nationalen Stellen. Diese Eingabe richtet sich nach dem jeweiligen nationalen Recht, verantwortlich für die Eingabe ist die nationale Stelle[895]. Gleiches gilt für den Abruf der Daten aus dem Informationssystem durch die nationalen Stellen. Dieser richtet sich nach den innerstaatlichen Rechts- und Verwaltungsvorschriften.

Einer staatsanwaltschaftlichen Kontrolle bedarf es nicht, wenn Europol nur den Verkehr und den Austausch zwischen den Mitgliedstaaten erleichtert und eine Kommunikationsschnittstelle darstellt. Das ist der Fall bei der Erleichterung des Informationsaustausches zwischen den Mitgliedstaaten (Art. 3 I Nr.1 EPK), bei der Vertiefung von Spezialkenntnissen und Beratung bei Ermittlungen (Art. 3 II Nr.1 EPK), bei der Ausarbeitung von Gesamtberichten über den Stand der Arbeit (Art. 3 II Nr.3 EPK) und bei der Beratung und Forschung auf den Gebieten der Fortbildung von Bediensteten der zuständigen Behörden, der Organisation und Ausstattung der Behörden, der Methoden zur Verhütung von Straftaten und kriminaltechnischer, kriminalwissenschaftlicher und Ermittlungsmethoden (Art. 3 III Nr.1-4 EPK). Ferner bedarf es keiner staatsanwaltschaftlichen Kontrolle, wenn Europol strategische Erkenntnisse vermittelt, um einen wirksamen und rationellen Einsatz der auf nationaler Ebene für operative Aufgaben vorhandenen Ressourcen zu erleichtern und zu fördern (Art. 3 II Nr.2 EPK).

---

[895] Art. 9 III EPK.

aa) Kontrollmechanismen

Eine europäische Staatsanwaltschaft, welche die Tätigkeit Europols überwacht, gibt es nicht. Gleichwohl sieht die EPK ein differenziertes System vor, wie die Handlungen Europols kontrolliert und überwacht werden. Eine Kontrolle Europols findet durch den Direktor von Europol, den Verwaltungsrat und die Gemeinsame Kontrollinstanz statt.

(1) Direktor

Der Direktor von Europol ist gemäß Art. 29 III Nr.1 EPK verantwortlich für die Erfüllung der Europol übertragenen Aufgaben. Der Direktor hat in allen Bereichen, in denen Europol tätig wird, eine Aufsichtsfunktion dergestalt, dass das Tätigwerden Europols der Verwirklichung der durch die EPK festgelegten Aufgaben entspricht. Es findet damit eine umfassende interne Kontrolle Europols durch den Direktor statt. Der Direktor ist gemäß Art. 29 IV EPK dem Verwaltungsrat über seine Amtsführung rechenschaftspflichtig.
Mittel zur Verwirklichung seiner Kontrollfunktion stehen dem Direktor im Rahmen der Personalverwaltung nach Art. 29 III Nr.3 EPK zu. Er ist Vorgesetzter der stellvertretenden Direktoren und der Bediensteten von Europol, stellt die Bediensteten ein und entlässt sie. Darüber hinaus kommt dem Direktor die Disziplinarbefugnis über die Bediensteten Europol zu. Bei der Verletzung der EPK können den Bediensteten Europols Disziplinarstrafen wie eine schriftliche Verwarnung, ein Verweis, die Einstufung in eine niedrigere Besoldungsgruppe oder die Entfernung aus dem Dienst auferlegt werden[896].
Das Disziplinarverfahren der EPK ist dem deutschen beamtenrechtlichen Disziplinarverfahren in seinen wesentlichen Zügen ähnlich. In Deutschland leitet der Dienstvorgesetzte wegen des Verdachts eines Dienstvergehens Vorermittlungen ein[897]. Ein solcher Verdacht besteht etwa beim Eingang einer Aufsichtsbeschwerde. Nach den Vorermittlungen kann der Dienstvorgesetzte das Verfahren einstellen[898] oder eine Disziplinarverfügung erlassen[899]. Hält er seine Disziplinarbefugnis nicht für ausreichend, kann er eine Entscheidung des höheren

---

[896] Art. 88 II des Personalstatuts von Europol, Abl.EG C 26 vom 30.1.1999, S. 23.
[897] Vgl. etwa § 22 HDO, Art. 27 BayDO, § 27 LDO BW; von Bagatellfällen abgesehen besteht die Pflicht zur Einleitung von Vorermittlungen, vgl. Köhler / Ratz, BDO, § 26, Rn.3; Claussen / Janzen, BDO, § 26, Rn.6a.
[898] Vgl. etwa § 23 HDO, Art. 28 BayDO, § 28 I LDO BW.
[899] Vgl. etwa § 24 I 1 HDO, Art. 29 II BayDO, § 28 II 1 LDO.

Dienstvorgesetzten herbeiführen[900] oder ein förmliches Disziplinarverfahren einleiten[901].
Bei Europol leitet der Direktor ein Disziplinarverfahren von sich aus oder auf Vorschlag des Vorgesetzten des Beamten ein[902]. Wegen seiner formalen Bindung an die Vorgaben der EPK steht dem Direktor bei der Einleitung eines Verfahrens kein Ermessensspielraum zu. Besteht also der Verdacht, dass ein Europol-Bediensteter gegen seine Dienstpflichten verstoßen hat, ist der Direktor zur Einleitung eines Disziplinarverfahrens verpflichtet. Ein solcher Verdacht besteht etwa in den Fällen, in denen die GKI eine entsprechende Bemerkung wegen der Verletzung einer Bestimmung der EPK[903] an den Direktor richtet. Nach der Einleitung des Verfahrens durch den Direktor von Europol wird ein Disziplinarrat gebildet[904]. Die Mitglieder des Disziplinarrates üben ihre Arbeit in voller Unabhängigkeit aus[905]. Der Disziplinarrat kann eigene Ermittlungen führen, um die Tatumstände zu klären[906] und gibt am Ende der Ermittlungen eine begründete Stellungnahme ab, welche Disziplinarstrafe die Handlung nach sich ziehen muss[907]. Die Entscheidung über die Disziplinarmaßnahme trifft dann der Direktor von Europol[908]. Der Verwaltungsrat, der durch seinen Vorsitzenden vom Direktor unterrichtet wird, kann den Fall zur endgültigen Entscheidung an sich ziehen[909].

---

[900] Vgl. etwa § 24 I 2 Alt. 2 HDO; Art. 29 II 2 Alt. 1 BayDO, § 28 II 2 Alt. 1 LDO BW; der höhere Dienstvorgesetzte kann das Verfahren im Übrigen jederzeit an sich ziehen und selbst eine Entscheidung treffen, Vgl. etwa § 28 II HDO, Art. 33 II BayDO, § 29 LDO BW.

[901] Vgl. etwa § 24 I 2 Alt. 1 HDO; Art. 29 II 2 Alt. 2 BayDO, § 28 II 2 Alt. 2 LDO BW.

[902] Art. 89 UA 3 S. 2 des Personalstatuts von Europol, Abl.EG C 26 vom 30.1.1999, S. 23.

[903] Eine solche Bemerkung kann die GKI gemäß Art. 24 V EPK an den Direktor richten, wenn sie Verstöße gegen Bestimmungen des Übereinkommens bei der Speicherung, Verarbeitung oder Nutzung personenbezogener Daten feststellt.

[904] Art. 7 II des Anhangs 7 des Personalstatuts von Europol, Abl.EG C 26 vom 30.1.1999, S. 23.

[905] Art. 8 des Anhangs 7 des Personalstatuts von Europol, Abl.EG C 26 vom 30.1.1999, S. 23; der Vorsitzende, der gemäß Art. 7 I des Anhangs 7 zum Personalstatut von Europol vom Direktor bestellt wird, nimmt gemäß Art. 16 des Anhangs 7 zum Personalstatut von Europol an der Beschlussfassung nicht teil.

[906] Art. 14 des Anhangs 7 zum Personalstatut von Europol, Abl.EG C 26 vom 30.1.1999, S. 23.

[907] Art. 15 des Anhangs 7 zum Personalstatut von Europol, Abl.EG C 26 vom 30.1.1999, S. 23.

[908] Art. 15 des Anhangs 7 zum Personalstatut von Europol, Abl.EG C 26 vom 30.1.1999, S. 23.

[909] Art. 35 des Anhangs 8 zum Personalstatut von Europol, Abl.EG C 26 vom 30.1.1999, S. 23, neu gefasst durch Rechtsakt des Rates vom 19. Dezember 2002, Abl.EG C 24 vom 31.1.2003, S. 1.

(2) Verwaltungsrat

Der Verwaltungsrat ist ein Organ von Europol und setzt sich zusammen aus einem Vertreter pro Mitgliedstaat[910]. Der Verwaltungsrat wirkt gemäß Art. 28 I Nr.11 EPK an der Ernennung und Entlassung des Direktors mit und überwacht gemäß Art. 28 I Nr.12 EPK dessen Amtsführung. Neben der Kontrolle des Direktors kommt dem Verwaltungsrat eine wichtige Kontrollfunktion bei den Analysedateien Europols zu. Diese bedürfen gemäß Art. 12 EPK einer Errichtungsanordnung, welcher der Verwaltungsrat zustimmen muss[911]. In der Errichtungsanordnung werden neben dem Zweck und der Bezeichnung der Datei festgelegt, über welche Personen welche Daten gespeichert werden, unter welchen Voraussetzungen die Ergebnisse übermittelt werden dürfen, wie lange Daten gespeichert werden dürfen und welche Vorgänge zu protokollieren sind. Nur im Ausnahmefall darf gemäß Art. 12 II 1 EPK bei einer besonderen Dringlichkeit der Direktor die Errichtung einer Analysedatei beschließen[912]. Die Zustimmung des Verwaltungsrates ist in diesen Fällen unverzüglich nachzuholen. Eine Übermittlung der Ergebnisse ist bis zur Zustimmung des Verwaltungsrates grundsätzlich ausgeschlossen[913]. Darüber hinaus wirkt der Verwaltungsrat an der Erweiterung der Ziele Europols mit[914], ist an der Ausarbeitung der Durchführungsbestimmungen für die Arbeitsdateien zu Analysezwecke beteiligt[915], gestaltet die Regeln für die Beziehungen Europols zu Drittstaaten und Drittstellen mit[916], entscheidet über Streitigkeiten zwischen einem Mitgliedstaat und Europol oder zwischen Mitgliedstaaten bezüglich Haftungsfragen[917] und wirkt an Änderungen der EPK mit[918]. Die Behauptung, der Verwaltungsrat habe in der konkreten Arbeit praktisch nichts zu sagen, ist unzutreffend[919].

---

910 Art. 28 II EPK.

911 Nach Inkrafttreten eines Änderungsprotokolls, Rechtsakt des Rates vom 27.11.2003, Abl.EG C 2 vom 6.1.2004, S. 1, bedarf die Errichtungsanordnung nicht mehr der Zustimmung des Verwaltungsrates, sondern wird vom Direktor festgelegt. Der Verwaltungsrat kann den Direktor doch jederzeit anweisen, die Errichtungsanordnung zu ändern oder die Datei zu schließen.

912 Das ändert sich nach Inkrafttreten eines Änderungsprotokolls, Rechtsakt des Rates vom 27.11.2003, Abl.EG C 2 vom 6.1.2004, S. 1.

913 Das ergibt sich aus Art. 12 III der Durchführungsbestimmungen für Arbeitsdateien zu Analysezwecke. Allerdings ist in dringenden Ausnahmefällen die Übermittlung nach der Genehmigung des Direktors zulässig.

914 Art. 28 I 2 Nr.1 EPK.

915 Art. 29 I 2 Nr.4 EPK.

916 Art. 28 I 2 Nr.5 EPK.

917 Art. 28 I 2 Nr.21 EPK.

918 Art. 28 I 2 Nr.22 EPK.

919 So Prantl, DRiZ 1997, S. 234, ohne sich allerdings näher mit den Befugnissen und Kontrollmöglichkeiten des Verwaltungsrates auseinander zu setzen.

(3) Gemeinsame Kontrollinstanz

Die wesentliche Kontrolle Europols obliegt neben dem Direktor und dem Verwaltungsrat der GKI. Diese überwacht gemäß Art. 24 EPK die Tätigkeit Europols dahingehend, dass durch die Speicherung, Verarbeitung und Nutzung von Daten nicht die Rechte von Personen verletzt werden. Zur Erfüllung dieser Aufgabe hat die GKI gemäß Art. 24 II EPK Einsicht in alle Akten und Unterlagen, Zugriff auf die gespeicherten Daten und jederzeit ungehinderten Zugang zu allen Diensträumen. Stellt die GKI einen Verstoß gegen Bestimmungen der EPK fest, richtet sie gemäß Art. 24 V EPK eine Bemerkung an den Direktor und fordert ihn auf, innerhalb einer Frist Stellung zu nehmen. Bei Schwierigkeiten wird der Verwaltungsrat befasst[920]. Betrifft der Verstoß den Bereich der Arbeitsdateien zu Analysezwecke, dürfen die Daten bei Befassung des Verwaltungsrates grundsätzlich nicht übermittelt werden[921].

Die umfassende Kontrollfunktion der GKI schlägt sich an zahlreichen Stellen nieder. Die GKI prüft gemäß Art. 12 I 2 EPK, Art. 1 II lit.a GO GKI die Errichtungsanordnungen für Analysedateien, sie prüft gemäß Art. 1 II lit.b GO GKI die Protokollierung der Abrufe personenbezogener Daten nach Art. 16 EPK und sie prüft gemäß Art. 24 III EPK Anwendungs- und Auslegungsfragen im Zusammenhang mit der Tätigkeit Europols bei der Verarbeitung und Nutzung personenbezogener Daten. Nach Art. 24 III EPK ist die GKI ferner zuständig für die Erarbeitung harmonisierter Vorschläge im Hinblick auf gemeinsame Lösungen für bestehende Probleme.

bb) Bedeutung des Art. 30 EPK für die Kontrolle Europols

Der Direktor von Europol, die stellvertretenden Direktoren und die Bediensteten von Europol lassen sich gemäß Art. 30 EPK bei ihrer Tätigkeit ausschließlich von den Zielen und Aufgaben Europols leiten. Sie dürfen von keiner Regierung, Behörde, Organisation oder nicht Europol angehörenden Person Weisungen entgegennehmen oder anfordern. Das bedeutet, dass es eine Kontrolle Europols durch die zuständigen nationalen Justizbehörden nicht gibt. Das wird zum Anlass für die Behauptung genommen, Europol unterliege nicht der Kontrolle durch ein „wirkliches“ Kontrollorgan[922]. Es werde angesichts der verwirrenden Vielfalt der nationalen Rechtsordnungen der Versuch unternommen, Europol-

---

[920] Art. 24 V 3 EPK.

[921] Art. 7 IV der Durchführungsbestimmungen für Arbeitsdateien zu Analysezwecken; auch hier sind bei einer Genehmigung durch den Direktor bei Zustimmung des Verwaltungsrates Ausnahmen möglich.

[922] Prantl, DRiZ 1997, S. 234.

Polizisten weitestgehend von Kontrolle freizustellen und sie geheimdienstmäßig auszustaffieren[923].

In Deutschland wird die Polizei nicht weisungsfrei tätig, sondern ist in eine Behördenhierarchie eingebunden, an deren Spitze ein Minister steht, der dem Parlament rechenschaftspflichtig ist. Die Organisation der Polizei und das Verhältnis der Staatsanwaltschaft zur Polizei sind in anderen europäischen Ländern teilweise anders geregelt. Es gilt jedoch überall der Grundsatz, dass polizeiliches Handeln einer Rechtskontrolle unterliegen muss[924]. In Form von Europol, so wird befürchtet, drohe die Errichtung einer Polizei ohne eine solche rechtliche Kontrolle[925].

Dem kann jedoch nicht gefolgt werden. Europol ist weder geheimdienstmäßig ausstaffiert, noch von jeder Kontrolle freigestellt. Art. 30 I EPK betrifft nicht die Freistellung der Bediensteten und der Direktoren Europols von einer Rechtskontrolle, sondern die Freistellung von inhaltlichen Weisungen. Das zentrale Problem liegt damit nicht bei der rechtsstaatlich gebotenen Rechtskontrolle polizeilichen Tätigwerdens, sondern bei der demokratisch erforderlichen Legitimation polizeilichen Handelns[926].

Allerdings bestehen bei näherer Betrachtung auch hinsichtlich der gebotenen demokratischen Legitimation hoheitlichen Handelns keine Bedenken. Sowohl das europäische als auch das deutsche Recht kennen eine Freistellung bestimmter Exekutivträger von externen Weisungen. Im Gemeinschaftsrecht sind das etwa die Mitglieder der Europäischen Kommission. Sie üben gemäß Art. 213 II EG ihre Tätigkeit in voller Unabhängigkeit und zum allgemeinen Wohl der Gemeinschaft aus. Die Kommissionsmitglieder dürfen bei der Erfüllung ihrer Pflichten keine Anweisungen von einer Regierung oder einer anderen Stelle annehmen. Ziel der Regelung ist es, die Kommissionsmitglieder allein auf die Gemeinschaftsinteressen zu verpflichten und jede Beeinflussung durch die Mitgliedstaaten und Dritte auszuschließen[927]. Das Ziel der Unbeeinflusstheit von nationalen Interessen gilt gleichermaßen für die Tätigkeit von Europol. Europol soll kein Instrument mitgliedstaatlicher Interessen sein, sondern von jeder Beeinflussung unabhängig agieren. Es ist schwer vorstellbar, wie eine Organisation wie Europol wirkungsvoll funktionieren soll, wenn 15 mitgliedstaatliche Regierungen und zahlreiche weitere mit Kriminalitätsbekämpfung befasste Behörden Weisungen erteilen. Der Direktor, die stellvertretenden Direktoren und die Be-

---

[923] Prantl, DRiZ 1997, S. 235.

[924] Ostendorf, NJW 1997, S. 3419.

[925] Ostendorf, NJW 1997, S. 3419; Degenhardt, Europol und Strafprozess, S. 206.

[926] So zutreffend Ellermann, Europol auf dem Weg zu einem „Europäischen FBI"?, Kap.3.A.II.4.a.aa.

[927] *Bleckmann*, in: Bleckmann, Europarecht, Rn.247.

diensteten Europol sollen nur den Zielen und Aufgaben Europols verpflichtet sein. Die Weisungsfreiheit gewährleistet, dass eine effektive Kriminalitätsbekämpfung durch nationale Vorbehalte in einzelnen Fällen nicht erschwert oder gar vereitelt wird. Ziel ist die Gewährung von Unabhängigkeit und Unbeeinflusstheit.
Auch dem deutschen Rechtssystem ist eine Freistellung von inhaltlichen Weisungen nicht fremd. Zahlreiche Institutionen unterliegen nur einer Rechtsaufsicht, etwa unabhängige Ausschüsse, Beschlusskammern und besondere Beauftragte[928]. Eine solche Weisungsungebundenheit ist geboten, wenn spezifischer Sachverstand waltet und die Entscheidungen staatsfern getroffen werden sollen[929]. Diese Ministerialfreiheit ist verfassungsrechtlich zulässig. Weder Art. 20 II 1 GG, Art. 20 II 2 GG noch Art. 65 S.2 GG stehen dem entgegen. Art. 20 II 1 GG legt fest, dass alle Staatsgewalt vom Volk ausgehen muss. Daraus kann jedoch nicht der Schluss gezogen werden, dass auch jede Ausübung staatlicher Gewalt der Einflussnahme durch das Staatsvolk oder dessen Repräsentanten zugänglich sein muss[930]. Die Ausübung der Staatsgewalt betrifft vielmehr Art. 20 II 2 GG. Auch aus dem Grundsatz der Gewaltenteilung ergibt sich jedoch nicht, dass die Regierung gegenüber allen Trägern der Exekutive weisungsbefugt sein muss. Eine uneingeschränkte Kontrolle würde nicht mehr zu einer gegenseitigen Hemmung der Staatsgewalt führen, sondern zur Steigerung der Macht der Exekutivspitze[931]. Schließlich kann auch aus Art. 65 S.2 GG, der jedem Minister innerhalb der Richtlinien der Politik einen eigenen Geschäftsbereich in eigener Verantwortung zuweist, kein Rückschluss auf den Umfang dieses Geschäftsbereichs gezogen werden[932]. Das Bundesverfassungsgericht stellt für die Zulässigkeit eines ministerialfreien Raums auf die konkreten Umstände des Einzelfalls ab und zieht zugleich eine Grenze: Es gibt Regierungsaufgaben, die wegen ihrer politischen Tragweite nicht der Regierungsverantwortung entzogen werden dürfen[933]. Nach deutschem Verständnis darf Weisungsfreiheit somit grundsätzlich verliehen werden, wenn die Objektivität von Entscheidungen gewährleistet wer-

---

[928] Beispiele sind etwa staatliche Prüfungsämter und -ausschüsse, das Bundesausgleichsamt, das Bundeskartellamt, der Bundespersonalausschuss und die Landespersonalausschüsse, das Bundesgesundheitsamt und der Bundesbeauftragte für Datenschutz.
[929] Bull, DRiZ 1998, S. 37; Fichtmüller, AöR 91 (1966), S. 308ff.; Müller, JuS 1985, S. 497; a.A. Loening, DVBl. 1954, S. 175, der von den bestehenden, aus der Verfassung abzuleitenden Ausnahmen abgesehen, ministerialfreie Räume als verfassungsrechtlich unzulässig ansieht.
[930] Fichtmüller, AöR 91 (1966), S. 318; Müller, JuS 1985, S. 503.
[931] Fichtmüller, AöR 91 (1966), S. 320.
[932] Müller, JuS 1985, S. 504; Fichtmüller, AöR 91 (1966), S. 320f.
[933] BVerfGE 9, 268, 282.

den muss oder spezifische Sachkunde oder Erfahrungen in den Entscheidungsprozess einfließt[934].

Gerade die Objektivität des Handelns, unbeeinflusst von nationalen Interessen, ist im Falle Europols grundlegend. Eine spezifische Sachkunde tritt noch hinzu. Bei der Tätigkeit Europols muss kriminalistischer Sachverstand ungestört von politischen Einflüssen zur Geltung kommen können[935]. Auch wenn den nationalen Behörden der Sachverstand nicht abgesprochen werden darf, besteht doch die Gefahr politischer Beeinflussung.

Die Weisungsfreiheit der Bediensteten von Europol hat nicht die Freistellung von jeder Kontrolle zur Folge. Die Handlungen Europols unterliegen einer Rechtskontrolle, die der Direktor von Europol, der Verwaltungsrat und die GKI ausüben. Ausgeschlossen wird lediglich eine inhaltliche Beeinflussung durch nationale Interessen. Art. 30 EPK steht einer wirksamen Kontrolle Europols mithin nicht entgegen.

cc) Notwendigkeit einer europäischen Staatsanwaltschaft

Obwohl es Instanzen gibt, welche die Tätigkeit Europols kontrollieren, gibt es keine übergeordnete europäische Staatsanwaltschaft. Die Instanzen, welche die Tätigkeit Europols überwachen und kontrollieren, sind institutionell bei Europol angesiedelt. Das wirft die Frage auf, ob eine solche Kontrolle den verfassungsrechtlichen Vorgaben des Grundgesetzes gerecht wird oder ob es der Schaffung einer europäischen Staatsanwaltschaft bedurft hätte, die Europol kontrolliert.

Das Legalitätsprinzip begründet nicht die Notwendigkeit, dass die Polizei zwingend von der Staatsanwaltschaft kontrolliert werden muss. Der Grundgedanke des Legalitätsprinzips ist in diesem Zusammenhang, dass Ermittlungen nicht von Zweckmäßigkeitserwägungen geprägt sein dürfen. Die Polizei muss daher zur Einhaltung der Gesetzmäßigkeit angehalten werden. Aus dem Legalitätsprinzip kann jedoch nicht abgeleitet werden, dass diese Kontrolle gerade von einer Staatsanwaltschaft ausgeübt werden muss. Um Zweckmäßigkeitserwägungen auszuschließen, muss lediglich gewährleistet sein, dass die Kontrollinstanz von der Polizei hinreichend unabhängig ist.

Die pauschale Notwendigkeit einer europäischen Staatsanwaltschaft kann auch nicht aus dem Grundsatz der Gewaltenteilung abgeleitet werden. Die Staatsanwaltschaft in Deutschland gehört wie die Polizei selbst der Exekutive an. Das bedeutet, dass es bei der Kontrolle polizeilicher Tätigkeit durch die Staatsanwaltschaft nicht zu einer Hemmung durch eine andere Gewalt kommt. Die Polizei als Exekutivgewalt wird von der Staatsanwaltschaft, die zwar verselbststän-

---

[934] Fichtmüller, AöR 91 (1966), S. 343; Müller, JuS 1985, S. 508.

[935] Darauf verweist zu Recht Bull, DRiZ 1998, S. 38; zutreffend auch Ellermann, Europol auf dem Weg zu einem „Europäischen FBI"?, Kap.3.A.II.4.a.aa.

digt und unabhängig, gleichwohl aber auch Teil der Exekutive ist, kontrolliert. Eine Mäßigung der Staatsgewalt findet innerhalb derselben Gewalt statt. Demzufolge kann die Kontrolle Europols durch den Direktor, den Verwaltungsrat und die GKI nicht von vornherein unzureichend sein. Auch hier kommt es zu einer Mäßigung von Hoheitsgewalt durch eine Kontrollinstanz, die nicht einer anderen Gewalt angehört. Problematisch kann einzig sein, ob eine hinreichende Unabhängigkeit vorliegt, da es nur dann zu einer wirkungsvollen und effektiven Kontrolle kommt.
Es ist somit entscheidend, ob die Instanzen, die Europol kontrollieren, hinreichend von Europol abgelöst sind und ihrer Kontrollfunktion mit der nötigen Unabhängigkeit nachkommen können. Ist das der Fall, kann die Forderung nach einer europäischen Staatsanwaltschaft nur rechtspolitischer Art sein, weil eine hinreichende Kontrolle im Rahmen bestehender Mechanismen gewährleistet ist.

(1) Kontrolle durch den Direktor und den Verwaltungsrat

Für den Direktor und den Verwaltungsrat von Europol ist die nötige Unabhängigkeit problematisch. Es handelt sich sowohl bei dem Direktor, als auch bei dem Verwaltungsrat um Organe von Europol, also Teile der Organisation. Damit geht die Gefahr der Befangenheit einher. Der Direktor überwacht die Aufgaben, die Europol übertragen sind. An keiner Stelle der EPK ist vorgeschrieben, dass ihm bei dieser Aufgabe eine besondere Unbeeinflusstheit oder Unabhängigkeit obliegt. Er ist zwar gemäß Art. 30 EPK von externen Weisungen unabhängig, eine hinreichende Neutralität und Objektivität wird damit jedoch nur partiell erreicht. Eine inhaltliche Unbeeinflusstheit ist angesichts der Tatsache, dass er nach außen als Repräsentant Europols auftritt[936] sogar eher unwahrscheinlich. Auch beim Verwaltungsrat ist die Unbeeinflusstheit nicht hinreichend gewährleistet. Weder in der EPK noch in der Geschäftsordnung des Verwaltungsrates[937] ist vorgegeben, nach welchen Maßstäben der Verwaltungsrat seine Beschlüsse zu fassen hat. Es ist die Beeinflussung von Interessen Europols und von den Interessen der Mitgliedstaaten denkbar. Die Kontrolle durch den Direktor und den Verwaltungsrat scheint daher an mangelnder Objektivität zu leiden.
Das wirft die Frage auf, inwiefern die Instanz, welche die Polizei überwacht, aus rechtsstaatlichen Gründen vollständig unabhängig sein muss. In Deutschland wird gerade die Staatsanwaltschaft nicht völlig unabhängig und eigenverantwortlich tätig. Die Staatsanwaltschaft ist hierarchisch aufgebaut. Gemäß § 146 GVG haben die Beamten der Staatsanwaltschaft den dienstlichen Anweisungen

[936] Der Direktor ist gemäß Art. 29 V EPK gesetzlicher Vertreter von Europol.
[937] Abl.EG C 26 vom 30.1.1000, S. 82.

ihres Vorgesetzten nachzukommen[938]. Weisungen sind sowohl in allgemeiner Form durch Richtlinien, Erlasse und Verfügungen als auch im Einzelfall in Form konkreter Weisungen möglich[939]. Für die Weisungsgebundenheit der deutschen Staatsanwälte gibt es mehrere Gründe[940]. So dient sie in erster Linie der Gewaltenteilung, indem die Ausübung staatlicher Gewalt durch den Staatsanwalt durch eine andere Stelle kontrolliert wird[941]. Das Weisungsrecht sichert zudem das Legalitätsprinzip ab, indem der Staatsanwalt zur Anklage eines Falles angewiesen werden kann[942]. Dem Bürger wird durch die Weisungsgebundenheit eine zusätzliche Rechtsschutzmöglichkeit gegeben, da er die Möglichkeit einer Dienstaufsichtsbeschwerde beim zuständigen Justizminister hat[943]. Bei externen Weisungen gewinnt schließlich das Ressortprinzip an Bedeutung. Der Justizminister ist wegen seiner parlamentarischen Verantwortung zur Erteilung von Weisungen berechtigt[944].
Die Weisungsgebundenheit der deutschen Staatsanwaltschaft hilft für die Beurteilung der Effektivität der Kontrolle Europols durch den Verwaltungsrat und den Direktor jedoch nur bedingt weiter. Entscheidend ist nämlich, dass die Staatsanwaltschaft behördeninternen Weisungen oder Weisungen der Landesjustizverwaltung unterliegt. Die anweisende Stelle ist nicht die Polizei selbst. Im Falle Europols findet hingegen eine Rückkopplung der Instanzen, welche die Tätigkeit Europols kontrollieren sollen, an Europol selbst statt. Zwar können keine Weisungen erteilt werden, eine inhaltliche Beeinflussung des Direktors und des Verwaltungsrates als Organe Europols ist jedoch nicht ausgeschlossen.

---

938 Dieses Aufsichtrecht steht gemäß § 147 Nr.1 GVG dem Bundesjustizminister hinsichtlich des Generalbundesanwalts und der Bundesanwälte, gemäß § 147 Nr.2 GVG der Landesjustizverwaltung hinsichtlich aller staatsanwaltschaftlichen Beamten des betreffenden Landes und gemäß § 147 Nr.3 GVG dem ersten Beamten der Staatsanwaltschaft bei den Oberlandesgerichten und den Landgerichten hinsichtlich aller Beamten der Staatsanwaltschaft ihres Bezirks zu.

939 Krebs, Die Weisungsgebundenheit des Staatsanwalts, S. 59.

940 Zahlreiche Begründungsansätze schlagen jedoch auch fehl, etwa der Gesichtpunkt der Gleichbehandlung, dem durch allgemeine Weisungen und Richtlinien Rechnung getragen werden könne. Eine solche Gleichbehandlung findet zumindest an den Landesgrenzen ihre Schranken, bundesweit wird die Ungleichbehandlung durch länderintern einheitliche Vorgaben eher noch verstärkt. Ebenso unbegründet ist die Annahme, ein unabhängiger Staatsanwalt beinhalte die Gefahr eines Rückfalls in die Inquisition. Die Unabhängigkeit der Staatsanwaltschaft würde nicht zu einer Einordnung als Gericht führen und Anklagetätigkeit und Strafausspruch in eine Hand legen.

941 Amelunxen bei Hoberg, DRiZ 1953, S. 139; Schweichel, ZRP 1970, S. 172.

942 Bucher, JZ 1975, S. 107; Schweichel, ZRP 1970, S. 172; Wagner, NJW 1963, S. 10f.

943 Krebs, Die Weisungsgebundenheit des Staatsanwalts, S. 141.

944 Schweichel, ZRP 1970, S. 172; a.A. Wagner, NJW 1963, S. 8.

Die Kontrolle Europols durch den Direktor und den Verwaltungsrat ist daher zwar nicht wirkungslos[945], aber verfassungsrechtlich nicht hinreichend.

(2) Kontrolle durch die GKI

Im Gegensatz zum Direktor von Europol und dem Verwaltungsrat müssen die Mitglieder der GKI Gewähr für ihre Unabhängigkeit bieten[946]. Bei der Wahrnehmung ihrer Aufgaben nehmen sie von keiner Behörde Weisungen entgegen[947]. In der Geschäftsordnung der GKI[948] werden diese Vorgaben konkretisiert. Die Mitglieder der GKI dürfen nicht gleichzeitig Mitglied eines anderen nach dem Übereinkommen eingesetzten Gremiums oder Mitglied des Personals von Europol sein[949]. Bei einem Interessenkonflikt legt die betroffene Person dieses Interesse offen und nimmt an den Beratungen und der Beschlussfassung in der betreffenden Abstimmung nicht teil[950]. Auch ein Ausschluss der betroffenen Person von einer Sitzung der GKI ist möglich[951]. Durch diese Regelungen wird gewährleistet, dass die Mitglieder der GKI ihre Aufgaben mit der nötigen inhaltlichen Unbeeinflusstheit und Unabhängigkeit wahrnehmen. Die Kontrolle der Tätigkeit Europols durch die GKI scheint daher wirkungsvoll zu sein.
Die Kontrolle durch die GKI begegnet jedoch an anderer Stelle Bedenken: den Reaktionsmöglichkeiten[952]. Stellt die GKI einen Verstoß gegen Bestimmungen der EPK fest, richtet sie eine Bemerkung an den Direktor von Europol, der zur Beantwortung angehalten ist. Die GKI kann keine ausdrückliche Verpflichtung seitens des Direktors aussprechen, die festgestellten Verstöße auch zu unterbinden. Das bedeutet nicht, dass es dem Direktor freigestellt ist, wie er auf die Feststellung eines Verstoßes zu reagieren hat. Nach Art. 29 III 1 EPK obliegt ihm die Verantwortlichkeit für die Erfüllung der Europol übertragenen Aufgagen. Er ist daher schon aus der EPK verpflichtet, die Einhaltung der Bestimmungen zu überwachen. Dabei ist er jedoch möglicherweise beeinflusst. Die GKI kann sich bei einer unzureichenden Reaktion des Direktors an den Verwaltungsrat wenden, der gemäß Art. 28 I Nr.12 EPK die ordnungsgemäße Amtsführung des Direktors überwacht. Auch der Verwaltungsrat prüft die Probleme, auf die ihn die GKI aufmerksam macht, nach Maßgabe der EPK. Er ist an die rechtlichen Vorgaben der EPK gebunden. Die Struktur und Zusammensetzung des Verwal-

[945] Zu eng Degenhardt, Europol und Strafprozess, S. 228, die der Kontrollfunktion des Verwaltungsrates nur eine untergeordnete Bedeutung beimisst.
[946] Art. 24 I 4 EPK.
[947] Art. 24 I 7 EPK.
[948] Geschäftsordnung der Gemeinsamen Kontrollinstanz von Europol vom 23. April 1999, Abl.EG C 149 vom 28.5.1999, S. 1.
[949] Art. 4 II 2 GO GKI.
[950] Art. 4 II 3 GO GKI.
[951] Art. 4 II 4 GO GKI.
[952] So auch Degenhardt, Europol und Strafprozess, S. 242f.

tungsrates bergen jedoch ebenfalls die Gefahr der Befangenheit. Die Befugnisse der GKI, Verstöße gegen die EPK zu sanktionieren, könnten insofern unzureichend sein.
Es bietet sich ein Vergleich mit den Reaktionsmöglichkeiten der sachleitungsbefugten Staatsanwaltschaft in Deutschland an. Die Staatsanwaltschaft ist gemäß § 161 I 1 StPO befugt, Ermittlungen jeder Art durch die Behörden und die Beamten des Polizeidienstes vornehmen zu lassen und Auskunft von allen öffentlichen Behörden zu verlangen. Die Behörden und Beamten des Polizeidienstes sind gemäß § 161 I 2 StPO verpflichtet, einem Ersuchen oder Auftrag der Staatsanwaltschaft zu genügen und in diesem Fall berechtigt, von allen Behörden Auskunft zu verlangen.
Welche Folgen hat es nun, wenn die Polizeibeamten oder eine öffentliche Behörde einem Auftrag oder einem Ersuchen der Staatsanwaltschaft nicht nachkommen? Ein Vorgehen der Staatsanwaltschaft vor den Verwaltungsgerichten scheidet aus, weil bei einer Missachtung eines Auftrages oder eines Ersuchens der Staatsanwaltschaft durch einen Polizeibeamten kein dem Staatsanwalt zustehendes subjektives Recht verletzt wird. Auch der Rechtsweg nach § 23 EGGVG scheidet aus, wenn ein Auskunftsersuchen von einer Polizei- oder Justizbehörde abgelehnt wird[953]. Einzige Möglichkeit der Staatsanwaltschaft ist, im Wege der Dienstaufsicht vorzugehen, also entsprechende Disziplinarmaßnahmen zu veranlassen. Nichts anderes gilt für ein Ersuchen oder einen Auftrag der Staatsanwaltschaft. Lehnt die Polizei die Anordnung ab, kann die Staatsanwaltschaft nur im Rahmen einer Aufsichtsbeschwerde gegen die Polizei vorgehen[954]. Im Rahmen eines Disziplinarverfahrens kann auf einen einzelnen Polizeibeamten etwa ein Verweis, eine Geldbuße, eine Gehaltskürzung, die Versetzung oder die Entfernung aus dem Dienst zukommen[955].
Die EPK kennt ebenfalls derartige Disziplinarmaßnahmen. Zuständig für die Verhängung einer Disziplinarstrafe wie zum Beispiel einer schriftlichen Verwarnung, eines Verweises, der Einstufung in eine niedrigere Besoldungsgruppe oder die Entfernung aus dem Dienst[956] ist der Direktor unter maßgeblicher Beteiligung eines Disziplinarrates. Der Direktor hat bei der Einleitung eines solchen Disziplinarverfahrens keinen Ermessensspielraum. Besteht der Verdacht, dass ein Europol-Bediensteter gegen seine Dienstpflichten verstoßen hat, ist der Direktor zur Einleitung eines Disziplinarverfahrens verpflichtet. Richtet daher die GKI im Rahmen ihrer Kontrolle über die Einhaltung der Bestimmungen der EPK bei der Speicherung, Verarbeitung und Nutzung personenbezogener Daten

---

[953] *Wache,* in: KK, StPO, § 161, Rn.5.
[954] *Wache,* in: KK, StPO, § 161, Rn.30.
[955] Vgl. für Hessen § 5 HDO.
[956] Vgl. Art. 88 II des Personalstatuts von Europol, Abl.EG C 26 vom 30.1.1999, S. 23.

eine Bemerkung der GKI an den Direktor, ist dieser gegebenenfalls zur Ergreifung entsprechender Disziplinarmaßnahmen verpflichtet. Die Entscheidung selbst obliegt nicht ihm alleine, sondern wird unter maßgeblicher Berücksichtigung des Disziplinarrates getroffen[957].
Insgesamt sind die Staatsanwaltschaft als Kontrollinstanz der deutschen Polizei und die GKI als Kontrollinstanz der europäischen Polizei in einer vergleichbaren Lage. Sie können sich bei Verstößen der Polizei gegen gesetzliche Bestimmungen an den Dienstvorgesetzten wenden und damit die Einleitung entsprechender Disziplinarmaßnahmen bewirken. Sowohl in Deutschland, als auch bei Europol wird eine Entscheidung vom Vorgesetzten getroffen, also im Rahmen der behördlichen Hierarchie. Ebenso gibt es sowohl in Deutschland, als auch bei Europol die Möglichkeit, letztlich eine gerichtliche Entscheidung herbeizuführen[958]. Die Reaktionsmöglichkeiten der GKI begegnen hinsichtlich der Bediensteten von Europol somit keinen Bedenken.

Es bleibt die Frage, ob die GKI auch angemessen auf die Verletzung solcher EPK-Bestimmungen reagieren kann, die den Direktor selbst betreffen.
Auf den ersten Blick ist es schwer vorstellbar, wie der Direktor Vorgaben der EPK in gravierender Weise verletzen soll, weil seine Aufgaben im Wesentlichen repräsentative und verwaltungsorganisatorische sind. Die Befugnisse des Direktors betreffen die sensiblen Bereiche der Tätigkeit Europols wie die Analysetätigkeit und die Übermittlung von Daten an Drittstaaten und Drittstellen nur am Rande. Im Bereich der Arbeitsdateien zu Analysezwecken bedarf die Errichtungsanordnung gemäß Art. 12 I 1 EPK der Zustimmung des Verwaltungsrates. Die GKI wird schon über den Entwurf einer Errichtungsanordnung unterrichtet und enthält die entsprechenden Unterlagen. Im Bedarfsfall übermittelt sie dem Verwaltungsrat entsprechende Bemerkungen, Art. 12 I 2 EPK. Beschließt der Direktor im Ausnahmefall angesichts hoher Dringlichkeit die Errichtung einer Datei nach Maßgabe des Art. 12 II EPK ohne die vorherige Zustimmung des Verwaltungsrates, ist das Verfahren unverzüglich einzuleiten und so bald wie möglich zum Abschluss zu bringen. Der Direktor kann also nur im Ausnahmefall eine vorläufige Entscheidung treffen[959].

---

[957] Art. 15 des Anhangs 7 zum Personalstatut von Europol, Abl.EG C 26 vom 30.1.1999, S. 23.

[958] In Deutschland die Entscheidung eines Disziplinargerichts, z.B. nach §§ 29ff. HDO, Art. 34ff. BayDO, §§ 35ff. LDO BW; bei Europol eine Entscheidung des EuGH nach Art. 92f. des Personalstatuts von Europol, Abl.EG C 26 vom 30.1.1999, S. 23.

[959] Nach Inkrafttreten eines Änderungsprotokolls, Rechtsakt des Rates vom 27.11.2003, Abl.EG C 2 vom 6.1.2004, S. 1, kann der Direktor zwar eine Analysedatei selbst eröffnen, unterliegt aber der Kontrolle durch den Verwaltungsrat, der den Direktor jederzeit anweisen kann, die Errichtungsanordnung zu ändern oder die Datei zu schließen.

Bei der Übermittlung von Daten hat der Direktor im Wesentlichen nur eine repräsentative Funktion. Die allgemeinen Regeln der Übermittlung von Daten an Drittstaaten und Drittstellen legt gemäß Art. 18 II EPK der Rat der Europäischen Union fest, dessen Entscheidung vom Verwaltungsrat vorbereitet wird und der die GKI anhört. Die Vereinbarungen mit Drittstaaten und Drittstellen werden bei Nicht-EU-Stellen nach einstimmiger Genehmigung durch den Rat der Europäischen Union nach Stellungnahme der GKI geschlossen[960], bei EU-Stellen nach Genehmigung des Verwaltungsrates nach Anhörung der GKI[961]. Übermittelt der Direktor ausnahmsweise eigenverantwortlich Daten, um die grundlegenden Interessen der betreffenden Mitgliedstaaten im Rahmen der Ziele von Europol zu wahren oder um eine unmittelbare drohende kriminelle Gefahr abzuwenden[962], muss er die GKI unterrichten und die Gründe für seinen Beschluss darlegen. Auf Antrag muss er dem Verwaltungsrat und der GKI auch die Kriterien übermitteln, nach denen er bewertet hat, ob das Datenschutzniveau der Drittstaaten oder Drittstellen in Anbetracht aller Umstände der Übermittlung sowie angesichts der damit verfolgten Ziele, der Art der zu übermittelnden Daten und des Zwecks, zu denen diese übermittelt wurden, angemessen war[963]. Wird der Direktor daher im Ausnahmefall selbst tätig, muss er seine Gründe vollständig offen legen und sich daran messen lassen.

Unabhängig von den im Wesentlichen repräsentativen und verwaltungsorganisatorischen Befugnissen ist jedoch entscheidend, dass der Direktor Vorgesetzter der stellvertretenden Direktoren und der Bediensteten von Europol ist. Im Rahmen dieser Stellung hat er in erheblichem Maße die Möglichkeit zur Einflussnahme. Europol-Bedienstete müssen Anordnungen eines Dienstvorgesetzten, auch wenn sie fehlerhaft erscheinen und schwerwiegende Nachteile zur Folge haben bei einer Bestätigung durch den Vorgesetzten ausführen, sofern nicht Strafvorschriften oder Sicherheitsvorschriften verletzt werden[964]. Der Direktor als oberster Dienstvorgesetzter kann daher in gravierender Weise die tägliche Arbeit Europols beeinflussen. Eine hinreichende Kontrolle muss gewährleistet sein.

---

960 Art. 3 III UA 2 der Bestimmungen über die Übermittlung von personenbezogenen Daten durch Europol an Drittstaaten und Drittstellen, Abl.EG C 88 vom 30.3.1999, S. 1.

961 Art. 3 IV UA 2 der Bestimmungen über die Übermittlung von personenbezogenen Daten durch Europol an Drittstaaten und Drittstellen, Abl.EG C 88 vom 30.3.1999, S. 1.

962 Art. 2 I lit.b der Bestimmungen über die Übermittlung von personenbezogenen Daten durch Europol an Drittstaaten und Drittstellen, Abl.EG C 88 vom 30.3.1999, S. 1.

963 Art. 4 UA 2 der Bestimmungen über die Übermittlung von personenbezogenen Daten durch Europol an Drittstaaten und Drittstellen, Abl.EG C 88 vom 30.3.1999, S. 1.

964 Art. 17 des Personalstatuts von Europol, Abl.EG C 26 vom 30.1.1999, S. 23.

In Deutschland unterliegen auch die Leiter der Polizeidienststellen einer Fach- und Rechtsaufsicht. In Hessen übt die oberste Dienstaufsicht über die nachgeordneten Polizeidienststellen etwa das Landespolizeipräsidium als Abteilung des Ministeriums für Inneres und für Sport aus[965].
Eine Fachaufsicht über den Direktor von Europol, also eine inhaltliche Weisungsbefugnis hinsichtlich der zu erledigenden Aufgaben, wird durch Art. 30 I EPK ausgeschlossen, wonach der Direktor sich bei seiner Tätigkeit allein von den Zielen und Aufgaben Europols leiten lässt und von keiner Regierung, Behörde, Organisation oder nicht Europol angehörenden Personen Weisungen entgegennehmen oder anfordern kann. Das Vorhandensein einer Fachaufsicht ist jedoch an dieser Stelle nicht entscheidend. Entscheidend für die rechtsstaatliche Beurteilung der Kontrollmechanismen ist allein die Rechtsaufsicht, also die Kontrolle der Handlungen des Direktors von Europol auf ihre Rechtmäßigkeit und Vereinbarkeit mit verfassungsrechtlichen Vorgaben. Die Tätigkeit des Direktors muss in jedem Fall einer hinreichenden Rechtskontrolle unterliegen.
Der Direktor von Europol untersteht wie die Bediensteten von Europol einer Rechtskontrolle. Er kann im Rahmen eines Disziplinarverfahrens mit einer schriftlichen Verwarnung, einem Verweis, einer Kürzung des monatlichen Grundgehalts und der Entfernung aus dem Dienst belegt werden[966]. Ein solches Disziplinarverfahren wird eingeleitet, wenn der Direktor vorsätzlich oder fahrlässig die ihm durch das Personalstatut oder durch die EPK auferlegten Pflichten verletzt[967]. Die zahlreichen dem Direktor durch die EPK zugewiesenen Aufgaben, etwa gemäß Art. 29 III EPK die Verantwortung der Europol übertragenen Aufgaben, die laufende Verwaltung, die Personalverwaltung und die sachgerechte Ausarbeitung und Durchführung der vom Verwaltungsrat gefassten Beschlüsse, unterliegen damit einer Rechtsaufsicht. Mechanismen, um im Rahmen der Rechtsaufsicht festgestellte Verstöße des Direktors gegen seine Verpflichtungen aus der EPK zu unterbinden, stehen im Rahmen der Disziplinargewalt zur Verfügung. Ein Disziplinarverfahren wird vom Verwaltungsrat eingeleitet[968], der einen unabhängigen Disziplinarrat einsetzt[969]. Nach Abschluss der

---

965 § 3 Nr.2 der Verordnung über die Organisation und Zuständigkeit der hessischen Polizei (PolOrgVO) vom 18. Dezember 2000, GVBl. 2000 I, S. 644; in Bayern ist oberste Stelle gemäß Art. 4 II des Gesetzes über die Organisation der Bayrischen Staatlichen Polizei (Polizeiorganisationsgesetz – POG) das Staatsministerium des Inneren

966 Art. 19 II des Anhangs 8 zum Personalstatut von Europol, Abl.EG C 26 vom 30.1.1999, S. 23, eingefügt durch Rechtsakt des Rates vom 19.Dezember 2002 zur Änderung des Statuts der Bediensteten von Europol, Abl.EG C 24 vom 31.1.2003, S. 1. Die Steuerbestimmungen des ursprünglichen Anhangs 8 des Personalstatuts werden von dem Beschluss des Europol-Verwaltungsrates vom 16. November 1999, Abl.EG C 65 vom 28.2.2001, S. 6 umfasst.

967 Art. 19 I des Anhangs 8 zum Personalstatut von Europol.

968 Art. 22 II des Anhangs 8 zum Personalstatut von Europol.

969 Art. 22 III des Anhangs 8 zum Personalstatut von Europol.

Ermittlungen gibt der Disziplinarrat mit Stimmenmehrheit eine Stellungsnahme darüber ab, welche Disziplinarmaßnahme angemessen ist[970]. Der Verwaltungsrat kann daraufhin eine schriftliche Verwarnung oder eine Verweis erteilen oder gegenüber dem Rat der europäischen Union eine Stellungnahme abgeben, welche Disziplinarstrafe angemessen ist[971]. Eine Entscheidung trifft dann der Rat der Europäischen Union, der den Direktor gemäß Art. 29 VI EPK gegebenenfalls auch seines Amtes entheben kann.
Der Direktor von Europol wird also nicht ohne Kontrolle tätig, sondern ist dem Verwaltungsrat über seine Amtsführung rechenschaftspflichtig und unterliegt seinerseits einer differenzierten Disziplinarkontrolle durch den Verwaltungsrat, einen Disziplinarrat und den Rat der Europäischen Union, wodurch eine umfassende Rechtskontrolle der Tätigkeit des Direktors gewährleistet wird. Befasst die GKI daher im Rahmen ihrer Aufgabe, die Tätigkeit Europols daraufhin zu überprüfen, ob durch die Speicherung, Verarbeitung und Nutzung von Daten die Rechte von Personen verletzt werden, den Verwaltungsrat mit Schwierigkeiten[972], welche die Amtsführung des Direktors betreffen, muss dieser gegebenenfalls gegen den Direktor disziplinarrechtlich vorgehen. Die GKI kann damit angemessen auf die Verletzungen solcher Bestimmungen der EPK reagieren, die die Tätigkeit des Direktors betreffen.

Insgesamt sind die Reaktionsmöglichkeiten der GKI bei ihrer Aufgabe, zu überprüfen, ob durch die Speicherung, die Verarbeitung und die Nutzung der bei Europol vorhandenen Daten die Rechte von Personen verletzt werden, als verfassungsrechtlich hinreichend zu beurteilen. Im Rahmen der Disziplinargewalt stehen wirkungsvolle Mechanismen zur Verfügung um Verstöße gegen Bestimmungen der EPK aufzudecken und zu unterbinden. Hinsichtlich der Bediensteten von Europol kann die GKI im Rahmen ihrer Kontrolle über die Einhaltung der Bestimmungen der EPK bei der Speicherung, Verarbeitung und Nutzung personenbezogener Daten eine Bemerkung an den Direktor richten, der gegebenenfalls zur Ergreifung entsprechender Disziplinarmaßnahmen verpflichtet ist. Hinsichtlich des Direktors selbst kann die GKI den Verwaltungsrat mit Schwierigkeiten befassen, der gegebenenfalls gegen den Direktor disziplinarrechtlich vorgehen kann.
Die Tätigkeit Europols unterliegt damit zwar nicht der Kontrolle durch eine europäische Staatsanwaltschaft, wohl aber anderen Kontrollinstanzen, denen verschiedene Kontrollmechanismen zur Verfügung stehen. Es kommt dadurch zu einer hinreichenden Kontrolle.

---

[970] Art. 28 des Anhangs 8 zum Personalstatut von Europol.
[971] Art. 31 I, IV des Anhangs 8 zum Personalstatut von Europol.
[972] Art. 24 V 3 EPK.

dd) Erweiterung der Befugnisse Europols

Nach Inkrafttreten eines Änderungsprotokolls zur EPK[973] können Europol-Bedienstete die zuständigen Behörden der betroffenen Mitgliedstaaten ersuchen, Ermittlungen in speziellen Fällen vorzunehmen und zu koordinieren. Darüber hinaus erhalten sie die Befugnis, sich an gemeinsamen Ermittlungsgruppen zu beteiligen und in diesem Rahmen an allen Tätigkeiten der Ermittlungsgruppe – ausgenommen Zwangsmaßnahmen – mitzuwirken. Mit diesen neuen Befugnissen werden die Vorgaben des Art. 30 II lit.a und lit.b des Amsterdamer Vertrages umgesetzt. Die Kontrollmechanismen in der EPK bleiben hingegen unverändert. Der Direktor von Europol und die GKI erhalten keine weiteren Kontrollbefugnisse speziell im Hinblick auf die Erweiterung der Zuständigkeiten. Einzig dem Verwaltungsrat kommt künftig gemäß Art. 28 I Nr.1a EPK n.F. die Aufgabe zu, die Vorschriften für die verwaltungstechnische Handhabung der Teilnahme von Europol-Bediensteten an gemeinsamen Ermittlungsgruppen festzulegen und gemäß Art. 28 I Nr.21a EPK n.F. über Meinungsverschiedenheiten zwischen einem Mitgliedstaat und Europol bezüglich der Haftung bei der Teilnahme an gemeinsamen Ermittlungsgruppen zu entscheiden. Eine inhaltliche Kontrolle der neuen Befugnisse Europols geht damit nicht einher. Weder darf der Verwaltungsrat entscheiden, ob Europol-Bedienstete in einem konkreten Fall an Ermittlungsteams beteiligt werden dürfen, noch kann der Verwaltungsrat bestimmen, in welchen Fällen Ersuchen um die Einleitung strafrechtlicher Ermittlungen an die Mitgliedstaaten gerichtet werden dürfen.

Das wirft die Frage auf, ob die Kontrollinstrumente der EPK auch nach der Erweiterung der Befugnisse Europols noch als ausreichend erachtet werden können. Schon früh wurde gemahnt, das Auseinanderlaufen des polizeilichen Kompetenzgewinns und die Stagnation der Justiz seien nicht mehr akzeptabel, wenn Europol die im Amsterdamer Vertrag zugewiesenen operativen Befugnisse erlange[974]. Das wirft die Frage auf, ob auch die Kontrollstandards im Rahmen des Änderungsprotokolls zur EPK angepasst und weiterentwickelt hättet werden müssen.

(1) Ersuchen um die Einleitung von Ermittlungen

Mit dem Ersuchen um die Einleitung von strafrechtlichen Ermittlungen kann Europol schneller tätig werden und gewinnt an Einfluss. Die Einflussnahme steigt insbesondere deswegen, weil die nationalen Stellen ihre Filterfunktion verlieren. Europol kann sich künftig selbst zum direkten Kooperationspartner jeder Polizei- und Strafverfolgungsbehörde in der EU machen. Auch wenn ein Ersuchen keine rechtliche Verbindlichkeit im Sinne einer Anordnung hat,

---

[973] Rechtsakt des Rates vom 28.11.2002, Abl.EG C 312 vom 16.12.2002, S. 1.
[974] Tolmein, StV 1999, S. 112.

schafft es zumindest einen Begründungsdrang für das Untätigbleiben[975]. Neue Hoheitsrechte werden mit der Befugnis dieses Ersuchens durch Europol allerdings nicht übertragen[976]. Die Wirkung richtet sich nur gegen die mitgliedstaatlichen Stellen, nicht gegen den Einzelnen, der von einer Strafverfolgungsmaßnahme betroffen ist.

Die Befugnis Europols, die Mitgliedstaaten um die Einleitung von strafrechtlichen Ermittlungen zu ersuchen, ist vergleichbar mit der Befugnis Europols, die zuständigen Stellen über die sie betreffenden Straftaten und die in Erfahrung gebrachten Zusammenhänge zu informieren (Art. 3 I Nr.3 EPK), und der Befugnis, Ermittlungen in den Mitgliedstaaten durch die Übermittlung aller sachdienlichen Informationen zu unterstützen (Art. 3 I Nr.4 EPK). Neu ist, dass die Übermittlung von Informationen mit einer konkreten Aufforderung seitens Europols verbunden wird. Grundlagen des Tätigwerdens Europols sind die Daten aus dem Informationssystem und insbesondere die Ergebnisse der Analysetätigkeit. Ein Ersuchen Europols kann entscheidende Bedeutung für ein mitgliedstaatliches Ermittlungsverfahren haben. Die zuständigen nationalen Behörden können einem Ersuchen Europols nachgehen und Ermittlungen in einem konkreten Fall einleiten. Ist das Ersuchen Europols nun von polizeilichem Zweckmäßigkeitsstreben oder von einer aktuellen politischen oder tatsächlichen Entwicklung geprägt, besteht die Gefahr, dass das mitgliedstaatliche Ermittlungsverfahren sachfremd beeinflusst wird. Eine Kontrolle durch die nationale Staatsanwaltschaft scheidet deswegen aus, weil diese auf die von Europol gelieferten Informationen keinen Einfluss hat und weder deren Stichhaltigkeit noch deren Vereinbarkeit mit den Vorgaben der EPK überprüfen kann. Einer Kontrolle bedarf es daher schon vorher bei der „Entstehung" des Ersuchens. Da das Änderungsprotokoll zur EPK keine neue Regelung enthält, muss im Rahmen der bestehenden Kontrollinstrumente eine hinreichende Kontrolle Europols gewährleistet sein.

Hinsichtlich des Inhalts unterliegen die dem Ersuchen zugrundliegenden Informationen vollumfänglich den bestehenden Kontrollmechanismen. In tatsächlicher Hinsicht unterliegt ein Ersuchen Europols um die Einleitung strafrechtlicher Ermittlungen der Kontrolle durch den Direktor und den Verwaltungsrat. Der Direktor ist gemäß Art. 29 III Nr.1 EPK verantwortlich für die Erfüllung der Europol übertragenen Aufgaben, künftig also auch für die Ersuchen Europols um die Einleitung von Ermittlungen. Der Direktor wird seinerseits vom Verwaltungsrat kontrolliert, der die ordnungsgemäße Amtsführung des Direktors überwacht und dem dieser rechenschaftspflichtig ist[977]. Zwar ist die Kontrolle durch den Verwaltungsrat und den Direktor, da sie beide Organe von Europol sind, als

---

[975] Tolmein, StV 1999, S. 115.

[976] Vgl. Kapitel D.II.2.a.cc.

[977] Art. 28 I Nr.12 EPK, Art. 29 IV 1 EPK.

qualitativ schwächer einzustufen als die Kontrolle durch die GKI, sie betrifft jedoch auch nur die tatsächliche Seite des Ersuchens. Insofern gewinnt an Bedeutung, dass ein Ersuchen gerade keine Pflicht zur Einleitung von Ermittlungen begründet. Noch viel weniger kann eine Verpflichtung dahingehend begründet werden, Ermittlungen in bestimmtem Umfang einzuleiten oder in bestimmtem Umfang weiter zu betreiben. Ist daher das Ersuchen an sich sachfremd beeinflusst, ist die Wirkung auf ein mitgliedstaatliches Ermittlungsverfahren gering[978]. Der Sache nach werden nur bestimmte Informationen über in Erfahrung gebrachte Zusammenhänge übermittelt, die inhaltlich einer strengen Kontrolle unterliegen, aber an ein gegebenenfalls sachfremd beeinflusstes Ersuchen gebunden sind. Ein Ermittlungsverfahren muss nicht eingeleitet, ein eingeleitetes Ermittlungsverfahren kann eingestellt werden. Einer umfangreicheren Kontrolle des Ersuchens an sich bedarf es nicht. Die bestehenden Kontrollinstrumente der EPK sind daher für Ersuchen Europols an die Mitgliedstaaten um die Einleitung strafrechtlicher Ermittlungen ausreichend.

(2) Teilnahme an gemeinsamen Ermittlungsgruppen

Die Teilnahme von Europol-Bediensteten an gemeinsamen Ermittlungsgruppen erwächst aus dem Bedürfnis, gegen internationale Kriminalität auch internationale Ermittlungen zu führen[979]. Spezialisten von Europol können die Ermittlungstätigkeit durch ihre Erfahrungen bei der Bekämpfung internationaler Kriminalität erheblich bereichern. Die Tätigkeit Europols ist ab dem Inkrafttreten des Änderungsprotokolls nicht mehr auf die Erhebung, Speicherung und Analyse von Daten und die Übermittlung von Informationen beschränkt. Europol-Bedienstete können vielmehr aktiv vor Ort an den Tätigkeiten einer gemeinsamen Ermittlungsgruppe mitwirken.

Die bestehenden Kontrollmechanismen der EPK sind nicht auf den Einsatz von Europol-Beamten ausgelegt. Zwar ist auch hier der Direktor, der seinerseits vom Verwaltungsrat kontrolliert wird, dazu berufen, die Erfüllung der Europol übertragenen Aufgaben zu überprüfen, diese Kontrolle ist jedoch unzureichend. Die in der EPK vorgesehenen Kontrollinstrumente sind auf einen polizeilichen Informationsverbund zwischen den Mitgliedstaaten zugeschnitten, nicht auf eine zentrale europäische Ermittlungseinrichtung mit eigenen operativen Befugnissen vor Ort[980]. Dabei handelt es sich um eine qualitativ völlig neue Form der polizeilichen Zusammenarbeit[981]. Der Direktor und der Verwaltungsrat üben zudem

---

[978] A.A. Degenhardt, Europol und Strafprozess, S. 287, die befürchtet, Europol werde die Leitung grenzüberschreitender Ermittlungen an sich ziehen.

[979] Dieses Bedürfnis betont Storbeck, in: Politische Studien 98, Nr.359, S. 25.

[980] Gleß / Grote / Heine, Justizielle Einbindung und Kontrolle von Europol, S. 1f.

[981] Martinez Soria, VerwArch 1998, S. 437f.

noch nicht einmal eine externe Kontrolle aus. Polizeiliche Eingriffe in grundrechtlich geschützte Bereiche wie die Wohnung, die Freiheit der Person oder die Telekommunikation müssen jedoch einer externen Kontrolle unterliegen[982]. Die Befugnisse der GKI, die eine unabhängige Kontrolle möglicherweise ausüben könnte, werden jedoch nicht erweitert.
Die einzelnen Modalitäten eines Einsatzes werden nach Art. 3 a II EPK n.F. in einer zwischen dem Direktor von Europol und den zuständigen mitgliedstaatlichen Behörden zu treffenden Vereinbarung festgelegt. Die Regeln für derartige Vereinbarungen werden gemäß Art. 28 I Nr.1a EPK n.F. vom Verwaltungsrat festgelegt. Eine weitergehende Kontrolle geht mit diesen Vereinbarungen jedoch nicht einher. In einer Empfehlung hat der Rat der Europäischen Union ein Modell für eine Vereinbarung einer gemeinsamen Ermittlungsgruppe kreiert[983]. Auch wenn eine Empfehlung keinen verbindlichen Charakter hat, verfolgt sie doch regelmäßig ein bestimmtes politisches Ziel: Den Vertragsstaaten soll im Rahmen einer offiziellen Verlautbarung die Beurteilung des geltenden Rechtsrahmens kundgetan werden. Das impliziert einen Appell an die Loyalität der Mitgliedstaaten[984]. Eine Empfehlung entfaltet insofern zumindest eine politisch verbindliche Wirkung. Nimmt man nun diese Empfehlung des Rates als Grundlage für künftige Vereinbarungen über gemeinsame Ermittlungsgruppen, werden diese Vereinbarungen über das Ziel der Gruppe, die Geltungsdauer der Vereinbarung, den Leiter der Gruppe, die Mitglieder der Gruppe und die organisatorischen Vorkehrungen hinaus nur besondere Regelungen für die Teilnahme einzelner Mitglieder an der Gruppe enthalten. Solche Regelungen sind etwa die Bedingungen, unter denen einzelne Mitglieder von der Vornahme von Ermittlungshandlungen ausgeschlossen werden können, unter denen entsandte Mitglieder Ermittlungen im Einsatzstaat durchführen können, unter denen Maßnahmen ohne ein förmliches Rechtshilfeersuchen möglich sind, unter denen Informationen verwertet werden dürfen und unter denen Waffen mitgeführt oder benutzt werden dürfen[985]. Von der Kontrolle der Handlungen der gemeinsamen Ermittlungsgruppe ist an keiner Stelle die Rede.
Gleichwohl wurde es im Rahmen des Änderungsprotokolls zur EPK nicht versäumt, auch die Kontrollmechanismen der EPK entsprechend anzupassen. Es bedarf keiner Kontrollinstanz, die bei Europol angesiedelt ist, weil eine hinreichende Kontrolle an anderer Stelle gewährleistet ist. Die Teilnahme von Europol an gemeinsamen Ermittlungsgruppen erfolgt gemäß Art. 3a I 2 EPK n.F. nach

---

[982] Gleß / Grote / Heine, Justizielle Einbindung und Kontrolle von Europol, S. 19f.
[983] Empfehlung des Rates vom 8.5.2003, Abl.EG C 121 vom 23.5.2003, S. 1.
[984] Degenhardt, Europol und Strafprozess, S. 281.
[985] Ziffer 9 der Empfehlung des Rates zu einem Modell für eine Vereinbarung über die Bildung einer gemeinsamen Ermittlungsgruppe, Abl.EG C 121 vom 23.5.2003, S. 1.

Maßgabe der Rechtsvorschriften des Mitgliedstaates, in dem der Einsatz erfolgt. Für Deutschland bedeutet das, dass Europol-Bedienstete, die an gemeinsamen Ermittlungsgruppen teilnehmen, an die StPO gebunden sind. Sie können keine über die StPO hinausgehenden Befugnisse für sich in Anspruch nehmen. Folglich unterliegen sie, wie deutsche Polizeibeamte auch, der Kontrolle durch die deutsche Staatsanwaltschaft, welche die polizeiliche Tätigkeit kontrolliert. Europol-Beamte haben bei gemeinsamen strafrechtlichen Ermittlungsgruppen in vollem Umfang den Weisungen der Staatsanwaltschaft Folge zu leisten. Art. 13 III RHÜ[986], auf den Art. 3a I EPK n.F. ausdrücklich verweist, konkretisiert das noch: Die gemeinsame Gruppe wird von einem Vertreter der an den strafrechtlichen Ermittlungen beteiligten zuständigen Behörde des Mitgliedstaates, in dem der Einsatz erfolgt, geleitet. Der Gruppenleiter handelt im Rahmen der ihm nach innerstaatlichem Recht zustehenden Befugnisse. Die Gruppe selbst führt ihren Einsatz gemäß den Rechtsvorschriften des Mitgliedstaates durch, in dem der Einsatz erfolgt.

Durch die Bindung an die mitgliedstaatlichen Rechtsvorschriften ist eine hinreichende Kontrolle der Tätigkeit von Europol-Beamten bei der Beteiligung an gemeinsamen Ermittlungsgruppen gewährleistet. Eine darüber hinausgehende Kontrollinstanz bei Europol direkt oder durch eine europäische Staatsanwaltschaft ist rechtsstaatlich nicht geboten.

e) Fazit

Die Kontrolle Europols durch den Direktor, den Verwaltungsrat und die GKI genügt den verfassungsrechtlichen Anforderungen. Zwar findet nicht, wie in Deutschland, eine umfassende Kontrolle durch eine Instanz statt, die allein zur Kontrolle der Polizei berufen ist, jedoch bedarf es einer solchen auch nicht. Entscheidend ist alleine, ob andere Modelle der Kontrolle eine hinreichend wirksame und effektive Kontrolle gewährleisten. Das ist im Rahmen der EPK der Fall. Die Kontrolle ist auf den Direktor, den Verwaltungsrat und die GKI verteilt. In jeder denkbaren Konstellation gibt es Mechanismen, welche die Einhaltung der Bestimmungen der EPK gewährleisten und damit Legalität verwirklichen. Auch nach der Erweiterung der Befugnisse Europols durch das Änderungsprotokoll zur EPK sind die Kontrollmechanismen hinreichend. Keinesfalls wird mit Europol der polizeiliche Apparat von den letzten Fesseln rechtsstaatlicher Einbindung befreit[987]. Die Forderung nach einer europäischen Staatsanwaltschaft kann nur rechtspolitisch begründet werden. Da die Kontrolle Europols den verfassungsrechtlichen Anforderungen schon in vollem Umfang gerecht wird, stellt

---

986 Übereinkommen über die Rechtshilfe in Strafsachen zwischen den Mitgliedstaaten der Europäischen Union vom 29.5.2000, Abl.EG C 197 vom 12.7.2000, S. 1.

987 So aber Degenhardt, Europol und Strafprozess, S. 210.

sich die weitergehende Frage, ob die Grundsätze des Art. 79 III GG berührt werden, nicht mehr.

2. Richtervorbehalte

Das Charakteristikum eines Richtervorbehaltes ist, dass dem Richter die ausschließliche Kompetenz hinsichtlich bestimmter Verfahrensgegenstände zukommt, er also das „erste Wort" hat[988]. Die Beteiligung des Richters ist obligatorisch, auf ein eventuelles Rechtsschutzbegehren des Betroffenen kommt es nicht an. Richtervorbehalte begründen jedoch keine Alleinzuständigkeit, sondern eine Mitwirkung des Richters. Der Richter kann nicht aus eigener Machtvollkommenheit handeln, sondern ist auf die Initiative der Exekutivbehörde angewiesen[989].

In der EPK gibt es keine Richtervorbehalte. Die Tätigkeit Europols ist daher nicht davon abhängig, dass ein Richter bestimmte Maßnahmen anordnet. Um zu klären, ob das Grundgesetz in bestimmten Konstellationen zwingend eine Beteiligung des Richters zur Legitimierung einer Maßnahme fordert, bedarf es zunächst der Darlegung der Funktion eines Richtervorbehaltes und seiner verfassungsrechtlichen Grundlagen. Davon ausgehend kann untersucht werden, ob es im Einklang mit dem Grundgesetz möglich ist, eine polizeiliche Einrichtung wie Europol zu schaffen, die ohne präventive Beteiligung eines Richters tätig wird.

a) Bedeutung des Richtervorbehalts

Richtervorbehalte dienen verschiedenen verfassungsrechtlichen Anliegen. Zunächst bieten sie präventiven Rechtsschutz gegenüber der Exekutive[990]. Im Gegensatz zu nachträglichem Rechtsschutz durch Art. 19 IV GG wird der Richter nicht angerufen, um eine Maßnahme der öffentlichen Gewalt zu korrigieren, sondern ist vorgeschaltet, damit die Exekutive kein Unrecht begeht. Der Richter entscheidet darüber, ob zu diesem Zeitpunkt und für die Zukunft die Fortdauer einer polizeilichen Maßnahme gerechtfertigt ist[991]. Eng damit verbunden ist die Kompensationsfunktion. Der Richtervorbehalt stellt ein Korrelat dafür dar, dass

---

[988] *Herzog,* in: Maunz / Dürig, GG, Art. 92, Rn.39; *Achterberg,* in: BK, GG, Art. 92, Rn.95; Lin, Richtervorbehalt und Rechtsschutz, S. 217.

[989] *Lisken,* in: Handbuch des Polizeirechts, Kap. K, Rn.48 spricht daher von Richtermitwirkungsgeboten.

[990] *Bettermann,* in: Handbuch des Staatsrechts III, § 73, Rn.10, 66; Maurer, Staatsrecht, § 19, Rn.14; *Herzog,* in: Maunz / Dürig, Art. 92, Rn.39; Hantel, JuS 1990, S. 870; *Pfeiffer,* StPO, § 162, Rn.1; *Amelung,* AK, StPO, § 105, Rn.2; Lin, Richtervorbehalt und Rechtsschutz, S. 217; Prechtel, Das Verhältnis der Staatsanwaltschaft zum Ermittlungsrichter, S. 132ff.; Müller, AnwBl. 1992, S. 349; Wollweber, StV 1997, S. 510; Gusy, GA 1999, S. 329; *Hilger,* FS für Salger, S. 327.

[991] Merten / Merten, ZRP 1991, S. 216.

mit einer Ermittlungsmaßnahme in schwerwiegender Weise in Grundrechte des Betroffenen eingegriffen wird[992]. Das Bundesverfassungsgericht hat dies im Hinblick auf die Durchsuchung herausgestellt[993]. Es führte aus, eine Durchsuchung enthalte regelmäßig einen empfindlichen Eingriff in Grundrechte und müsse daher in der Hand eines Richters liegen, wodurch die Rechtsstaatlichkeit der Durchsuchung gewährleistet werde. Neben der Prüfung durch eine unabhängige Stelle müsse schon vor der Durchsuchung sichergestellt werden, dass aus reinen Gründen der Zweckmäßigkeit oder infolge von politischen oder anderen sachfremden Erwägungen in den Rechtskreis des Einzelnen nicht in weiterem Umfang eingegriffen werde, als es der Zweck der Durchsuchung erfordere[994].
Zum anderen ist der Richtervorbehalt ein Ausdruck der Gewaltenteilung[995]. Die exekutive Macht wird durch den Richtervorbehalt gehemmt und die Anordnungskompetenz auf ein weisungsunabhängiges Staatsorgan verschoben. Über die Vornahme einer Maßnahme soll nicht die Exekutive entscheiden, sondern die Judikative, um zu verhindern, dass exekutive Eingriffsbefugnisse willkürlich gehandhabt werden[996].
Schließlich hat der Richtervorbehalt gesetzeswahrende Funktion. Der Richter prüft unparteiisch und objektiv die Tatbestandsmerkmale der jeweiligen Eingriffsmaßnahme und bietet damit Gewähr für die Wahrung der Grenzen der rechtlichen Zulässigkeit[997]. Der Richter kann aufgrund seiner persönlichen und sachlichen Unabhängigkeit die Rechte des Betroffenen am besten und am sichersten wahren[998].
Eine Anordnungskompetenz des Richters wird jedoch oftmals durchbrochen. In den Polizeigesetzen der Länder kann die Polizei größtenteils trotz Richtervorbehalts bei Gefahr im Verzug auch ohne richterliche Anordnung tätig werden[999]. In der StPO ist an zahlreichen Stellen bei Gefahr im Verzug die Staatsanwaltschaft anordnungsbefugt, mitunter sogar die Hilfsbeamten der Staatsanwaltschaft[1000].

---

[992] Schnarr, NStZ 1991, S. 210.
[993] BVerfGE 20, 162ff.
[994] BVerfGE 20, 162, 223.
[995] Lisken, DRiZ 1979, S. 277; Lisken, ZRP 1980, S. 145, 147; Lisken / Mokros, NVwZ 1991, S. 611; *Lisken,* in: Handbuch des Polizeirechts, Kap. K, Rn.21, Kap. K, Rn.46; Paeffgen, JZ 1997, S. 186; Wollweber, StV 1997, S. 510.
[996] v.Kühlewein, Richtervorbehalt, S. 418.
[997] BVerfGE 77, 1, 51; Lin, Richtervorbehalt und Grundrechtsschutz, S. 231.
[998] BVerfG, U.v. 3.3.04, 1 BvR 2378/98 und 1 BvR 1084/99, Rn. 270; BVerfGE 57, 346, 355f.; 76, 83, 91; BVerfG JZ 2001, S. 1029, 1030f.; dazu kommt die Unbeeinflusstheit in politischer Hinsicht, vgl. BVerfGE 20, 162, 223.
[999] Beispielsweise § 186 I LVG SH bei der längerfristigen Observation; § 15 V HSOG bei dem Einsatz technischer Mittel in Wohnungen.
[1000] Lisken, ZRP 1990, S. 17 bezeichnet den Richtervorbehalt in Anbetracht dessen als sinnlos.

So besteht etwa eine Eilkompetenz für die Staatsanwaltschaft bei der Telefonüberwachung[1001], bei der Postbeschlagnahme[1002] und bei der Rasterfahndung[1003]. Eine Eilkompetenz auch für die Hilfsbeamten der Staatsanwaltschaft gibt es bei Lauschangriffen außerhalb von Wohnungen[1004], bei der Beschlagnahme[1005] und bei Durchsuchungen[1006]. Die Kompetenzen bei Gefahr im Verzug eröffnen der Staatsanwaltschaft und der Polizei die Möglichkeit, auch ohne eine richterliche Anordnung einzugreifen, wenn ansonsten Beweismittel gefährdet wären, also durch die Verzögerung bei Anrufung des Richters der Erfolg der Maßnahme gefährdet wäre[1007]. Diese Regelungen bei Gefahr im Verzug scheinen der soeben dargelegten Bedeutung der Richtervorbehalte diametral entgegen zu laufen[1008]. Die Hilfskompetenz der Staatsanwaltschaft und ihrer Hilfsbeamter dient der Effektivität der Strafrechtspflege[1009]. Der Begriff der „Gefahr im Verzug" ist eng auszulegen, die richterliche Anordnung bleibt die Regel[1010]. Selbst wenn der Staatsanwalt bei Gefahr im Verzug zu einer eigenen Anordnung berechtigt ist, wird die richterliche Kompetenz nicht verdrängt[1011]. In zahlreichen Fällen sieht die StPO vor, dass bei Anordnungen der Staatsanwaltschaft wegen Gefahr im Verzug binnen weniger Tage eine richterliche Entscheidung herbeizuführen ist[1012]. Der Bürger kann zudem bei Zwangsmaßnahmen eine richterliche Überprüfung nach § 98 II 2 StPO analog herbeiführen[1013]. Bei tief greifenden Grundrechtseingriffen gilt dies nach der Rechtsprechung des Bundesverfassungsgerichts auch dann, wenn sich die Maßnahme erledigt hat[1014]. Die richterlichen Zuständigkeiten werden somit zwar durch Gefahrdelegationen durchbrochen, die Entscheidungen dann jedoch vielfach wieder auf den Richter zurück übertra-

---

1001 §§ 100a, 100b StPO.
1002 §§ 99, 100 StPO.
1003 §§ 98 a, 98 b StPO
1004 §§ 100 c I Nr.2, 100 d I StPO.
1005 §§ 94, 98 StPO.
1006 §§ 102, 105 I S.1 StPO.
1007 BVerwGE 28, 285, 291; BVerfGE 51, 97, 111; BVerfG JZ 2001, S. 1029, 1031.
1008 In diesem Sinne: Lin, Richtervorbehalt und Rechtsschutz, S. 167f.; Prechtel, Das Verhältnis der Staatsanwaltschaft zum Ermittlungsrichter, S. 142f.; Albrecht, DRiZ 1998, S. 333; Asbrock, KritV 1997, S. 258; Geppert, DRiZ 1992, S. 410f.; Sommermeyer, NStZ 1991, S. 263; *Rachor,* in: Handbuch des Polizeirechts, Kap. F, Rn.646; Müler, AnwBl. 1992, S. 350.
1009 Umstritten ist, ob die Anordnungskompetenz der Hilfsbeamten gegenüber der des Staatsanwalts nachrangig ist, vgl. etwa Notzon, Zum Rückgriff auf polizeirechtliche Befugnisse zur Gefahrenabwehr im Rahmen der vorbeugenden Verbrechensbekämpfung, S. 109; a.A. *Nack,* in: KK StPO, § 98, Rn.11; Kleinknecht / Meyer-Goßner, StPO, § 98, Rn.6; § 111, Rn.15.
1010 BVerfG, JZ 2001, S. 1029, 1030f.
1011 Schnarr, NStZ 1991, S. 212.
1012 Vgl. etwa §§ 111 e II, 163 d II, 100 d II, 163 e IV StPO.
1013 BGHSt 28, 57, 58 35, 363, 364; 36, 30, 31f.; 36, 242, 245ff.; BGH GA 1981, S. 225f.
1014 BVerfGE 96, 27, 39f.

gen, indem das Gesetz die Exekutive zur Einholung einer richterlichen Bestätigung zwingt[1015] oder der Betroffene eine richterliche Überprüfung veranlasst. Der Richter hat nach einer Eilanordnung des Staatsanwalts genau so, als wäre er von Anfang an damit befasst worden, darüber zu befinden, ob die Voraussetzungen für den strafprozessualen Eingriff gegeben sind[1016]. Es ist nicht etwa im Wege einer *ex tunc* Beurteilung festzustellen, ob die staatsanwaltliche Anordnung – unter Einschluss des Merkmals der Gefahr im Verzug – rechtmäßig war, weil dadurch der Vorrang der richterlichen Anordnungskompetenz verletzt würde[1017]. Der Begriff der Gefahr im Verzug ist ein gerichtlich voll überprüfbarer unbestimmter Rechtsbegriff[1018].
Die Gefahrdelegation ist unverzichtbar, um wirksame Strafrechtspflege betreiben zu können. Im Bereich der Gefahrenabwehr ist die Delegation unverzichtbar, damit die Polizei eine effektive und wirkungsvolle Gefahrenabwehr betreiben kann[1019]. Es wäre jedoch ohne Zweifel wünschenswert, über andere Modelle nachzudenken, insbesondere über einen richterlichen Bereitschaftsdienst. In diesem Sinne hat das Bundesverfassungsgericht betont, dass in bestimmten Konstellationen eine verfassungsrechtliche Verpflichtung bestehe, die Erreichbarkeit eines Ermittlungsrichters gegebenenfalls auch durch Einrichtung eines Eil- oder Notdienstes zu sichern[1020]. Ein solcher Bereitschaftsdienst sei jedoch erst dann geboten, wenn hierfür ein praktischer Bedarf bestehe, der über den Ausnahmefall hinausgehe[1021]. Gleichwohl erachtet auch das Bundesverfassungsgericht etwa den Regelfall eines richterlichen Nachtdienstes als wünschenswert[1022].

b) Verfassungsrechtliche Grundlagen des Richtervorbehalts

aa) Gebot effektiven Rechtsschutzes

Das Erfordernis von Richtervorbehalten könnte bei irreversiblen Grundrechtseingriffen wegen des Gebotes effektiven Rechtsschutzes zwingend

---

[1015] Dies ist insbesondere dann der Fall, wenn es sich um Eingriffe handelt, die typischerweise längere Zeit andauern.

[1016] Schnarr, NStZ 1991, S. 214; Aschmann, Richtervorbehalt, S. 33; Gusy, NJW 1992, S. 461.

[1017] Schnarr, NStZ 1991, S. 214; Aschmann, Richtervorbehalt, S. 34.

[1018] *Rachor*, in: Handbuch des Polizeirechts, Kap. F, Rn.647; *Kunig*, in: v.Münch, GG, Art. 13, Rn.32; *Herdegen*, in: BK, GG, Art. 13, Rn.62; *Papier*, in: Maunz / Dürig, GG, Art. 13, Rn.46.

[1019] Warschko, Vorbeugende Verbrechensbekämpfung, S. 120.

[1020] BVerfGE 103, 142, 156.

[1021] BVerfG, B.v. 10.12.2003, 2 BvR 1481/02, Rn. 13.

[1022] BVerfG, B.v. 10.12.2003, 2 BvR 1481/02, Rn. 13.

sein[1023]. Durch die Einschaltung des Richters wird der Zeitpunkt des Rechtsschutzes vorverlagert. Zwar gewährleistet Art. 19 IV GG einen umfassenden und effektiven Rechtsschutz, der Betroffene kann bei strafprozessualen Eingriffsmaßnahmen jedoch oft nur schwer eine rechtsverletzende Anordnung durch Anrufung eines Gerichts verhindern. Diese Schaffung vollendeter Tatsachen ist aus verfassungsrechtlicher Sicht nicht unbedenklich[1024]. Durch die Vorverlagerung von Rechtsschutz erlangt der Betroffene über die Rechtsweggarantie hinaus eine zusätzliche Sicherheit, dass Grundrechte nicht verletzt werden[1025].

Der präventive Rechtsschutz durch einen Richtervorbehalt kann jedoch verfassungsrechtlich nicht als notwendiger Bestandteil des Art. 19 IV GG eingestuft werden. Die Rechtsschutzgewährung durch einen Richtervorbehalt ist gegenüber der Rechtsschutzgarantie aus Art. 19 IV GG eigenständig und ergänzt diese; die Zielsetzungen sind verschieden. Die Rechtsweggarantie soll einen mangelhaften nachträglichen Rechtsschutz gegenüber der Verwaltung verhindern[1026]. Bei Richtervorbehalten wird hingegen die Anordnungskompetenz für bestimmte Maßnahmen von der Exekutive auf den Richter übertragen[1027]. Der Richter entscheidet ohne Rücksicht auf ein Rechtsschutzbegehren über die Zulässigkeit eines bestimmten Grundrechtseingriffes. Der Richtervorbehalt macht eine nachträgliche gerichtliche Überprüfung nicht entbehrlich, weil dem Betroffenen durch die präventive Einschaltung des Richters gerade kein hinreichender Schutz geboten wird. Das Bundesverfassungsgericht hat betont[1028], dass in Fällen tief greifender Grundrechtseingriffe, die ihrer Natur nach häufig vor einer möglichen gerichtlichen Untersuchung wieder beendet seien, der Betroffene Gelegenheit erhalten müsse, die Berechtigung des Eingriffs auch nach Erledigung gerichtlich klären zu lassen. Ein solch tief greifender Grundrechtseingriff komme vor allem bei solchen Anordnungen in Betracht, die das Grundgesetz dem Richter vorbehalte. Gerade in den Fällen, in denen es einen Richtervorbehalt gibt, besteht daher das Bedürfnis nach einer späteren gerichtlichen Klärung. Es

---

[1023] *Schulze-Fielitz*, in: Dreier, GG, Art. 19, Rn.80, 109; Prechtel, Das Verhältnis der Staatsanwaltschaft zum Ermittlungsrichter, S. 131ff., 155f.; *Hilger*, FS für Salger, S. 327; Bachmann, Probleme des Rechtsschutzes, S. 74.

[1024] BVerfGE 35, 263, 274; 35, 382, 401f.; 37, 150, 153.

[1025] Lin, Richtervorbehalt und Rechtsschutz, S. 246f.; Asbrock, KritV 1997, S. 256; Asbrock, ZRP 1998, S. 17; Prechtel, Das Verhältnis der Staatsanwaltschaft zum Ermittlungsrichter, S. 135; Bachmann, Probleme des Rechtsschutzes, S. 76.

[1026] v.Kühlewein, Richtervorbehalt, S. 103f.

[1027] v.Kühlewein, Richtervorbehalt, S. 89; Bachof, DÖV 1952, S. 394.

[1028] BVerfG NJW 1997, S. 2164.

kann im Rahmen von Art. 19 IV GG sogar Rechtsschutz gegen den Richter geboten sein[1029].

Insofern stellt der Richtervorbehalt keinen hinreichenden Rechtsschutz dar und kann kein Teil der Gewährleistung des Art. 19 IV GG sein. Weder folgt aus dem Gebot effektiven Rechtsschutzes die Notwendigkeit von Richtervorbehalten, noch macht der Richtervorbehalt einen nachträglichen Rechtsschutz entbehrlich. Aufgrund der verschiedenen Zielsetzungen kann das eine das andere nicht ersetzen[1030]. Aus Art. 19 IV GG kann die verfassungsrechtliche Notwendigkeit von Richtervorbehalten daher nicht abgeleitet werden.

bb) Grundsatz rechtlichen Gehörs

Richtervorbehalte könnten aus Gründen des rechtlichen Gehörs rechtsstaatlich zwingend sein. Der Grundsatz rechtlichen Gehörs (Art. 103 I GG) ist das prozessuale „Urrecht" des Menschen[1031] und unmittelbarer Ausdruck von Rechtsstaatlichkeit[1032]. Die Entscheidung des Richters könnte insofern unverzichtbar sein, als sie bei bestimmten Eingriffen verfahrensrechtliche Defizite kompensiert[1033].

Der Richter entscheidet jedoch selbst, ohne die Belange des Betroffenen zu berücksichtigen, da ihm mangels einer Anhörung regelmäßig die Informationen fehlen. Das Bundesverfassungsgericht führte aus, dass es einer nachträglichen Überprüfung der richterlichen Entscheidung bedürfe, um den schützwürdigen Interessen des Betroffenen zu genügen[1034]. Diesen schutzwürdigen Interessen wird durch den Richtervorbehalt nicht hinreichend Rechnung getragen. Ein Defizit im Bereich des rechtlichen Gehörs kann nicht durch eine richterliche Anordnung ausgeglichen werden, die ebenfalls den Anforderungen an das rechtliche Gehör nicht genügt. Vorgaben für die Normierung von Richtervorbehalten ergeben sich aus Art. 103 GG damit nicht.

cc) Grundrechtsschutz

Die verfassungsrechtliche Notwendigkeit von Richtervorbehalten könnte sich aus der Verantwortung des Gesetzgebers für den Grundrechtsschutz aus Art. 1

1029 So ausdrücklich das Bundesverfassungsgericht in seinem Plenumsbeschluss vom 30.4.2003, 1 PBuV 1/02, Rn. 33ff.

1030 Lisken, ZRP 1980, S. 148; Lisken, DRiZ 1979, S. 277.

1031 So das Bundesverfassungsgericht in BVerfGE 55, 1, 6.

1032 BVerfGE 9, 89, 95; 39, 156, 168.

1033 Schnarr, NStZ 1991, S. 210; Gusy, NJW 1992, S. 461; Geppert, DRiZ 1992, S. 406, 409; Asbrock, ZRP 1998, S. 17; Asbrock, KritV 1997, S. 256; Prechtel, Das Verhältnis der Staatsanwaltschaft zum Ermittlungsrichter, S. 134, Müller, AnwBl. 1992, S. 349.

1034 BVerfGE 96, 27, 42.

III, 20 III GG ergeben[1035]. Das Bundesverfassungsgericht betonte wiederholt, der Gesetzgeber sei verpflichtet, organisatorische und verfahrensrechtliche Vorkehrungen zu treffen, um der spezifischen Gefahr einer Grundrechtsverletzung entgegenzuwirken[1036].

Der Annahme des Erfordernisses von Richtervorbehalten, um der Verantwortung für den Grundrechtsschutz gerecht zu werden, kann jedoch entgegengehalten werden, dass sich das Rechtsschutzerfordernis aus Art. 19 IV GG ergibt und ein Rückgriff auf ein allgemeines Prinzip des Grundrechtsschutzes daher weder notwendig noch erforderlich ist[1037]. Das Bundesverfassungsgericht hat nicht gefordert, dass die organisatorischen und verfahrensrechtlichen Vorkehrungen in der Form eines Richtervorbehaltes getroffen werden müssten. Zwar ist ein Richtervorbehalt eine besondere Verfahrenssicherung, mit der solche Vorkehrungen zum Schutz der Grundrechte der Bürger geschaffen werden können. Es handelt sich jedoch keinesfalls um die einzige denkbare Vorkehrung. So sind etwa auch Unterrichtungspflichten oder die Vorschaltung anderer Instanzen möglich[1038]. Schließlich sind weder das Erfordernis organisatorischer und verfahrensrechtlicher Vorkehrungen noch die Verantwortung des Gesetzgebers für den Grundrechtsschutz geeignet, im Einzelfall eine Entscheidung über die Gebotenheit eines Richtervorbehalts zu treffen. Aus der Verantwortung des Gesetzgebers für den Grundrechtsschutz folgt die Notwendigkeit von Richtervorbehalten daher nicht.

dd) Grundsatz der Gewaltenteilung

Die Normierung von Richtervorbehalten dient einem Grundanliegen der Gewaltenteilung: der gegenseitigen Hemmung staatlicher Macht. Der Richter als Teil der Judikative wird in einem Bereich tätig, der funktional betrachtet in den Zuständigkeitsbereich der Exekutive fällt. Dadurch wird eine Barriere und Kontrollinstanz gegenüber dem leichtfertigen Umgang der Exekutive mit tief greifenden Grundrechtseingriffen geschaffen[1039]. Insbesondere im Polizeirecht wird der Gefahr der „Verpolizeilichung" entgegengewirkt[1040]. Der Richtervorbehalt hat die entscheidende Aufgabe, die Ausübung staatlicher Macht zu kontrollie-

---

1035 Lisken / Mokros, NVwZ 1991, S. 613; Gusy, GA 1999, S. 329; *Gusy*, in: v.Mangoldt / Klein / Starck, GG, Art. 104, Rn.39; Asbrock, ZRP 1998, S. 17.

1036 BVerfGE 53, 30, 65; 63, 131, 143; 65, 1, 44.

1037 So zutreffend v.Kühlewein, Richtervorbehalt, S. 455.

1038 Aschmann, Richtervorbehalt, S. 155; Lorenz, JZ 1992, S. 1009; Heckmann, VBlBW, S. 169.

1039 Lin, Richtervorbehalt und Rechtsschutz, S. 234, 244f.; v.Kühlewein, Richtervorbehalt, S. 460; Asbrock, ZRP 1998, S. 17.

1040 v.Kühlewein, Richtervorbehalt, S. 462.

ren[1041]. Die Beteiligung des Richters als objektives Kontrollorgan bietet Gewähr dafür, dass der Betroffene so weit wie möglich vor ungerechtfertigten Eingriffen geschützt ist.
Damit ist jedoch noch keine Aussage getroffen, in welchen Fällen es eines Richtervorbehaltes bedarf. Eine optimale Kontrolle wäre gewährleistet, wenn so oft wie möglich eine richterliche Entscheidung vorgeschaltet wäre. Jede polizeiliche Maßnahme mit einem Richtervorbehalt zu versehen würde jedoch die Trennung zwischen Exekutive und Judikative nahezu auflösen, was der Gewaltenteilung gleichermaßen zuwiderliefe. Der Grundsatz der Gewaltenteilung steht daher einerseits der übermäßigen Normierung von Richtervorbehalten, andererseits aber auch dem zu sparsamen Umgang mit Richtervorbehalten entgegen. Konkreten Vorgaben, in welchen Fällen es eines Richtervorbehalts bedarf, können aus dem Grundsatz der Gewaltenteilung hingegen nicht gewonnen werden.

ee) Schwere der Grundrechtsbeeinträchtigung

Der verfassungsrechtliche Hintergrund von Richtervorbehalten kann schließlich von den ausdrücklich im Grundgesetz normierten Richtervorbehalten her bestimmt werden. Das Grundgesetz normiert an mehreren Stellen Richtervorbehalte, etwa in Art. 13 II, 18 II, 21 II, 100 I, 100 II und Art. 104 II GG. Im polizeilichen Bereich sind insbesondere Art. 13 II GG für die Durchsuchung von Wohnungen und Art. 104 II GG für die Zulässigkeit und Fortdauer einer Freiheitsentziehung von Bedeutung. Diese Normierung erfolgte angesichts der Erfahrungen mit dem Weimarer System, in dem Grundrechte leer liefen[1042]. Der grundgesetzliche Richtervorbehalt aus Art. 13 und 104 GG gilt unabhängig davon, ob eine präventive oder eine repressive Maßnahme den Schutzbereich tangiert[1043].
Der Entwurf des Verfassungskonvents auf Herrenchiemsee sah vor, dass die Freiheit der Person unverletzlich sein und für Festnahmen und ihre Fortdauer das Prinzip der richterlichen Anordnung gelten sollte[1044]. Diese Überlegung war geprägt von den Erfahrungen aus dem Dritten Reich, in dem willkürliche Verhaftungen möglich waren[1045]. Der Freiheitsschutz ist Basis der allgemeinen Rechtsstellung und Entfaltungsmöglichkeit des Bürgers[1046]. Die Freiheit der Person ist ein so hochrangiges Rechtsgut, dass sie nur aus besonders gewichtigen

---

1041 Aschmann, Richtervorbehalt, S. 41.
1042 *Nawiasky*, als Berichterstatter im Unterausschuss I für Grundsatzfragen des Verfassungskonvents auf Herrenchiemsee, 4. Sitzung, in: Protokolle UAG, S. 104ff., *Brill*, in: Der Parlamentarische Rat, Bd. 2, S. 76.
1043 Für die Durchsuchung von Wohnungen ausdrücklich: BVerfGE 51, 97, 106, 109.
1044 Zum geschichtlichen Hintergrund vgl. *Azzola*, in: AK, GG, Art. 104, Rn.1ff.; Hantel, JuS 1990, S. 864f.
1045 Aschmann, Richtervorbehalt, S. 40; Lisken, ZRP 1980, S. 145.
1046 BVerfGE 19, 342, 349; Gerber, DÖV 1952, S. 388.

Gründen eingeschränkt werden darf[1047], weil Eingriffe in die Freiheit der Person die gesamte Grundrechtsausübung und damit die gesamten Lebensumstände der Betroffenen beschränken[1048]. Die Normierung eines Richtervorbehaltes für Eingriffe in die Unverletzlichkeit der Wohnung schützt die räumliche Privatsphäre des Einzelnen. Art. 13 GG soll dem Einzelnen einen elementaren Lebensraum sichern, in dem er grundsätzlich „in Ruhe" gelassen wird[1049].
Zumindest in Fällen der Freiheitsentziehung und der Unverletzlichkeit der Wohnung sind Richtervorbehalte verfassungsrechtlich zwingend. Es stellt sich die Frage, ob die Normierung von Richtervorbehalten auch darüber hinaus bei schweren Grundrechtseingriffen verfassungsrechtlich geboten ist[1050]. Es liegt nahe, andere schwerwiegende Grundrechtseingriffe, die in ihrer Bedeutung mit Art. 13 GG und Art. 104 GG vergleichbar sind, ebenfalls der präventiven Kontrolle durch den Richter zu stellen. Mit dieser Absolutheit kann ein Rückschluss jedoch nicht gezogen werden, weil das Grundgesetz historisch bedingt nur die Freiheitsentziehung und die Unverletzlichkeit der Wohnung unter Richtervorbehalt stellt. Das bedeutet jedoch nicht, dass andere schwerwiegende Grundrechtseingriffe aus verfassungsrechtlicher Sicht der Überwachung und Sicherung durch eine vorgeschaltete Instanz nicht bedürfen. Sie bedürfen allerdings nicht zwingend der Sicherung durch einen Richtervorbehalt. Gleichwohl ist der Richtervorbehalt in vielen Fällen schwerwiegenden Grundrechtseingriffen vorgeschaltet, was verfassungsrechtlich nicht zu beanstanden ist, weil die präventive Beteiligung eines Richters ein geeignetes Mittel ist, um dem verfassungsrechtlichen Anliegen gerecht zu werden, schwerwiegende Grundrechtseingriffe messbar und kontrollierbar zu machen. In jüngeren Gesetzgebungsmaterialien zu Änderungen der StPO kommt die Bezugnahme zur Schwere des Eingriffs deutlich zum Ausdruck[1051]. Das Bundesverfassungsgericht betonte, dass Eingriffe einer besonderen Schwere oder eines besonderen Gewichts am ehesten der Sicherung durch ein gerichtliches Verfahren bedürften[1052]. Den Richter treffe die Pflicht, im Rahmen des Möglichen und Zumutbaren sicherzustellen, dass Grundrechtseingriffe messbar und kontrollierbar blieben[1053]. Je schwerwiegender in die grundrechtlichen Positionen Einzelner eingegriffen wird, desto stren-

1047 BVerfGE 22, 180, 219; 58, 208, 224; 66, 191, 195; 70, 297, 307; Roggan, KritV 1998, S. 344.
1048 BVerfGE 51, 97, 110; Hantel, JuS 1990, S. 870.
1049 BVerfGE 42, 212, 219; 51, 97, 110; 89, 1, 12.
1050 Das verneint v.Kühlewein, Richtervorbehalt, S. 458.
1051 Vgl. Gesetzgebungsmaterialien zum 1. StVRG vom 9.12.1974, BGBl. 1974 I, S. 3393, insbes. BT-Drs. VI / 3478, S. 42f.; BT-Drs. 7/551, S. 40 (zu § 161a StPO); BT-Drs. 8/1482 (zu § 111 StPO); BT-Drs. 12/989, S. 38 (zu § 98b StPO).
1052 BVerfG StV 92, S. 49f.
1053 BVerfGE 42, 212, 220; 44, 355, 371f.; BVerfG NStZ 92, S. 92.

gere Anforderungen müssen an den Eingriff gestellt werden[1054]. Die Anforderungen steigen daher je nach Art, Intensität und möglichen Auswirkungen eines Eingriffs. Darüber hinaus kommt es darauf an, inwiefern vollendete Tatsachen geschafft werden. Können die Folgen eines Eingriffs nicht rückgängig gemacht werden, bedarf es einer umso sorgfältigeren Prüfung, ob die Voraussetzungen tatsächlich erfüllt sind. Zwar ist auch in Konstellationen, in denen die Folgen irreversibel sind, eine nachträgliche richterliche Feststellung der Rechtswidrigkeit des Eingriffs und damit eine gewisse Kompensation möglich. Die nachträgliche Feststellung der Rechtswidrigkeit ist jedoch, selbst wenn sie mit Entschädigungsansprüchen verbunden ist, nicht gleichzusetzen mit der Nichtvornahme des Eingriffs, weil eine strenge Kontrolle der Voraussetzungen erfolgte.
Der Richtervorbehalt ist daher ein Mittel, um der verfassungsrechtlichen Vorgabe zu genügen, schwerwiegende Grundrechtseingriffe mit gegebenenfalls irreversiblen Folgen der zusätzlichen präventiven Kontrolle durch eine übergeordnete Instanz zu unterstellen. Der Richtervorbehalt sichert schwere Grundrechtseingriffe ab und trägt damit der Bedeutung der Gewährleistung von Grundrechten für die freiheitlich demokratische Grundordnung Rechnung[1055].

ff) Zwischenergebnis

Richtervorbehalte tragen nach deutschem Verständnis der verfassungsrechtlichen Vorgabe Rechnung, schwerwiegende Grundrechtseingriffe mit gegebenenfalls irreversiblen Folgen einer zusätzlichen Sicherung zu unterstellen.

c) Die Notwendigkeit von Richtervorbehalten in der EPK

In der EPK gibt es eine präventive Einschaltung eines Richters im Wege eines Richtervorbehaltes nicht. Hinsichtlich der Durchsuchung von Wohnungen und der Freiheitsentziehung, also für die Fälle, für die das Grundgesetz selbst einen Richtervorbehalt vorschreibt, bereitet das keine Schwierigkeiten, da Europol derartige Befugnisse derzeit nicht hat. Allein im Hinblick auf die Intensität der Beeinträchtigungen kann das Fehlen von Richtervorbehalten problematisch sein. Es stellt sich daher die Frage, ob Europol in Bereichen tätig wird, in denen es zu besonders schweren Grundrechtseingriffe kommt. Liegt eine solche Schwere nicht vor, ist das Fehlen von Richtervorbehalten verfassungsrechtlich nicht zu beanstanden. Betrifft die Tätigkeit Europols hingegen solche Bereiche, stellt sich die Frage, ob es andere Schutzmechanismen gibt, die in ihrer Wirkung der Normierung von Richtervorbehalten gleichkommen und insofern einen ver-

---

[1054] v.Kühlewein, Richtervorbehalt, S. 452f. kritisiert, dass die Schwere eines Eingriffs nicht hinreichend bestimmt werden kann; ablehnend auch Aschmann, Richtervorbehalt, S. 132f.

[1055] Warschko, Vorbeugende Verbrechensbekämpfung, S. 118f.; Lin, Richtervorbehalt und Grundrechtsschutz, S. 237ff.; *Gusy*, in: v.Mangoldt / Klein / Starck, GG, Art. 104, Rn.38; Prechtel, Das Verhältnis der Staatsanwaltschaft zum Ermittlungsrichter, S. 130f.

gleichbaren Schutz vor besonders schweren Grundrechtseingriffen gewährleisten.

aa) Die Befugnisse Europols

(1) Intensität der Beeinträchtigungen im Bereich der informationellen Selbstbestimmung

Die Befugnisse Europols betreffen insbesondere den Bereich der informationellen Selbstbestimmung. Bei Beurteilung der Schwere der Eingriffe muss berücksichtigt werden, dass die informationelle Selbstbestimmung einen engen Bezug zur Menschenwürde hat. Mit der Menschenwürde ist es nicht vereinbar, dass der Staat den Menschen zwangsweise in seiner ganzen Persönlichkeit registriert und katalogisiert[1056]. Dem Einzelnen muss zur freien Entfaltung seiner Persönlichkeit ein „Innenraum“ verbleiben, in den er sich zurückziehen kann und zu dem die Umwelt keinen Zutritt hat[1057]. Gerade im Bereich der automatisierten Datenverarbeitung kann es zu erheblichen Grundrechtsbeeinträchtigungen kommen[1058]. In Deutschland wird etwa der Rasterfahndung eine besondere Intensität zugeschrieben, weil die Eingriffsbreite enorm ist. Es ist eine unüberschaubare Menge von Personen betroffen, die gegebenenfalls Folgeeingriffe über sich ergehen lassen müssen[1059].

Im Rahmen der EPK ist der Analysetätigkeit eine besondere Grundrechtsrelevanz beizumessen. Das folgt zum einen aus der Weite des Kreises der Personen, über die Daten gespeichert werden. Neben Straftätern und Verdächtigen dürfen Daten über Zeugen, Opfer, Kontakt- und Begleitpersonen und Personen, die Informationen über eine betreffende Straftat liefern können, gespeichert werden[1060]. Es werden daher auch Daten von Personen erfasst, gegen die noch nicht einmal der Verdacht einer Straftat vorliegt. Dazu kommt, dass personenbezogene Daten in sehr weitem Umfang erhoben werden dürfen. Über Identifizierungsmerkmale von Straftätern und Verdächtigen hinaus können etwa Informationen über Beruf und Qualifikation, Informationen über die wirtschaftlichen und finanziellen Verhältnisse, Informationen zum Verhalten und über verwendete Kommunikationsmittel und Verkehrsmittel gespeichert werden[1061]. Diese Da-

---

[1056] BVerfGE 27, 1, 6.

[1057] BVerfGE 27, 1, 6.

[1058] *Kunig*, in: v.Münch, GG, Art. 2, Rn.38; *Di Fabio*, in: Maunz / Dürig, Art. 2 I, Rn.173; *Bäumler*, in: Handbuch des Polizeirechts, Kap. J, Rn.19.

[1059] Aschmann, Richtervorbehalt, S. 203; a.A. Bernsmann / Jansen, StV 1998, S. 222, die der Ratserfahndung nur eine relativ geringe Eingriffsintensität zuschreiben; a.A. auch Horn, DÖV 2003, S. 748, der die Eingriffsqualität allein qualitativ beurteilt und von quantitativen Erwägungen Abstand nimmt.

[1060] Art. 10 I 1 EPK.

[1061] Art. 6 II der Durchführungsbestimmungen für Arbeitsdateien zu Analysezwecken.

ten können auch über Opfer, Zeugen, Kontakt- und Begleitpersonen und Informanten gespeichert werden, wenn sie für die Analyse der Rolle der betroffenen Person erforderlich sind[1062]. Es ist in den Analysedateien sogar die Speicherung sensibler Daten wie die rassische Herkunft, religiöse oder andere Überzeugungen, politische Anschauungen, Sexualverhalten oder Gesundheit möglich[1063]. Die Intensität der Speicherung ist angesichts des weiten Personenkreises, über den Daten gespeichert werden dürfen, angesichts der Weite der Informationen, die gespeichert werden dürfen und angesichts der Sensibilität der Daten enorm. Trotz der besonderen Schwere der Beeinträchtigung im Rahmen der Analysetätigkeit Europols gibt es in der EPK keinen Richtervorbehalt. Die Errichtung einer Analysedatei ist allerdings nicht ohne weiteres möglich. Gemäß Art. 12 EPK bedarf es der Zustimmung des Verwaltungsrates zu einer detaillierten Errichtungsanordnung[1064]. Es gilt zu klären, ob diese Errichtungsanordnung eine der Normierung eines Richtervorbehalts vergleichbare Wirkung hat und verfassungsrechtlichen Vorgaben dadurch in gleichem Maße Rechnung getragen wird.

(2) Zulässigkeit der Vorschaltung nichtrichterlicher Instanzen bei schweren Grundrechtseingriffen

Der Richtervorbehalt hat eine Kontrollfunktion. Es soll gewährleistet werden, dass Eingriffe in grundrechtlich geschützte Positionen messbar und kontrollierbar bleiben. Insbesondere sollen die Voraussetzungen schwerer Grundrechtseingriffe mit gegebenenfalls irreversiblen Folgen besonders sorgfältig geprüft werden. Die Errichtungsanordnung einer Arbeitsdatei zu Analysezwecken müsste diese Ziele gleichermaßen verwirklichen.

Dem deutschen Polizeirecht ist die Vorschaltung nichtrichterlicher Instanzen bei Grundrechtseingriffen besonderer Intensität nicht fremd. Grundsätzlich können auch nichtrichterliche Instanzen dem verfassungsrechtlichen Anliegen der Kontrolle schwerer Grundrechtseingriffe gerecht werden. Gerade im Bereich der vorbeugenden Verbrechensbekämpfung haben die Polizeigesetze der Länder sehr facettenreich die polizeilichen Eingriffsermächtigungen der Kontrolle einer übergeordneten Instanz unterstellt, ohne dass es sich dabei um einen Richter handelt. So gibt es Anordnungskompetenzen für Beamte des höheren Diens-

---

[1062] Art. 6 III UA 2, Art. 6 IV UA2, Art. 6 V UA 2, Art. 6 VI UA 2 der Durchführungsbestimmungen für Arbeitsdateien zu Analysezwecken. .

[1063] Art. 5 II der Durchführungsbestimmungen für Arbeitsdateien zu Analysezwecken.

[1064] Nach Inkrafttreten eines Änderungsprotokolls, Rechtsakt des Rates vom 27.11.2003, Abl.EG C 2 vom 6.1.2004, S. 1, bedarf die Errichtungsanordnung nicht mehr der Zustimmung des Verwaltungsrates. Der Verwaltungsrat kann den Direktor von Europol jedoch jederzeit anweisen, die Errichtungsanordnung zu ändern oder die Datei zu schließen. Die vorgeschaltete Zustimmung wird damit durch eine ex post Kontrolle ersetzt, um das langwierige Verfahren zur Errichtung einer Analysedatei abzukürzen.

tes[1065], die Kompetenz des Behördenleiters ohne Delegationsbefugnis[1066], die Kompetenz des Behördenleiters mit Unterdelegationsbefugnis[1067], die Kompetenz der Behördenleitung mit Unterdelegationsbefugnis und Gefahrdelegation[1068], die Kompetenz der Behördenleitung bei Zustimmung des Innenministeriums[1069], die Kompetenz des Behördenleiters bei Zustimmung der Staatsanwaltschaft[1070] und die Anordnung durch das Innenministerium[1071].

Die Anordnung einer Maßnahme durch den Behördenleiter hat gegenüber der Vorschaltung eines Richters erhebliche Vorteile. Bei der Einschaltung eines Behördenleiters wird Zeit und Aufwand gespart, weil der Vorgang die Sphäre der zuständigen Behörde nicht verlässt[1072]. Der Richter ist bei seiner Entscheidung hingegen wesentlich auf den Lagevortrag der Polizei angewiesen[1073]. Dazu kommt, dass sich der Behördenleiter innerhalb des hierarchischen Behördenaufbaus verantworten muss. Der Richter ist persönlich nicht verantwortlich, also nicht wie der Behördenleiter in eine Behördenhierarchie mit Aufsichtsinstanzen eingebettet[1074]. Schließlich kann der Behördenleiter den polizeilichen Einsatz auch nach Anordnung der Maßnahme weiter beobachten und gegebenenfalls eingreifen[1075]. Eine richterliche Anordnung ergeht demgegenüber nach einmaliger Prüfung der Eingriffsvoraussetzungen. Nach der Anordnung durch den Richter kann die Polizei in eigener Verantwortung weiter handeln[1076].

Es sind jedoch nicht ausschließlich Vorteile mit der Anordnung durch den Behördenleiter verbunden. Es gibt auch gewichtige Nachteile. Die Vorschaltung gerade eines Richters vor Grundrechtseingriffen besonderer Intensität erlangt im Hinblick auf dessen Unabhängigkeit Bedeutung. Der Richter ist ein von der Exekutive unabhängiges Organ, also frei von Einzelweisungen[1077], Verwaltungsvorschriften und sonstiger vermeidbarer Einflussnahme auf die rechtsprechende Tätigkeit[1078]. Mit der Einschaltung eines Richters ist ein justizförmiges Verfah-

---

[1065] Beispielsweise § 25 III ASOG Bln für die längerfristige Observation und den Einsatz technischer Mittel außerhalb von Wohnungen.

[1066] Etwa in § 35 IV BbgPolG für verdeckte Ermittler.

[1067] Etwa in § 17 IV HSOG für die Ausschreibung zur polizeilichen Beobachtung.

[1068] Etwa in § 15 III HSOG für die längerfristige Observation und den Einsatz technischer Mittel.

[1069] Etwa in Art. 44 II BayPAG für die Rasterfahndung.

[1070] Etwa in § 18 V SOG LSA für verdeckte Ermittler.

[1071] Etwa in § 23 IV HmbGDatPol für die Rasterfahndung.

[1072] v.Kühlewein, Richtervorbehalt, S. 462; Aschmann, Richtervorbehalt, S. 216.

[1073] Heckmann, VBlBW 1992, S. 169; Gusy, StV 1993, S. 274.

[1074] Lorenz, JZ 1992, S. 1010, Fn. 122.

[1075] Lisken / Mokros, NVwZ 1991, S. 613.

[1076] Aschmann, Richtervorbehalt, S. 172.

[1077] BVerfGE 14, 56, 69; 26, 186, 198; 27, 312, 322; 31, 137, 140; 60, 175, 214.

[1078] BVerfGE 26, 79, 93f.; 55, 372, 389.

ren verbunden[1079]. Der Behördenleiter besitzt keine dem Richter vergleichbare Unabhängigkeit, da er Teil der Behörde ist. Er ist in die Behördenhierarchie eingebunden. Es können Zielkonflikte zwischen einer rechtsstaatliche Ausrichtung und der effektiven Erfüllung der Aufgaben entstehen[1080].
Aus deutscher Sicht sind mit der Anordnung einer Maßnahme durch den Behördenleiter folglich sowohl Vor- als auch Nachteile gegenüber der Anordnung durch den Richter verbunden. Welcher Schluss kann daraus nun für die verfassungsrechtliche Zulässigkeit der Anordnung durch den Behördenleiter gezogen werden? Zumindest in den Fällen, in denen das Grundgesetz einen Richtervorbehalt vorsieht, darf die Anordnungsbefugnis nicht dem Behördenleiter zustehen. Im Zusammenhang mit der Durchsuchung von Wohnungen und der Freiheitsentziehung muss daher immer ein Richter vorgeschaltet sein. In anderen Bereichen bedarf einer differenzierten Betrachtung, wie der Zweck, Grundrechtseingriffe messbar und kontrollierbar zu machen, am besten erreicht werden kann und wie am besten gewährleistet werden kann, dass diese präventive Kontrolle möglichst effektiv ist.
Im Bereich der informationellen Selbstbestimmung erfolgen polizeiliche Eingriffe regelmäßig für einen längeren Zeitraum. Die Anordnung einer Maßnahme muss dem Rechnung tragen. Einer Kontrolle bedarf nicht allein das „ob“ der Maßnahme, sondern auch die Durchführung und gegebenenfalls die Anordnung zur Beendigung der Maßnahme. Zu diesem Zweck kann die Dauer einer Maßnahme von vornherein beschränkt werden[1081]. Die polizeirechtlichen Eingriffsermächtigungen verpflichten teilweise auch zur Beendigung der Maßnahme, wenn die Voraussetzungen für die Anordnung nicht mehr vorliegen, der Zweck der Maßnahme erreicht ist oder nicht mehr erreicht werden kann[1082]. Gerade in diesem Bereich ist der Behördenleiter zur Kontrolle prädestiniert. Es ist dem anordnenden Richter nicht möglich, die Vorgehensweise der Polizei fortwährend zu überwachen und einzugreifen, wenn der Zweck der Maßnahme erreicht ist oder nicht mehr erreicht werden kann. Das richterliche Tätigwerden ist regelmäßig auf die einmalige Anordnung beschränkt. Der Behördenleiter hingegen kann die Ausführung der Maßnahme überwachen. Er ist mit der Arbeitsweise und den tatsächlichen Umständen eines polizeilichen Einsatzes vertraut und kann aktiv verfolgen, ob die Eingriffsvoraussetzungen nach wie vor vorliegen. Gerade das ist bei länger andauernden Eingriffen entscheidend. Die Anordnung der Maßnahme ersetzt nicht die laufende Kontrolle. Eine solche laufende Kon-

---

[1079] Aschmann, Richtervorbehalt, S. 168.
[1080] v.Kühlewein, Richtervorbehalt, S. 463; Lisken / Mokros, NVwZ 1991, S. 613.
[1081] Eine solche Befristung gibt es etwa in § 17 IV HSOG, Art. 33 V BayPAG; § 21 III 4 PolG NRW.
[1082] Zum Beispiel § 17 VI HSOG, Art. 36 IV BayPAG; § 21 III 6 PolG NRW.

trolle ist allein bei der Anordnung und fortwährenden Überwachung durch den Behördenleiter gewährleistet. Die Gefahr der sachlichen und persönlichen Unabhängigkeit wiegt demgegenüber weniger schwer. Zum einen kann keinesfalls unterstellt werden, dass der Behördenleiter stets beeinflusst ist. Zum anderen unterliegen die Anordnungen des Behördenleiters sowohl der hierarchischen Aufsicht innerhalb der Behörde als auch der nachträglichen gerichtlichen Kontrolle. Im Bereich längerandauernder Maßnahmen im Bereich der informationellen Selbstbestimmung ist ein Behördenleitervorbehalt daher besser als der Richtervorbehalt geeignet, eine präventive Kontrolle zu gewährleisten, um Grundrechtseingriffe zu kontrollieren[1083]. Bei Europol könnte die Errichtungsanordnung einer Arbeitsdatei zu Analysezwecken, die der Zustimmung des Verwaltungsrates bedarf, mit einem Behördenleitervorbehalt vergleichbar sein und den verfassungsrechtlichen Anforderungen insofern genügen.

(3) Die Errichtungsanordnung für Arbeitsdateien zu Analysezwecken

Die Errichtungsanordnung für Arbeitsdateien zu Analysezwecken muss gemäß Art. 12 EPK neben dem Zweck und der Bezeichnung der Datei festlegen, über welche Personen Daten gespeichert werden, welche Arten von Daten gespeichert werden dürfen, welche Vorgaben an die Anlieferung und Eingabe der zu speichernden Daten zu stellen sind, unter welchen Voraussetzungen in der Datei gespeicherte personenbezogene Daten an welchen Empfänger in welchem Verfahren übermittelt werden dürfen und welche Prüffristen, welche Speicherungsdauer und welche Protokollierungsregeln gelten. Die Zustimmung des Verwaltungsrates zu der Errichtungsanordnung bedeutet daher die umfassende Billigung eines Analyseprojekts. Neben dem Verwaltungsrat wird die GKI über den Entwurf einer Analysedatei unterrichtet. Der GKI obliegt die Kontrolle über die Speicherung, Verarbeitung und Nutzung von Daten. Bei Schwierigkeiten befasst die GKI wiederum den Verwaltungsrat[1084]. Treten also während der Durchführung eines Analyseprojekts datenschutzrechtliche Schwierigkeiten auf, wird über die GKI der Verwaltungsrat befasst, der die Probleme prüft, auf die ihn die GKI aufmerksam macht[1085], und der Stellungsnahmen zu den Bemerkungen und Berichten der GKI abgibt[1086]. Dadurch ist gewährleistet, dass nicht nur die Errichtung einer Analysedatei durch den Verwaltungsrat gebilligt wird, sondern auch der weitere Verlauf der Analyse und die Analyseergebnisse seiner Kontrolle und der Kontrolle durch die GKI unterliegen. Durch die Zustimmung zu der

---

1083 A.A. Aschmann, Richtervorbehalt, S. 218, der einen Behördenleitervorbehalt nicht in gleichem Maße wie den Richtervorbehalt für geeignet hält, das Recht auf informationelle Selbstbestimmung zu schützen.

1084 Art. 24 V 3 EPK.

1085 Art. 28 I 2 Nr.9 EPK.

1086 Art. 28 I 2 Nr.8 EPK.

Errichtungsanordnung wird der Verwaltungsrat in detaillierter Weise mit einem bestimmten Analyseprojekt befasst. Es bietet sich an, dass die Instanz, die mit der Anordnung betraut ist, auch mit der Kontrolle der Durchführung befasst wird. Der Verwaltungsrat von Europol hat im Gegensatz zu einem externen Richter eine erheblich höhere Sachkenntnis, da er sich fortwährend mit derartigen Konstellationen befasst und auch die entscheidend besseren Möglichkeiten besitzt, die Folgen der Anordnung zu überwachen und gegebenenfalls zu reagieren. Das ist im Bereich der Arbeitsdateien zu Analysezwecken von großer Bedeutung, da es sich nicht um einen zeitlich eng begrenzten Grundrechtseingriff handelt, sondern die Analyseergebnisse gespeichert werden, um sie in Zukunft zur Kriminalitätsbekämpfung nutzen zu können. Damit ist ein dauerhafter Eingriff in das Recht auf informationelle Selbstbestimmung verbunden.
Die Konstellation der Analysedateien ist daher ähnlich gelagert wie schwerwiegende Eingriffe in das Recht auf informationelle Selbstbestimmung in den Polizeigesetzen der deutschen Länder. Eine wirksame Kontrolle setzt spezifische Sachkenntnis voraus und die praktischen Möglichkeiten, die Maßnahme auch nach der Anordnung überwachen zu können. Das kann weder in Deutschland noch bei Europol ein externer Richter leisten. Die Gefahr der Beeinflusstheit der anordnenden Instanz tritt demgegenüber zurück[1087]. Die Errichtungsanordnung einer Arbeitsdatei zu Analysezwecken genügt den verfassungsrechtlich zu stellenden Anforderungen.

bb) Die künftigen Befugnisse Europols

Die Befugnisse Europols werden nach Inkrafttreten eines Änderungsprotokolls zur EPK[1088] erweitert. Europol kann künftig die Mitgliedstaaten um die Einleitung strafrechtlicher Ermittlungen ersuchen und sich an gemeinsamen Ermittlungsgruppen der Mitgliedstaaten in unterstützender Funktion beteiligen. Es stellt sich die Frage, ob mit dieser Erweiterung der Befugnisse schwere Grundrechtseingriffe verbunden sind, die eines Richtervorbehaltes oder einer vergleichbaren Sicherung bedürfen.
Mit den Ersuchen Europols an die Mitgliedstaaten um die Einleitung von strafrechtlichen Ermittlungen sind keine schwerwiegenden Grundrechtseingriffe verbunden, die eines Richtervorbehalts oder einer anderen verfahrensrechtlichen Absicherung bedürfen. Die Befugnisse Europols werden qualitativ nur unwesentlich erweitert, da Unterrichtungen über in Erfahrung gebrachte Zusammen-

---

[1087] In Deutschland wird bisweilen die Forderung nach Einschaltung einer mit Unabhängigkeit ausgestatteten Behörde, etwa einer Datenschutzbehörde, gefordert, vgl. v.Kühlewein, Richtervorbehalt, S. 465. Dieser Forderung wird durch die Beteiligung der GKI Rechnung getragen.

[1088] Rechtsakt des Rates vom 28. November 2002, Abl.EG C 312 vom 16.12.2002, S. 1.

hänge von Straftaten auch im derzeitigen Rechtsrahmen gemäß Art. 3 I Nr.3 EPK möglich sind. Ebenso ist es gemäß Art. 3 I Nr.4 EPK derzeit schon möglich, die Ermittlungen in den Mitgliedstaaten durch die Übermittlung aller sachdienlichen Informationen zu unterstützen. Neu ist, dass sich Europol künftig nicht mehr allein an die nationale Verbindungsstelle, sondern an jede zuständige Stelle des betroffenen Mitgliedstaates wenden kann. Darüber hinaus kann die Übermittlung von Informationen mit dem formalen Ersuchen um die Einleitung strafrechtlicher Ermittlungen verbunden werden. Es gibt jedoch keine Verpflichtung, dass die mitgliedstaatlichen Stellen derartige Ermittlungen auch tatsächlich einleiten. Durch die neue Aufgabe Europols werden keine Befugnisse zu weitergehenden Grundrechtseingriffen gegeben. Es bedarf daher auch keiner verfahrensrechtlichen Absicherung.
Anders ist es mit der Teilnahme von Europol-Bediensteten an gemeinsamen Ermittlungsgruppen. Europol-Bedienstete können künftig mit Ausnahme der Ergreifung von Zwangsmaßnahmen an allen Tätigkeiten des gemeinsamen Ermittlungsteams mitwirken. Damit gehen gegebenenfalls erhebliche Grundrechtseingriffe einher.
Der Einsatz eines Teams erfolgt jedoch nach Maßgabe der Rechtsvorschriften des Mitgliedstaates, in dem der Einsatz erfolgt. Die Kontrolle schwerwiegender Grundrechtseingriffe obliegt daher den jeweiligen Mitgliedstaaten. In Deutschland gelten für Einsätze eines gemeinsamen Ermittlungsteams die StPO und die Gefahrenabwehrgesetze der Länder. Die präventive Einschaltung eines Richters oder andere verfahrensrechtliche Sicherungen wie die Anordnung einer Maßnahme durch den Behördenleiter erfolgen damit nach den Vorgaben der StPO und den Polizeigesetzen der Länder. Einer zusätzlichen Sicherung auf Ebene der EPK bedarf es nicht.

d) Fazit

Die Tätigkeit Europols hat im Bereich der Analyse eine hohe Grundrechtssensibilität. Es kann zu dauerhaften und schweren Grundrechtseingriffen kommen. Die verfahrensrechtlichen Vorgaben der EPK – die Errichtungsanordnung – genügen den verfassungsrechtlichen Anforderungen an die Anordnung bestimmter Maßnahmen durch den Richter oder eine vergleichbare Instanz. Auch die anstehende Erweiterung der Zuständigkeiten Europols führt nicht zu einem umfassenderen Anordnungsbedarf. Für die Ersuchen Europols um die Einleitung strafrechtlicher Ermittlungen deswegen nicht, weil keine weitergehende Befugnis zu Grundrechtseingriffen geschaffen wird, für die Teilnahme an gemeinsamen Ermittlungsgruppen nicht, weil die Einsätze nach Maßgabe des nationalen Rechts erfolgen. Den verfassungsrechtlichen Vorgaben an die justizielle Einbindung der Polizei wird im Hinblick auf die präventive Beteiligung eines Richters in vollem

Umfang Rechnung getragen. Eine Berührung der in Art. 79 III GG niederlegten Grundsätze ist daher von vornherein ausgeschlossen.

3. *Rechtsschutz*

Der Rechtsschutz gegen Europol weicht von dem deutschen System, wie ein Einzelner gegen polizeiliche Maßnahmen vorgehen kann, erheblich ab. Es gibt kein europäisches Gericht, das zur Kontrolle der Rechtmäßigkeit der Tätigkeit Europols berufen ist. Rechtsschutz gewähren die GKI und in bestimmten Konstellationen die nationalen Gerichte. Es wird zu untersuchen sein, ob das Grundgesetz im Rahmen der Anforderungen an die Gewährung effektiven Rechtsschutzes für Modifikationen Raum lässt und der Rechtsschutz gegen Europol den grundgesetzlichen Maßstäben gerecht wird.

a) Verfassungsrechtliche Vorgaben für die Gewährleistung effektiven Rechtsschutzes

Das Recht bedarf, um seinen Geltungsanspruch zu realisieren, einer Ergänzung durch eine Garantie für dessen Beachtung. Rechtsstaatlichkeit beinhaltet daher notwendigerweise die Gewährung eines wirksamen Rechtsschutzes[1089]. Die Garantie eines Rechtsweges bedeutet nicht nur, dass überhaupt ein Rechtsweg eröffnet sein muss, sondern richtet sich auch auf eine tatsächlich wirksame und effektive gerichtliche Kontrolle[1090]. Die Anforderungen eines effektiven Rechtsschutzes werden, soweit sie nicht ausdrücklich im Grundgesetz niedergelegt sind, aus Art. 19 IV GG abgeleitet. Ihnen kommt damit verfassungsrechtlicher Rang zu.

Rechtsschutz bedeutet, dass der Einzelne gegen die Beeinträchtigung von subjektiven Rechten durch die Staatsgewalt vorgehen kann. Um den Rechtsschutz als effektiv anzusehen, müssen zumindest folgende Anforderungen erfüllt sein: persönliche und sachliche Unabhängigkeit der Richter sowie Unparteilichkeit[1091], angemessene Aufklärung des Streitgegenstandes in tatsächlicher und rechtlicher Hinsicht[1092], ein faires Verfahren mit Anspruch auf rechtliches Ge-

---

[1089] BVerfGE 46, 17, 28f.; 54, 277, 291; *Schnapp*, in: v.Münch, GG, Art. 20, Rn.27.

[1090] BVerfGE, 35, 263, 274; 35, 382, 401; 40, 272, 275; 37, 150, 153; 41, 23, 26; 41, 323, 326; 42, 128, 130; 44, 302, 305; 49, 329, 341; 51, 268, 284; 53, 115, 127f,; 54, 39, 41; 54, 94, 97; 61, 82, 111; 65, 1, 70; 77, 275, 284; 78, 88, 99; 81, 123, 129; 84, 34, 49; 84, 59, 77; 88, 118, 123f.; 93, 1, 13; 96, 27, 39; 101, 106, 122; 101, 397, 407.

[1091] BVerfGE 11, 230, 233; 49, 220, 242; 49, 329, 340; *Krüger / Sachs*, in: Sachs, GG, Art. 19, Rn.134; *Jarass*, in: Jarass / Pieroth, GG, Art. 19, Rn.35.

[1092] Zur Vereinbarkeit eines Beurteilungsspielraums mit den Vorgaben aus Art. 19 IV GG siehe: *Krüger / Sachs*, in: Sachs, GG, Art. 19, Rn.134; *Jarass*, in: Jarass / Pieroth, GG, Art. 19, Rn.47f.; *Krebs*, in: v.Münch, GG, Art. 19, Rn.65; *Schulze-Fielitz*, in: Dreier, GG, Art. 19 IV, Rn.88ff.; *Schmidt-Aßmann*, in: Maunz / Dürig, GG, Art. 19 IV, Rn.185ff.

hör[1093], ein Recht auf Information über den Verfahrensstoff und Waffengleichheit. Eine Entscheidung muss zudem innerhalb einer angemessenen Zeit erfolgen[1094]. Ein Urteil muss, um hinreichende Wirkung zu entfalten, grundsätzlich in Rechtskraft erwachsen und vollstreckungsfähig sein[1095]. Voraussetzung für die Gewährung von Rechtsschutz ist in Deutschland die mögliche Verletzung eines subjektiven Rechts. Popular- oder Verbandsklagen sind grundsätzlich nicht möglich[1096].

b) Rechtsschutz gegen Europol

Rechtsschutz gegen Maßnahmen Europols gewährt neben den nationalen Gerichten die GKI[1097]. Die GKI muss daher strukturell den Anforderungen an ein Gericht gerecht werden. Das erscheint in vielerlei Hinsicht problematisch. Auch die Möglichkeiten des Einzelnen, vor den nationalen Gerichten vorzugehen, scheinen im Hinblick auf die Effektivität des Rechtsschutzes erhebliche Schwächen aufzuweisen.

aa) Stellung der Mitglieder der Gemeinsamen Kontrollinstanz

Die GKI setzt sich zusammen aus höchstens zwei Mitgliedern oder Vertretern jeder nationalen Kontrollinstanz[1098]. Die EPK legt nicht fest, dass es sich bei diesen Mitgliedern um Juristen handeln muss, die Mitglieder müssen lediglich unabhängig sein und die nötige Befähigung besitzen[1099]. Die beiden deutschen Vertreter der GKI werden vom Bundesministerium des Inneren ernannt, wobei einer vom Bundesbeauftragten für Datenschutz, der andere vom Bundesrat vorgeschlagen wird[1100].

Für Beschwerden nach Art. 19 VI, VII, VIII EPK, Art. 20 IV EPK ist der Beschwerdeausschuss der GKI zuständig[1101]. Dieser Beschwerdeausschuss ist mit je einem Mitglied der Delegation eines jedes Mitgliedstaates besetzt[1102]. Gegen

---

[1093] BVerfGE 38, 105, 111; 57, 259, 274f.; 64, 135, 145.

[1094] BVerfGE 54, 39, 41; 55, 349, 369; 60, 253, 269; 88, 118, 124; 93, 1, 13; *Krüger / Sachs,* in: Sachs, GG, Art. 19, Rn.144; *Jarass,* in: Jarass / Pieroth, GG, Art. 19, Rn.46; *Krebs,* in: v.Münch, GG, Art. 19, Rn.64; *Schulze-Fielitz,* in: Dreier, GG, Art. 19 IV, Rn.83; *Schmidt-Aßmann,* in: Maunz / Dürig, GG, Art. 19 IV, Rn.262f.

[1095] BVerfGE 60, 253, 269f.; *Krüger / Sachs,* in: Sachs, GG, Art. 19, Rn.134; *Schulze-Fielitz,* in: Dreier, GG, Art. 19 IV, Rn.104; *Schmidt-Aßmann,* in: Maunz / Dürig, GG, Art. 19 IV, Rn.281ff.

[1096] Vgl. etwa BVerfG NVwZ 2001, S. 1149; *Krebs,* in: v.Münch, GG, Art. 19, Rn.58; *Schulze-Fielitz,* in: Dreier, GG, Art. 19 IV, Rn.43f.

[1097] Zu dem Rechtsschutzsystem der EPK vgl. oben, Kapitel B.II.4.

[1098] Art. 24 I 3 EPK; Art. 4 I GO GKI.

[1099] Art. 24 I 4 EPK; Art. 12 II GO GKI.

[1100] Art. 2 § 6 II Europol-Gesetz.

[1101] Art. 11 I GO GKI.

[1102] Art. 12 I GO GKI.

die Unabhängigkeit der Mitglieder des Beschwerdeausschusses der GKI bestehen sowohl in persönlicher, als auch in sachlicher Hinsicht Bedenken.

(1) Persönliche Unabhängigkeit

Die Mitgliedschaft im Beschwerdeausschuss GKI endet gemäß Art. 12 IV 1 GO GKI, wenn die betroffene Person von ihrem Amt zurücktritt oder aus der GKI ausscheidet. Zu einem Ausscheiden aus der GKI kommt es gemäß Art. 4 V GO GKI, wenn die betreffende Person aus der Tätigkeit der nationalen Kontrollinstanz ausscheidet, ohne im Amt bestätigt zu werden oder wenn die Ernennung zum Mitglied im Einklang mit den nationalen Rechtsvorschriften widerrufen wird. Das erscheint im Hinblick auf die persönliche Unabhängigkeit bedenklich. Die persönliche Unabhängigkeit der Richter konkretisiert in Deutschland Art. 97 II GG. Ein Richter kann vor Ablauf seiner Amtszeit nur unter den gesetzlich bestimmten Voraussetzungen und gegen seinen Willen nur bei einer gerichtlichen Entscheidung abberufen werden. Für die Beendung der Mitgliedschaft im Beschwerdeausschuss der GKI bedarf es einer gerichtlichen Entscheidung nicht. Die Tätigkeit endet gemäß Art. 12 IV 1 GO GKI mit dem Rücktritt der betreffenden Person oder dem Ausscheiden aus der GKI, also dem Ausscheiden aus der nationalen Kontrollinstanz oder dem Widerruf der Ernennung. Diese persönliche Unabhängigkeit der Mitglieder des Beschwerdeausschusses der GKI scheint dadurch gefährdet[1103].

Art. 97 II GG gilt nach dem eindeutigen Wortlaut jedoch nur für hauptamtlich und planmäßig endgültig angestellte Richter. Die Mitglieder des Beschwerdeausschusses der GKI erfüllen diese Voraussetzungen nicht, die Vorgaben des Art. 97 II GG gelten daher nicht unmittelbar. Allerdings müssen Richter auch außerhalb des Anwendungsbereiches des Art. 97 II GG ein Mindestmaß an persönlicher Unabhängigkeit besitzen[1104]. Der völlige Verzicht auf persönliche Unabhängigkeit würde die sachliche Unabhängigkeit, die Art. 97 I GG uneingeschränkt für alle Richter vorschreibt, gefährden[1105]. Gewisse Mindestanforderungen an die persönliche Unabhängigkeit ergeben sich daher schon aus Art. 97 I GG. Neben Art. 97 I GG kann Art. 33 V GG herangezogen werden. Art. 33 V GG legt fest, dass das Recht des öffentlichen Dienstes unter Berücksichtigung der hergebrachten Grundsätze des Berufsbeamtentums zu regeln ist. Auch für Richter werden dadurch charakteristische Grundsätze vorgegeben[1106]. Zwar

[1103] Unzutreffend ist die Behauptung Harings, Grenzüberschreitende Zusammenarbeit, S. 324, dass die Mitglieder der Kontrollinstanz während ihrer Amtszeit grundsätzlich unabsetzbar sind; ähnlich auch Mayer, Datenschutz und Europol, S. 152.

[1104] BVerfGE 87, 68, 85; *Detterbeck*, in: Sachs, GG, Art. 97, Rn.31.

[1105] *Detterbeck*, in: Sachs, GG, Art. 97, Rn.31; *Herzog*, in: Maunz / Dürig, GG, Art. 97, Rn.47.

[1106] BVerfGE 12, 81, 88; *Detterbeck*, in: Sachs, GG, Art. 97, Rn.32.

können die inhaltlichen Anforderungen des Art. 97 II GG nicht gleichermaßen aus Art. 33 V GG herausgelesen werden, die persönliche Unabhängigkeit eines jeden Richters ist jedoch ein elementarer Grundsatz, der in Art. 33 V GG Niederschlag findet[1107].

Es stellt sich die Frage, ob die Möglichkeiten der Beendigung der Tätigkeit eines Mitglieds des Beschwerdeausschusses der GKI in Art. 12 IV, 4 V 3 GO GKI mit diesen Vorgaben vereinbar sind[1108].

Es gilt zunächst zu bedenken, dass es auch im deutschen Recht Konstellationen gibt, in denen ein Richter ohne gerichtliche Entscheidung gegen seinen Willen des Amtes enthoben werden kann. So kann nach § 22 DRiG ein Richter auf Probe und nach §§ 23 i.V.m. 22 DRiG ein Richter kraft Auftrag ohne gerichtlichen Beschluss durch Verfügung der Dienstbehörde des Amtes enthoben werden. Ausreichend ist in diesen Fällen, dass die einfachgesetzlichen Voraussetzungen erfüllt sind. Art. 33 V GG wird durch diese Regelung nicht verletzt[1109]. Das lässt es fragwürdig erscheinen, im Zusammenhang mit der Abberufung eines Mitglieds des Beschwerdeausschusses der GKI immer einen gerichtlichen Beschluss zu fordern. Es lässt sich jedoch einwenden, dass in Deutschland die Tätigkeit eines Richters auf Probe eine vorübergehende ist, bei der es einer gewissen Flexibilität noch bedarf, während regelmäßig hauptamtlich und planmäßig endgültig angestellte Richter Recht sprechen. Der Beschwerdeausschuss der GKI ist hingegen ständig von Mitgliedern besetzt, die nur für eine bestimmte Zeit in dieser Funktion tätig werden. Insofern besteht die Gefahr, dass die Anforderungen des Art. 97 I GG an die persönliche Unabhängigkeit von Richtern leer laufen, wenn allein das formale Kriterium maßgebend ist, ob ein Richter hauptamtlich und planmäßig endgültig angestellt ist.

Gleichwohl wird im Rahmen der Art. 12 IV, 4 V 3 GO GKI die persönliche Unabhängigkeit der Mitglieder des Beschwerdeausschusses der GKI hinreichend gewährleistet. Für den Fall des Rücktritts eines Mitglieds wird den verfassungsrechtlichen Vorgaben in vollem Umfang Rechnung getragen. Einer gerichtlichen Entscheidung bedarf es in Deutschland bei der Abberufung eines Richters vor Ablauf der Amtszeit nur, wenn die Abberufung gegen dessen Willen erfolgt. Ein Rücktritt ist ohne die Herbeiführung einer gerichtlichen Entscheidung möglich. Gleiches muss auch für die Mitglieder des Beschwerdeausschusses der GKI gelten.

Problematisch ist alleine, ob die Möglichkeit des Widerrufs der Mitgliedschaft verfassungsrechtlich tragbar ist. Dieser Widerruf ist gemäß Art. 4 V 3 GO GKI

[1107] BVerfGE 12, 81, 88; 26, 29, 93f, 98; 55, 372, 391f.; *Detterbeck*, in: Sachs, GG, Art. 97, Rn.32; Schmidt-Bleibtreu / Klein, GG Art. 97, Rn.1.

[1108] Erhebliche Bedenken hat Hausen, Rechtsgrundlagen von Europol, S. 150.

[1109] *Detterbeck*, in: Sachs, GG, Art. 97, Rn.34.

im Einklang mit den nationalen Rechtsvorschriften möglich. Es bedarf daher grundsätzlich eines nationalen Gesetzes. Es bedarf jedoch keiner gerichtlichen Entscheidung, um ein Mitglied der GKI gegen dessen Willen abzuberufen, das zugleich Mitglied des Beschwerdeausschusses ist. Eine solche gerichtliche Entscheidung ist indes in der konkreten Konstellation verfassungsrechtlich auch nicht erforderlich.

Art. 4 V 3 GO GKI regelt nicht spezifisch den Fall der Abberufung eines Mitglieds des Beschwerdeausschusses der GKI, sondern den Widerruf der Mitgliedschaft in der GKI im Allgemeinen. Die Beendigung der Mitgliedschaft im Beschwerdeausschuss ist nur eine Folge des Ausscheidens aus der GKI. Es muss daher in erster Linie sichergestellt werden, dass die Mitgliedschaft in der GKI nicht gerade deswegen widerrufen wird, um diese Folge auszulösen. Hierzu haben die Mitgliedstaaten eine Erklärung abgegeben, dass die Abberufung eines Mitgliedes der GKI nicht aus Gründen erfolgen soll, die mit der Mitgliedschaft im Beschwerdeausschuss zusammenhängen[1110]. Es wird eingewandt, die Erklärung statuiere keine rechtliche Verpflichtung[1111]. Dem ist insofern zuzustimmen, als sich die Mitgliedstaaten nicht ausdrücklich gegenseitig verpflichten[1112]. Gleichwohl ist die Erklärung Ausdruck einer gemeinsamen Rechtsüberzeugung der Mitgliedstaaten, an die sie sich selbst binden. Es steht den Mitgliedstaaten nicht frei, sich an ihre Erklärung zu halten, sie sind daran gebunden. Die Abberufung eines Mitgliedes der GKI ist daher aus Gründen, die mit der Mitgliedschaft im Beschwerdeausschuss zusammenhängen, ausgeschlossen. Einer gerichtlichen Entscheidung bedarf es darüber hinaus nicht. Die verfassungsrechtlich gebotene gerichtliche Entscheidung bei der Abberufung eines Richters in Deutschland ist erforderlich, weil durch eine solche Abberufung unmittelbar in die richterliche Tätigkeit eingegriffen wird und die Gefahr besteht, dass durch politische Motivationen oder andere sachfremde Erwägungen die richterliche Tätigkeit beeinflusst werden soll. Die Tätigkeit im Beschwerdeausschuss der GKI hingegen kann nicht unmittelbar beendet werden, sondern nur als Reflex der Beendigung der Mitgliedschaft in der GKI. Diese Abberufung darf gerade nicht mit der Tätigkeit im Beschwerdeausschuss zusammenhängen. Eine unmittelbare Einflussnahme, die sachfremd motiviert sein könnte und die einer gerichtlichen Kontrolle bedürfte, ist in dieser Konstellation nicht möglich.

Die Beendigung der Mitgliedschaft im Beschwerdeausschuss der GKI hält sich mithin im Rahmen des verfassungsrechtlich Zulässigen. Die persönliche Unabhängigkeit der Mitglieder des Beschwerdeausschusses der GKI ist gegeben.

[1110] Siehe Erklärung des Rates zu Art. 4 V und Art. 12 IV GO GKI.

[1111] Hausen, Rechtsgrundlagen von Europol, S. 149.

[1112] So heißt es nicht etwa „Die Mitgliedstaaten verpflichten sich...“, sondern „Die Mitgliedstaaten gehen einvernehmlich davon aus, dass...“.

(2) Sachliche Unabhängigkeit

Das Gebot der sachlichen Unabhängigkeit eines Richters ist in Deutschland verfassungsrechtlich in Art. 97 I GG verankert. Die sachliche Unabhängigkeit ist Voraussetzung für die Tätigkeit aller Richter, also Berufs- und Laienrichter[1113]. Sachliche Unabhängigkeit bedeutet, dass ein Richter nicht an Weisungen und bei der Rechtsprechung nur an das Gesetz gebunden ist[1114].
Art. 13 I S.1 und S.2 GO GKI sehen vor, dass die Mitglieder des Beschwerdeausschusses der GKI unabhängig sind und keine Tätigkeit ausüben dürfen, die mit der Unparteilichkeit der Ausschussmitglieder nicht vereinbar ist. Die sachliche Unabhängigkeit scheint daher gegeben.
Bei genauerer Betrachtung ist dies jedoch in zweierlei Hinsicht fragwürdig. Zum einen müssen die Mitglieder der Beschwerdeinstanz der GKI keine juristische Ausbildung vorweisen: Schwierige juristische Aufgaben wie Interpretation, Lückenschließung, Rechtsfortbildung und Rechtskonkretisierung können daher möglicherweise nicht sachgerecht durchgeführt werden[1115]. Zum anderen bestehen Zweifel an der Unparteilichkeit, weil die GKI Beratungsaufgaben gegenüber Europol wahrnimmt[1116]. Beratende Funktion kommt der GKI etwa bei der Errichtung von Analysedateien[1117] oder bei Auslegungs- und Anwendungsfragen[1118] zu. Eine solche beratende Funktion lässt befürchten, dass die Mitglieder der GKI in einem späteren Rechtsstreit voreingenommen und nicht hinreichend neutral sind[1119].

Zunächst soll hinterfragt werden, ob die fehlende juristische Ausbildung die Qualität der Arbeit des Beschwerdeausschusses mindert[1120]. Laien sind mögli-

---

[1113] BVerfGE 4, 331, 344; 12, 67, 71; 18, 241, 254; Schmidt-Bleibtreu / Klein, GG, Art. 97, Rn.2.

[1114] BVerfGE 14, 56, 69; 26, 186, 198; 12, 67, 71; 3, 213, 224; *Barbey*, in: Handbuch des Staatsrechts III, § 74, Rn.31; *Detterbeck*, in: Sachs, GG, Art. 97, Rn.11; Schmidt-Bleibtreu / Klein, GG, Art. 97, Rn.2; *Herzog*, in: Maunz / Dürig, GG, Art. 97, Rn.13.

[1115] Hausen, Rechtsgrundlagen von Europol, S. 151; Stern, Staatsrecht, Bd.II, § 43 II 2. b); Priess, Internationale Verwaltungsgerichte und Beschwerdeausschüsse, S. 146.

[1116] Frowein / Krisch, JZ 1998, S. 592.

[1117] Art. 24 I EPK.

[1118] Art. 24 III EPK.

[1119] Frowein / Krisch, JZ 1998, S. 592; Petri, DuD 22 (1998), S. 328; Hausen, Rechtsgrundlagen von Europol, S. 155; Kalk, DuD 23 (1999), S. 443; Kämper, Polizeiliche Zusammenarbeit in der EU, S. 211; Kübler, Die Säulen der Europäischen Union, S. 120; Kremer, Immunität für Europol-Bedienstete, S. 401; Petri, Europol, S. 147; Ellermann, Europol auf dem Weg zu einem „Europäischen FBI"?, Kap.3.A.II.4.d.cc.(1).

[1120] Das deutsche Mitglied im Beschwerdeausschuss muss gemäß Art. 2 § 6 III 2 Europol-Gesetz Deutscher sein, das 30. Lebensjahr vollendet haben und die Befähigung zum Richteramt besitzen.

cherweise nicht dazu in der Lage, schwierige richterliche Aufgaben sachgerecht auszuführen[1121].

Auch in Deutschland sprechen jedoch Personen Recht, die über keine juristische Ausbildung verfügen, etwa die Schöffen im Strafverfahren. Die Schöffen üben während der Hauptverhandlung das Richteramt in vollem Umfang und mit gleichem Stimmrecht wie die Richter aus[1122]. Die Voraussetzungen, ein Schöffenamt in Deutschland zu bekleiden, regeln die §§ 32ff. GVG. Die Schöffentätigkeit ist nicht von juristischen Fähigkeiten abhängig, sondern nur in bestimmten Konstellationen wie etwa bei Vorstrafen ausgeschlossen[1123]. Art. 12 II GO GKI sieht hingegen vor, dass die Mitglieder des Beschwerdeausschusses der GKI die nötige Befähigung zur Prüfung von Beschwerden und zur Entscheidung haben, wozu ausdrücklich auch juristische Fachkompetenz sowie Erfahrung bei der Lösung von Konflikten und in Datenschutzfragen zählt. Die Mitglieder des Beschwerdeausschusses müssen, ob Juristen oder nicht, dazu in der Lage sein, mit ihrem Wissen und ihren Fähigkeiten die zur Entscheidung anstehenden Beschwerden zu bearbeiten[1124].

Es lässt sich einwenden, dass Hilfsrichter in Deutschland nur in Zusammenarbeit mit hauptamtlichen Richtern Recht sprechen[1125]. Die Mitglieder des Beschwerdeausschusses der GKI sind hingegen möglicherweise alle nicht zum Richteramt befähigt. Das Bundesverfassungsgericht hat für Deutschland betont, dass die Verwendung von Hilfsrichtern auf das zwingend gebotene Maß beschränkt sein müsse[1126]. Eine konkrete Vorgabe, in welchem Umfang die Einsetzung rechtsgelehrter Richter notwendig ist, könne dem Grundgesetz jedoch nicht entnommen werden[1127]. So ist es etwa mit dem Grundgesetz vereinbar, dass die ehrenamtlichen Richter ein zahlenmäßiges Übergewicht haben, sich also bei der Entscheidung über den rechtsgelehrten Richter hinwegsetzen können[1128]. Entscheidend ist bei der Besetzung mit Laienrichtern, dass diese über einen beson-

---

[1121] So Hausen, Rechtsgrundlagen von Europol, S. 151.

[1122] Siehe etwa § 30 I GVG für Strafsachen vor dem Amtsgericht.

[1123] Im Einzelnen nachzulesen in §§ 32ff. GVG.

[1124] A.A. Hausen, Rechtsgrundlagen von Europol, S. 151, der befürchtet, rechtliche und außerrechtliche Wertungen und Argumente könnten nicht klar und eindeutig voneinander getrennt werden, sondern würden vermischt.

[1125] Siehe etwa § 29 GVG für Strafsachen vor dem Amtsgericht; § 76 GVG für Strafsachen vor dem Landgericht.

[1126] BVerfGE 14, 156, 162, 165f.; allerdings wurde in BVerfGE 30, 1, 27f. bei der Übertragung von Hoheitsrechten die Gewährung von Rechtsschutz durch unabhängige nichtrichterliche Instanzen ausdrücklich als zulässig erachtet.

[1127] BVerfGE 14, 56, 73; 27, 312, 319f.

[1128] So für die Landwirtschaftgerichte ausdrücklich BVerfGE 42, 206, 210; die gleiche Konstellation gibt es im Zivilverfahren in der Kammer für Handelssachen, § 105 GVG.

deren Sachverstand verfügen, den die sich in langjähriger Praxis erworben haben[1129].

Die Mitglieder des Beschwerdeausschusses der GKI müssen qualitativ den hohen Anforderungen des Art. 12 II GO GKI entsprechen. Es ist nicht ersichtlich, dass bei juristischer Fachkompetenz, Konflikterfahrung und fachspezifischem Wissen ein qualitatives Minus hingenommen wird im Vergleich zu einer Konstellation, in der zwingend Juristen dem Beschwerdeausschuss angehören. Die Richterausbildung in Europa weist keinen einheitlichen Stand auf. Es gibt zahlreiche juristisch geschulte und erfahrene Datenschutzexperten, denen zwar der formelle Nachweis der Befähigung zum Richteramt fehlt, die aber gleichermaßen oder sogar in größerem Maße für das Amt eines Beschwerdeausschussmitglieds geeignet sind[1130]. Das Fehlen einer juristischen Ausbildung ist insofern nicht zu beanstanden.

Es bleibt die Frage, wie es sich mit der Beratungsfunktion der GKI verhält. Es wird eingewandt, die beratende Funktion der GKI führe zur Voreingenommenheit der Mitglieder des Beschwerdeausschusses in einem späteren Verfahren[1131]. Die Mitglieder könnten sich an eine zuvor abgegebene Stellungsnahme in einer bestimmten Sachfrage gebunden fühlen[1132]. Eine solche Bindung würde die sachliche Unabhängigkeit gefährden.

Die Geschäftsordnung der GKI sieht Mechanismen vor, um Unabhängigkeit und Unparteilichkeit der Mitglieder des Beschwerdeausschusses der GKI zu gewährleisten. Art. 4 II 3 GO GKI legt fest, dass bei einem Interessenkonflikt die betroffene Person an den Beratungen und der Beschlussfassung in der betreffenden Angelegenheit nicht teilnimmt. Für den Beschwerdeausschuss konkretisiert das Art. 13 II GO GKI, wonach jedes Mitglied des Beschwerdeausschusses von einem Fall zurücktreten kann, wenn die Unparteilichkeit ernstlich in Frage gestellt ist. Art. 13 III GO GKI gibt den Parteien die Möglichkeit, den Beschwerdeausschuss anzurufen, wenn Bedenken hinsichtlich der Unparteilichkeit eines Mitgliedes bestehen, der über die Ablehnung in Abwesenheit des betroffenen Mitgliedes entscheidet.

Diese Möglichkeiten sind nicht wesentlich anders ausgestaltet, als die Ablehnung eines Richters wegen Befangenheit im deutschen Strafprozessrecht. Nach

---

1129 BVerfGE 42, 206, 210.

1130 Milke, Europol und Eurojust, S. 262.

1131 Petri, DuD 22 (1998), S. 328; Frowein / Krisch, JZ 1998, S. 592; Hausen, Rechtsgrundlagen von Europol, S. 155; Kalk, DuD 23 (1999), S. 443; Kämper, Polizeiliche Zusammenarbeit in der EU, S. 211; Kübler, Die Säulen der Europäischen Union, S. 120; Kremer, Immunität für Europol-Bedienstete, S. 401; Petri, Europol, S. 147; kritisch auch Ellermann, Europol auf dem Weg zu einem „Europäischen FBI"?, Kap.3.A.II.4.d.cc.(3).(a).

1132 In diesem Sinne Frowein / Krisch, JZ 1998, S. 592.

§ 24 StPO kann ein Richter wegen der Besorgnis der Befangenheit abgelehnt werden, was nach § 24 II StPO insbesondere bei Misstrauen gegen die Unparteilichkeit der Fall ist. Die Befangenheit des Richters ist zu bejahen, wenn dessen innere Haltung eine erforderliche Neutralität, Distanz und Unparteilichkeit gegenüber den Verfahrensbeteiligten störend beeinflusst[1133]. Die Mitwirkung eines Richters an einer früheren Entscheidung in der gleichen Sache ist jedoch in Deutschland grundsätzlich kein Ablehnungsgrund, auch nicht, wenn etwa ein Mittäter des Angeklagten verurteilt wurde und die Handlungen des Angeklagten in diesem Prozess schon erörtert wurden[1134]. Die Beteiligung eines Richters, der schon mit der Sache befasst war, ist im deutschen Strafprozess daher möglich. Auch die Mitwirkung in einem früheren Zivilverfahren ist grundsätzlich unbedenklich, da ein verständiger Angeklagter davon ausgehen muss, dass ein Richter sich dadurch nicht für spätere Verfahren festlegt[1135]. Es gibt keinen Grund, an Europol aus grundgesetzlicher Sicht höhere Maßstäbe anzulegen und ein Mitglied des Beschwerdeausschusses der GKI als pauschal ungeeignet für eine spätere Entscheidung anzusehen, wenn zuvor eine Befassung mit der Sache erfolgte. Im deutschen Strafprozess entscheidet gemäß § 27 I StPO das Gericht, dem der Abgelehnte angehört, ohne dessen Mitwirkung. Im Falle Europols trifft die Entscheidung über die Ablehnung eines Mitgliedes des Beschwerdeausschusses dieser in Abwesenheit der betroffenen Person.
Bei Zweifeln an der Unparteilichkeit können die Mitglieder des Beschwerdeausschusses damit sowohl eigeninitiativ von einem Fall zurücktreten, als auch von einer Partei abgelehnt werden. Bedenken gegen die sachliche Unabhängigkeit der Mitglieder des Beschwerdeausschusses der GKI wegen der Einbindung in die Verwaltungsstruktur Europols können damit ausgeräumt werden.

Die Stellung der Mitglieder des Beschwerdeausschusses der GKI beeinträchtigt insgesamt weder deren persönliche noch deren sachliche Unabhängigkeit und Unparteilichkeit.

bb) Reaktionsmöglichkeiten der GKI

Die Reaktionsmöglichkeiten der GKI sind im Hinblick auf die Effektivität von Rechtsschutz in zweierlei Hinsicht problematisch. Zum einen stellt sich die Frage, ob die GKI angemessen auf festgestellte Verstöße gegen Bestimmungen der EPK reagieren kann und einer Entscheidung über die Beschwerde eines Einzelnen damit eine hinreichende Wirkung zukommt. Zum anderen gilt es zu klären,

---

[1133] BVerfGE 32, 288, 290; Pfeiffer, StPO, § 24, Rn.1; Meyer-Goßner, StPO, § 24, Rn.8.
[1134] BGH NStZ 96, S. 323 m.w.N.; Pfeiffer, StPO, § 24, Rn.1; Meyer-Goßner, StPO, § 24, Rn.12.
[1135] BGHSt 21, 334, 341; BGH NStZ 96, S. 323; Meyer-Goßner, StPO, § 24, Rn.12.

inwiefern der Beschwerdeausschuss der GKI einstweilige Maßnahmen erlassen kann.

(1) Wirkung einer Entscheidung der GKI

Stellt die GKI einen Verstoß gegen Bestimmungen der EPK fest, kann sie gemäß Art. 24 V EPK eine Beanstandung an den Direktor richten, der verpflichtet ist, dazu Stellung zu nehmen[1136]. Folgt der Direktor dem Ersuchen der GKI nicht, kann sich diese an den Verwaltungsrat als Fachaufsichtsorgan des Direktors wenden[1137]. Die Nichtbefolgung einer rechtskräftigen Entscheidung des Beschwerdeausschusses der GKI gilt gemäß Art. 8 S.3 GO GKI als Verstoß gegen die Konvention. Der Beschwerdeausschuss der GKI hat jedoch weder eine Kassationsbefugnis für Europol-Maßnahmen, noch darf er Europol-Organen verbindliche Weisungen erteilen. Die GKI kann allenfalls mit Beanstandungen an die Öffentlichkeit gehen, also Missstände veröffentlichen. Es bleibt wegen der bisher noch in gleichem Maße wie in den einzelnen Nationalstaaten ausgeprägten europäischen Öffentlichkeit allerdings zweifelhaft, welche Wirkung die Veröffentlichung von Missständen erzielen kann[1138].
Die Wirkung einer Entscheidung der GKI lässt befürchten, dass Grundrechtsverletzungen nicht wirksam sanktioniert werden können. Bei der allgemeinen Aufsichtsfunktion der GKI über die Tätigkeit Europols sind deren Reaktionsmöglichkeiten noch hinreichend. Sie richtet eine Bemerkung an den Direktor und kann damit die Einleitung von Disziplinarmaßnahmen erreichen oder sie befasst den Verwaltungsrat. Die Befugnisse der die Polizei kontrollierenden Instanz in Deutschland sind nicht wesentlich anders ausgestaltet. Im Rahmen ihrer „Gerichtsfunktion" begegnen eine Bemerkung an den Direktor und Befassung des Verwaltungsrates jedoch Bedenken. Kontrollrechte ohne wirksame Sanktionsmöglichkeiten haben eine geringere Wirkungskraft. Einer solchen Wirkungskraft bedarf es jedoch, um effektiven Rechtsschutz zu gewährleisten. Dem Einzelnen ist nicht geholfen, wenn zwar formal sein Rechtsschutzbegehren begründet ist, er aber keine Möglichkeit hat, die Position tatsächlich durchzusetzen. Das Bundesverfassungsgericht hat betont, dass die Verletzung eines Grundrechts sachgerecht und wirksam sanktioniert werden müsse[1139]. Der Bürger kann die Verletzung seiner subjektiven Rechte nur dann effektiv durchsetzen, wenn die Entscheidung vollstreckbar ist[1140]. Zwar gibt es auch in Deutschland Feststellungsurteile, Feststellungsklagen sind jedoch gerade wegen des Mangels der

---

[1136] Art. 8 GO GKI.
[1137] Art. 24 V S.3 EPK, Art. 28 I Nr.9 EPK.
[1138] So insbesondere Fisahn, KJ 1998, S. 367.
[1139] BVerfGE 73, 339, 376.
[1140] *Schulze-Fielitz,* in: Dreier, GG, Art. 19 IV, Rn.104.

Vollstreckbarkeit gegenüber einer Leistungsklage grundsätzlich subsidiär[1141]. Einzig die tatsächliche Befolgung einer rechtskräftigen Entscheidung des Beschwerdeausschusses der GKI führt dazu, dass der Einzelne seine Rechte verwirklichen kann. Das bedeutet, dass in jedem Fall tatsächlich gewährleistet sein muss, dass die Entscheidung umgesetzt wird, also etwa Daten gelöscht oder berichtigt werden. Die Wirkung einer Entscheidung des Beschwerdeausschusses der GKI begegnet insofern verfassungsrechtlichen Bedenken[1142].

(2) Einstweiliger Rechtsschutz

Weder die EPK noch die GO GKI sehen für den Beschwerdeausschuss der GKI ausdrücklich die Möglichkeit vor, eine einstweilige Anordnung zu treffen. Eine solche Befugnis zum Erlass einstweiliger Anordnungen ergibt sich insbesondere auch nicht unter Heranziehung der „implied-powers"-Lehre, wonach einer internationalen Organisation neben den durch den Gründungsvertrag ausdrücklich übertragenen Kompetenzen auch diejenigen Befugnisse zustehen, die darüber hinaus zur Erfüllung der vertraglich festgelegten Aufgaben und Zwecke der Organisation unabweislich erforderlich sind[1143]. Ansatzpunkt für eine derartige Befugnis könnte allenfalls Art. 24 I EPK sein, wonach der GKI die Aufgabe zukommt, die Tätigkeit Europols im Hinblick darauf zu überwachen, ob durch die Speicherung, Verarbeitung und Nutzung der Daten die Rechte von Personen verletzt werden. Im Hinblick auf die nationalen Vorbehalte zur Übertragung von Hoheitsrechten im Bereich polizeilicher Zusammenarbeit ist es jedoch bedenklich, über den eindeutigen Wortlaut der EPK hinaus eine Befugnis der GKI zum Erlass einstweiliger Anordnungen zu konstruieren. Die Befugnisse der GKI sind in der EPK und der GO GKI detailliert beschrieben. Verfassungsrechtliche Bedenken hinsichtlich einzelner Regelungen können nicht durch eine extensive Auslegung der Befugnisse oder die Schaffung weiterer Befugnisse unter Heranziehung der „implied-powers"-Lehre ausgeräumt werden. Den Mitgliedstaaten der Europäischen Union ist das Institut einstweiligen Rechtsschutzes sowohl aus den eigenen Rechtsordnungen, als auch aus dem EG-Vertrag bekannt. Das lässt auf den Willen schließen, die GKI gerade nicht mit der Befugnis zum Erlass einstweiliger Anordnungen auszustatten[1144]. Eine solche restriktive Auslegung

---

[1141] Im verwaltungsgerichtlichen Verfahren ergibt sich das aus § 43 II 1 VwGO, im Zivilprozess fehlt das Feststellungsinteresse (§ 256 ZPO), wenn der Kläger sein Begehren auch im Rahmen einer Leistungsklage verfolgen könnte.

[1142] Kübler, Die Säulen der Europäischen Union, S. 120; Mayer, Datenschutz und Europol, S. 155; Kremer, Immunität für Europol-Bedienstete, S. 401.

[1143] Anders Milke, Europol und Eurojust, S. 156, der die Kompetenz zum Erlass einstweiliger Anordnungen auf die „implied-powers"-Lehre stützt.

[1144] Allgemein gegen die Begründung der Befugnis einstweiliger Anordnungen aus der "implied-powers"-Lehre: Golsong, in: Bernhardt, Interim Measures, S. 124.

der Befugnisse wird durch die Rechtsprechung des EGMR bestätigt, der an anderer Stelle entschied, dass sich eine Befugnis zum Erlass einstweiliger Anordnungen klar aus einer Konvention ergeben müsse[1145]. Die gebotene restriktive Auslegung der Befugnisse der GKI führt also dazu, eine Befugnis zum Erlass einstweiliger Anordnungen in einem Beschwerdeverfahren zu verneinen. Das scheint im Hinblick auf die Effektivität des Rechtsschutzes bedenklich.
Effektiver Rechtsschutz bedeutet aus Sicht des Grundgesetzes auch rechtzeitiger Rechtsschutz[1146]. Zur Vermeidung irreversibler Beeinträchtigungen muss es die Möglichkeit einstweiligen Rechtsschutzes geben, wenn die eintretenden Folgen bei Erfolg der Hauptsache nicht mehr beseitigt werden können[1147]. Die Notwendigkeit einstweiligen Rechtsschutzes ist als gemeineuropäischer Rechtsschutzstandard akzeptiert, die Anforderungen sind jedoch in anderen europäischen Ländern gerade im Polizeisektor erheblich höher als in Deutschland[1148].
Hinsichtlich der Mitteilung von Daten hat vorläufiger Rechtsschutz nur eine untergeordnete Bedeutung. Erhält der Beschwerdeführer erst nach Abschluss des Verfahrens vor der GKI eine Auskunft, ob Daten über ihn gespeichert oder verarbeitet wurden, entstehen ihm regelmäßig keine irreparablen Schäden. Eine Mitteilung von Daten im Rahmen einstweiligen Rechtsschutzes hätte zudem keinen vorläufigen Charakter, da der Betroffene mit einer entsprechenden Auskunft sein Ziel bereits erreicht hat. Anders ist dies bei der Berichtigung oder dem Löschen von Daten. Führt ein Betroffener ein Verfahren vor der GKI durch, ist nicht gewährleistet, dass die Daten in der Zwischenzeit nicht von Europol verwendet, von einem anderen Mitgliedstaat abgerufen oder sogar an einen Drittstaat oder eine Drittstelle weitergegeben werden. Es ist Europol nicht untersagt, die Daten weiter zu nutzen, zu verarbeiten und weiterzugeben.
Die EPK statuiert in Art. 20 II 2 EPK die Verpflichtung Europols, unrichtige oder im Widerspruch zu dem Übereinkommen stehende Daten zu löschen. Art. 20 I EPK schreibt gleiches für solche Daten vor, die von Drittstaaten oder Drittstellen übermittelt wurden oder die sich aus der Analysetätigkeit ergeben. Für die Daten im System Europols ist die Berichtigung oder Löschung daher gewährleistet. Bleibt die Frage, was mit den Daten ist, die zwischenzeitlich weitergegeben oder von anderen Mitgliedstaaten abgerufen wurden. Formal sind die Empfänger von Daten nach Art. 20 III EPK verpflichtet, nach einer Unterrichtung Europols die Daten zu berichtigen oder zu löschen. Hat ein anderer Mit-

---

[1145] EGMR, Urteil vom 20.3.1991 (Cruz Varas u.a. ./. Schweden), 46/1990/237/307, im Internet abrufbar unter www.echr.coe.int/Eng/Judgements.htm.
[1146] *Krebs*, in: v.Münch, GG, Art. 19, Rn.64; Schmidt-Bleibtreu / Klein, GG, Art. 19, Rn.17; *Schulze-Fielitz*, in: Dreier, GG, Art. 19 IV, Rn.83.
[1147] BVerfGE 35, 263, 274; 35, 382, 401f.; 46, 166, 178; 51, 268, 284; 93, 1, 13f.; 94, 166, 216.
[1148] Harings, Grenzüberschreitende Zusammenarbeit, S. 328.

gliedstaat daher während eines Verfahrens vor der GKI Daten abgerufen, muss er diese berichtigen oder löschen. Für die Übermittlung von personenbezogenen Daten durch Europol an Drittstaaten und Drittstellen wird diese Vorgabe im Rahmen von Übermittlungsbestimmungen konkretisiert[1149]. Nach Art. 7 I diese Bestimmungen hat Europol sicherzustellen, dass der Empfänger von Daten sich verpflichtet, die Daten zu berichtigen oder zu löschen, wenn sie unrichtig, ungenau oder überholt sind oder nicht hätten übermittelt werden dürfen. Der Drittstaat wird jeweils aufgefordert, Europol eine entsprechende Mitteilung über die Berichtigung oder Löschung zu machen. Darüber hinaus muss gemäß Art. 7 II der Übermittlungsbestimmungen[1150] jede Vereinbarung eine Verpflichtung zur Berichtigung und Löschung und gemäß Art. 8 entsprechende Bestimmungen über die Verantwortlichkeit im Fall der unrichtigen oder unbefugten Datenverarbeitung enthalten. Die Weitergabe von Daten durch die Drittstaaten und Drittstellen ist gemäß Art. 5 V der Übermittlungsbestimmungen grundsätzlich ausgeschlossen[1151]. Durch diese Regelungen wird hinreichend gewährleistet, dass unrichtige, ungenaue oder überholte Daten auch tatsächlich berichtigt oder gelöscht werden. Auf den ersten Blick scheint den Interessen des Betroffenen damit umfassend Rechnung getragen. Seine Daten werden letztlich berichtigt oder gelöscht. Wozu sollte es zusätzlich einer einstweiligen Anordnung bedürfen?
Ein Interesse an vorläufigem Rechtsschutz besteht jedoch in zweierlei Hinsicht. Zum einen können die Daten während des Verfahrens vor dem Beschwerdeausschuss der GKI noch verwendet werden. Der Betroffene muss daher möglicherweise bis zu einer endgültigen Entscheidung Folgeeingriffe über sich ergehen lassen. Zum anderen ist das charakteristische Problem bei Daten die Möglichkeit zur Kenntnisnahme. Auch wenn die Daten letztlich aus den Datenbanken von Europol und aller anderen Empfänger gelöscht werden, besteht die Gefahr, dass vorher eine bewusste Kenntnisnahme etwa durch einen nationalen Polizeibeamten erfolgte. Es besteht damit die Gefahr, dass bei der Entscheidung des Beschwerdeausschusses schon irreparable Folgen eingetreten sind.

Die Reaktionsmöglichkeiten der GKI sind verfassungsrechtlich insgesamt unzureichend. Weder kann die GKI ihre Entscheidungen wirksam durchsetzen oder vollstrecken, noch hat sie die Möglichkeit, in besonderen Fällen zur Vermeidung

---

[1149] Abl.EG C 88 vom 30.3.1999, S. 1.
[1150] Abl.EG C 88 vom 30.3.1999, S. 1.
[1151] Der Rechtsakt des Rates zur Änderung der Übermittlungsbestimmungen vom 28. Februar 2002, Abl.EG C 76 vom 27.3.2002, S. 1, sieht allerdings enge Ausnahmen vor, in denen die Drittstelle Daten Europols an andere Drittstaaten oder Drittstellen, mit denen Europol eine Vereinbarung geschlossen hat, weitergeben kann.

irreversibler Schäden einstweilige Anordnungen zu treffen. Das führt zu verfassungsrechtlichen Bedenken im Hinblick auf die Effektivität des Rechtsschutzes.

cc) Ablehnung der Mitteilung von Daten

Sofern ein Einzelner gegen die Mitteilung von Daten, die von Europol in das Informationssystem eingegeben wurden oder die in den Analysedateien gespeichert sind, Beschwerde vor der GKI erhebt, kann sich die GKI gemäß Art. 19 VII 6 EPK nur mit Zweidrittelmehrheit über eine ablehnende Stellungnahme Europols oder des betroffenen Mitgliedstaates hinwegsetzen. Eine solche ablehnende Stellungnahme kann ausgesprochen werden, wenn dies für die ordnungsgemäße Erfüllung der Aufgaben von Europol, zum Schutz der Sicherheit der Mitgliedstaaten und der öffentlichen Ordnung oder zur Bekämpfung von Straftaten oder zum Schutz der Rechte und Freiheiten Dritter erforderlich ist[1152].

Das Erfordernis einer Zweidrittelmehrheit ist verfassungsrechtlich problematisch im Hinblick auf die Waffengleichheit der Parteien. Das Prinzip der Waffengleichheit der Parteien fordert, dass grundsätzlich beiden Parteien die gleichen Chancen offen stehen, also die prozessuale Gleichwertigkeit der Parteien vor dem Richter gewährleistet ist[1153]. Abgeleitet wird ein solcher Grundsatz aus dem Verfahrensgrundrecht des Art. 103 I GG[1154]. Im Hinblick auf die GKI scheint die prozessuale Gleichstellung in der vorliegenden Konstellation nicht gewährleistet, da eine Partei von vornherein mehr Richter überzeugen muss als die andere[1155].

Im deutschen Recht sind qualifizierte Mehrheiten in Richterkollegien selten. So sieht etwa im Strafprozess § 263 StPO eine Zweidrittelmehrheit vor, wenn zum Nachteil des Angeklagten über die Schuldfrage entschieden wird, da zum Schutz des Individuums eine besondere Gewissheit verlangt wird. Im Verfassungsprozessrecht ordnet § 15 IV BVerfGG in besonderen Fällen eine Zweidrittelmehrheit an, die schwerwiegenden Folgen für den Antragsgegner Rechnung trägt[1156]. Eine qualifizierte Mehrheit ist weiter zulässig, wenn ein Rechtsschutzbegehren wegen offensichtlicher Unzulässigkeit oder offensichtlicher Unbegründetheit abgelehnt wird. Zur Begründung der Offensichtlichkeit bedarf es mehr als eines Übergewichts von nur einer Stimme[1157].

1152 Art. 19 III 2 EPK.

1153 BVerfGE 52, 131, 156; *Sachs*, in: Handbuch des Staatsrechts V, § 127, Rn.78.

1154 *Degenhart*, in: Handbuch des Staatsrechts III, § 76, Rn.44.

1155 Petri, DuD 22 (1998), S. 328; Kämper, Polizeiliche Zusammenarbeit in der EU, S. 213; Hausen, Rechtsgrundlagen von Europol, S. 158; kritisch auch Ellermann, Europol auf dem Weg zu einem „Europäischen FBI"?, Kap.3.A.II.4.d.cc.(1).

1156 *Mellinghoff*, in: Maunz / Schmidt-Bleibtreu / Klein / Bethge, BVerfGG, § 15, Rn.70.

1157 *Barbey*, in: Handbuch des Staatsrechts III, § 74, Rn.57.

Es ist aus verfassungsrechtlichen Gründen nicht schlechthin ausgeschlossen, dass ein Richtergremium mit qualifizierter Mehrheit entscheidet. Es kann zwingende Gründe geben, die eine Einschränkung des Grundsatzes der Waffengleichheit rechtfertigen[1158]. Es handelt sich dabei um Entscheidungslagen, in denen es eines höheren Grades an Rechtsgewissheit oder Rechtsvergewisserung bedarf[1159]. Bei der Entscheidung der GKI über die Mitteilung von Daten an einen Betroffenen handelt es sich jedoch weder um eine Konstellation, in der schwerwiegende Folgen oder Konsequenzen für den Antragsteller drohen, noch um eine Lage, die ausnahmsweise einer gesteigerten Rechtsgewissheit bedarf[1160]. Die Unbestimmtheit der Verweigerungsgründe spricht eher für eine detaillierte Nachprüfung, die sich mit einer qualifizierten Entscheidungsmehrheit nicht verträgt. Verfassungsrechtliche Bedenken gegen die in Art. 19 VII 6 EPK niedergelegte Zweidrittelmehrheit können daher nicht ausgeräumt werden[1161].

dd) Begründungserfordernis und Zugang zu den Verfahrensakten

Stellt ein Betroffener einen Antrag auf Mitteilung oder Überprüfung von Daten nach Art. 19 I EPK und lehnt ein Mitgliedstaat oder Europol die Mitteilung mit den Gründen des Art. 19 III EPK ab, wird dem Antragsteller nur mitgeteilt, dass eine Überprüfung vorgenommen wurde, ohne jedoch Hinweise zu geben, ob überhaupt Daten zu seiner Person vorliegen und wenn ja, warum der Auskunftsanspruch abgelehnt wurde[1162]. Eine solche Mitteilung macht es dem Betroffenen unmöglich, sich bei einer Beschwerde vor der GKI mit den Gründen auseinander zu setzen, aus denen der Auskunfts- oder Überprüfungsantrag abgelehnt wurde.

Dies scheint aus grundgesetzlicher Sicht problematisch im Hinblick auf das Gebot rechtlichen Gehörs aus Art. 103 I GG. Rechtliches Gehör bedeutet auch das Recht auf Information über den Verfahrensstoff, da erst durch diese Kenntnis der Betroffene in die Lage versetzt wird, sich zum Verfahrensstoff in adäquater Weise äußern zu können[1163]. Die Information über den Verfahrensstoff beinhal-

---

[1158] BVerfGE 74, 78, 95.

[1159] *Barbey,* in: Handbuch des Staatsrechts III, § 74, Rn.57.

[1160] Bezeichnenderweise kann die GKI von Eurojust mit einfacher Mehrheit über eine Beschwerde wegen der Auskunft über Daten (Art. 19 VIII Eurojust-Beschluss) und über eine Beschwerde wegen der Berichtigung und Löschung von Daten (Art. 20 II Eurojust-Beschluss) entscheiden.

[1161] So auch Kämper, Polizeiliche Zusammenarbeit in der EU, S. 212; Kremer, Immunität für Europol-Bedienstete, S. 401; a.A. Milke, Europol und Eurojust, S. 270, der dafür plädiert, die momentane Regelung genügen zu lassen, solange die Einführung einer einfachen Mehrheit politisch nicht durchsetzbar ist.

[1162] Art. 19 IV EPK am Ende.

[1163] BVerfGE 89, 28, 35; *Degenhart,* in: Handbuch des Staatsrechts III, § 76, Rn.19.

tet ein Recht auf Akteneinsicht[1164] und ein Recht auf Mitteilung der Gegenseite[1165]. Eine solche Kenntnis kann der Antragsteller erlangen, wenn ihm Einblick in die Verfahrensakten gewährt wird oder die Entscheidung umfassend begründet wird.

Der Grundsatz rechtlichen Gehörs aus Art. 103 GG gilt jedoch unmittelbar nur für das gerichtliche Verfahren. Eine Anwendung des Art. 103 GG über das gerichtliche Verfahren hinaus scheidet aus[1166]. Das bedeutet jedoch nicht, dass außerhalb gerichtlicher Verfahren kein rechtliches Gehör zu gewähren ist. Die Achtung der Menschenwürde verbietet es, einen Menschen zum bloßen Objekt staatlicher Entscheidungen zu machen, was bedeutet, dass ein Anspruch auf rechtliches Gehör ein notwendiger und zentraler Bestandteil auch außergerichtlicher Verfahren sein muss[1167]. Es gibt daher auch außerhalb des gerichtlichen Verfahrens in anderen Bereichen des Staatshandelns einen Anspruch auf rechtliches Gehör[1168]. Dem Einzelnen muss Gelegenheit gegeben werden, sich vor einer ihn belastenden Entscheidung zu äußern. Im Gegensatz zum gerichtlichen Verfahren muss es im Verwaltungsverfahren jedoch wesentliche Ausnahmen geben, da die Verwaltung insbesondere bei der Gefahrenabwehr effizient handeln muss. Als Ausgleich muss dem Betroffenen dann im Rahmen eines Rechtsstreites nachträglich rechtliches Gehör gewährt werden[1169].

Formal hat ein Betroffener im Verfahren vor der GKI gemäß Art. 20 I 1 GO GKI ein Recht auf Zugang zu den Verfahrensakten. Der Zugang kann jedoch verweigert werden, wenn dies für die ordnungsgemäße Erfüllung der Aufgaben von Europol, zum Schutz der öffentlichen Sicherheit und Ordnung in den Mitgliedstaaten oder zur Bekämpfung von Straftaten oder zum Schutz der Rechte und Freiheiten Dritter erforderlich ist[1170]. Europol, eine nationale Stelle oder die nationale Kontrollinstanz können Gründe darlegen, warum bestimmte Informationen dem Antragsteller nicht offen gelegt werden sollen. Der Beschwerdeausschuss kann sich über ein solches Votum nur einstimmig und nur wegen des Fehlens zulässiger Gründe hinwegsetzen.

[1164] BVerfGE 18, 399, 404; 64, 135, 144.

[1165] BVerfGE 17, 194, 196f.

[1166] *Kunig,* in: v.Münch, GG, Art. 103, Rn.5; *Nolte,* in: v.Mangoldt / Klein / Starck, GG, Art. 103, Rn.20.

[1167] *Knemeyer,* in: Handbuch des Staatsrechts VI, § 155, Rn.63.

[1168] BVerfGE 27, 88, 103; *Schmidt-Assmann,* in: Maunz / Dürig, GG, Art. 103, Rn.62; Krüger, NJW 1982, S. 858; Krasney, NVwZ 1986, S. 337; *Nolte,* in: v.Mangoldt / Klein / Starck, GG, Art. 103, Rn.20.

[1169] Krüger, NJW 1982, S. 858.

[1170] Art. 20 I 2 GO GKI.

Die Verweigerungsgründe sind in hohem Maße unbestimmt[1171]. Eine Vorschrift kann allerdings nur so bestimmt sein, wie es nach der Eigenart der zu regelnden Sachverhalte mit Rücksicht auf den Normzweck möglich ist[1172]. Unbestimmte Formulierungen gründen nicht auf gesetzgeberischem Versagen, sondern zeugen von der Schwierigkeit, komplexe Lebenssachverhalte sprachlich in eine Formel zu fassen[1173]. Gerade im Bereich internationaler Kriminalität ist es schwierig, konkretere Formulierungen zu finden, um mögliche Konstellationen, in denen sich ein Geheimhaltungsinteresse durchsetzen muss, sprachlich enger zu fassen. Die Verwendung der unbestimmten Rechtsbegriffe in Art. 20 I 2 GO GKI ist daher per se nicht zu beanstanden.
Je unbestimmter eine Norm jedoch ist, desto eher muss eine gerichtliche Überprüfung in einem rechtsstaatlichen Verfahren gewährleistet sein. Nachteile bei der Unbestimmtheit sind eher tragbar, wenn durch eine gerichtliche Kontrolle gewährleistet ist, dass die mit der Norm angestrebten Ziele erreicht und die Entscheidungsfaktoren überprüft werden[1174]. Der Beschwerdeausschuss der GKI prüft gemäß Art. 20 II 2 GO GKI die vorgetragenen Gründe, mit denen Europol oder ein Mitgliedstaat den Zugang zu den Verfahrensakten ablehnt. Bei unzureichenden Gründen kann eine weitere Begründung verlangt werden[1175], der Ausschuss kann sich schließlich bei Fehlen zulässiger Gründe über die Entscheidung von Europol oder eines Mitgliedstaates hinwegsetzen. Insofern findet eine Überprüfung statt, ob die vorgebrachten Gründe einen Ausschluss des Antragstellers von den Verfahrensakten rechtfertigen.
Das deutsche Recht regelte die Aktenvorlage im verwaltungsgerichtlichen Verfahren bis 1999 ähnlich. Gemäß § 99 I VwGO waren Behörden zur Vorlage von Urkunden oder Akten und zu Auskünften verpflichtet, wenn nicht das Wohl des Bundes oder eines deutschen Landes entgegenstand oder wenn die Vorgänge nach einem Gesetz oder ihrem Wesen nach geheim gehalten werden müssen. Über die Glaubhaftmachung der gesetzlichen Voraussetzungen für die Verweigerung entschied auf Antrag des Beteiligten gemäß § 99 II VwGO das Gericht der Hauptsache. Mit Beschluss vom 27. Oktober 1999 hat das Bundesverfas-

---

1171 So zu Recht Hausen, Rechtsgrundlagen von Europols, S. 157, der prognostiziert, dass in praxi fast immer einer der relativ weit gefassten Verweigerungsgründe geltend gemacht werden kann; a.A.: Kämper, Polizeiliche Zusammenarbeit in der EU, S. 206, der präzise klare Tatbestände erkennt.
1172 BVerfGE 8, 274, 326; 87, 234, 255f.
1173 Bull, Verwaltungsrecht, § 7, Rn.368; Wolff / Bachof / Stober, Verwaltungsrecht, § 31 Rn.8; Maurer, Staatsrecht, S. 229; *Papier*, in: Merten, Gewaltentrennung im Rechtsstaat, S. 104f.
1174 BVerfGE 33, 303, 341.
1175 Art. 20 II 2 GO GKI.

sungsgericht diese Regelung für verfassungswidrig erklärt[1176]. Die Effektivität des Rechtsschutzes gebiete es, dass das Gericht in tatsächlicher und rechtlicher Hinsicht prüfen kann, was eine Bindung an die im Verwaltungsverfahren getroffenen Entscheidungen und Wertungen ausschließe[1177]. Die Überprüfung durch das Gericht nach § 99 II 1 VwGO sei, so das Bundesverfassungsgericht, insbesondere deswegen unzureichend, weil die Glaubhaftmachung der Behörde für die Verweigerung der Akteneinsicht regelmäßig nicht über die Begründung für die Auskunftsablehnung gegenüber dem Betroffenen hinausgehe[1178]. Den legitimen Geheimhaltungsinteressen werde genauso Rechnung getragen, wenn die Akten dem Gericht vorgelegt würden, das unter Verpflichtung zur Geheimhaltung nachprüfe, ob die gesetzlichen Voraussetzungen der Auskunftsverweigerung erfüllt seien, also ein „in camera"-Verfahren stattfinde[1179].
Obwohl die Regelung des Art. 20 I, II GO GKI der „alten" deutschen Regelung auf den ersten Blick ähnelt, weil der Beschwerdeausschuss ebenfalls nur die vorgebrachten Gründe prüfen kann und kaum zu erwarten ist, dass bei der Begründung der Einschränkung des Zugangs zu den Verfahrensakten andere Gründe angeführt werden als die, die schon die Verweigerung der Mitteilung von Daten tragen[1180], gibt es doch einen entscheidenden Unterschied. Die GKI hat gemäß Art. 24 II Nr.1 EPK Einsicht in alle Unterlagen und Akten sowie Zugriff auf die gespeicherten Daten[1181]. Sie kann die Plausibilität der Gründe Europols daher in qualifizierter Weise überprüfen und feststellen, ob der Ausschluss des Betroffenen von den Verfahrensakten ordnungsgemäß erfolgte. Den Anforderungen des Urteils des Bundesverfassungsgerichts wird damit in vollem Umfang Rechnung getragen. Das Recht zur Einsicht in alle Unterlagen und Akten und der Zugriff der GKI auf die gespeicherten Daten ermöglicht in jedem Fall der Verweigerung der Akteneinsicht ein „in camera"-Verfahren.
Das Verfahren ist jedoch an anderer Stelle unzureichend. Der Ausschuss kann sich im Fall unzureichender Begründung nur einstimmig gegenüber Europol oder einem Mitgliedstaat durchsetzen[1182]. Ein solches Einstimmigkeitserfordernis erschwert das Recht des Betroffenen auf Überprüfung in unzulässiger Weise[1183]. Gegenüber einer qualifizierten Mehrheit in einem Richterkollegium be-

---

1176 BVerfGE 101, 106ff.
1177 BVerfGE 15, 275, 282; 61, 82, 110f.; 78, 214, 226; 84, 34, 49.
1178 BVerfGE 101, 106, 128.
1179 BVerfGE 101, 106, 128.
1180 So auch Degenhardt, Europol und Strafprozess, S. 256.
1181 Das Kontrollrecht gilt uneingeschränkt. Es gibt insbesondere keine Beschränkung „aus Sicherheitsgründen" wie in § 24 IV 4 BDSG.
1182 Art. 20 II 3 GO GKI.
1183 So etwa Hausen, Rechtsgrundlagen von Europol, S. 156f.; Kremer, Immunität für Europol-Bedienstete, S. 402f.

darf ein Einstimmigkeitserfordernis einer noch sorgfältigeren Begründung. Derartige Gründe, die dieses Einstimmigkeitserfordernis rechtfertigen könnten, sind nicht ersichtlich.
Die Regelungen der EPK hinsichtlich der Begründung einer Entscheidung über die Auskunft oder Überprüfung von Daten und die Kontrolle dieser Entscheidung durch die GKI sind damit defizitär. Sie begegnen verfassungsrechtlichen Bedenken im Hinblick auf das rechtliche Gehör des Betroffenen. Es wird auch insoweit zu überprüfen sein, welche Auswirkungen dieses Defizit hat.

ee) Rechtsschutz durch die nationalen Gerichte

Die Mitgliedstaaten sind nach Art. 20 II 1 EPK verpflichtet, von ihnen eingegebene unrichtige Daten zu berichtigen oder zu löschen. Der Einzelne kann gegen die fehlerhafte Verwendung von Daten, die von Europol bezogen wurden, vor den nationalen Gerichten vorgehen. Der Überprüfung eines Sachverhalts durch die nationalen Gerichte stehen jedoch Hindernisse in Form von Immunitätsregelungen und Aussageverweigerungsrechten entgegen. Diese könnten die Möglichkeit effektiven Rechtsschutzes unzulässig erschweren.

(1) Unverletzlichkeit der Archive

Die Archive von Europol sind nach Art. 3 des Immunitätenprotokolls unverletzlich, es bedarf gemäß Art. 12 II Immunitätenprotokoll einer Aufhebung der Immunität durch den Direktor, um die Archive nutzen zu können. Die Immunität ist aufzuheben, wenn sie verhindern würde, dass der Gerechtigkeit Genüge geschieht und keine Schädigung der Interessen Europols droht[1184]. Da in den Archiven alle Aufzeichnungen, Schriftwechsel, Schriftstücke, Manuskripte, Computer- und Mediendaten, Fotografien, Filme, Video- und Tonaufzeichnungen lagern, die Europol oder einem Mitglied des Personals gehören oder von diesen geführt werden[1185], ist die Sachverhaltsaufklärung durch die nationalen Gerichte erschwert[1186]. Die Entscheidung des Direktors über die Aufhebung der Unverletzlichkeit der Archive unterliegt keiner gerichtlichen Kontrolle. Weder kann das befasste nationale Gericht sich über die Entscheidung hinwegsetzen, noch kann die GKI im Wege einer Beschwerde mit einer solchen Entscheidung des Direktors befasst werden. Zwar billigt das Immunitätenprotokoll dem Direktor, der die Immunität aufheben kann, nicht das Letztentscheidungsrecht zu, sondern dem Rat der Europäischen Union[1187], eine solche Entscheidung kann jedoch ei-

---

[1184] Art. 12 I, II Immunitätenprotokoll.
[1185] Art. 1 lit.g Immunitätenprotokoll.
[1186] Hausen, S. 162f. sieht dadurch die Effektivität des Rechtsschutzes gemindert.
[1187] Im Streitfall wird die Entscheidung gemäß Art. 12 V Immunitätenprotokoll im Rat erörtert. Findet eine Beilegung nicht statt, hat der Rat gemäß Art. 13 II Immunitätenprotokoll ein Letztentscheidungsrecht.

nen gerichtlichen Beschluss nicht ersetzen. Schon die Struktur des Rates, der sich aus weisungsabhängigen Vertretern der Mitgliedstaaten zusammensetzt[1188] ist mit den Anforderungen an ein unabhängiges und unparteiliches Richtergremium nicht vereinbar. Eine Entscheidung des Rates muss zudem einstimmig ergehen. Der Einzelne hat keine Möglichkeit, die Entscheidung über die Herausgabe von Daten von einer unabhängigen Instanz überprüfen zu lassen.

Möglicherweise ist eine gerichtliche Entscheidung jedoch gar nicht zwingend. Das deutsche Recht kennt derartige Konstellationen. Einzelne Verfahrenshandlungen, wie hier etwa die Nichtaufhebung der Immunität, sind nach deutschem Recht nicht immer isoliert anfechtbar.

Im Verwaltungsrecht können etwa Rechtsbehelfe gegen behördliche Verfahrenshandlungen gemäß § 44a VwGO nur mit dem gegen die Sachentscheidung zulässigen Rechtsbehelf geltend gemacht werden. § 44a VwGO gilt jedoch gerade nicht für die Akteneinsicht. Die mit der Vorschrift des § 44a VwGO bezweckte Verfahrensökonomie würde in ihr Gegenteil verkehrt, wenn der Betroffene zu einem gerichtlichen Verfahren gegen die Sachentscheidung gezwungen wird, um überhaupt erst Einsicht nehmen zu können[1189]. Der Betroffene hat zudem im deutschen Verwaltungsprozess zumindest die Möglichkeit, die verfahrensrechtliche Frage zusammen mit der Sachentscheidung anzugreifen und insoweit eine gerichtliche Überprüfung herbeizuführen. Im Falle der Immunität der Archive von Europol besteht gar keine Möglichkeit, eine gerichtliche Entscheidung herbeizuführen. Die verwaltungsrechtliche Konstellation des §§ 44a VwGO ist insoweit nicht vergleichbar.

Weiterführen könnte die strafprozessuale Konstellation des § 305 S.1 StPO[1190]. Im Strafprozessrecht unterliegen Entscheidungen der erkennenden Gerichte, die der Urteilsfindung vorausgehen, nach § 305 S.1 StPO nicht der Beschwerde oder einem anderen Rechtsbehelf. Der Betroffene hat keine Möglichkeit, gegen eine bestimmte Handlung des erkennenden Gerichts vorzugehen. § 305 S.1 StPO schließt Beschwerden gegen Entscheidungen aus, die in einem inneren Zusammenhang mit der Urteilsfällung stehen, ausschließlich der Vorbereitung dienen und keine darüber hinausgehenden Wirkungen entfalten[1191]. Die Entscheidung darf keine eigenständige prozessuale Bedeutung haben und keinen grundrechtsrelevanten Eingriff darstellen[1192]. Die Konstellation der Aufhebung der Immunität der Archive Europols ist allerdings eine ganz andere. Es handelt

---

[1188] *Hix,* in: Schwarze, EGV, Art.203, Rn.9; *Wichard,* in: Calliess / Ruffert, EGV, Art. 203, Rn.3.

[1189] Redeker / von Oertzen, VwGO, § 44a, Rn.3a; a.A. *Geiger,* in: Eyermann, VwGO, § 44a, Rn.8.

[1190] Einen Vergleich zu § 305 S. 1 StPO stellt Bull, DRiZ 1998, S. 41 an.

[1191] Pfeiffer, StPO, § 305, Rn.2; Meyer-Goßner, StPO, § 305, Rn.4.

[1192] Meyer-Goßner, StPO, § 305, Rn.4.

sich nicht um einen der eigentlichen Entscheidung vorangestellten unselbstständigen Beschluss, der keine über die Entscheidung hinausgehenden Wirkungen entfaltet. Die Aufhebung der Immunität ist vielmehr wesentliche Voraussetzung der Sachverhaltsaufklärung. Darüber hinaus ist die Konstellation des § 305 S.1 StPO schon deswegen nicht vergleichbar, weil es sich bei der Aufhebung der Immunität nicht um eine Entscheidung des erkennenden Gerichts handelt, sondern eine andere Instanz, nämlich der Direktor von Europol, die Immunität aufhebt.
Die Immunität der Archive Europols und die eingeschränkte Überprüfung der Entscheidung über die Aufhebung der Immunität sind letztlich jedoch im Hinblick auf das Gebot effektiven Rechtsschutzes aus einem anderen Grund hinnehmbar. Der Einzelne hat vor den mitgliedstaatlichen Gerichten die Möglichkeit, die Eingabe von Daten in das Informationssystem Europols, den Abruf von Daten aus dem Informationssystem Europols und die Weitergabe und Verwendung abgerufener Daten durch das BKA und die zuständigen nationalen Behörden zu rügen. Ein Anspruch auf Mitteilung oder Überprüfung von Daten, die bei Europol gespeichert sind, ist über die nationale Verbindungsstelle bei Europol direkt, beziehungsweise im Wege der Beschwerde vor dem Beschwerdeausschuss der GKI geltend zu machen. Es ist nicht ersichtlich, wieso ein nationales Gericht Zugang zu den Archiven Europols braucht, um die Zulässigkeit der Eingabe oder des Abrufs von Daten, die sich nach nationalem Recht richten, zu klären. Auch für die nationale Verwendung der Daten bedarf es eines Zugriffs auf die Archive nicht, da sich die Beziehungen zwischen der abrufenden nationalen Verbindungsstelle und den zuständigen mitgliedstaatlichen Behörden nach nationalem Recht richten. Die Unterlagen der nationalen Behörden reichen zur Klärung etwaiger Sachverhaltsprobleme aus. Weitergehende Fragen des Antragstellers über die Speicherung und Verwendung seiner Daten bei Europol sind nicht Gegenstand nationaler Gerichtsverfahren. Eines Zugriffs auf die Archive bedarf es daher nicht. Insofern kann die Immunität der Archive nicht dazu führen, dass bei Verfahren vor nationalen Gerichten die Effektivität des Rechtsschutzes gemindert ist.

(2) Aussageverweigerungsrechte

Art. 32 III EPK sieht vor, dass die Organe von Europol, ihre Mitglieder, die stellvertretenden Direktoren, die Europol-Bediensteten und die Verbindungsbeamten über Tatsachen und Angelegenheiten, die ihnen in Ausübung ihres Amtes oder ihrer Tätigkeit bekannt wurden, weder vor Gericht noch außergerichtlich aussagen, sofern nicht der Direktor benachrichtigt wurde. Sofern die nationalen Rechtsordnungen ein Aussageverweigerungsrecht vorsehen, bedarf es einer Genehmigung durch den Direktor, die verweigert werden darf, soweit dies zur

Wahrung höherrangiger, schutzwürdiger Interessen von Europol oder der betroffenen Mitgliedstaaten notwendig ist[1193]. Das kann die notwendige Sachverhaltsaufklärung vor dem zuständigen nationalen Gericht erschweren[1194].
Auch das deutsche Recht kennt eine Genehmigung von Aussagen. Einer solchen Genehmigung bedarf es etwa bei Aussagen öffentlich Bediensteter im Rahmen der §§ 54 I, II StPO, §§ 61, 62 BBG. Eine Verweigerung der Aussagegenehmigung darf erfolgen, wenn die Aussage dem Wohle des Bundes oder eines deutschen Landes Nachteile bereiten oder die Erfüllung öffentlicher Aufgaben erheblich erschweren würde. Diese deutschen Regelungen sind jedoch ihrerseits erheblichen verfassungsrechtlichen Bedenken ausgesetzt, da die Versagungsgründe sehr unbestimmt sind und die Überprüfung regelmäßig auf eine Plausibilitätskontrolle beschränkt sein wird[1195]. Möglichkeiten eines „in camera"-Verfahrens, in dem im Wege eines gerichtlichen Zwischenverfahrens ein Richter in voller Kenntnis der Versagungsgründe die Rechtmäßigkeit der Aussageverweigerung prüfen könnte, bleiben ungenutzt[1196].
Die Regelungen der EPK sehen indes noch nicht einmal eine Überprüfung der Versagung der Aussageverweigerung vor. Erteilt der Direktor dem Mitglied eines Organs von Europol, einem Bediensteten von Europol, einem Verbindungsbeamten oder einer zur Verschwiegenheit verpflichteten Person keine Aussagegenehmigung, ist diese Entscheidung gegenüber den nationalen Gerichten bindend und nicht überprüfbar.
Wie bei der Unverletzlichkeit der Archive stellt sich die Frage, ob es für die Sachverhaltsaufklärung eines befassten nationalen Gerichts der Aussage einer betroffenen Person überhaupt bedarf. Gegenstand eines nationalen Gerichtsverfahrens kann die Eingabe von Informationen in das Informationssystem Europols, der Abruf von Informationen und die innerstaatliche Verwendung der abgerufenen Daten sein. Der Aussage eines Organmitglieds von Europol oder eines Bediensteten von Europol bedarf es zur Klärung eines solchen Sachverhaltes nicht. Einzig Aussagen der nationalen Verbindungsbeamten können erforderlich werden, da sowohl die Eingabe als auch der Abruf von Daten über die Verbindungsbeamten läuft. Eine Aussagegenehmigung bei Informationen, die ein Verbindungsbeamter von Europol erhalten hat, erteilt der Direktor gemäß Art. 32 III 5 EPK nach Zustimmung des Mitgliedstaates, der den Verbindungsbeamten ent-

1193 Art. 32 III 7 EPK.

1194 Hausen, Rechtsgrundlagen von Europol, S. 161.

1195 Ziegler, ZRP 1988, S. 26; das Bundesverwaltungsgericht betont in BVerwGE 34, 252, 254, dass die Entscheidung über die Versagung einer Aussagegenehmigung einer vollen gerichtlichen Kontrolle unterliegen muss.

1196 Einzig § 28 II 2 BVerfGG sieht die Möglichkeit vor, dass das Bundesverfassungsgericht die Verweigerung der Aussagegenehmigung eines Zeugen oder Sachverständigen mit Zweidrittelmehrheit für unbegründet erklären kann.

sandt hat. Betrifft die Aussage Informationen und Erkenntnisse, von denen ein weiterer Mitgliedstaat betroffen ist, muss vor der Genehmigung eine Stellungnahme dieses Mitgliedstaates eingeholt werden. Dieser Mitgliedstaat kann die Aussagegenehmigung allerdings nicht verhindern. Allein zur Wahrung höherrangiger schutzwürdiger Interessen Europols kann die Aussagegenehmigung verweigert werden. Solche schutzwürdigen, höherrangigen Interessen Europols können von vornherein nicht betroffen sein, wenn in einem nationalen Gerichtsverfahren die Zusammenarbeit der nationalen Stelle mit dem Verbindungsbeamten in Frage steht. Allein solche Fragen können aber Gegenstand eines nationalen Gerichtsverfahrens sein. Der Überprüfung eines Sachverhalts durch die nationalen Gerichte stehen mithin keine Hindernisse in Form von Aussageverweigerungsrechten entgegen, welche die Erlangung effektiven Rechtsschutzes unzulässig erschweren.

ff) Rechtsschutz nach Erweiterung der Zuständigkeiten Europols

Es gilt schließlich zu klären, ob im Rahmen der Erweiterung der Zuständigkeiten Europols[1197] neue rechtsschutzrelevante Konstellationen entstehen.

Hinsichtlich der Ersuchen Europols an die zuständigen Behörden der Mitgliedstaaten mit dem Anliegen, Ermittlungen in speziellen Fällen vorzunehmen und zu koordinieren, ist dies nicht der Fall. Der Einzelne kann ein legitimes Interesse daran haben, dass keine unrichtigen, unvollständigen oder überholten Daten Grundlage oder Gegenstand des Ersuchens sind. Einen derartigen Anspruch kann er vor der GKI geltend machen.

Anders ist es mit der Teilnahme von Europol-Bediensteten an gemeinsamen Ermittlungsgruppen. Europol-Bedienstete können an allen Tätigkeiten der gemeinsamen Ermittlungsgruppe mitwirken, die Ergreifung von Zwangsmaßnahmen ausgeschlossen. Es kann bei dem Einsatz eines Teams die Notwendigkeit geben, die Rechtsmäßigkeit der Handlungen vor einem Gericht klären zu lassen. Diese Konstellation gibt es im derzeitigen Rechtsrahmen der EPK nicht. Eine gerichtliche Überprüfung ist gleichwohl möglich. Die Einsätze einer gemeinsamen Ermittlungsgruppe erfolgen nach Maßgabe der Rechtsvorschriften des Mitgliedstaates, in dem der Einsatz stattfindet. Die nationalen Gerichte können das Tätigwerden des Teams am Maßstab dieser nationalen Rechtsvorschriften überprüfen. Dem steht die Immunität der Europol-Bediensteten aus Art. 8 des Immunitätenprotokolls nicht entgegen[1198]. Die Immunität der Bediensteten von Europol wird sich hinsichtlich der von ihnen in Ausübung ihres Amtes gemachten mündlichen oder schriftlichen Äußerungen und/oder der von ihnen in Ausübung ihres Amtes vorgenommenen Handlungen nicht auf ihre Tätigkeit als Teilneh-

---

[1197] Rechtsakt des Rates vom 28. November 2002, Abl.EG C 312 vom 16.12.2002, S. 1.

[1198] Abl.EG C 221 vom 19.7.1997, S. 1.

mer der gemeinsamen Ermittlungsgruppe erstrecken[1199]. Die Immunität für die Amtshandlungen von Europol-Bediensteten bei der Teilnahme an gemeinsamen Ermittlungsgruppen wird durch das Änderungsprotokoll damit ausdrücklich aufgehoben[1200]. Die nationalen Gerichte werden die Tätigkeit der gemeinsamen Ermittlungsgruppe in vollem Umfang an nationalen Rechtsvorschriften messen können[1201].

gg) Zwischenergebnis

Die Untersuchung hat gezeigt, dass nicht alle Punkte, die als problematisch behandelt werden, aus verfassungsrechtlicher Sicht auch tatsächlich problematisch sind. Es können allerdings nicht alle Bedenken ausgeräumt werden. Verfassungsrechtlich problematisch im Hinblick auf die Gewährleistung eines effektiven Rechtsschutzes sind die Reaktionsmöglichkeiten der GKI. Diese kann weder die Nichtbefolgung ihrer Entscheidungen sanktionieren noch einstweilige Anordnungen zur Vermeidung irreparabler Schäden treffen. Verfassungsrechtlichen Bedenken im Hinblick auf die Waffengleichheit der Parteien ist die Zweitdrittelmehrheit bei der Entscheidung der GKI über die Mitteilung von Daten ausgesetzt, wenn Europol oder ein Mitgliedstaat eine ablehnende Stellungsnahme abgeben. Gleiches gilt für die Einstimmigkeit, mit der sich der Beschwerdeausschuss der GKI gegenüber Europol oder einem Mitgliedstaat über die Verweigerung des Zugangs zu den Verfahrensakten hinwegsetzen kann.

c) Berührung der in Art. 1, 20 GG niedergelegten Grundsätze

Es gilt nun zu klären, ob diese Regelungen dazu führen, dass die in Art. 1, 20 GG niedergelegten Grundsätze, die Art. 79 III GG einer Änderung des Grundgesetzes entzieht, berührt werden. Eine Berührung der Grundsätze ist vor dem Hintergrund der spezifischen Konstellation der Übertragung von Hoheitsrechten auf die Europäische Union zu bestimmen[1202]. Rechtsstaatliche Grundsätze können in der Europäischen Union nicht in gleicher Weise verwirklicht werden, wie in einer durch eine Staatsverfassung einheitlich und abschließend geregelten Staatsordnung[1203]. Modifikationen und andersartige Regelungen bei einzelnen rechtsstaatlichen Elementen sind hinzunehmen, solange der unabdingbare We-

---

[1199] Erwägungsgrund Nr.4 des Änderungsprotokolls, Abl.EG C 312 vom 16.12.2002, S. 1.

[1200] Art. 8 IV des Immunitätenprotokolls in seiner neuen Fassung.

[1201] Zu den Rechtsschutzszenarien bei einer weiteren Mandatserweiterung Europols vgl. Ellermann, Europol auf dem Weg zu einem „Europäischen FBI"?, Kap.3.A.II.4.d.ee.

[1202] Vgl. Kapitel F.I.1.

[1203] So das Bundesverfassungsgericht für die parallele Problematik der demokratischen Legitimation in der Maastricht-Entscheidung, BVerfGE 89, 155, 182.

sensgehalt des deutschen rechtsstaatlichen Verständnisses nicht generell angetastet wird[1204].

Die Reaktionsmöglichkeiten der GKI begegnen verfassungsrechtlichen Bedenken im Hinblick auf die Effektivität des Rechtsschutzes. Die Garantie eines effektiven Rechtsschutzes, die in Art. 19 IV GG niedergelegt ist, gehört nicht zu den in Art. 1, 20 GG niedergelegten Grundsätzen. Das bedeutet jedoch nicht, dass elementare Grundstrukturen des Rechtsschutzes nicht durch andere Grundsätze, die in Art. 1, 20 GG niedergelegt sind, geschützt werden[1205]. Vorgaben ergeben sich zunächst aus der Bindung der vollziehenden Gewalt an Recht und Gesetz durch Art. 20 III GG. Eine solche Bindung kann nur erreicht werden, wenn eine Instanz bereitsteht, die Gesetzesverstöße feststellen und unterbinden kann. Gleiches gilt für die Grundrechtsbindung staatlicher Gewalt aus Art. 1 III GG. Der Geltungsanspruch und der Vorrangcharakter der Grundrechte aus Art. 1 III GG bedarf eines effektiven Schutzes und einer justizförmigen Kontrolle[1206]. Die verfassungsrechtlich bedenklichen Reaktionsmöglichkeiten der GKI könnten daher die Grundsätze der Art. 1 III, 20 III GG berühren[1207].
Zu einer Berührung der Grundsätze der Art. 1 III, 20 III GG kommt es hinsichtlich der Wirkung einer Entscheidung des Beschwerdeausschusses der GKI nicht. Die Feststellungswirkung ist im Hinblick auf die Effektivität des Rechtsschutzes zwar verfassungsrechtlich problematisch, weil Grundrechtsverletzungen möglicherweise nicht wirkungsvoll sanktioniert werden, die Bindung staatlicher Gewalt an Recht und Gesetz und die Bindung an Grundrechte wird dadurch jedoch nicht berührt. Die Bindung staatlicher Gewalt an Recht und Gesetz beinhaltet die prinzipielle staatliche Verpflichtung zur Schaffung von Fehlerfolgesystemen, die geeignet sein müssen, den grundlegenden verfassungsgeberischen Entscheidungen zur effektiven Durchsetzung zu verhelfen, also eine Korrektur grundgesetzwidriger Akte ermöglichen[1208]. Die Anordnung der Nichtigkeit eines fehlerhaften Aktes durch ein Kontrollorgan ist eine Möglichkeit der Fehlerkorrektur, die prinzipiell zulässig ist, wenn das System ein Mindestmaß an Funktionsfä-

---

[1204] Die Aussagen des Bundesverfassungsgerichts für den auf europäischer Ebene erforderlichen vergleichbaren Grundrechtsschutz in BVerfGE 73, 339, 386f. („Solange-II“) sind auf rechtsstaatliche Grundsätze übertragbar.

[1205] Vgl. Kapitel F.I.2.e.

[1206] *Dreier,* in: Dreier, GG, Art. 79 III, Rn.28; *Bryde,* in: v.Münch, GG, Art. 79, Rn.37; Klein, VVDStRL 8 (1950), S. 92.

[1207] Obwohl auch Art. 1 I GG und der in Art. 20 II 2 GG niedergelegte Grundsatz der Gewaltenteilung in einem Zusammenhang mit der Rechtsweggarantie stehen (vgl. Kapitel F.I.2.e.), können daraus keine konkreten Vorgaben für die Ausgestaltung des Rechtswegs oder für verfahrensrechtliche Anforderungen gewonnen werden.

[1208] Hain, Grundsätze des Grundgesetzes, S. 387; *Sachs,* in; Sachs, GG, Art. 20, Rn.111.

higkeit und Effizienz gewährleistet[1209]. Die Bindung der Hoheitsgewalt an Recht und Gesetz und die Bindung an Grundrechte ist erst dann nicht mehr gewährleistet, wenn tatsächlich in mehr als einem Einzelfall nicht sichergestellt ist, dass die Konsequenzen aus Feststellungsurteilen gezogen werden[1210]. Das ist bei Europol derzeit nicht zu befürchten. Der Tätigkeitsbericht der GKI hebt hervor, dass Europol die Vorschriften der EPK achtet und seine Verantwortung im Umgang mit Daten ernst nimmt[1211]. Obwohl regelmäßig Anträge auf Mitteilung oder Überprüfung von Daten bei Europol eingehen, kam es seit der Errichtung des Beschwerdeausschusses der GKI bis Ende 2002 zu nur zwei Beschwerden[1212]. Einen Fall, in dem Konsequenzen aus einem Feststellungsurteil nicht gezogen wurden, gab es nicht. Die Bindung staatlicher Gewalt an Grundrechte und die Bindung der vollziehenden Gewalt an Recht und Gesetz ist daher nicht gefährdet. Die Feststellungswirkung der Entscheidungen des Beschwerdeausschusses der GKI von Europol berührt die Grundsätze der Art. 1 III, 20 III GG nicht.

Es bleibt die Frage, ob die fehlende Befugnis zum Erlass einstweiliger Anordnungen durch die GKI die in Art. 1 III, 20 III GG niedergelegten Grundsätze berührt.
Die Wirksamkeit des Rechtsschutzes erfordert, dass in Eilfällen einstweiliger Rechtsschutz gewährleistet wird, um den Eintritt irreparabler Schäden oder Nachteile wirkungsvoll zu verhindern[1213]. Diese Vorgaben ergeben sich jedoch aus Art. 19 IV GG, der im Rahmen von Art. 79 III GG nicht geschützt ist. Entscheidend ist auch an dieser Stelle alleine, ob das Fehlen einstweiligen Rechtsschutzes dazu führt, dass die Grundrechtsbindung aus Art. 1 III GG und die Bindung staatlicher Gewalt an Recht und Gesetz aus Art. 20 III GG in Frage gestellt wird. Bei der Beurteilung dieser Frage gilt es die Besonderheit der Übertragung von Hoheitsrechten auf die Europäische Union zu berücksichtigen.
Andere Mitgliedstaaten der Europäischen Union gewähren dem Einzelnen insgesamt weniger Möglichkeiten, subjektive Ansprüche zu verwirklichen[1214]. Das deutsche Verständnis von Rechtsschutz und einstweiligem Rechtsschutz ist für

[1209] Hain, Grundsätze des Grundgesetzes, S. 388f.; ähnlich auch *Schmidt-Assmann,* in: Maunz / Dürig, GG, Art. 19 IV, Rn.288, der die Wirkung eines Feststellungsurteils als rechtsstaatlich hinnehmbar erachtet.

[1210] *Schmidt-Assmann,* in: Maunz / Dürig, GG, Art. 19 IV, Rn.288.

[1211] Tätigkeitsbericht der Gemeinsamen Kontrollinstanz von Europol, 13899/03 EUROPOL 56.

[1212] Tätigkeitsbericht der Gemeinsamen Kontrollinstanz von Europol, 13899/03 EUROPOL 56.

[1213] St. Rspr. des Bundesverfassungsgerichts, z.B. BVerfGE 35, 263, 274; 35, 382, 401f.; 46, 166, 178; 51, 268, 284; 93, 1, 13f.; 94, 166, 216.

[1214] Vergleiche dazu die rechtsvergleichende Übersicht bei: Tonne, Effektiver Rechtsschutz durch staatliche Gerichte als Forderung des Europäischen Gemeinschaftsrechts, S. 47ff.

die Beurteilung einer europäischen Einrichtung nicht alleine maßgeblich[1215]. Das gilt schon deswegen, weil der volle Gewährleistungsgehalt von Art. 19 IV GG von Art. 79 III GG nicht umfasst wird. Im polizeilichen Bereich schränken andere Mitgliedstaaten die Möglichkeiten einstweiligen Rechtsschutzes erheblich ein[1216]. Für die Übertragung von Hoheitsrechten muss es daher ausreichen, wenn die Ausgestaltung des Rechtsschutzes einem internationalen Mindeststandard elementarer Verfahrensgerechtigkeit entspricht[1217].
Diese elementare Verfahrensgerechtigkeit wird im Beschwerdeverfahren vor der GKI auch im Hinblick auf das Fehlen einstweiliger Anordnungen verwirklicht. Entscheidend ist, dass der Einzelne seine subjektive Position letztlich durchsetzen kann, selbst wenn seine personenbezogenen Daten von den Mitgliedstaaten abgerufen wurden oder an Dritte übermittelt wurden. Fehlerhafte Daten oder solche, die nicht im Einklang mit der EPK gespeichert und verarbeitet wurden, werden in jedem Fall berichtigt oder gelöscht. Zwar sind in der Zwischenzeit aufgrund der Verwendung der Daten Folgeeingriffe denkbar, deren Folgen werden jedoch zumindest durch den Ersatz materieller Schäden gemildert. Im Hinblick auf die Kenntnisnahme etwa durch einen nationalen Polizeibeamten gilt zu berücksichtigen, dass auch im Fall der bewussten Kenntnisnahme die Daten nicht auf Dauer in dessen Bewusstsein bleiben dürften. Das gilt umso mehr, wenn die fehlerhaft sind, weil sie dann keinerlei praktischen Wert haben Das Bundesverfassungsgericht hat anerkannt, dass die nachträgliche Feststellung der Rechtswidrigkeit und darauf folgende Löschung von Daten dem Rechtsschutzinteresse des Betroffenen in verfassungsrechtlich nicht zu beanstandender Weise Rechnung trägt[1218]. Ein elementarer Mindeststandard an Verfahrensgerechtigkeit wird dadurch nicht verletzt. Der Einzelne kann seine subjektiven Positionen in jedem Fall durchsetzen. Weder die Grundrechtsbindung noch die Bindung an Recht und Gesetz werden durch die fehlende Möglichkeit der GKI, einstweilige Anordnungen zu erlassen, in Frage gestellt. Zu einer Berührung der in Art. 1, 20 GG niedergelegten Grundsätze kommt es daher nicht. Die Grenzen des Art. 79 III GG werden gewahrt.

Schließlich gilt es zu klären, ob die Zweidrittelmehrheit bei der Entscheidung der GKI über die Mitteilung von Daten, wenn Europol oder ein Mitgliedstaat eine ablehnende Stellungsnahme abgeben und das Einstimmigkeitserfordernis, mit der sich der Beschwerdeausschuss der GKI gegenüber Europol oder einem

---

[1215] BVerfGE 89, 155, 179; 58, 1, 41; Hailbronner, JZ 1998, S. 288; Martinez Soria, VerwArch 1998, S. 432.
[1216] Harings, Grenzüberschreitende Zusammenarbeit, S. 328.
[1217] BVerfGE 59, 63, 91.
[1218] BVerfG, U.v. 3.3.04, 1 BvR 2378/98 und 1 BvR 1084/99, Rn. 186.

Mitgliedstaat über die Verweigerung des Zugangs zu den Verfahrensakten hinwegsetzen kann, die in Art. 1, 20 GG niedergelegten Grundsätze berühren. Die Waffengleichheit der Parteien findet ihre verfassungsrechtliche Grundlage in Art. 103 I GG, gehört also nicht unmittelbar zu den in Art. 1, 20 GG niedergelegten Grundsätzen. Auch die Qualifizierung des Art. 103 GG als Teil eines Rechtsstaatsprinzips führt nicht dazu, dass die Gewährleistung in vollem Umfang von Art. 79 III GG geschützt ist[1219]. Entscheidend ist, ob eine hinreichend enge Verbindung zu einem ausdrücklich in Art. 1, 20 GG niedergelegten Grundsatz besteht. In Betracht kommen auch hier die Bindung staatlicher Gewalt an die Grundrechte aus Art. 1 III GG und die Bindung der vollziehenden Gewalt an Recht und Gesetz aus Art. 20 III GG. Die Bindung an Recht und Gesetz und die Bindung an Grundrechte könnten berührt sein, wenn die Überprüfungsmöglichkeiten so ausgestaltet sind, dass diese Bindung nicht wirkungsvoll kontrolliert werden kann.

Die Mehrheit bei der Mitteilung von Daten und die Einstimmigkeit bei dem Zugang zu den Verfahrensakten betreffen verfahrensrechtliche Vorgaben bei der Gewährung von Rechtsschutz. Bei der Ausgestaltung verfahrensrechtlicher Vorschriften kommt dem Gesetzgeber ein weiter Gestaltungsspielraum zu[1220]. Das gilt auch für solche Ausgestaltungen, die den Bereich des rechtlichen Gehörs aus Art. 103 I GG betreffen[1221]. Eine Grenze gibt es erst, wenn der Zugang zum Gericht oder das anschließende Rechtsschutzverfahren in unzumutbarer, aus Sachgründen nicht mehr zu rechtfertigender Weise erschwert werden[1222]. Mehrheiten wie die in Frage stehenden sind dem deutschen Verfassungsrecht nicht fremd, es sind allerdings die verfassungsrechtlichen Voraussetzungen für eine solche Mehrheit nicht erfüllt. Die Entscheidung über die Berührung der in Art. 1 III, 20 III GG niedergelegten Grundsätze muss jedoch dem Charakter der Europäischen Union als Verbund verschiedener mitgliedstaatlicher Interessen Rechnung tragen. Eine Mehrheit beziehungsweise das Einstimmigkeitserfordernis gelten nur in dem besonderen Fall, dass Europol oder ein Mitgliedstaat die Mitteilung von Daten oder den Zugang zu den Verfahrensakten ausdrücklich ablehnen. Diese Einschränkungen bei der Waffengleichheit der Parteien tragen dem Schutz mitgliedstaatlicher Interessen und dem Eigeninteresse Europols Rechnung[1223]. Die originären mitgliedstaatlichen Interessen im Bereich der Aufrechterhaltung der öffentlichen Sicherheit und Ordnung werden nur bei einer besonderen Gewiss-

[1219] Vgl. Kapitel F.I.2.c.

[1220] *Papier,* in: Handbuch des Staatsrechts VI, § 153, Rn.15.

[1221] BVerfGE 9, 89, 95f.

[1222] *Papier,* in: Handbuch des Staatsrechts VI, § 153, Rn.15; st.Rspr. des BVerfG, z.B. BVerfGE 10, 264, 268; 37, 93, 96; 42, 128, 130; 44, 302, 305.

[1223] Hausen, Rechtsgrundlagen von Europol, S. 166; Frowein / Krisch, JZ 1998, S. 593.

heit durch die GKI überwunden. Im Bereich der polizeilichen Zusammenarbeit kommt es nach derzeitigem Integrationsniveau noch maßgeblich auf die Interessen der Mitgliedstaaten an. Bei der verfahrensrechtlichen Ausgestaltung des Rechtsweges durfte diesen Interessen daher eine große Bedeutung zugemessen werden, die in dem Mehrheitserfordernis Ausdruck findet. Die Mehrheitserfordernisse sind nicht sachfremd, sondern aus spezifischen Gründen, die sich aus dem Charakter der polizeilichen Zusammenarbeit in der Europäischen Union ergeben, gerechtfertigt. Die verfahrensrechtlichen Einschränkungen bei der Mitteilung über Daten und dem Zugang zu den Verfahrensakten sind daher aus verfassungsrechtlicher Sicht zwar bedenklich, berühren aber die Grundsätze der Art. 20 III, 1 III GG nicht.

d) Fazit

Das Rechtsschutzsystem der EPK, obwohl es von den herkömmlichen deutschen Vorstellungen an ein Rechtsschutzssystem erheblich abweicht, steht mit Art. 79 III GG in Einklang. Zwar ist die Struktur der GKI, die die Funktion eines rechtsprechenden Spruchkörpers bei einem Anspruch eines Einzelnen auf Mitteilung oder Überprüfung von Daten wahrnimmt, aus verfassungsrechtlicher Sicht zahlreichen Bedenken ausgesetzt, die Frage einer Berührung der in Art. 1, 20 GG niedergelegten Grundsätze stellt sich jedoch nur im Rahmen ihrer Reaktionsmöglichkeiten und der erforderlichen Mehrheiten bei der Entscheidungsfindung. Im Einzelnen führen jedoch auch die Reaktionsmöglichkeiten und die Mehrheiten bei der Entscheidungsfindung letztlich nicht zu einer Berührung der in Art. 1, 20 GG niedergelegten Grundsätze. Insgesamt sind die vorgebrachten Einwände damit zwar nicht von der Hand zu weisen, verfassungsrechtlich im Einzelnen jedoch tragbar. Allein darauf kommt es an. Jedes einzelne Element muss den verfassungsrechtlichen Anforderungen genügen. Es ist kein Raum für eine Gesamtwertung der verfassungsrechtlichen Bedenken dergestalt, dass die Summe der Defizite im Rechtsschutzsystem schwerer wiegen könnte als das Gewicht ihrer einzelnen Elemente. Schon die qualitative Bestimmung des Gewichts einer solchen Summe führt zu erheblichen Schwierigkeiten. Denn wie sollte die Summe der Mängel anders gewichtet werden, als durch das Zusammenfügen einzelner verfassungsrechtlicher Defizite? Davon abgesehen lässt sich eine verfassungsrechtliche Überprüfung nur im Hinblick auf einzelne Konstellationen vornehmen. Das in Art. 19 IV GG niedergelegte Gebot effektiven Rechtsschutzes setzt sich aus zahlreichen einzelnen Elementen zusammen, an denen jeder einzelne Einwand im Hinblick auf zwingende grundgesetzliche Vorgaben überprüft werden kann. Eine Summe von Defiziten, jedes für sich im Hinblick auf verschiedene verfassungsrechtliche Vorgaben bedenklich und jedes für sich aus anderen spezifischen Gründen heraus gerechtfertigt, kann an einzelnen Bestandteilen des Gebots effektiven Rechtsschutzes nicht gemessen werden. Es bliebe allein die Möglichkeit, eine Überprüfung vor dem Hintergrund effektiven Rechtsschutzes als übergreifendes Prinzip vorzunehmen, wodurch letztlich jedoch die einzelnen Elemente zunächst zusammengefasst würden, um ein Prinzip zu konstituieren, um sodann wieder eine Differenzierung vorzunehmen, um einzelne Elemente eines Rechtsschutzsystems verfassungsrechtlich daran messen zu können. Ein anderes Ergebnis ist hier nicht zu erwarten. Es bleibt daher festzuhalten, dass solange jedes einzelne Element der Ausgestaltung des Rechtsschutzes verfassungsrechtlichen Anforderungen gerecht wird, auch die Summe verfassungsrechtlich tragbar ist. Das Rechtsschutzsystem gegen Europol genügt damit den deutschen verfassungsrechtlichen Vorgaben.

4. Voraussetzungen eines Grundrechtseingriffs

In Deutschland ist die Tätigkeit der Polizei im repressiven Bereich vom Vorliegen eines Anfangsverdachts, im präventiven Bereich vom Vorliegen einer Gefahr abhängig. Die Tätigkeit Europols ist nicht von einer solchen Voraussetzung abhängig. Gleichwohl normiert auch die EPK Voraussetzungen für das Tätigwerden Europols, die den grundgesetzlichen Vorgaben möglicherweise in gleichem Maße gerecht werden. Es gilt zunächst abzugrenzen, welche Vorgaben für das Tätigwerden der Polizei aus grundgesetzlicher Sicht als rechtsstaatlich zwingend einzustufen sind. Sodann gilt es zu ermitteln, von welchen Voraussetzungen die Tätigkeit Europols im Einzelnen abhängig ist und ob diese Voraussetzungen als verfassungsrechtlich hinreichend zu bewerten sind.

a) Die Vorgaben des Grundgesetzes

Ein staatlicher Eingriff in eine grundrechtlich geschützte Position bedarf nach dem Grundsatz des Vorbehalts des Gesetzes, der in Art. 20 III GG verankert ist[1224], einer gesetzlichen Ermächtigungsgrundlage. In den Polizeigesetzen der Länder ist ein Tätigwerden davon abhängig, dass eine Gefahr für die öffentliche Sicherheit oder Ordnung droht. Diese Voraussetzung normieren sowohl die polizeirechtliche Generalklausel als auch die speziellen Eingriffsermächtigungen. Im Bereich der Strafverfolgung ist das Tätigwerden der Strafverfolgungsorgane vom Vorliegen eines Anfangsverdachts im Sinne des § 152 II StPO abhängig.
Aus verfassungsrechtlicher Sicht stellen sich mehrere Fragen. Zunächst bedarf es der Klärung, was ein Eingriff in eine grundrechtlich geschützte Position, der einer gesetzlichen Ermächtigungsgrundlage bedarf, ist. Daran schließt sich die Frage an, ob das Vorliegen eines Anfangsverdachts beziehungsweise einer Gefahr für ein Tätigwerden der Polizei verfassungsrechtlich zwingend ist. Kann

[1224] BVerfGE 40, 237, 248; 49, 89, 126.

also Gefahrenabwehr nur bei Vorliegen einer Gefahr erfolgen oder wäre es im Einklang mit rechtsstaatlichen Vorgaben möglich, Eingriffsermächtigungen zu schaffen, die nicht an eine Gefahr anknüpfen? Für den Bereich der Strafverfolgung stellt sich die Frage, ob das Erfordernis eines Anfangsverdachts für das Tätigwerden der Strafverfolgungsorgane rechtsstaatlich zwingend ist.

aa) Eingriff

Abstrakt ist ein Eingriff eine Be- oder Einschränkung, durch die dem Einzelnen ein Verhalten, das vom Schutzbereich eines Grundrechts umfasst ist, durch den Staat verwehrt wird[1225]. Nach dem klassischen Eingriffsbegriff musste das staatliche Handeln vier Merkmale aufweisen: Es musste final und nicht bloß unbeabsichtigte Nebenfolge eines auf ganz andere Ziele gerichteten Staatshandelns sein, es musste unmittelbar und nicht bloß mittelbare Folge des Staatshandelns sein, es musste sich um einen Rechtsakt mit rechtlicher und nicht bloß tatsächlicher Wirkung handeln und es musste mit Befehl und Zwang angeordnet beziehungsweise durchgesetzt werden[1226]. Nach modernem Eingriffsverständnis ist dieser Begriff jedoch zu eng, da der Staat in immer mehr Lebenslagen freiheitsbeeinträchtigend eingreift, ohne dass diese Eingriffe final und unmittelbar sind[1227]. Der moderne Eingriffsbegriff ist daher weiter. Ein Eingriff ist jedes staatliche oder dem Staat zurechenbare Handeln, das dem Einzelnen ein Verhalten, das in den Schutzbereich eines Grundrechts fällt, unmöglich macht[1228]. Folge dieser Erweiterung ist, dass nahezu jedes staatliche Handeln, auch bloße Bagatellen, alltägliche Lästigkeiten und subjektive Empfindlichkeiten grundrechtsrelevant sind. Zudem hat der Einbezug der unbeabsichtigten mittelbaren Wirkungen zur Folge, dass Eingriffe auch gegenüber Dritten, denen gegenüber der Staat weder bewusst noch gewollt handelt, stattfinden[1229]. Mit der Erweiterung des Eingriffsbegriffes muss daher eine Grenzziehung einhergehen zwischen Beeinträchtigungen und bloßen Belästigungen. Das Grundgesetz schützt nicht die subjektive Empfindlichkeit der Bürger[1230]. Allgemein akzeptierte Maßstäbe sind bisher noch nicht gefunden. Bagatellen, Trivialitäten und Banalitäten sind vielmehr im jeweiligen Einzelfall im Hinblick auf das jeweilig betroffene Grundrecht abzugrenzen[1231]. Indikatoren für die Qualität der Beeinträchtigung können

---

[1225] Pieroth / Schlink, Staatsrecht II, S. 52, Rn.207.

[1226] *Dreier,* in: Dreier, GG, Vor. Art. 1, Rn.81; Pieroth / Schlink, Staatsrecht II, S. 58, Rn.228.

[1227] Pieroth / Schlink, Staatsrecht II, S. 58, Rn.239.

[1228] *Dreier,* in: Dreier, GG, Vor. Art. 1, Rn.82; Pieroth / Schlink, Staatsrecht II, S. 58, Rn.240.

[1229] Pieroth / Schlink, Staatsrecht II, S. 58f., Rn.242; *Dreier,* in: Dreier, GG, Art. 2, Rn.35; Sachs, GG, Art. 2, Rn.79.

[1230] Hippel / Weiß, JR 1991, S. 318.

[1231] Stern, Staatsrecht, Bd. III/2, § 78, S. 207; *Dreier,* in: Dreier, GG, Art. 2, Rn.35; Zöller, Informationssysteme und Vorfeldmaßnahmen, S. 33.

das Schutzgut, die Intensität der Gefahr, die Sozialadäquanz und die herrschenden gesellschaftlichen Anschauungen sein[1232].

bb) Eingriff im Bereich der informationellen Selbstbestimmung

Als besonders problematisch erweist sich die Grenzziehung zwischen Belästigung und Beeinträchtigung im Bereich der informationellen Selbstbestimmung. Durch Informationserhebungen verlangt der Staat dem Bürger unmittelbar weder ein bestimmtes Handeln noch ein Dulden ab. Auch eine faktische Wirkung ist zunächst nicht feststellbar, weil sich die staatliche Tätigkeit ohne jede Beteiligung des Bürgers vollziehen kann. Es gibt verschiedene Ansätze zur Bestimmung der Eingriffsqualität einer Maßnahme.

Nach der „*Sphärentheorie*" sind drei Bereiche der Privatsphäre zu unterscheiden: der rechtlich ungeschützte Bereich, der relativ geschützte und der absolut geschützte Bereich[1233]. Kein Schutz besteht dort, wo der unbeschränkten Öffentlichkeit die Kenntnisnahme möglich ist, da hier die Privatsphäre endet[1234]. Die Sphärentheorie stellt damit für die Qualifizierung eines Eingriffes darauf ab, ob zumindest die Privatsphäre betroffen ist. Allerdings besteht nach der Sphärentheorie kein grundrechtlicher Schutz, wenn der Staat elementare Dinge wissen will wie Name, Alter, Familienstand etc.[1235]. Ein Eingriff die Privatsphäre ist zudem erst bei Nachforschungen einer gewissen Intensität oder eines gewissen Umfangs denkbar[1236]. Einzelne Aussagen des Bundesverfassungsgerichts stützen die Sphärentheorie. So wurde ausgeführt, jedermann müsse als gemeinschaftsbezogener und gemeinschaftsgebundener Bürger statistische Erhebungen in einem gewissen Umfang hinnehmen, sofern nicht der unantastbare Bereich privater Lebensgestaltung betroffen sei[1237]. An anderer Stelle wurde betont, dass es ein verfassungsrechtliches Gebot gebe, die Intimsphäre zu achten[1238].
Gegen die Sphärentheorie wird vorgebracht, die Privatsphäre sei relativ[1239]. Es werde nicht berücksichtigt, dass es unterschiedlich hohe Anforderungen an den Schutz der Privatsphäre gebe. So werden einerseits intime Geheimnisse geradezu bereitwillig in Talkshows ausgeplaudert, im Bereich der politischen Tätigkeit hingegen kann die Preisgabe bestimmter Informationen zu lebenslangen Konse-

---

[1232] *Isensee*, in: Handbuch des Staatsrechts V, § 111, Rn.66.
[1233] Ausführlich dazu: Evers, Privatsphäre, S. 43ff.
[1234] Evers, Privatsphäre, S. 44.
[1235] Evers, Privatsphäre, S. 44.
[1236] Evers, Privatsphäre, S. 44.
[1237] BVerfGE 27, 1, 7; 38, 105, 115.
[1238] BVerfGE 27, 344, 350f.
[1239] Garstka, DVBl. 1998, S. 983.

quenzen führen[1240]. Eine solche Relativität der Privatsphäre ist jedoch abzulehnen. Auch einem öffentlichen Verhalten kann keineswegs automatisch entnommen werden, dass die Erhebung und Speicherung von Äußerungen oder Verhaltensweisen gewollt ist[1241].
Über die Relativierung der Sphären hinaus begegnet jedoch die Einteilung in Sphären *per se* erheblichen Bedenken. Die geschützte Privatsphäre und die ungeschützte Öffentlichkeitssphäre können nur schwer voneinander abgegrenzt werden[1242]. Die Einteilung in drei Sphären beruht auf zu einfachen, der Komplexität der heutigen Gesellschaft nicht mehr gerecht werdenden Kategorien und ist zeitlich überholt[1243]. Ein Schutzbedürfnis gegen staatliche Ausforschung gibt es nicht nur in einem besonderen inneren Bereich, sondern generell gegenüber einer beim Staat oder bei einzelnen Behörden vorhandenen Datenmacht[1244]. Der Einzelne muss grundsätzlich immer selbst darüber entscheiden können, wie er sich gegenüber Dritten oder der Öffentlichkeit darstellt[1245]. Neben der Art der Datenabgabe sind auch die Nutzbarkeit und die Verwendungsmöglichkeiten entscheidend[1246]. Die Sphärentheorie ist daher nicht geeignet, einen Eingriff in den Schutzbereich der informationellen Selbstbestimmung zu bestimmen.

Einen anderen Ansatz bietet die „*Eingriffstheorie*“, nach der jedwede Erfassung, Erhebung, Verarbeitung und Weitergabe personenbezogener Daten durch den Staat als Eingriff zu werten ist, der einer gesetzlichen Grundlage bedarf[1247]. Jede Maßnahme der Informationsverarbeitung und -gewinnung, vom Inhalt der gewonnenen Daten losgelöst, stelle einen Eingriff dar[1248].
Dem muss entgegengehalten werden, dass es keinen absoluten Herrschaftsbereich des Einzelnen über seine Daten geben kann[1249]. Jeder soziale Kontakt beinhaltet das Risiko der Weitergabe von Daten an andere. Eine Information ist von vornherein mehreren Beteiligten zugeordnet und schließt zumindest eine

[1240] Garstka, DVBl. 1998, S. 983; auf eine mögliche empfindliche Störung der politischen Betätigungsfreiheit weist auch das Bundesverfassungsgericht in BVerfGE 65, 1, 43 hin.
[1241] Schwan VerwArch 66 (1975), S. 133; Schmidt, JZ 1974, S. 247f.
[1242] Evers, Privatsphäre, S. 45 bezeichnet den Übergang selbst als flüssig; a.A. Geis, JZ 1991, S. 115, der der Unbestimmtheit des „Kernbereichs“ energisch entgegentritt.
[1243] Aulehner, Polizeiliche Gefahren- und Informationsvorsorge, S. 269.
[1244] Weßlau, Vorfeldermittlungen, S. 175.
[1245] So das Bundesverfassungsgericht in BVerfGE 54, 148, 155.
[1246] BVerfGE 65, 1, 45.
[1247] Konsequentester Vertreter der Eingriffstheorie ist: Schwan, VerwArch 66 (1975), S. 127ff.
[1248] Simon / Taeger, JZ 1982, S. 141.
[1249] Krause, JuS 1984, S. 271; Benda, FS für Geiger, S. 34; Simitis, NJW 1984, S. 400; Rogall, GA 1985, S. 12; Hippel / Weiß, JR 1991, S. 321.

Beziehung zwischen dem Informierten und dem Betroffenen ein[1250]. Ein informationelles Selbstbestimmungsrecht würde in sein Gegenteil verkehrt, wenn man ihm ein grundsätzliches Kommunikationsverbot entnehmen würde. Genauso würde es in sein Gegenteil verkehrt, wenn tatsächlich jeder zu jeder Zeit weiß, wer was wann über ihn weiß, da dann eine umfassende Kontrolle erforderlich wäre, was einem Überwachungsstaat gleichkäme[1251]. Ein zu rechtfertigender Eingriff kann nicht schon bei jeder Maßnahme vorliegen, die eine Datenkomponente beinhaltet, da sonst jedes Handeln im Hinblick auf die informationelle Selbstbestimmung einer Rechtfertigung bedürfte. Die Eingriffstheorie ist daher abzulehnen.

Die „*Lehre von der Verwaltungsinternalität*" differenziert nach der Offenheit einer staatlichen Maßnahme. Bei heimlicher Informationserhebung fehle es an der Außenwirkung, mangels einer solchen Außenwirkung fehle heimlichen Maßnahmen der Datenerhebung und Datenverarbeitung der Eingriffscharakter[1252]. Die Informationsarbeit sei infolgedessen nur eine verwaltungsinterne Maßnahme. Dabei wird verkannt, dass es an der Außenwirkung nicht fehlt, wenn Daten eines Betroffenen verarbeitet werden. Entscheidend ist nicht, dass eine hoheitliche Maßnahme offen oder verdeckt erfolgt, sondern dass sie Wirkung über die innere Sphäre der Behörde hinaus entfaltet, was der Fall ist, wenn die Daten einer Person verarbeitet werden. Informationelle Selbstbestimmung würde grundlegend in Frage gestellt, wenn heimliche Datenverarbeitung keinen Eingriff darstellen würde und infolgedessen keiner gesetzlichen Eingriffsermächtigung bedürfte.

Wie kann nun aber ermittelt werden, ob durch eine staatliche Maßnahme der Schutzbereich der informationellen Selbstbestimmung betroffen ist? Die vorangegangene Darstellung hat belegt, dass eine pauschale Bestimmung nicht möglich ist. Vielmehr ist die Eingriffsqualität konkret im Hinblick darauf zu bestimmen, ob es sich um Datenerhebung, Datenspeicherung, Datenverwendung oder Datenübermittlung handelt.
Bei der *Datenerhebung* kommt es zunächst auf die Individualisierung der Information an. Einer Datenerhebung und -verarbeitung fehlt die Eingriffsqualität, wenn sie nicht individualisiert erfolgt. Das Normalmaß öffentlicher Kommunikation ist vom Schutzbereich informationeller Selbstbestimmung ausgenommen[1253]. Eine ortsbezogene Observation richtet sich beispielsweise nicht auf be-

---

[1250] Weßlau, Vorfeldermittlungen, S. 182; Krüger, NJW 1982, S. 857.
[1251] Aulehner, Polizeiliche Gefahren- und Informationsvorsorge, S. 390.
[1252] Steinke, MDR 1980, S. 457.
[1253] Hoppe, Vorfeldermittlungen, S. 52.

stimmte Personen, sondern dient zunächst der ungezielten Beobachtung des Geschehens. Auch V-Leute und verdeckte Ermittler haben teilweise nur die Aufgabe „Augen und Ohren offen zu halten". Informationsakte ohne Personenbezug können das Recht auf informationelle Selbstbestimmung nicht beinträchtigen. Richtet sich daher eine Polizeipraxis nicht gegen eine bestimmte Einzelperson, fehlt der Eingriffscharakter[1254]. Entscheidend für das Fehlen eines Personenbezugs sind die Kriterien der Flüchtigkeit, Zufälligkeit und Punktualität. Der Schutzbereich des Rechts auf informationelle Selbstbestimmung kann erst dann betroffen sein, wenn über eine zufällige und flüchtige Wahrnehmung hinaus mit der Informationserhebung einen bestimmten Zweck verfolgt wird. Letztlich ist es jedoch das Ziel jeder Vorfeldarbeit, ermittlungsfähige Einzelspuren zu erkennen. Die Daten werden daher in den meisten Fällen letzten Endes einer konkreten Person zugeordnet[1255]. Mit dieser Zuordnung geht eine Zweckbindung einher, da die individualisierte Informationserhebung und -verarbeitung regelmäßig einem bestimmten Zweck dient. Entscheidend für die Qualifizierung einer Maßnahme als Eingriff ist, in welchem Verwendungszusammenhang und zu welchem Verwendungszweck die Daten erhoben werden, insbesondere ob es um die systematische, geplante und gezielte Datenerhebung geht[1256]. Darüber hinaus kommt es auf den Inhalt der Daten an, also ihre Sensibilität und Reichhaltigkeit[1257].

Die *Datenspeicherung* hat gegenüber der Datenerhebung einen anderen Charakter. Es werden personenbezogene Daten auf einem Datenträger fixiert und dadurch eine ständige Verfügungsmacht der speichernden Stellen hergestellt. Der Einzelne kann ab diesem Zeitpunkt nicht mehr sicher sein, ob und in welcher Form die Daten verwendet werden[1258]. Ein Eingriff ist daher regelmäßig anzunehmen, wenn personenbezogene Daten durch die Polizei registriert werden.

Bei der *Datenverwendung* liegt ein Eingriff vor, wenn Daten mit anderen Informationen verknüpft werden oder der Zweck, zu dem die Daten rechtmäßig erhoben und gespeichert wurden, verändert wird[1259].

Auch bei *Datenübermittlung* kommt es schließlich auf den Zweck an. Wird dieser geändert, weil die Informationen in einen anderen Kontext gestellt und für

[1254] Weßlau, Vorfeldermittlungen, S. 192.
[1255] Weßlau, Vorfeldermittlungen, S. 193.
[1256] Chirino Sanchez, Das Recht auf informationelle Selbstbestimmung, S. 191; Zöller, Informationssysteme und Vorfeldmaßnahmen, S. 35; Hoppe, Vorfeldermittlungen, S. 53.
[1257] Kiesel / Tegtmeyer / Vahle, Handbuch des Datenschutzes, Rn.520; Weßlau, Vorfeldermittlungen, S. 203; Rogall, GA 1985, S. 13f.; Zöller, Informationssysteme und Vorfeldmaßnahmen, S. 35.
[1258] Kiesel / Tegtmeyer / Vahle, Handbuch des Datenschutzes, Rn.523.
[1259] Staechelin, ZRP 1996, S. 430; Wolter, Jura 1992, S. 532 Fn.147; Paeffgen, JZ 1991, S. 446; Welp, NStZ 1995, S. 603; Riegel, ZRP 1991, S. 286; Hassemer, ZRP 1991, S. 124.

andere Zwecke verfügbar gemacht werden, ist ein Eingriff zu bejahen. Abzulehnen ist die Auffassung, dass bei der Datenübermittlung nur dann ein Eingriff vorliegt, wenn die sachlichen Zuständigkeiten der übermittelnden und der empfangenden Stelle auseinander fallen[1260]. Im Bereich der polizeilichen Datenübermittlung läge dann regelmäßig kein Eingriff vor. Dem entgegen ist ein Eingriff vielmehr zu bejahen, wenn Daten an fremde und internationale Stellen weitergegeben werden, weil der Verlust der Kontrolle über die weitere Verwendung droht[1261].

cc) Vorliegen einer Gefahr

Voraussetzung für die Tätigkeit der Polizei zur Gefahrenabwehr ist sowohl in den spezialgesetzlichen Eingriffsermächtigungen als auch im Rahmen der Generalklausel das Vorliegen einer Gefahr. Es gilt zu ermitteln, ob aus rechtsstaatlichen Gründen über das Erfordernis eines Gesetzes als Eingriffsermächtigung hinaus das Vorliegen einer Gefahr unentbehrlich ist. Das Grundgesetz steht der Schaffung gesetzlicher Befugnisnormen, die polizeiliche Eingriffe zur Gefahrenabwehr auch unterhalb der Gefahrenschwelle zulassen, möglicherweise nicht entgegenstehen.

Entscheidender Ansatzpunkt ist die Unterscheidung eines Rechtsstaates von einem Polizeistaat. In einem Polizeistaat ist die Staatsgewalt absolut, das heißt an Gesetzesschranken nicht gebunden. Der Staat sorgt sich umfassend um alle Angelegenheiten der Allgemeinheit, ordnet sie durch Polizeiverordnungen und lässt deren Einhaltung durch Behörden überwachen[1262]. Damit geht eine staatliche Überregulierung einher, die die individuelle Freiheit erheblich einschränkt. Die Staatsgewalt im Inneren ist weder an verfassungsrechtliche Vorgaben gebunden noch nimmt sie Rücksicht auf private und bürgerliche Freiheiten[1263]. Im Polizeistaat bedarf es keiner Gefahr als Voraussetzung für polizeiliches Handeln, es müssen noch nicht einmal ausdrückliche gesetzliche Eingriffsermächtigungen normiert sein. Ausreichend ist, dass eine Maßnahme im Sinne der Aufrechterhaltung der Herrschaft für richtig und sinnvoll gehalten wird[1264].

In einem Rechtsstaat sind staatliche Eingriffe demgegenüber begrenzt, weil eine Vermutung für die Rechtstreue der Bürger besteht. Auch der Rechtsbrecher ist so lange als rechtstreu zu behandeln, bis konkrete Anhaltspunkte dafür vorlie-

---

[1260] Kubica / Leineweber, NJW 1984, S. 2071 – allerdings stammt der Beitrag aus der Zeit vor dem Volkszählungsurteil des Bundesverfassungsgericht.

[1261] Milke, Europol und Eurojust, S. 255; Zöller, Informationssysteme und Vorfeldmaßnahmen, S. 36.

[1262] Köbler, Juristisches Wörterbuch, S. 215.

[1263] Kutscha, Auf dem Weg in einen Polizeistaat neuen Typs?, S. 76; Roggan, Auf dem legalen Weg in einen Polizeistaat, S. 78.

[1264] Roggan, Auf dem legalen Weg in einen Polizeistaat, S. 79.

gen, dass er Störer ist[1265]. Es gibt eine Freiheit des Bürgers, „vom Staat in Ruhe gelassen zu werden", solange er nicht die Rechte anderer stört[1266]. Kennzeichnend für den Rechtsstaat ist damit, dass nicht jeder als kontrollbedürftig angesehen und damit zum potentiellen Sicherheitsrisiko erklärt wird. Voraussetzung eines Eingriffs sind vielmehr einzelfall- und personenbezogene Umstände für einen Bezug des Einzelnen zu einer Gefahrenlage[1267]. Ein Zugriff ohne jeden Verdacht stellt nach rechtsstaatlichen Maßstäben das Recht auf Privatheit und auf Freiheit fundamental in Frage[1268]. „Jedermannskontrollen" ohne jeden Verdachtsgrund oder verdachtslose Struktur- und Initiativermittlungen der Polizei darf es im Rechtsstaat nicht geben[1269]. Diesem Anliegen dient die Voraussetzung der Gefahr für polizeiliches Tätigwerden. Aus rechtsstaatlichen Gründen ist das zwingend.

dd) Vorliegen eines Anfangsverdachts

Die Schwelle des Anfangsverdachts für strafprozessuale Ermittlungen stellt über das Erfordernis einer gesetzlichen Grundlage für das Tätigwerden der Polizei hinaus eine zusätzliche Schwelle auf. Der Wortlaut des § 152 II StPO gibt keinen Hinweis dafür, dass ohne Vorliegen eines Anfangsverdachts nicht auch Ermittlungen angestellt werden dürfen, da nur eine Ermittlungspflicht normiert wird, nicht aber das Recht der Behörden, Ermittlungen durchzuführen. Eine Vorgabe ergibt sich jedoch aus dem Sinn und Zweck des Anfangsverdachts. Der Anfangsverdacht hat eine Begrenzungsfunktion: Der Einzelne soll davor geschützt werden, ohne Anlass zum Objekt von Ausforschungen zu werden[1270]. Das Bundesverfassungsgericht führte aus, im Strafrecht reiche es nicht aus, dass ein Eingriff auf einer gesetzlichen Grundlage beruhe. Der Grundsatz der Verhältnismäßigkeit fordere darüber hinaus, dass die Maßnahme unerlässlich sei, dass sie in angemessener Relation zur Schwere der Tat stehe und dass die Stärke des bestehenden Tatverdachts sie rechtfertige[1271]. Ein Verstoß gegen die Verdachtsgrenze beeinträchtige Freiheitsrechte und die Menschenwürde[1272]. Ohne Vorliegen eines Anfangsverdachts würde die Unschuldsvermutung in Frage ge-

---

[1265] Roggan, Auf dem legalen Weg in einen Polizeistaat, S. 79.

[1266] BVerfGE 27, 1, 6; BVerwGE 26, 169, 170f.

[1267] Hund, NJW 1992, S. 2119.

[1268] BVerfGE 27, 1, 6f.; Lisken, ZRP 1980, S. 150; Roggan, KritV 1998, S. 339; *Lisken,* in: Polizei und Datenschutz, S. 32f.

[1269] *Lisken,* in: Handbuch des Polizeirechts, Kap. C, Rn.17; Roggan, Auf dem legalen Weg in einen Polizeistaat, S. 84; Backes, KritV 1986, S. 341; *Lisken,* in: Polizei und Datenschutz, S. 32, 42.

[1270] Hund, ZRP 1991, S. 463.

[1271] BVerfGE 17, 109, 117.

[1272] BVerfGE 17, 109, 117; 57, 250, 175; Hund NJW 1992, S. 2119.

stellt[1273]. Die Polizei darf nicht jeden Bürger als potentiellen Straftäter einschätzen[1274]. Es ist vielmehr ein konstitutives Prinzip des Rechtsstaats, dass der Staat in die Rechtlichkeit der Bürger vertraut – bis zum Beweis des Gegenteils[1275]. Das bedeutet jedoch nicht, dass eine strafverfolgende Tätigkeit unterhalb der Grenze des Anfangsverdachts schlechthin ausgeschlossen ist. Der Polizei kann ein Recht zu Ermittlungen auch ohne Anfangsverdacht zustehen. Entscheidend ist allerdings, dass das Handeln auf solche Maßnahmen beschränkt ist, die nicht in Rechte Dritter eingreifen[1276]. Für alle anderen Maßnahmen ist wegen dem Grundsatz des Vorbehalts des Gesetzes eine gesetzliche Befugnisnorm und aus rechtsstaatlichen Gründen das Vorliegen eines Anfangsverdachts erforderlich.

b) Voraussetzungen für das Tätigwerden Europols

Für die verfassungsrechtliche Beurteilung gilt es zu unterscheiden zwischen den Bereichen, in denen Europol handelt und solchen, in denen Akteure die Mitgliedstaaten sind. Keine Verantwortung obliegt Europol bei der Erhebung und Speicherung der Daten im Informationssystem. In das Informationssystem werden Daten gemäß Art. 7 I 2 EPK von den Mitgliedstaaten unter Beachtung ihrer innerstaatlichen Verfahren eingegeben. Die nationale Verbindungsstelle trägt gemäß Art. 4 IV Nr.7 EPK für die Rechtmäßigkeit jedes Informationsaustauschs zwischen ihr und Europol Sorge. Die datenschutzrechtliche Verantwortung obliegt gemäß Art. 15 I Nr. 1 EPK den Mitgliedstaaten für die Daten, die sie eingegeben oder übermittelt haben. Ob die Speicherung dieser Daten im Informationssystem aus rechtsstaatlicher Sicht von hinreichenden Voraussetzungen abhängig ist, ist allein eine Frage des nationalen Rechts.

Anders ist es mit den Daten, die von Europol selbst gespeichert werden, also solchen aus der Analysetätigkeit oder solchen, die von Dritten übermittelt werden. Für diese Daten obliegt gemäß Art. 15 I Nr. 2 EPK Europol die datenschutzrechtliche Verantwortung. Gleiches gilt für die Analysetätigkeit. Hier greift Europol in Grundrechte Betroffener ein, indem Daten verwendet und gespeichert werden. Eigene Grundrechtseingriffe führt Europol schließlich bei der Übermittlung von Daten an Drittstaaten und Drittstellen aus. In diesen Fällen gilt es zu klären, ob das Tätigwerden Europols aus rechtsstaatlicher Sicht von hinreichenden Voraussetzungen abhängig ist.

[1273] BVerfGE 19, 342; Roggan, KritV 1998, S. 245 befürchtet sogar die Tendenz zum Terrorstaat.

[1274] Kniesel / Vahle, DÖV 1990, S. 648.

[1275] Herzog, NStZ 1985, S. 154.

[1276] Lohner, Der Tatverdacht im Ermittlungsverfahren, S. 142f.; Hippel / Weiß, JR 1991, S. 317; Zöller, Informationssysteme und Vorfeldmaßnahmen, S. 130.

aa) Speichern von Daten

Art. 8 I EPK bestimmt die Art der Daten, die im Informationssystem Europols gespeichert werden. Es können nach Art. 8 I Nr.1 EPK die erforderlichen Daten über Personen gespeichert werden, die einer Straftat verdächtigt werden oder wegen einer solchen Straftat verurteilt worden sind. Art. 8 I Nr.2 EPK gestattet die Speicherung der erforderlichen Daten über Personen, bei denen bestimmte schwerwiegende Tatsachen die Annahme rechtfertigen, dass sie Straftaten begehen werden. Voraussetzung der Speicherung, Veränderung und Nutzung ist also, dass die betreffende Person einer Straftat verdächtigt wird, wegen einer Straftat verurteilt wurde oder bestimmte schwerwiegende Tatsachen die Annahme rechtfertigen, dass sie Straftaten begehen wird.

In den Analysedateien sind weitergehende Datenerfassungen möglich. Es können gemäß Art. 10 I Nr.2 EPK Daten über Personen gespeichert, verändert und genutzt werden, die als Zeugen in Betracht kommen und gemäß Art. 10 I Nr.3 EPK Daten über Personen, die Opfer einer Straftat waren oder werden können. Darüber hinaus können nach Art. 10 I Nr.4 EPK Daten über Kontakt- und Begleitpersonen und gemäß Art. 10 I Nr.5 EPK Daten über Personen, die Informationen über die betreffende Straftat liefern können, gespeichert, verändert oder genutzt werden.

Formal sind von der Datenspeicherung nicht nur „Störer" oder Personen betroffen, gegen die ein Anfangsverdacht vorliegt. Die Begriffe „Anfangsverdacht" oder „Störer" sind der EPK jedoch insgesamt fremd. Die deutsche Terminologie ist indes keinesfalls zwingend. Entscheidend ist, welche verfassungsrechtlichen Vorgaben hinter der Klassifizierung stehen. Sowohl der Anfangsverdacht, als auch das Erfordernis einer Gefahr haben eine Begrenzungsfunktion. Der Einzelne soll davor geschützt werden, ohne Anlass zum Objekt von Ausforschungen zu werden. Die Polizei darf nicht jeden Bürger als potentiellen Straftäter einschätzen und nicht ohne konkrete Anhaltspunkte davon ausgehen, dass die Rechte anderer gestört werden. Die entscheidende Frage ist, ob eine solche Grenzziehung in der EPK verwirklicht ist, oder ob unabhängig von dem Vorliegen konkreter Anhaltspunkte Daten von jedermann gespeichert werden können.

Eine solche Begrenzung wird vielfach verneint. Das Tätigwerden Europol sei nur durch das Vorhandensein des Risikos, dass es zu einer Straftat kommen könnte, legitimiert[1277]. Das lasse eine Abkehr vom Gefahrenbegriff beziehungsweise dem Tatverdachts befürchten[1278]. Die Eingriffsschwelle, so Kritiker weiter, werde so weit herabgesenkt, dass nicht nur „Störer" oder „Straftäter" betrof-

---

[1277] Tolmein, StV 1999, S. 110.

[1278] Für den Gefahrbegriff: Tolmein, StV 1999, S. 110; Petri, KritV 1998, S. 448f.; Für den Anfangsverdacht: Degenhardt, Europol und Strafprozess, S. 239

fen seien, sondern schlichtweg jedermann[1279]. Die Schnittmenge der potentiell Betroffenen sei so weit gefasst, dass theoretisch die personenbezogenen Daten eines jeden Bürgers der EU in den Analysedateien gespeichert und verarbeitet werden könnten[1280]. Es bestehe damit die Gefahr, dass der Staat auch dann nicht mehr auf Distanz gehalten werden könne, wenn sich eine Person legal und unauffällig verhalte[1281].

Diese Befürchtungen gehen jedoch zu weit. Es können weder im Informationssystem noch in den Analysedateien Europols unbeschränkt Daten über jede beliebige Person gespeichert werden. Für die Speicherung von Daten im Sinne des Art. 8 EPK wird eine qualitative Schwelle in Form eines Verdachts aufgestellt. Um ein flexibles Tätigwerden der Polizei zu ermöglichen, müssen Verdachtsmomente ausreichen. Ein Vorgehen nur bei der Gewissheit, dass eine Gefahr vorliegt oder eine Straftat begangen wurde, macht polizeiliches Handeln uneffektiv. Dem Begriff des Verdachts ist das Vorliegen bestimmter objektiver Anhaltspunkte, durch die der Verdacht gestützt wird, immanent. Bloße Vermutungen reichen nicht aus[1282]. Der Verdacht als Eingriffsschwelle präventiven polizeilichen Tätigwerdens ist in Deutschland anerkannt[1283]. Die Daten im Informationssystem Europols unterliegen damit einer hinreichenden Begrenzung.

Es bleibt die Frage, ob auch die Speicherung der Daten in den Analysedateien von einer hinreichenden Eingriffsschwelle abhängig ist. Eine Befugnis zur Speicherung beliebiger Daten gibt es auch in den Analysedateien nicht. Neben den Daten aus dem Informationssystem können nur Daten über Zeugen, Opfer, Kontakt- und Begleitpersonen und Informanten gespeichert werden. In einem Vermerk ist in einer Analysedatei von vornherein anzugeben, welchen Personenkreis die Speicherung betrifft[1284]. Welche Personen jeweils zu den aufgeführten Personenkreisen gehören, wird weiter konkretisiert. Nach Art. 6 III der Durchführungsbestimmungen sind etwa Kontakt- und Begleitpersonen nicht solche Personen, die nur zufällig in Kontakt mit Verdächtigen stehen. Die Beziehungen sind zudem so rasch wie möglich zu klären, bei Unbegründetheit der Annahme einer Beziehung zu einem Verdächtigen sind die Daten unverzüglich zu löschen. Die Datenerfassung von Zeugen und Opfern ist grundsätzlich auf Identifizierungsmerkmale beschränkt[1285].

1279 Petri, KritV 1998, S. 448; a.A. Mayer, Datenschutz und Europol, S. 224, die eine hinreichende Trennung zwischen Störern und Nichtstörern erkennt.

1280 Degenhardt, Europol und Strafprozess, S. 239; Weichert, DuD 1995, S. 454.

1281 Zieschang, ZRP 1996, S. 429; Wolter, ZStW 107 (1995), S. 815.

1282 Schwach, EUROPOL, S. 243.

1283 Vgl. statt vieler *Denninger,* in: Handbuch des Polizeirechts, Kap. E, Rn.38ff.

1284 Art. 6 I der Durchführungsbestimmungen für Arbeitsdateien zu Analysezwecken.

1285 Art. 6 IV der Durchführungsbestimmungen für Arbeitsdateien zu Analysezwecken.

Obwohl nicht beliebige Daten gespeichert werden können, betrifft die Speicherung gleichwohl in großem Umfang personenbezogene Daten über Personen, gegen die weder ein Verdacht besteht noch von denen eine Gefahr ausgeht. Es gibt jedoch eine andere qualitative Beschränkung. Kennzeichnend ist, dass eine besondere Beziehung zu einem Verdächtigen oder einem Straftäter besteht, sei es als Kontakt- oder Begleitperson, als Opfer, als Zeuge oder als Informant. Die Speicherung von personenbezogenen Daten auch solcher Personen ist für eine wirkungsvolle Kriminalitätsbekämpfung unerlässlich. Es reicht nicht aus, punktuell auf einzelne Täter zuzugreifen. Erforderlich ist vielmehr die Ausweitung der Beobachtungen und Ermittlungen auch auf das Umfeld, also auf Personen mit Nähebeziehungen zu Straftätern. Die Durchführungsbestimmungen für die Arbeitsdateien zu Analysezwecken konkretisieren diese besondere Nähebeziehung für Kontakt- und Begleitpersonen. Es müssen ausreichende Gründe für die Annahme bestehen, dass Kontakt- und Begleitpersonen analyserelevante Informationen über Verdächtige liefern können[1286]. Eine Begrenzung der Art der Daten in den Analysedateien folgt daher zumindest aus der charakteristischen Nähe eines Betroffenen zu einem Straftäter oder potentiellen Straftäter.
Die Weite der Daten in den Analysedateien wird zudem durch die Regelungen zur Kennzeichnung und Löschung der Daten kompensiert. Daten über Kontakt- und Begleitpersonen, Opfer, Zeugen und Informanten werden von vornherein nur auf Antrag aufgenommen und nur, wenn spezifische Gründe angeführt werden können[1287]. Dadurch wird einer leichtfertigen Speicherung von Daten beliebiger Personen entgegengewirkt. In einem Vermerk zu jeder Analysedatei ist anzugeben, welchen Personenkreis die Speicherung betrifft[1288]. Damit ist ausgeschlossen, dass etwa ein Zeuge versehentlich gedanklich als Straftäter oder Verdächtiger eingestuft wird. Die Daten über Kontakt- und Begleitpersonen, Opfer, Zeugen und Informanten werden gelöscht, wenn die Speicherung in der Analysedatei nicht mehr erforderlich ist[1289]. Die Erforderlichkeit der weiteren Speicherung wird jährlich überprüft, insgesamt dürfen die Daten nicht länger als 3 Jahre gespeichert werden[1290]. Zugangsberechtigt zu den Analysedateien sind gemäß Art. 10 II 2 EPK allein die Analytiker, Bedienstete von Europol, die von der Eu-

[1286] Art. 6 III der Durchführungsbestimmungen für Arbeitsdateien zu Analysezwecken.

[1287] Art. 5 II UA 2 der Durchführungsbestimmungen für Arbeitsdateien zu Analysezwecken.

[1288] Art. 6 I der Durchführungsbestimmungen für Arbeitsdateien zu Analysezwecken.

[1289] Art. 5 II UA 2 S. 2, Art. 6 IV 3, Art. 6 VI 3 der Durchführungsbestimmungen für Arbeitsdateien zu Analysezwecken.

[1290] Art. 7 I UA 2, III der Durchführungsbestimmungen für Arbeitsdateien zu Analysezwecken. Nach Inkrafttreten eines Änderungsprotokolls, Rechtsakt des Rates vom 27.11.2003, Abl.EG C 2 vom 6.1.2004, S. 1, überprüft Europol vor dem Ablauf des Dreijahreszeitraums, ob die Datei weitergeführt werden muss. Ist es für den Zweck der Datei unbedingt erforderlich, kann die Datei unter bestimmten Voraussetzungen für einen weiteren Dreijahreszeitraum geführt werden.

ropol-Leitung benannt sind, Verbindungsbeamte und Sachverständige der Mitgliedstaaten, von denen die Informationen stammen oder die von der Analyse betroffen sind.
Zu den Regelungen über die Kennzeichnung und Löschung der Daten kommt durch Art. 16 EPK eine Protokollierungsregelung hinzu. Gegen diese wird eingewandt, die Protokollierung nur jedes zehnten Abrufs könne dazu führen, dass die Protokollierung sensibler Daten bewusst umgangen werde[1291]. Art. 16 EPK geht jedoch über deutsche Standards sogar hinaus; § 10 III 3 BDSG schreibt nur stichprobenartige Überprüfungen vor, während nach Art. 16 S. 1 EPK jeder zehnte Abruf protokolliert werden muss.
Von Bedeutung bei der Begrenzung des Umfangs der Daten in den Analysedateien ist schließlich, dass Grundlage der Analysetätigkeit die von den Mitgliedstaaten zu Analysezwecken übermittelten Daten sind[1292]. Europol kann derzeit noch keine eigenen Daten erheben und speichern. Die Mitgliedstaaten haben es in der Hand, den Umfang gemäß ihren verfassungsrechtlichen Vorgaben von vornherein zu begrenzen.
Durch das Erfordernis einer besonderen Nähebeziehung zu einem Straftäter oder Verdächtigen, der Kompensation durch Kennzeichnungs- und Löschungsvorschriften, der Protokollierungsregelung und der maßgeblichen Möglichkeit zur Einflussnahme durch die Mitgliedstaaten wird bei den Daten in den Analysedateien Europols eine hinreichende Begrenzung erreicht. Insgesamt halten sich daher die Daten, die im Informationssystem und in den Analysedateien gespeichert und verarbeitet werden dürfen, im Rahmen der verfassungsrechtlichen Vorgaben.

bb) Analysetätigkeit

Voraussetzung für die Errichtung einer Analysedatei ist, dass dies zur Erreichung der Ziele Europols nach Art. 2 I EPK erforderlich ist. Das bedeutet, die Analysedatei muss die Leistungsfähigkeit der zuständigen Behörden der Mitgliedstaaten und ihre Zusammenarbeit in einem Kriminalitätsbereich, für den Europol zuständig ist, verbessern. Diese Voraussetzungen sind weit. Eine übergeordnete qualitative Beschränkung für das Tätigwerden Europols – vergleichbar einem Anfangsverdacht oder einer Gefahr – gibt es nicht. Das erscheint verfassungsrechtlich bedenklich.
Für die Analysetätigkeit Europols könnten geringere Maßstäbe gelten, wenn man auf die tatsächliche Wirkung der Analyse abstellt. Es kommt durch die A-

[1291] Kübler, Die Säulen der Europäischen Union, S. 122; Petri, KritV 1998, S. 455; Weichert, DuD 1995, S. 456.
[1292] Europol kann außerdem auf die Daten zugreifen, die im Informationssystem gespeichert sind und hinsichtlich deren Umfangs keine Bedenken bestehen.

nalyse selbst nicht zu körperlichen Eingriffen in die Rechtsgüter Betroffener. Durch geringere Maßstäbe würde jedoch der grundrechtliche Schutz bei nicht körperlichen Eingriffen der Polizei willkürlich reduziert. Grundrechtseingriffe im Bereich der informationellen Selbstbestimmung lassen sich nicht qualitativ niedriger einstufen, als Eingriffe in die Unverletzlichkeit der Wohnung oder die Freiheit der Person. Es ist daher nicht möglich, die Maßstäbe wegen einer vermeintlich niedrigeren Eingriffsqualität der Handlungen Europols zu senken.
Auch wenn Voraussetzung weder eine Gefahr noch ein Anfangsverdacht ist, kann eine Analysedatei nicht ohne jede Voraussetzung erstellt werden. Die Errichtung ist davon abhängig, dass dies zur Erreichung der Ziele von Europol erforderlich ist, also der Verhütung und der Bekämpfung bestimmter Straftaten dient. Durch die internationale Zusammenarbeit sollen Straftaten von vornherein verhindert werden. Es soll gar nicht erst zu einer Gefahr für die öffentliche Sicherheit und Ordnung kommen[1293]. Die Problematik polizeilicher Tätigkeit in diesem Bereich ist in Deutschland hinreichend bekannt: Es handelt sich um den Bereich der vorbeugenden Verbrechensbekämpfung[1294]. Die Informationsverarbeitung im Vorfeld dient der Verdachtschöpfung und Verdachtkonkretisierung[1295]. Die im Rahmen der vorbeugenden Straftatenbekämpfung gewonnenen und verarbeiteten Daten sind von großer Bedeutung. Es gibt Kriminalitätsformen, die besonders gefährlich sind und die mit herkömmlichen Methoden kaum aufdeckt oder verfolgt werden können[1296]. Die Effektivität polizeilichen Tätigwerdens wäre ohne Vorfeldbefugnisse in hohem Maße gefährdet. Es stellt sich allerdings die Frage, ob der Effektivität polizeilichen Tätigwerdens auch Verfassungsrang zukommt.

Vorstellbar wäre die Konstruktion eines abstrakten „Grundrechts auf Sicherheit“[1297]. Aus den Freiheitsgrundrechten des Staates folgt ein grundrechtlicher Anspruch auf Schutz bei konkret drohenden Gefahren, was auch Schutz vor drohenden Gefahren aus einem gefährlichen Tun anderer einschließt[1298]. Das Bundesverfassungsgericht leitet diese Schutzpflichten aus dem Charakter der Grundrechte als objektive Wertentscheidung ab[1299]. Der Staat ist verpflichtet,

---

[1293] Das erkennen richtig: Schwach, EUROPOL, S. 244; Bull, DRiZ 1998, S. 42.
[1294] Vgl. im Einzelnen Kapitel F.II.3.
[1295] *Denninger*, in: Handbuch des Polizeirechts, Kap. E, Rn.194.
[1296] BVerfGE 57, 250, 284; BGHSt 32, 115, 120.
[1297] Die Konstruktion eines „Grundrechts auf Sicherheit“ geht zurück auf Isensee, Grundrecht auf Sicherheit, der im Bereich der Inneren Sicherheit staatliche Schutzpflichten aus dem Grundgesetz ableitet, die zum Eingriff in Grundrechte dienen.
[1298] Isensee, Grundrecht auf Sicherheit, S. 33f.; zustimmend *Bäumler*, in: Handbuch Datenschutzrecht, Kap. 8.3, Rn.8; Scholz / Pitschas, Informationelle Selbstbestimmung, S. 110.
[1299] BVerfGE 77, 170, 214; 56, 54, 73, 78; 53, 30, 57; 49, 89, 141f.; 39, 1, 41f.

eine Rechtsordnung zu schaffen, die die Grundrechte schützt und die Entfaltung der durch sie gewährleisteten Freiheiten zulässt. Dem grundsätzlichen Verzicht der Bürger auf Privatgewalt korrespondiert deren Anspruch auf Schutz vor Rechtsverletzungen oder -gefährdungen durch Dritte. Ein Grundrecht auf Sicherheit könnte die Schutzansprüche des Bürgers bezogen auf die Gewährleistung von Sicherheit bündeln.

Einer solchen Argumentation stehen jedoch mehrere Gründe entgegen. Zunächst scheint es fraglich, was genau der Inhalt einer solchen Schutzpflicht zur Gewährleistung von Sicherheit sein soll. Der Staat kann nicht die Aufgabe haben, eine umfassende Sicherheit zu gewährleisten[1300]. Die Verfassungsgarantie der Sicherheit kann sich nur auf einen Zustand beziehen, in dem objektiv kein Grund für Angst besteht[1301]. Durch ein Höchstmaß an Sicherheit wird die Freiheit selbst faktisch negiert, weil höchste Sicherheit unbegrenzte Kontrollen und die Erfassung und Überwachung auch der intimsten Lebensbereiche voraussetzt[1302]. Einzelheiten einer solchen Schutzpflicht lassen sich jedoch kaum konkretisieren.

Darüber hinaus erscheint es fragwürdig, von einer Staatsaufgabe, Sicherheit zu gewährleisten, auf eine Befugnis zu Grundrechtseingriffen zu schließen[1303]. Ein Anspruch des Einzelnen richtet sich in erster Linie auf staatliche Vorkehrungen, die nicht gänzlich ungeeignet oder vollständig unzulänglich sind[1304]. Nur unter ganz bestimmten Umständen kann sich die Gestaltungsfreiheit in der Weise verengen, dass allein durch eine bestimmte Maßnahme einer Schutzpflicht Genüge getan werden kann[1305]. Es kann damit nicht ohne weiteres von dem „ob“ eines staatlichen Schutzes auf das „wie“ einer Schutzmaßnahme geschlossen werden. Gerade bei der Frage, wie der Schutzanspruch auf Sicherheit inhaltlich umgesetzt werden kann, besteht ein weiter Spielraum. Die Schutzmaßnahmen können verfassungsrechtlich nicht so genau vorgezeichnet sein, dass sich hinsichtlich der Art und der Intensität der Gestaltungsspielraum auf eine mögliche Maßnahme verengt. Es scheint insofern zweifelhaft, konkrete Handlungsgebote des Staates aus einem Schutzauftrag der Sicherheit ableiten zu wollen[1306].

[1300] Weichert, Informationelle Selbstbestimmung, S. 36; Chirino Sanchez, Das Recht auf informationelle Selbstbestimmung, S. 154.

[1301] Aulehner, Polizeiliche Gefahren- und Informationsvorsorge, S. 463.

[1302] Roggan, Auf dem legalen Weg in einen Polizeistaat, S. 83f.; Hoffmann-Riem, JZ 1978, S. 335; Chirino Sanchez, Das Recht auf informationelle Selbstbestimmung, S. 149f.; Ellermann, Europol auf dem Weg zu einem „Europäischen FBI“?, Kap.3.A.II.

[1303] Das verneint zu Recht Aulehner, Polizeiliche Gefahren- und Informationsvorsorge, S. 429.

[1304] BVerfGE 56, 54, 81; 79, 174, 201f.; 77, 170, 214f.

[1305] BVerfGE 77, 170, 215.

[1306] Das erkennt zutreffend Ellermann, Europol auf dem Weg zu einem „Europäischen FBI“?, Kap 3.A.II.1.b.ee.

Die Ableitung von konkreten Schutzpflichten begegnet zudem rechtsstaatlichen Bedenken. Der Vorbehalt des Gesetzes würde umgangen, die Last zum Nachweis genauer gesetzlicher Eingriffsvoraussetzungen durch die Exekutive würde entfallen. Erhebliche Einbußen im Bereich der Rechtssicherheit kommen hinzu: Es ist nicht mehr vorhersehbar und berechenbar, in welchen Situationen ein Hoheitsträger tätig werden kann.
Unabhängig davon, welchen Rang man einer Schutzpflicht zubilligt, welchen Inhalt sie hat und welche konkreten Handlungspflichten sich daraus ableiten lassen, kann jedoch jedenfalls kein Grundrecht konstruiert werden. Ein Grundrecht auf Sicherheit wäre kein Abwehrrecht des Bürgers gegen den Staat, sondern eine Ermächtigung des Staates zum Eingriff in andere Grundrechte. Die Abwehrfunktion der Grundrechte würde dadurch in Frage gestellt. Die Grundrechte würden nicht den Staat konstituieren, sondern staatliche Zugriffsmacht legitimieren, um Sicherheit zu gewährleisten[1307]. Ein abstraktes Grundrecht auf Sicherheit ist daher abzulehnen.

Gleichwohl hat die Effektivität und Funktionsfähigkeit der Strafrechtspflege Verfassungsrang[1308]. Die Aufklärung schwerer Straftaten ist ein wesentlicher Auftrag eines rechtsstaatlichen Gemeinwesens. Ohne eine wirksame Strafrechtspflege können materiell-rechtliche Normen des Strafrechts nicht durchgesetzt, Rechtsfrieden nicht geschaffen und wesentliche Strafzwecke nicht bewirkt werden[1309]. Damit würde Gerechtigkeit, die ein rechtsstaatliches Grundanliegen ist, nicht in ausreichendem Maße verwirklicht[1310]. Die Idee der Gerechtigkeit fordert eine funktionsfähige Rechtspflege[1311]. Die gegenläufigen Verfassungsgrundsätze – einerseits die rechtsstaatlich gebotene Begrenzung polizeilichen Tätigwerdens und andererseits die Notwendigkeit effektiver Kriminalitätsbekämpfung – sind im Rahmen einer Abwägung zu einem schonenden Ausgleich zu bringen. Ein solcher Ausgleich ist nur möglich, wenn dem Erfordernis einer wirksamen Rechtspflege das Schutzgebot der Menschenwürde und der allgemeinen Handlungsfreiheit ständig als Korrektiv entgegengehalten wird[1312]. Ein Eingriff in die Freiheit darf nur hingenommen werden, wenn und soweit der legitime Anspruch der staatlichen Gemeinschaft im konkreten Fall schwerer

---

[1307] Lisken, DRiZ 1998, S. 78; Ellermann, Europol auf dem Weg zu einem „Europäischen FBI"?, Kap 3.A.II.1.b.ee.
[1308] BVerfG, U.v. 3.3.04, 1 BvR 2378/98 und 1 BvR 1084/99, Rn. 200; BVerfGE 33, 367, 383; 41, 246, 250; 46, 214, 222; 74, 257, 262.
[1309] BVerfGE 19, 342, 347; 20, 45, 49; 20, 144, 147; 34, 238, 248; 46, 214, 222; BVerfG, U.v. 3.3.04, 1 BvR 2378/98 und 1 BvR 1084/99, Rn. 200.
[1310] BVerfGE 33, 367, 383; 46, 214, 222.
[1311] BVerfGE 33, 367, 383.
[1312] BVerfGE 19, 342, 347; 20, 45, 49; 20, 144, 147; 34, 238, 249.

wiegt[1313]. Auch zur optimalen Bekämpfung schwerer Kriminalität dürfen daher tatbestandliche Begrenzungen der Eingriffsermächtigungen nicht vollständig wegfallen[1314]. Die Anforderungen können jedoch gegebenenfalls geringer sein.

Für die verfassungsrechtliche Beurteilung der Analysetätigkeit Europols ist damit entscheidend, ob das grundsätzlich legitime Interesse der effektiven Verfolgung auch potentieller Straftäter ein Vorgehen gerade in dieser Form rechtfertigt und ob es zu einem hinreichenden Ausgleich mit den Interessen der von den Grundrechtsbeeinträchtigungen Betroffenen kommt.
Die Analysetätigkeit Europols dient der Verhütung und Bekämpfung schwerer internationaler Kriminalität. Nur die internationale polizeiliche Zusammenarbeit kann grenzüberschreitende und arbeitsteilig organisierte Straftaten wirksam verhüten und aufklären. Gerade in der Analysetätigkeit liegt der entscheidende Mehrwert von Europol. Polizeiliche Zusammenarbeit darf nicht erst in Gang gesetzt werden können, wenn eine Kriminalitätserscheinung auftritt, sondern muss präventiv erfolgen. Die Polizei muss sich, um erfolgreich organisierte Kriminalität bekämpfen zu können, der Langfristigkeit und Weiträumigkeit der gegnerischen Strategien anpassen. Die Analysetätigkeit ist daher ein wesentlicher Bestandteil effektiver und funktionsfähiger Strafverfolgung.
Die Analysetätigkeit Europols ist nicht unbegrenzt möglich. Die bedeutendste Begrenzung ist gegenständlicher Art. Die Zuständigkeit Europols ist von vornherein auf bestimmte Kriminalitätsformen begrenzt. In Deutschland ist anerkannt, dass Vorfeldmaßnahmen nicht schlechthin, sondern nur bei eng definierten Tatbeständen, die organisierte Kriminalität betreffen, durchgeführt werden dürfen[1315]. Während das in Deutschland problematisch ist, weil es keine allgemeingültige Definition organisierter Kriminalität gibt[1316], ist die Zuständigkeit Europols auf die im Anhang betreffend Artikel 2 EPK aufgelisteten Formen schwerwiegender internationaler Kriminalität beschränkt. Der Bereich der Analysetätigkeit ist damit insgesamt sachlich-gegenständlich begrenzt. Von noch weitaus höherer Bedeutung ist jedoch, dass die Analysetätigkeit Europols nicht übergreifend für alle Kriminalitätsformen, für die Europol zuständig ist, stattfin-

---

[1313] BVerfGE 41, 144, 147.

[1314] Kritisch zum Aufweichen der Begriffe der Gefahr und des Gefahrverdachts: Möllers, NVwZ 2000, S. 382ff.; Staff, ZRP 1992, S. 384ff.; Kniesel, ZRP 1992, S. 164ff.

[1315] *Denninger*, in: Handbuch des Polizeirechts, Kap. E, Rn.198; Hoppe, Vorfeldermittlungen, S. 195f.

[1316] Der BHG versteht unter besonders schwer aufklärbarer und gefährlicher Kriminalität insbesondere Rauschgifthandel, Straftaten im Zusammenhang mit „Nachtgewerbe“, Verschiebung hochwertiger Kraftfahrzeuge, Diebstähle großen Ausmaßes, organisierte Hehlerei, Herstellung und Verbreitung von Falschgeld und illegalen Waffenhandel, vgl. BGHSt 32, 115, 120.

det. Es werden einzelne Analyseprojekte durchgeführt. Bei der Errichtung einer jeden Analysedatei ist nach Art. 12 I Nr. 2 EPK der Zweck der Datei konkret festzulegen. Eine solche Zweckbestimmung gibt es in der Praxis etwa hinsichtlich illegaler Motorradbanden, verschiedenen Bereichen der Drogenkriminalität, Terrorismus oder Kinderpornographie. Es gibt keine Analysedatenbänke, die übergreifend Daten zur Bekämpfung der Kriminalitätsformen, für die Europol zuständig ist, enthalten. Die Analysetätigkeit betrifft jeweils einen spezifischen Ausschnitt organisierter internationaler Kriminalität, in dem ein besonderes Erfordernis für ein internationales Vorgehen durch Europol besteht. Dieses Erfordernis ist im Rahmen der Errichtungsanordnung darzulegen. Damit erfolgt eine sachliche Begrenzung nicht nur auf die Kriminalitätsformen, für die Europol zuständig ist, sondern darüber hinaus für jede einzelne Analysedatei eine Beschränkung auf ein konkretes Phänomen schwerer internationaler Kriminalität.

Zu der sachlich gegenständlichen Begrenzung kommt eine Begrenzung der Analysetätigkeit durch die Vorgaben über die Art der zu verarbeitenden Daten und den Kreis der Personen, über die Daten gespeichert werden dürfen[1317]. Für die Daten aus dem Informationssystem gibt es die qualitative Schwelle des Verdachts. Die Daten i.S.d Art. 10 I Nr. 2-5 EPK sind auf solche Personen beschränkt, die in einer besonderen Nähebeziehung zu einem Straftäter oder Verdächtigen stehen. Insgesamt unterliegt die Datenerfassung und -verarbeitung strengen Kennzeichnungs- und Löschungsvorschriften und einer Protokollierungsregelung.

Schließlich gewinnt bei der Analysetätigkeit das Prinzip der Verhältnismäßigkeit als Einzelfallkorrektiv eine wichtige begrenzende Bedeutung. Eine Überprüfung der Analysetätigkeit findet nicht – wie in anderen Bereichen der EPK – nur im Hinblick auf die allgemeine Zielsetzung Europols statt, also die Verhütung und Bekämpfung der in den Zuständigkeitsbereich von Europol fallenden Straftaten. In der Errichtungsanordnung einer Arbeitsdatei zu Analysezwecken ist vielmehr der Zweck der spezifischen Datei genau festzulegen. Es erfolgt eine inhaltliche Konkretisierung und Präzisierung der allgemeinen Ziele Europols auf die konkreten Ziele gerade dieses Analyseprojekts. Der Maßstab der Verhältnismäßigkeit wird dadurch schärfer, weil die Begrenzungsfunktion des Verhältnismäßigkeitsprinzips steigt, je präziser der Zweck einer Regelung spezifiziert ist. Bei enger und präziser Bestimmung des Zwecks kann die Eignung, Erforderlichkeit und Zumutbarkeit wesentlich sicherer bestimmt werden, als bei einem umfassenden Zweck.

Es kommt damit zu verschiedenen Begrenzungen der Analysetätigkeit Europols zum Schutz der von der Datenverarbeitung Betroffenen. Diese Beschränkungen

---

[1317] Siehe im Einzelnen oben Kapitel F.III.4.b.aa.

erfahren eine zusätzliche verfahrensrechtliche Sicherung durch die Errichtungsanordnung des Verwaltungsrates für jede Analysedatei. Es wird für jedes einzelne Analyseprojekt der Zweck, der Personenkreis, über den Daten gespeichert werden dürfen, die Art der zu speichernden Daten, die Anlieferung und Eingabe der Daten, die Voraussetzungen der Übermittlung von Daten sowie Prüffristen und Speicherungsdauer festgelegt. Die einzelnen Begrenzungsmechanismen der Analysetätigkeit gelten damit nicht generell, sondern werden für jedes neue Analyseprojekt aufs Neue anhand der konkreten Situation vom Verwaltungsrat spezifiziert. Durch die einzelfallbezogene Prüfung der begrenzenden Voraussetzungen kommt es zu einer bedeutenden verfahrensrechtlichen Sicherung[1318].
Durch diese Begrenzungen bei der Analysetätigkeit wird ein Ausgleich zwischen dem Anliegen der Begrenzung polizeilicher Tätigkeit und dem Erfordernis wirksamer Kriminalitätsbekämpfung erreicht. Durch die Zweckbestimmung jeder Analysedatei und die Geltung des Verhältnismäßigkeitsprinzips wird ein Ausgleich zwischen dem Erfordernis effektiver Bekämpfung schwerer internationaler Kriminalität und den schutzwürdigen Interessen der in ihren Grundrechten Betroffenen nicht pauschal, sondern projekt- und einzelfallbezogen vorgenommen. Eine verfahrensrechtliche Absicherung erfolgt durch die Errichtungsanordnung des Verwaltungsrates. Dieser Ausgleich genügt den verfassungsrechtlichen Anforderungen. Das Tätigwerden Europols im Bereich der Analyse ist aus verfassungsrechtlicher Sicht von hinreichenden Voraussetzungen abhängig.

cc) Übermittlung von Daten

Die Übermittlung von Daten durch Europol an Drittstaaten oder Drittstellen ist gemäß Art. 18 EPK zulässig, wenn dies im Einzelfall zur Verhütung oder Bekämpfung einer Straftat erforderlich ist, für die Europol zuständig ist, und der Staat oder die Stelle einen angemessenen Datenschutzstandard gewährleisten. Voraussetzung ist auch in diesem Zusammenhang nicht, dass ein Gefahrverdacht oder der Verdacht einer bestimmten Straftat vorliegt.
Wie im Rahmen der Analysetätigkeit ist für die verfassungsrechtliche Beurteilung der Übermittlung von Daten durch Europol entscheidend, ob zwischen dem Anliegen effektiver Kriminalitätsbekämpfung und der rechtsstaatlich gebotenen Begrenzung polizeilichen Handelns im Rahmen einer Abwägung ein angemessener Ausgleich hergestellt wurde.
Die Übermittlung von Daten durch Europol an Drittstaaten und Drittstellen hat für die Bekämpfung internationaler Kriminalität eine erhebliche Bedeutung.

[1318] Auch in Deutschland werden Maßnahmen der vorbeugenden Verbrechensbekämpfung zur Kompensation häufig einem Behördenleiter- oder Richtervorbehalt unterstellt, vgl. *Denninger*, in: Handbuch des Polizeirechts, Kap. E, Rn.194.

Kriminalität ist – genauso wenig wie auf das Gebiet der Nationalstaaten – auf das Gebiet der Europäischen Union begrenzt. Es bedarf einer Kooperation über die Grenzen der Europäischen Union hinaus, um kriminelle Strukturen zu erfassen und systematisch bekämpfen zu können. Es hat jedoch gerade bei der Übermittlung von Daten die Begrenzung der Grundrechtseingriffe eine besondere Bedeutung, da bei der Übermittlung von Daten an Dritte die Gefahr besteht, dass der Einzelne die Kontrolle über seine Daten verliert. Entscheidend ist, ob zwischen den kollidierenden Rechtsgütern ein verfassungsrechtlich hinreichender Ausgleich geschaffen wurde.
Voraussetzung für Übermittlung von Daten durch Europol ist grundsätzlich ein Kooperationsübereinkommen mit dem Drittstaat oder der Drittstelle[1319], das nach einem streng formalisierten Verfahren geschlossen wird. Zunächst legt der Rat fest, mit welchen Drittstaaten und Drittstellen Vereinbarungen auszuhandeln sind[1320]. Der Direktor von Europol nimmt dann nach Stellungnahme des Verwaltungsrates und nach vorheriger einstimmiger Genehmigung durch den Rat Verhandlungen über den Abschluss von Vereinbarungen auf[1321]. Diese Vereinbarungen bedürfen wiederum der einstimmigen Genehmigung durch den Rat, nachdem über den Verwaltungsrat eine Stellungnahme der GKI eingeholt wurde[1322].
In inhaltlicher Hinsicht sind neben den Rechts- und Verwaltungsvorschriften des Drittstaates oder der Drittstelle[1323] gemäß Art. 2 I der Übermittlungsbestimmungen die Kriterien des Art. 18 EPK maßgebend. Das bedeutet insbesondere, dass in dem Drittstaat oder der Drittstelle ein angemessener Datenschutzstandard gewährleistet sein muss, der sich gemäß Art. 18 III EPK nach Art der Daten, Zweckbestimmung, Dauer der geplanten Verarbeitung und die für Drittstaaten oder Drittstaaten geltenden allgemeinen oder speziellen Bestimmungen beurteilt. Die Parallelität des Datenschutzstandards bedeutet, dass Voraussetzung der Übermittlung von Daten durch Europol die Gewährleistung der in der EPK niedergelegten Datenschutzprinzipien ist. Damit werden auch die Begrenzungen der EPK zum Schutz grundrechtlicher Positionen Einzelner übertragen. Die Voraussetzungen der EPK an die Speicherung und Verarbeitung von Daten ge-

---

[1319] Art. 2 a lit.a, 3 I des Rechtsaktes des Rates vom 12. März 1999 zur Festlegung der Bestimmungen über die Übermittlung von personenbezogenen Daten durch Europol an Drittstaaten und Drittstellen, Abl.EG C 88 vom 30.3.1999, S. 1

[1320] Art. 3 II der Bestimmungen über die Übermittlung von Daten durch Europol, Abl.EG C 88 vom 30.3.1999, S. 1.

[1321] Art. 3 III der Bestimmungen über die Übermittlung von Daten durch Europol, Abl.EG C 88 vom 30.3.1999, S. 1.

[1322] Art. 3 III der Bestimmungen über die Übermittlung von Daten durch Europol, Abl.EG C 88 vom 30.3.1999, S. 1.

[1323] Art. 3 III 2, 2 II der Bestimmungen über die Übermittlung von Daten durch Europol, Abl.EG C 88 vom 30.3.1999, S. 1.

nügen genau wie die Analysetätigkeit den verfassungsrechtlichen Anforderungen an die Begrenzung polizeilicher Tätigkeit. Diese Begrenzungen bleiben bei der Übermittlung von Daten bestehen, es wird wegen dem Erfordernis einer wirkungsvollen Kriminalitätsbekämpfung lediglich der Kreis derer erweitert, die mit den Daten arbeiten können.
Durch diese „*safe-harbour*"-Lösung werden qualitativ hohe Anforderungen gestellt, um Daten an einen Drittstaat oder eine Drittstelle übermitteln zu können. Es muss gewährleistet sein, dass der Drittstaat oder die Drittstelle die in der EPK niedergelegten Datenschutzprinzipien achtet. Es kommt dadurch zwar zur Weitergabe der Daten, die Verwendung und Verarbeitung der Daten durch den Empfänger unterliegt jedoch den begrenzenden Voraussetzungen der EPK Die Mechanismen zum Schutz grundrechtlicher Positionen des Einzelnen gelten daher gleichermaßen.
Dazu kommt im Einzelfall der Datenübermittlung die Verhältnismäßigkeit als Einzelfallkorrektiv. Der Drittstaat bekommt auch nach Abschluss eines Kooperationsübereinkommens keinen Zugang zu den Europol-Datenbänken, sondern einzelne Daten werden nach vorheriger Prüfung durch Europol übermittelt. Voraussetzung der Übermittlung ist gemäß Art. 18 I Nr. 1 EPK stets, dass dies in Einzelfällen zur Verhütung oder Bekämpfung von Straftaten, für die Europol zuständig ist, erforderlich ist. Damit wird über die generelle Begrenzung durch die Parallelität der Datenschutzbestimmungen hinaus im Einzelfall ein Korrektiv angelegt, um den Schutz grundrechtlicher Positionen zu sichern.
Die Übermittlung von Daten durch Europol ist nicht ohne das Vorliegen begrenzender Voraussetzungen möglich. Zwischen dem Erfordernis einer effektiven Kriminalitätsbekämpfung und rechtsstaatlich gebotenen Begrenzungen hoheitlicher Zugriffsmacht wird ein angemessener Ausgleich erzielt.

c) Fazit

Das Tätigwerden Europols ist aus verfassungsrechtlicher Sicht von hinreichenden Voraussetzungen abhängig. Zwar gibt es keine Eingriffsschwelle wie die Gefahr oder den Anfangsverdacht, es wird jedoch trotzdem eine hinreichende Begrenzung erreicht. Während bei den Daten im Informationssystem eine gegenständliche Begrenzung vorliegt, gelten im Bereich der Analyse und der Weitergabe von Daten verminderte Anforderungen. Es ist im Wege praktischer Konkordanz ein Ausgleich zu finden zwischen der rechtsstaatlich gebotenen Begrenzung hoheitlichen Tätigwerdens und der Notwendigkeit effektiver Kriminalitätsbekämpfung. Die Regelungen der EPK schaffen einen solchen Ausgleich in verfassungsrechtlich nicht zu beanstandender Weise.

5. Offenheit polizeilichen Handelns

Die Tätigkeit Europols ist für die von der Datenverarbeitung Betroffenen nicht sichtbar. Der Grund dafür ist, dass die polizeiliche Datenverarbeitung in hohem Maße uneffektiv würde, wenn Kriminelle im Einzelnen darüber informiert würden, welche Daten die Polizei hat und in welcher Form sie verwendet werden. Gleichwohl enthält das Grundgesetz Vorgaben für die Offenheit staatlichen Vorgehens und statuiert Grenzen verdeckten Vorgehens. Diese Vorgaben und Grenzen gilt es zunächst zu konkretisieren, um sodann die Tätigkeit Europols daran messen zu können.

a) Vorgaben des Grundgesetzes für die Offenheit staatlichen Handelns

Die Offenheit staatlichen Handelns ist wesentliche Voraussetzung für seine Kontrollierbarkeit. Bei einem heimlichen Vorgehen sind die Kontrollmöglichkeiten erheblich eingeschränkt. Eine Tätigkeit, die sich im Geheimen vollzieht, ist unter Umständen sogar jeder Kontrolle entzogen. Das gilt sowohl hinsichtlich einer demokratischen Kontrolle durch das Volk als auch hinsichtlich einer justiziellen Kontrolle[1324]. Das Handeln des Staates ist für den Bürger nur verlässlich, wenn es sich vor seinen Augen abspielt. Im Strafverfahren ist der transparent und vorhersehbar ermittelnde Staat notwendige Bedingung für ein faires Verfahren[1325]. Man kann sogar soweit gehen, den Umfang geheimer Ermittlungen als wesentlichen Indikator für den Umgang, den ein Staat mit seinen Bürgern pflegt, zu bezeichnen[1326]. Das Grundgesetz selbst stellt kein ausdrückliches Öffentlichkeitsgebot auf. Ein solches kann sich nur aus allgemeinen rechtsstaatlichen Verfassungsprinzipien ergeben.

In Betracht kommt zunächst die Notwendigkeit offenen Vorgehens aus Gründen der *Rechtssicherheit*. Rechtssicherheit bedeutet Messbarkeit und Vorhersehbarkeit staatlichen Handelns[1327]. Ein heimliches Vorgehen ist für den Bürger unvorhersehbar und unberechenbar. Exekutive Gewalt wäre als solche nicht zu erkennen. Rechtssicherheit könnte daher Transparenz fordern.

Es scheint jedoch bedenklich, aus dem Prinzip der Rechtssicherheit solche in allen Einzelheiten bestimmten Vorgaben ablesen zu wollen. Dem Gebot der Rechtssicherheit ist es fremd, abstrakte Vorgaben für strukturelle Fragen zu machen. Es ist vielmehr eine Konkretisierung nach den sachlichen Gegebenheiten

---

[1324] Erfurth, Verdeckte Ermittlungen, S. 35; Ostendorf, Kriminalistik 1985, S. 409; Pitschas / Aulehner, NJW 1989, S. 2354.

[1325] Albrecht, KritV 2000, S. 276.

[1326] Bernsmann / Jansen, StV 1998, S. 217.

[1327] BVerfGE 7, 89, 92.

erforderlich[1328]. Erst eine ganz konkrete Konstellation kann darauf überprüft werden, ob dem Erfordernis der Rechtssicherheit hinreichend Rechnung getragen wird. Ein Gebot prinzipieller Offenheit staatlichen Handelns lässt sich dem Gebot der Rechtssicherheit nicht entnehmen.

Als Maßstab für die Offenheit staatlichen Vorgehens kommt die *Menschenwürde* (Art. 1 I GG) in Betracht. Die Menschenwürde schützt den Einzelnen davor, bloßes Objekt staatlichen Handelns zu sein[1329]. Bedenklich erscheint insofern, dass der Einzelne sich auf heimliche staatliche Eingriffe nicht einstellen und sich nicht dagegen zur Wehr setzen kann.
Konkrete Vorgaben für die Offenheit staatlichen Handelns folgen aus der Menschenwürde jedoch nicht. Art. 1 I GG wird nicht durch jede Regelung oder Anordnung verletzt, die den Bürger ungefragt einer ihm unbekannten oder unbekannt bleibenden Maßnahme unterwirft[1330]. Die Menschenwürde wird nicht schon dadurch verletzt, dass ein Einzelner zum Adressat einer Maßnahme der Strafverfolgung wird. Eine Verletzung ist erst anzunehmen, wenn durch die Art der ergriffenen Maßnahme die Subjektsqualität des Betroffenen grundsätzlich in Frage gestellt wird, also die Behandlung durch die öffentliche Gewalt die Achtung des Wertes vermissen lässt, der jedem Mensch um seiner selbst willen zukommt[1331]. Die Geheimhaltung einer Maßnahme ist nicht Ausdruck der Geringschätzung der menschlichen Person und ihrer Würde, sondern wird dem Bürger um des Schutzes des Bestandes seines Staates und der freiheitlichen demokratischen Grundordnung willen zugemutet[1332]. Mit einem heimlichen Vorgehen geht nicht zwingend eine Missachtung des Wertes eines Menschen einher[1333]. Es besteht eine wechselseitige Verflechtung zwischen der Würde des Menschen und der diese Würde garantierenden staatlichen Rechtsordnung. Die verfassungsrechtliche Wertordnung bildet eine notwendige Bedingung für die Entfaltung menschlicher Würde. Es müssen um des Schutzes der verfassungsrechtlichen Wertordnung willen potentielle Gefahren abgewendet werden können[1334]. Diese Abwehr ist in bestimmten Konstellationen nur mittels eines verdeckten Vorgehens möglich. Dieses verdeckte Vorgehen des Staates stellt nicht automatisch die Subjektsqualität des Betroffenen in Frage[1335].

[1328] BVerfGE 7, 89, 92f.; 49, 148, 164.
[1329] BVerfGE 57, 250, 275.
[1330] BVerfGE 30, 1, 26; Kniesel / Tegtmeyer / Vahle, Handbuch des Datenschutzes, S. 56, Rn.156.
[1331] BVerfG, U.v. 3.3.04, 1 BvR 2378/98 und 1 BvR 1084/99, Rn. 116f.
[1332] BVerfGE 30, 1, 26.
[1333] BVerfG, U.v. 3.3.04, 1 BvR 2378/98 und 1 BvR 1084/99, Rn. 118.
[1334] Deutsch, Die heimliche Erhebung von Informationen, S. 18.
[1335] So aber Petri, Europol, S. 183.

Bedenken im Hinblick auf Art. 1 I GG bestehen indes, wenn polizeiliche Eingriffsermächtigungen, die ein verdecktes Vorgehen ermöglichen, extensiv in einer Art und Weise ausgelegt werden, dass die Polizei gegen jedermann als potentiellen Straftäter verdeckt zu ermitteln beginnt. Dringt der Staat in den unantastbaren Kernbereich privater Lebensgestaltung ein, verletzt dies die jedem Menschen unantastbar gewährte Freiheit zur Entfaltung in den ihn betreffenden höchstpersönlichen Angelegenheiten[1336]. Dieser unantastbare Kernbereich wird durch heimliches Vorgehen per se jedoch nicht verletzt. Die Möglichkeit des Missbrauchs einer Befugnis macht diese nicht verfassungswidrig. In gleichem Maße, wie der Staat die Rechts- und Verfassungstreue seiner Bürger vermuten muss, muss auch die Vermutung bestehen, dass staatliche Regelungen korrekt und fair angewendet werden[1337]. Grundsätzliche Vorgaben für die Offenheit staatlichen Handelns können Art. 1 I GG daher nicht entnommen werden.

Einem heimlichen Vorgehen der Polizei könnte das *Trennungsgebot* zwischen Polizei und Verfassungsschutz entgegenstehen. Die strikte Trennung von Polizei und Verfassungsschutz wurde nach dem Ende des 2. Weltkrieges zur Vermeidung eines totalen Überwachungsstaates festgeschrieben[1338]. Grundlage war der sog. „Polizeibrief" der alliierten Militärgouverneure vom 14.4.1949[1339]. Ziffer 2 des Briefes erlaubte der Bundesregierung, eine Stelle einzurichten, die Auskünfte über umstürzlerische, gegen die Bundesregierung gerichtete Tätigkeiten sammelt und verbreitet, die allerdings keine Polizeibefugnisse haben darf. Eine einfachgesetzliche Normierung dieses Trennungsgebots erfolgte in § 3 III BVerfSchG. Ob dem Trennungsgebot darüber hinaus auch Verfassungsrang zukommt, ist umstritten[1340], an dieser Stelle letztlich jedoch nicht entscheidend.
Verdeckte Ermittlungen oblagen lange Zeit ausschließlich den Geheimdiensten, also dem Verfassungsschutz[1341], dem Militärischen Abschirmdienst[1342] und dem Bundesnachrichtendienst[1343]. Man könnte den Schluss ziehen, dass es deshalb der Polizei verwehrt sein muss, verdeckt vorzugehen, weil dieses Vorgehen eine

---

[1336] BVerfG, U.v. 3.3.04, 1 BvR 2378/98 und 1 BvR 1084/99, Rn. 118.
[1337] BVerfGE 22, 254, 265.
[1338] Staff, ZRP 1992, S. 387.
[1339] Der Wortlaut im englischen Originaltext ist abgedruckt bei: Roewer, Nachrichtendienstrecht, BVerfSchG, § 3, Rn.189, Fußnote 197.
[1340] Bejahend etwa Denninger, ZRP 1981, S. 231f.; Gusy, ZRP 1987, S. 45ff.; Kutscha, ZRP 1986, S. 197; Hund NJW 1992, S. 2120; Kniesel / Tegtmeyer / Vahle, Handbuch des Datenschutzes, S. 52, Rn.136; zustimmend: Weßlau, Vorfeldermittlungen, S. 223; a.A. Deutsch, Die heimliche Erhebung von Informationen, S. 31ff.; Roewer, Nachrichtendienstrecht, BVerfSchG, § 3, Rn.192f.
[1341] §§ 3 I, II BVerfSchG
[1342] Art. 3 §§ 4ff. MADG, BGBl. 1990 I, S. 2977.
[1343] Art. 4 §§ 2ff. BNDG, BGBl. 1990 I, S. 2979.

geheimdienstliche Handlungsoption ist. Das Trennungsgebot ist jedoch nur organisatorischer Art, verbietet also die Übertragung polizeilicher Aufgaben auf den Verfassungsschutz[1344]. Ein Umkehrschluss dergestalt, dass die Polizei nicht auch – wie der Verfassungsschutz – verdeckt handeln kann, ist nicht möglich. Das Trennungsgebot steht einem verdeckten Vorgehen nicht entgegen.

Schließlich könnte *Art. 19 IV GG* heimlichen Grundrechtseingriffen entgegenstehen. Zwar wird formell der Zugang zu den Gerichten nicht eingeschränkt, der Grundrechtsträger erfährt aber von heimlichen Maßnahmen, die in seine Rechte eingreifen, regelmäßig nichts. Es besteht damit die Gefahr, dass die Rechtsschutzgarantie leer läuft[1345]. Der von einem verdeckten Grundrechtseingriff Betroffene kann sich theoretisch von Anfang an gegen die Maßnahme wehren. Da er jedoch regelmäßig allenfalls zufällig Kenntnis erlangt, besteht die Gefahr, dass die formell bestehende Gewähr effektiven Rechtsschutzes zu einer leeren Form wird. Die Inanspruchnahme von Rechtsschutz setzt voraus, dass der Bürger staatliche Eingriffsmaßnahmen, die seinen Rechtskreis berühren, als solche erkennt. Die Heimlichkeit und Nichterkennbarkeit lassen Zweifel an der Effektivität des Rechtsschutzes aufkommen[1346].
Es ist dem Betroffenen jedoch auch bei offenem Vorgehen der Polizei nicht immer möglich, sich im Vorfeld gegen eine Maßnahme zu wehren. Präventiver Rechtsschutz ist nur möglich, wenn der Betroffene ein privilegiertes Rechtsschutzbedürfnis geltend machen kann. Davon abgesehen spielt auch bei einem offenen Vorgehen der Zeitfaktor eine nicht unerhebliche Rolle. Die Polizei ist nicht verpflichtet, einen Verdächtigen über eine geplante Maßnahme in Kenntnis zu setzen, also etwa am Tag vor einer geplanten Hausdurchsuchung telefonisch anzukündigen, dass eine solche für den nächsten Tag geplant sei. Ein solches Vorgehen ist auch von verfassungs wegen nicht geboten. Es entstünde ein unlösbarer Konflikt mit dem Prinzip der Gewaltenteilung, wenn vor jeder exekutiven Maßnahme eine judikative Kontrolle stattfände, weil es damit zu einer vom Grundgesetz nicht vorgesehenen Verschiebung von Staatsgewalt käme. Der im Grundgesetz angelegte Regelfall ist vielmehr die nachträgliche Überprüfung exekutiver Akte durch das Gericht.
Für die Frage nach der verfassungsrechtlichen Zulässigkeit verdeckten Vorgehens bedarf es daher einer differenzierten Betrachtung. Eine allgemeine Pflicht

---

[1344] Roewer, Nachrichtendienstrecht, BVerfSchG, § 3, Rn.196; Ellermann, Europol auf dem Weg zu einem „Europäischen FBI"?, Kap 3.A.II.2.a.; nach anderer Auffassung besteht eine umfassende Trennung dergestalt, dass die Befugnisse in nachrichtendienstliche und polizeiliche strikt getrennt werden müssen, vgl.: Schapper, DRiZ 1987, S. 223; Lisken, NJW 1982, S. 1482.
[1345] Merten / Merten, ZRP 1991, S. 214.
[1346] Merten / Merten, ZRP 1991, S. 213.

zur Offenheit staatlichen Vorgehens kann aus Art. 19 IV GG nicht abgeleitet werden[1347]. Gleichwohl bedeutet das nicht, dass der Staat stets frei zwischen offenem und verdecktem Vorgehen wählen kann. Die Öffentlichkeit ist eine unverzichtbare Voraussetzung der Kontrolle und Disziplinierung staatlicher Macht[1348]. Mangelhafte Kontrollierbarkeit ist ein hoher Preis, für welchen Erfolg bei der Verbrechensbekämpfung auch immer[1349]. Für die Offenheit staatlichen Handelns kommt es darauf an, ob dem Staat eine Aufgabe zugewiesen ist, die sich nur mittels eines verdeckten Vorgehens effektiv verwirklichen lässt[1350]. Die Notwendigkeit verdeckten Vorgehens gibt es gerade im Bereich polizeilicher Arbeit, weil die Offenlegung des polizeilichen Tätigwerdens nicht selten den Maßnahmezweck vereiteln würde. Der rechtsstaatliche Auftrag wirksamer Strafverfolgung würde ins Leere greifen, ginge die Polizei stets offen vor. Nichts anderes gilt im präventiven Bereich, wenn die Aufgaben effektiv wahrgenommen werden sollen[1351].

Besteht die Notwendigkeit, verdeckt in Grundrechte einzugreifen, verschiebt sich die verfassungsrechtliche Problematik auf die Frage, ob dem Betroffenen die Möglichkeit eröffnet ist, sich zumindest nachträglich gegen eine geheime Maßnahme der Polizei zu wehren. Dazu muss er im Nachhinein von einer verdeckten Maßnahme unterrichtet werden. Die Benachrichtigung des Betroffenen ist die Kehrseite der grundsätzlichen Verfügungsmacht des Einzelnen über seine personenbezogenen Daten[1352]. Die Bemerkbarkeit offenen staatlichen Vorgehens, die geeignet ist, die Inanspruchnahme gerichtlichen Rechtsschutzes zu initiieren, kann im Fall verdeckten Vorgehens durch die Benachrichtigung kompensiert werden. Der Staat muss daher im Fall verdeckten Vorgehens grundsätzlich eine Benachrichtigungspflicht haben[1353].

Die Pflicht zur Benachrichtigung kann jedoch in verfassungsmäßiger Weise beschränkt werden. Wie bei der Einschränkung schrankenloser Grundrechte kann bei der Gewährung gerichtlichen Rechtsschutzes als elementare Garantie des Grundgesetzes eine Einschränkung nur dann zulässig sein, wenn es dem Schutz anderer, in der Verfassung als gleichrangig anerkannter Güter dient. Eine solche

---

[1347] BGHSt 39, 335, 346; BVerfG, NStZ 1991, S. 445, BVerfG NStZ 1995, S. 600; BVerfG, NStZ 1995, S. 96.

[1348] Bernsmann / Jansen, StV 1998, S. 217.

[1349] Bernsmann / Jansen, StV 1998, S. 231 schreiben die mangelhafte richterliche Kontrolle allerdings insbesondere der Kapitulation der Gerichte vor dem Normsystem zu.

[1350] BVerfGE 30, 1, 20.

[1351] Deutsch, Die heimliche Erhebung von Informationen, S. 16; Kniese / Tegtmeyer / Vahle, Handbuch des Datenschutzes, S. 55, Rn.145.

[1352] Petri, Europol, S. 183.

[1353] So auch: Hoppe, Vorfeldermittlungen, S. 183; Deutsch, Die heimliche Erhebung von Informationen, S. 20; Weßlau, Vorfeldermittlungen, S. 206; Vassilaki, CR 1998, S. 631; BVerfG, U.v. 3.3.04, 1 BvR 2378/98 und 1 BvR 1084/99, Rn. 291.

Konstellation kann sich etwa ergeben, wenn durch die Benachrichtigung eine Gefährdung der freiheitlich demokratischen Grundordnung oder des Bestandes oder der Sicherung des Bundes oder eines Landes droht[1354]. In diesem Fall kann auch die nachträgliche Erörterung einer geheimen Maßnahme in einem gerichtlichen Verfahren Anhaltspunkte über die Arbeitsweise und das Beobachtungsfeld geben und dadurch deren Wirksamkeit in hohem Maße beeinträchtigen[1355]. Bloße Rationalisierungsgesichtspunkte reichen hingegen nicht aus[1356]. Von der Benachrichtigung kann etwa abgesehen werden, wenn der Zweck des Eingriffs von der Benachrichtigung beeinträchtigt, die Identität verdeckt operierender Polizeimitarbeiter aufgedeckt oder geheimhaltungsbedürftige Ermittlungsmethoden offen gelegt würden[1357]. Ein Geheimhaltungsbedürfnis besteht immer dann, wenn andere Methoden nicht zur Erreichung des verfassungsrechtlich legitimierten Ziels führen.

b) Offenheit der Tätigkeit Europols

Die Befugnisse Europols betreffen in erster Linie die Datenspeicherung und -verwendung. Ein Betroffener erlangt von einer solchen Speicherung und Verwendung seiner Daten regelmäßig keine Kenntnis, da die Qualität des Eingriffs eine andere ist als etwa eine Wohnungsdurchsuchung, Festnahme oder andere polizeiliche Maßnahmen. Der Datenverarbeitung ist es immanent, dass sie außerhalb des Wahrnehmungsbereichs des Betroffenen stattfindet. Die Frage nach der gebotenen Offenheit des Handelns Europols verlagert sich daher auf die Frage, ob eine Verpflichtung zur Benachrichtigung der Betroffenen besteht, wenn Daten gespeichert oder verwendet werden. Ein offenes und transparentes Vorgehen würde bedeuten, den Betroffenen über jede Speicherung, Verwendung und Weitergabe seiner Daten zu informieren.

Eine Pflicht zur Benachrichtigung kann Europol von vornherein nur in den Bereichen treffen, in denen nicht die Mitgliedstaaten Akteur und Verantwortlicher sind. Die Verantwortung für die Zulässigkeit der Eingabe von Daten in das Informationssystem trägt gemäß Art. 9 III EPK die eingebende Stelle, in Deutschland also das BKA. Gleiches gilt für die Übermittlung von Daten zu Analysezwecke. Die Mitgliedstaaten übermitteln Daten gemäß Art. 10 III 2 EPK nur, wenn diese nach dem nationalen Recht zu Zwecken der Verhütung, Bekämpfung oder Analyse von Straftaten verarbeitet werden dürfen.

[1354] BVerfGE 30, 1, 21; Heußner, RDV 1988, S. 7 fordert bei Einschränkungen im Sicherheitsbereich die Kontrolle durch eine unabhängige Datenschutzinstanz.
[1355] BVerfGE 30, 1, 19.
[1356] *Bäumler*, in: Handbuch des Polizeirechts, Kap. J, Rn.37.
[1357] Deutsch, Die heimliche Erhebung von Informationen, S. 27; Evers, ZRP 1980, S. 113f.

Europol selbst kann eine Benachrichtigungspflicht nur in den Fällen haben, in denen tatsächlich durch Europol in Grundrechte eingegriffen wird. Das ist der Fall, wenn Europol selbst Daten im Informationssystem speichert, die aus der Analysetätigkeit stammen[1358]. Zu Grundrechtseingriffen durch Europol kommt es ferner bei der Analysetätigkeit, da hier die Datenbestände genutzt und verwendet werden. Durch die Analyse wird in das Grundrecht auf informationelle Selbstbestimmung der von der Analyse Betroffenen eingegriffen. Schließlich greift Europol bei der Übermittlung von Daten an Drittstaaten oder Drittstellen in Grundrechte ein. Gerade bei der Weitergabe von Daten besteht die Gefahr, dass der Einzelne die Kontrolle über seine Daten verliert, weil er keinen Überblick hat, an wen die Daten weitergegeben wurden. Ein Betroffener müsste, um sich der Weitergabe zu vergewissern, vorsorglich einen Auskunftsanspruch gegenüber allen in Betracht kommenden Empfängern geltend machen. Von Effektivität des Rechtsschutzes kann dabei nur schwerlich die Rede sein.

Die Frage ist zunächst, ob die EPK eine Pflicht zur Benachrichtigung Betroffener statuiert. Diese Frage ist zu verneinen. Betroffene werden von der Speicherung, Verwendung und Übermittlung ihrer Daten durch Europol nicht informiert.

Der generellen Verpflichtung zur nachträglichen Offenlegung verdeckten Vorgehens durch die Benachrichtigung der von der Maßnahme Betroffenen kommt die EPK mithin nicht nach. Das Grundgesetz steht einem verdeckten Vorgehen jedoch nicht ausnahmslos entgegen. Die Verhinderung schwerer Rechtsverletzungen durch organisierte Kriminalität bedeutet nämlich gleichzeitig die Verhinderung schwerer Rechtsverletzungen der durch die Straftaten Betroffenen. Die Verarbeitung und Analyse der Daten durch Europol würde ihrer Bedeutung und ihrer Effektivität beraubt, würde man die Betroffenen darüber informieren, dass Europol Daten über sie hält. Ein Eindringen in die abgeschotteten Strukturen organisierter Kriminalität ist nur im Rahmen vorbeugender Informationsarbeit möglich[1359]. Durch eine ausreichende Aufklärung und Erforschung kann die Begehung von Straftaten, die aus dem Kreis einer kriminellen Organisation zu erwarten sind, verhindert werden, weil Organisationszusammenhänge aufgedeckt, Logistik zerschlagen und Kommunikationswege gestört werden[1360]. Eine offene Datenerhebung und Datenverarbeitung wäre nicht annähernd so effizient wie die heimliche Informationsgewinnung[1361]. Entscheidend für die Wirksam-

---

[1358] Nach Inkrafttreten des Änderungsprotokolls zur EPK, Abl.EG C 312 vom 16.12.2002, S. 1, auch solche Informationen, die ein Europol-Bediensteter im Rahmen seiner Teilnahme an einer gemeinsamen Ermittlungsgruppe mit Zustimmung und unter Verantwortung des Mitgliedstaates, der die betreffende Information zur Verfügung gestellt hat, erlangt.

[1359] BVerfG, U.v. 3.3.04, 1 BvR 2378/98 und 1 BvR 1084/99, Rn. 126.

[1360] Hoppe, Vorfeldermittlungen, S. 188.

[1361] Hoppe, Vorfeldermittlungen, S. 184.

keit der Maßnahmen ist, dass keine Anhaltspunkte über die Arbeitsweise und das Beobachtungsfeld nach außen dringen und kriminellen Netzwerken die Möglichkeit eröffnen, ihr Handeln wiederum anzupassen. Die fehlende Benachrichtigung von Betroffenen dient damit einem rechtsstaatlichen Grundanliegen: der Effektivität der Strafrechtspflege. Eine Benachrichtigung der Betroffenen würde dieser Effektivität zuwiderlaufen.
Gleichwohl ist auch die Effektivität von Rechtsschutz ein rechtsstaatliches Grundanliegen, das in seiner Bedeutung hinter der Effektivität der Strafrechtspflege nicht zurückbleibt. Es gilt daher, einen schonenden Ausgleich zwischen den betroffenen Verfassungsrechtsgütern zu finden. Die Regelungen der EPK müssten einen solchen Ausgleich leisten, der der Bedeutung sowohl der Effektivität der Strafrechtspflege, als auch dem Gebot effektiven Rechtsschutzes, verfassungsrechtlich hinreichend Rechnung trägt.
Dem Gebot effektiven Rechtsschutzes wird in der EPK durch verschiedene Mechanismen Rechnung getragen. Von besonderer Bedeutung ist die Begrenzung der Speicherungsdauer von Daten. Wenn es dem Einzelnen in bestimmten Konstellationen verwehrt sein sollte, sich gegen die Speicherung und Verarbeitung seiner Daten durch Europol zur Wehr zu setzen, ist doch zumindest gewährleistet, dass die Dauer des Grundrechtseingriffs zeitlich beschränkt ist. Die Daten dürfen in den Informationssammlungen Europols gemäß Art. 21 I 1 EPK nur so lange gespeichert werden, wie dies zur Erfüllung der Aufgaben Europols erforderlich ist. Die Erforderlichkeit der weiteren Speicherung ist spätestens drei Jahre nach der Eingabe zu überprüfen, wobei Europol die Mitgliedstaaten für die Daten, die sie eingegeben haben, mit einem Vorlauf von drei Monaten auf den Ablauf der Speicherungsfrist hinweist.
Dazu tritt die Tatsache, dass die Tätigkeit Europols einer wirksamen Rechtskontrolle unterliegt, wodurch die Rechtmäßigkeit der Datenverarbeitung Europols überwacht und gewährleistet wird. Kommt es unter Umständen zu einer Einschränkung des Individualrechtsschutzes und damit zu einer im Hinblick auf das Gebot effektiven Rechtsschutz bedenklichen Konstellation, ist doch gewährleistet, dass eine funktionsfähige und wirksame Rechtskontrolle über die Tätigkeit Europols stattfindet.
Allein mögliche Kompensationsmechanismen, auch wenn die Einschneidungen im Bereich des effektiven Rechtsschutzes abzumildern vermögen, führen jedoch nicht zu einem schonenden Ausgleich der betroffenen Verfassungsgüter. Ein solcher Ausgleich wird letztlich an einer anderen Stelle erzielt: im Rahmen des Auskunftsrechts. Der Einzelner hat ein gemäß Art. 19 EPK ein Recht auf Auskunft über die ihn betreffenden, bei Europols gespeicherten Daten. Die Folge eines Auskunftsrechts ist, dass jedes einzelne Gesuch im Rahmen einer Einzelfallprüfung bearbeitet werden kann. Bei einer solchen Prüfung kann eine einzel-

fallbezogene Abwägung zwischen den legitimen Interessen Europols und dem legitimen Interesse des Einzelnen, zu wissen, ob Europol Daten speichert, stattfinden. Gerade diese einzelfallbezogene Abwägung, bei der den Rechtsschutzinteressen des Einzelnen voll Rechnung getragen werden kann, ist nicht möglich, wenn generell eine Benachrichtigungspflicht statuiert wird. Während daher insgesamt die Gefahr, die Effektivität der Arbeit Europols zu nivellieren, schwerer wiegt und infolgedessen eine generelle Benachrichtigung unterbleiben muss, ist im Einzelfall eine sorgfältige Prüfung möglich und nötig, bei der nur bei dem Vorliegen besonderer Voraussetzungen eine Auskunft unterbleiben darf.
Insgesamt wird durch das Unterbleiben einer generellen Benachrichtigung, im Einzelfall aber einer sorgfältigen Prüfung infolge eines Auskunftsgesuchs, ein angemessener Ausgleich zwischen dem verfassungsrechtlichen Gebot effektiven Rechtsschutzes und der verfassungsrechtlich gebotenen Effektivität der Strafrechtspflege erreicht. Den verfassungsrechtlichen Vorgaben wird damit genüge getan.

c) Fazit

Die fehlende Benachrichtigung der Betroffenen bei verdeckten Grundrechtseingriffen durch Europol steht im Einklang mit den Vorgaben des Grundgesetzes. Die Frage nach einer Berührung der in Art. 1, 20 GG niedergelegten Grundsätze stellt sich insofern nicht.

G. Perspektiven für die justizielle Kontrolle Europols

Die Tätigkeit Europols unterliegt aus Sicht des deutschen Grundgesetzes einer hinreichenden justiziellen Einbindung. Zwar sind einzelne rechtsstaatliche Bedenken nicht ganz von der Hand zu weisen, die Grenzen der Übertragung von Hoheitsrechten, die das Grundgesetz statuiert, werden jedoch nicht überschritten. Kritischen Aussagen, dass rechtsstaatliche Grundsätze angesichts der Zielsetzung wirksamer Verbrechensbekämpfung zu Gesichtspunkten sekundärer Relevanz degeneriert würden[1362], mit der grenzüberschreitenden polizeilichen Zusammenarbeit eine Minderung der Menschenrechte einhergehe[1363] oder rechtsstaatswidrige Methoden angewandt würden[1364], sind daher zurückzuweisen. Das schließt es jedoch nicht aus, über Möglichkeiten und Alternativen der justiziellen Einbindung Europols nachzudenken.

Die Forderung nach einer **europäischen Staatsanwaltschaft** hat nach der derzeitigen Konzeption der EPK nur eine rechtspolitische Bedeutung. Europol führt keine eigenen Ermittlungen in den Mitgliedstaaten durch und nimmt keine eigenen strafprozessualen Maßnahmen vor. Auch die Teilnahme an gemeinsamen Ermittlungsgruppen bedeutet nicht die Befugnis zu eigeninitiativen und eigenverantwortlichen Ermittlungen. Im Ermittlungsverfahren kommt Europol daher nur die Funktion eines unselbstständigen Instrumentes zu[1365]. Die Kontrollmechanismen der EPK sind im Bezug auf die Kontrolle der Polizei durch ein unabhängiges Organ hinreichend. Eine Übertragung weiterer Befugnisse auf Europol dürfte jedoch nur eine Frage der Zeit sein. Es gilt daher, die Diskussion um die Schaffung einer europäischen Staatsanwaltschaft weiter zu führen.
Überträgt man Europol langfristig eigene Ermittlungsbefugnisse, können also Europol-Beamte nicht nur im Rahmen der Teilnahme an einem gemeinsamen Ermittlungsteam, sondern selbstständig und eigeninitiativ in den Mitgliedstaaten Ermittlungen vornehmen, ist die Kontrolle dieser Einsätze in dem gegenwärtigen Rechtsrahmen der EPK nicht mehr hinreichend[1366]. Die Kontrollmechanismen müssten erweitert werden.

[1362] So Zieschang, ZRP 1996, S. 429.

[1363] So Petri, DuD 22 (1998) S. 329; in diesem Sinne auch: Stümper, in: FS für Samper, S. 12f.

[1364] So Lisken, ZRP 1990, S. 20.

[1365] *Storbeck,* in: Baldus / Soine, Rechtsprobleme der internationalen polizeilichen Zusammenarbeit, S. 29; *Daub,* in: Baldus / Soine, Rechtsprobleme der internationalen polizeilichen Zusammenarbeit, S. 94.

[1365] Ostendorf, NJW 97, S. 3420.

[1366] Milke, Europol und Eurojust, S. 302 ist der Auffassung, die Entwicklung Europols werde sich wie der schrittweise Ausbau des BKA in den 50er, 60er und 70er Jahren vollziehen.

Es ist denkbar, die Kontrolle weiterhin bei der nationalen Staatsanwaltschaft zu belassen. Die Zulässigkeit von Ermittlungsmaßnahmen Europols könnte sich nach dem Recht des Landes richten, in dem sie durchgeführt werden. Die nationale Staatsanwaltschaft könnte Europol mit einzelnen Ermittlungen beauftragen, die unter der Regie des nationalen Staatsanwalts geführt werden. Diese Lösung führt allerdings zu erheblichen Problemen bei grenzüberschreitenden Ermittlungen, wenn also die Staatsanwaltschaften mehrerer Länder jeweils bezogen auf ihr Territorium zuständig sind[1367].
Zunehmende Bedeutung erlangt daher die Möglichkeit, eine neue Kontrollinstanz für Europol zu schaffen – eine europäische Staatsanwaltschaft. Eine europäische Staatsanwaltschaft könnte als Aufsichtsorgan über die Tätigkeit Europols wachen und die Sachleitungsbefugnis bei den Ermittlungen Europols übernehmen. Damit würde ein Gleichgewicht polizeilicher und justizieller Internationalität der Strafverfolgung geschaffen[1368].
Parallel zur Einsetzung einer europäischen Staatsanwaltschaft könnte man bei einer Übertragung von eigenen Ermittlungsbefugnissen auf Europol über die Einsetzung eines **europäischen Ermittlungsrichters** nachdenken. Das Grundgesetz sieht insbesondere im Bereich der Unverletzlichkeit der Wohnung und der Freiheitsentziehung zwingend die Beteiligung eines Richters vor. Es sind mehrere Möglichkeiten denkbar: Es könnte am EuGH oder Gericht erster Instanz einen besonderen „Ermittlungsrichter geben, der über beantragte Maßnahmen Europols entscheidet[1369]. Ein solcher Richter könnte auch unmittelbar bei Europol selbst eingesetzt werden, etwa im Rahmen einer besonderen Abteilung innerhalb der GKI[1370]. Schließlich ist auch die Schaffung eines neuen Gremiums denkbar, das die Aufgabe hat, bei der Ermittlungstätigkeit Europols über die Anordnung und Fortdauer bestimmter Maßnahmen zu entscheiden.

Obwohl derzeit rechtlich nicht geboten, müsste die Tätigkeit eines europäischen Staatsanwalts nicht auf eine Erweiterung der Befugnisse Europols warten. Die Tätigkeit Europols könnte schon jetzt, statt von der GKI, dem Verwaltungsrat und dem Direktor, von einer europäischen Staatsanwaltschaft begleitet und bewertet werden[1371]. Die europäische Staatsanwaltschaft könnte die polizeilich-operative und kriminalistisch-analytische Arbeit von Europol rechtlich „umhe-

---

[1367] *Grote,* in: Gleß / Grote / Heine, Rechtsvergleichendes Gutachten, II, S. 624.
[1368] *Bull,* in: Baldus / Soine, Rechtsprobleme der internationalen polizeilichen Zusammenarbeit, S. 19.
[1369] *Grote,* in: Gleß / Grote / Heine, Rechtsvergleichendes Gutachten, II, S. 633.
[1370] *Grote,* in: Gleß / Grote / Heine, Rechtsvergleichendes Gutachten, II, S. 634.
[1371] Kalk, DuD 23 (1999), S. 446; Bull, DRiZ 1998, S. 41f.; Ostendorf, NJW 1997, S. 3420; Prantl, DRiZ 1997, S. 236.

gen“[1372]. Europa würde dadurch im Bereich der Strafverfolgung ein stärkeres eigenständiges Profil gewinnen[1373].
Es scheint allerdings problematisch, wie eine europäische Staatsanwaltschaft ohne ein **europäisches Strafrecht und Strafverfahrensrecht** arbeiten soll. Bisweilen wird die Forderung erhoben, die Errichtung einer europäischen Staatsanwaltschaft könne nicht auf ein europäisches Strafrecht oder ein europäisches Strafprozessrecht warten[1374]. Einheitliche verfahrensrechtliche Vorschriften und ein Grundkonsens der Mitgliedstaaten über die wesentlichen materiellen strafrechtlichen Vorgaben sind jedoch eine wesentliche Voraussetzung der Tätigkeit eines europäischen Staatsanwalts. Die Vereinheitlichung strafrechtlicher und strafprozessualer Normen in Europa steht noch an ihrem Anfang. Harmonisierungsversuche scheitern immer wieder an den mitgliedstaatlichen Vorbehalten, Befugnisse im Bereich der inneren Sicherheit abzugeben. Uneinigkeit besteht nicht nur hinsichtlich des Wortlautes einzelner Bestimmungen, sondern auch hinsichtlich grundlegender Entscheidungen zur Rolle und Funktion des Strafrechts, zu Strafzwecken, zu dem Verhältnis zwischen Effizienz und Rechtsstaatlichkeit im Ermittlungs- und Strafverfahren, zur Rolle der Polizei und nicht zuletzt hinsichtlich der Ressourcen, die für die Strafverfolgung zur Verfügung gestellt werden[1375]. In Teilen des Straf- und Strafprozessrechts scheint eine Vereinheitlichung auch langfristig kaum möglich. Insbesondere im Bereich politisches Strafrecht, Sexualstrafrecht, Euthanasie und Abtreibung sind die nationalen Normen kulturbedingt von unterschiedlichen historischen Entwicklungen geprägt[1376]. Genauso weichen die Vorstellungen über alltäglichere Sanktionen, etwa Promillegrenzen oder Geschäfte im Zusammenhang mit Drogen, erheblich voneinander ab[1377]. Im Bereich des Strafprozessrechts sind die Gerichtsverfassungen der Mitgliedstaaten sehr unterschiedlich und verknüpft mit den verschiedenen Rechtskulturen und dem nationalen Selbstverständnis[1378]. Eine Vereinheitlichung ist angesichts der erheblichen nationalen Vorbehalte in nächster Zeit nicht zu erwarten. Die Einsetzung einer europäischen Staatsanwaltschaft ohne ein zumindest in Teilen harmonisiertes Strafprozessrecht und einen Konsens über die Formulierung wichtiger strafrechtlicher Tatbestände führt zu keinem qualitativen Mehrwert bei der polizeilichen und justiziellen Zusammenarbeit in Strafsachen.

[1372] Bull, DRiZ 1998, S. 41f.
[1373] Schomburg, Kriminalistik 2000, S. 16.
[1374] Ostendorf, NJW 1997, S. 3420.
[1375] *Albrecht,* in: BKA, Kriminalitätsbekämpfung im zusammenwachsenden Europa, S. 47; *Storbeck,* in: BKA, Kriminalitätsbekämpfung im zusammenwachsenden Europa, S. 99.
[1376] Ostendorf, NJW 1997, S. 3420; Rüter, ZStW 105 (1993), S. 39ff.
[1377] Schomburg, Kriminalistik 2000, S. 15f.
[1378] Nelles, ZStW 109 (1997), S. 747; Milke, Europol und Eurojust, S. 292.

Gleichwohl eröffnet der **Entwurf einer Verfassung für Europa** die Option, ausgehend von Eurojust durch ein europäisches Gesetz eine europäische Staatsanwaltschaft einzusetzen. Diese europäische Staatsanwaltschaft wäre zuständig für strafrechtliche Untersuchung und Verfolgung sowie Anklageerhebung in Bezug auf Personen, die als Täter oder Teilnehmer schwerer, mehrere Mitgliedstaaten betreffende Straftaten oder Strafen zum Nachteil der finanziellen Interessen der Europäischen Union begangen haben, die in einem europäischen Gesetz festgelegt sind[1379]. Der Verfassungsentwurf sieht allerdings auch vor, dass mit der Einsetzung der Staatsanwaltschaft die Modalitäten für die Erfüllung ihrer Aufgaben, die für ihre Tätigkeit geltenden Verfahrensvorschriften sowie Regeln für die Zulässigkeit von Beweismitteln und für die gerichtliche Kontrolle der vorgenommenen Prozesshandlungen festgelegt werden müssen. Die Einsetzung der europäischen Staatsanwaltschaft müsste daher auch nach dem Verfassungsentwurf parallel zu der Festlegung entsprechender strafrechtlicher und strafprozessualer Vorschriften erfolgen.

Ansätze für ein europäisches Straf- und Strafprozessrecht können aus dem ***Corpus Juris*** gewonnen werden. Das *Corpus Juris*[1380] ist ein Entwurf für ein europäisches Straf- und Strafverfahrensrecht, das mit dem begrenzten Ziel eines europaweit einheitlichen Schutzes der finanziellen Interessen der EU ausgearbeitet wurde. Rechtlicher Ausgangspunkt des *Corpus Juris* ist die aus Art. 280 EG resultierende Verpflichtung der EG-Mitgliedstaaten, dem Gemeinschaftshaushalt einen ebenso effektiven Schutz zuteil werden zu lassen, wie dem eigenen Finanzhaushalt. An dem Entstehen des *Corpus Juris* waren das Europäische Parlament, die Europäische Kommission, die Vereinigungen für Europäisches Strafrecht und eine Arbeitsgruppe für Strafrechtswissenschaftler beteiligt. Ziel war es, die Strafverfolgung zum Schutz der europäischen Finanzinteressen zu verbessern. Der erste Entwurf des *Corpus Juris* aus dem Jahr 1997 wurde in Florenz überarbeitet und dem Europäischen Parlament am 30.9.1999 vorgelegt.
Neben dem materiellen Teil, der Straftaten erfasst wie etwa Betrug zum Nachteil des Gemeinschaftshaushaltes, Eingehungsbetrug, Bestechung, Untreue im Amt, Unterschlagung im Amt, Verletzung von Amtsgeheimnissen, Geldwäsche und Hehlerei, ist hier insbesondere der prozessuale Teil von Bedeutung. Das *Corpus Juris* sieht die Schaffung einer weisungsunabhängigen europäischen Staatsanwaltschaft vor, die in den Mitgliedstaaten die strafrechtlichen Ermittlungen leitet und sich dafür der nationalen Polizei bedient. Die europäische Staatsanwaltschaft ist gegenüber der nationalen Polizei weisungsbefugt und neben der Er-

[1379] Art. III 175 Abs. I, II des Verfassungsentwurfs.
[1380] Die vollständige Überschrift sollte lauten *Corpus juris ad defendendas utilitates oeconomicas unionis europaae.*

mittlung zuständig für die Verfolgung, Anklageerhebung, Anklagevertretung und Strafvollstreckung. Die europäische Staatsanwaltschaft setzt sich zusammen aus einem europäischen Generalstaatsanwalt und abgeordneten europäischen Staatsanwälten aus den einzelnen Mitgliedstaaten. Neben die europäische Staatsanwaltschaft tritt ein unabhängiger und unparteiischer Freiheitsrichter, der Gutachten und Sicherungsmaßnahmen anordnet und Maßnahmen genehmigt, die Rechte oder Grundfreiheiten beschränken oder entziehen, die von der EMRK anerkannt werden. Dem Freiheitsrichter obliegt die Prüfung, ob eine Maßnahme gesetz- und ordnungsgemäß, erforderlich und verhältnismäßig ist. Der Freiheitsrichter kann zudem einen europäischen Haftbefehl erlassen. Die im *Corpus Juris* aufgeführten Straftaten werden von den nationalen Gerichten abgeurteilt. Ein Rechtsmittel zum EuGH ist zulässig, wenn es um die Auslegung des *Corpus Juris* geht oder wenn Meinungsverschiedenheiten zwischen den Mitgliedstaaten oder zwischen einem Mitgliedstaat und der Kommission über die Anwendung des *Corpus Juris* bestehen. Der EuGH ist ferner zuständig, um auf Antrag der europäischen Staatsanwaltschaft, des Beschuldigten oder einer nationalen Justizstelle Zuständigkeitsstreitigkeiten zu klären über die Anwendung des europäischen Territorialprinzips, in Bezug auf die Tätigkeit der Staatsanwaltschaft und in Bezug auf die Justizgewährleistung durch die nationalen Gerichte. Der EuGH kann außerdem auf Antrag eines Beschuldigten über die Wahl des Gerichts des Hauptverfahrens entscheiden.
An die *Corpus Juris*-Studie knüpft das Grünbuch[1381] zum strafrechtlichen Schutz der finanziellen Interessen der Europäischen Gemeinschaft und zur Schaffung einer europäischen Staatsanwaltschaft an. Das Grünbuch wurde am 11.12.2001 von der Kommission vorgelegt[1382]. Es wurden drei Möglichkeiten entworfen, wie die Zusammenarbeit zwischen dem europäischen Staatsanwalt und den nationalen Staatsanwaltschaften funktionieren kann[1383]. Denkbar ist eine direkte Weisungsbefugnis des europäischen Staatsanwalts gegenüber den Ermittlungsbehörden der Mitgliedstaaten. Alternativ könnte eine allgemeine Pflicht zur Unterstützung des europäischen Staatsanwalts festgeschrieben werden. Schließlich könnten in jedem Mitgliedstaat die Regelungen gelten, die für die Beziehungen zwischen der nationalen Strafverfolgungs- und Ermittlungsbehörde gelten. Die Kommission selbst sprach sich für die dritte Variante aus, was zwar zu uneinheitlichen Regelungen führt, aber die Freiheit der internen Organi-

[1381] Ein Grünbuch soll auf der Grundlage einer ausführlichen Beschreibung und Analyse der Probleme verschiedene Lösungswege aufzeigen und hierzu eine breit angelegte Konsultation der europäischen Öffentlichkeit anregen.
[1382] KOM (2001) 715 vom 11.12.2001.
[1383] KOM (2001) 715 vom 11.12.2001, S. 58.

sation nicht in Frage stellt[1384]. In dem Grünbuch wird auch die Zusammenarbeit zwischen einer europäischen Staatsanwaltschaft zum Schutz der finanziellen Interessen der Europäischen Union und Europol angesprochen. Die Vorschläge sind jedoch allgemein gehalten. Die Zusammenarbeit mit Europol soll es der europäischen Staatsanwaltschaft ermöglichen, Zugang zu allen für den Schutz der finanziellen Interessen der Gemeinschaften relevanten Informationen zu erhalten. Umgekehrt müsste der europäische Staatsanwalt alle Informationen, die für die polizeiliche Zusammenarbeit durch Europol von Bedeutung sind, an Europol übermitteln[1385]. Zwischen Europol und der Europäischen Staatsanwaltschaft würde eine Kooperationsbeziehung zum Austausch von Daten bestehen.
Die dem *Corpus Juris* und dem Grünbuch der Kommission zugrunde liegende Konzeption wurde von der Kommission als Vorschlag in die Regierungskonferenz von Nizza eingebracht. Ein einzufügender Art. 280a EG sollte Bestimmungen über die Ernennung, Entlassung und die Beschreibung der Aufgaben eines europäischen Staatsanwalts enthalten. Die Kommission erachtete den gegenwärtigen Rechtsrahmen des EG-Vertrages als nicht ausreichend, um einen einheitlichen europäischen Strafrechtsraum mit einer gemeinsamen Behörde wie einer Staatsanwaltschaft einzurichten[1386]. Der Vorschlag scheiterte jedoch am Widerstand einiger Mitgliedstaaten, die darin einen nicht tragbaren Eingriff in die Unabhängigkeit ihrer Justiz sahen. Gleichwohl ist zu erwarten, dass die Mitgliedstaaten der Europäischen Union langfristig eine Lösung finden werden, die von allen Mitgliedstaaten getragen werden kann[1387].
Für die justizielle Einbindung Europols hat das *Corpus Juris* nur geringe Auswirkungen. Geschützte Rechtsgüter sind allein die finanziellen Interessen der Europäischen Union[1388]. Außerhalb dieser Zielsetzung beanspruchen die Normen des *Corpus Juris* keine Geltung. Im Bereich der polizeilichen und justiziellen Zusammenarbeit in Strafsachen fehlt es derzeit an einer Kompetenz zur umfassenden Normierung strafrechtlicher und strafprozessualer Regelungen. Art. 29 UA 2 EU sieht lediglich eine Annäherung der Strafvorschriften der Mitgliedstaaten vor, soweit dies erforderlich ist. Nach Art. 31 I EU schließt das gemeinsame Vorgehen im Bereich der justiziellen Zusammenarbeit in Strafsachen die Gewährleistung der Vereinbarkeit der jeweils geltenden Vorschriften der Mitgliedstaaten untereinander (lit.c) und die schrittweise Annahme von Maßnahmen zur Festlegung von Mindestvorschriften über die Tatbestandsmerkmale strafba-

---

[1384] KOM (2001) 715 vom 11.12.2001, S. 58.
[1385] KOM (2001) 715 vom 11.12.2001, S. 72f.
[1386] KOM (2001) 715 vom 11.12.2001, S. 22.
[1387] Nilsson, The Corpus Juris, S. 322.
[1388] Auch die europäische Staatsanwaltschaft soll ausdrücklich für den Schutz der finanziellen Interessen der Europäischen Union zuständig sein, vgl. KOM (2001) 715 vom 11.12.2001, S. 71.

rer Handlungen und die Strafen in den Bereichen organisierte Kriminalität, Terrorismus und illegaler Drogenhandel (lit.e) ein. Für eine vollständige oder partielle Vereinheitlichung des Straf- und Strafprozessrechts der Mitgliedstaaten gibt es keine Grundlage. Daran ändert auch der Entwurf einer Verfassung für Europa nichts. Art. III-171 Abs. II des Verfassungsentwurfs sieht vor, dass durch europäische Rahmengesetze Mindestvorschriften festgelegt werden können, welche die Zulässigkeit von Beweismitteln auf gegenseitiger Basis zwischen den Mitgliedstaaten, die Rechte des Einzelnen im Strafverfahren, die Rechte der Opfer von Straftaten und sonstige spezifische Aspekte des Strafverfahrens, die zuvor von Ministerrat durch einen europäischen Beschluss bestimmt worden sind, betreffen. Dabei handelt es sich jedoch nur um eine Kompetenz zum Erlass von Mindestvorschriften, nicht hingegen um eine Möglichkeit zur vollständigen oder teilweisen Harmonisierung mitgliedstaatlicher Vorschriften. Ferner können gemäß Art. III-172 Abs. I durch europäische Rahmengesetze Mindestvorschriften zur Festlegung von Straftaten und Strafen in Bereichen besonders schwerer Kriminalität festgelegt werden, die aufgrund der Art oder der Auswirkungen der Straftaten oder aufgrund einer besonderen Notwendigkeit, sie von gemeinsamen Grundlagen ausgehend zu bekämpfen, eine grenzüberschreitende Dimension haben. Derartige Kriminalitätsbereiche sind nach Art. III-172 Abs. I UA 2 des Verfassungsvertrages Terrorismus, Menschenhandel und sexuelle Ausbeutung von Frauen und Kindern, illegaler Drogenhandel, illegaler Waffenhandel, Geldwäsche Korruption, Fälschung von Zahlungsmitteln, Computerkriminalität und organisierte Kriminalität[1389]. Eine Angleichung strafrechtlicher Normen ist gemäß Art. III-172 Abs. II des Verfassungsentwurfs nur ausnahmsweise möglich, wenn sie unerlässlich für die wirksame Durchführung der Politik der Union auf einem Gebiet ist, auf dem Harmonisierungsmaßnahmen erfolgt sind. Der Entwurf einer Verfassung für Europa ermöglicht also den Erlass von Mindestvorschriften und in Ausnahmefällen die Angleichung strafrechtlicher Vorschriften. Eine Kompetenz zur teilweisen oder sogar umfassenden Harmonisierung strafrechtlicher und strafprozessualer Regelungen wird die Europäische Union auch künftig nicht haben.

Das bedeutet jedoch nicht, dass das *Corpus Juris* für den Bereich der polizeilichen Zusammenarbeit in der Europäischen Union ohne Bedeutung ist. Die Bedeutung ist vielmehr sehr hoch. Das *Corpus Juris* kann als Argumentationsgrundlage für ein gesamteuropäisches Strafprozessrecht dienen. Mit dem Grundsatz *nulla poena sine lege*, dem Schuldprinzip, dem Prinzip des fairen Verfahrens, der Unschuldvermutung und dem Prinzip der Verhältnismäßigkeit der Strafen wurden fundamentale rechtsstaatliche Grundlagen niedergelegt. Ein Konsens

---

[1389] Durch Beschluss des Ministerrates können diese Kriminalitätsbereiche erweitert werden.

über solche Grundprinzipien ist unerlässliche Voraussetzung für die Schaffung eines einheitlichen europäischen Straf- und Strafprozessrechts. Die Mitgliedstaaten können bei der Schaffung eines europäischen Straf- und Strafprozessrechts an die *Corpus Juris*-Studie anknüpfen, die Vorschläge des *Corpus Juris* könnten Modellcharakter für die Vereinheitlichung haben. Ein solches einheitliches europäisches Strafrecht ist langfristig unerlässlich, um grenzüberschreitende Kriminalität wirkungsvoll bekämpfen zu können.

Neben dem Bestreben, strafrechtliche und strafprozessuale mitgliedstaatliche Regelungen zu harmonisieren und damit gegebenenfalls die Grundlage für die Einsetzung eines europäischen Staatsanwaltes zu schaffen, könnte dem **EuGH** bei der justiziellen Einbindung Europols eine stärkere Stellung zugesprochen werden[1390]. Eine Kontrolle der Tätigkeit Europols durch den EuGH wäre auch ohne ein europäisches Strafprozessrecht möglich. Der EuGH könnte eine Rechtmäßigkeitskontrolle anhand der Regelungen der EPK vornehmen[1391]. Es bietet sich dazu die Schaffung eines spezialisierten strafrechtlichen Spruchkörpers an, der praxis- und zeitnah die erforderlichen Entscheidungen treffen kann[1392].
Einen wesentlichen Schritt in diese Richtung wird durch den Entwurf einer Verfassung für Europa vollzogen. Die Zuständigkeit des EuGH ist nach dem Verfassungsentwurf im Bereich der polizeilichen und justiziellen Zusammenarbeit in Strafsachen nicht mehr, wie bisher durch Art. 35 EU, beschränkt. Nach Art. III-270 des Verfassungsentwurfs überwacht der EuGH die Rechtmäßigkeit der europäischen Gesetze und Rahmengesetze im Hinblick auf Unzuständigkeit, Verletzung wesentlicher Formvorschriften, Verletzung der Verfassung oder einer bei ihrer Durchführung anzuwendenden Rechtsnorm und Ermessensmissbrauch. Im Rahmen der Vorabentscheidung entscheidet der EuGH nach Art. III-274 des Verfassungsentwurfs über die Auslegung der Verfassung und die Gültigkeit und die Auslegung der Handlungen der Organe der Union. Allein die Überprüfung der Gültigkeit oder Verhältnismäßigkeit von Maßnahmen der Polizei oder anderer Strafverfolgungsbehörden eines Mitgliedstaates oder der Wahrnehmung der Zuständigkeiten der Mitgliedstaaten für die Aufrechterhaltung der öffentlichen Ordnung und den Schutz der inneren Sicherheit, wenn die entsprechenden Handlungen dem innerstaatlichen Recht unterstehen, ist gemäß Art. III-283 des Verfassungsentwurfs ausgeschlossen. Die Rechtsgrundlagen Europols

[1390] Nelles, ZStW 109 (1997), S. 754 erachtet die Zuständigkeit des EuGH für polizeiliche Maßnahmen Europols als unverzichtbar; Prantl, DRiZ 1997, S. 236 fordert die Zuständigkeit des EuGH zur Schaffung eines stabilen rechtlichen Fundaments.
[1391] Gleß, EuR 1998, S. 765.
[1392] Schomburg, Kriminalistik 2000, S. 20.

können hingegen künftig vom EuGH überprüft und ausgelegt werden. Dazu kommt im Bereich des Individualrechtsschutzes eine entscheidende Neuerung. Jede natürliche oder juristische Person kann künftig gemäß Art. III-270 Abs. 4 des Verfassungsentwurfs gegen die an sie ergangenen oder sie unmittelbar und individuell betreffenden Handlungen sowie gegen Rechtsakte mit Verordnungscharakter, die sie unmittelbar betreffen und keine Durchführungsmaßnahmen nach sich ziehen, Nichtigkeitsklage erheben. Entscheidend ist, dass bei Rechtsakten mit Verordnungscharakter eine natürliche Person künftig keine individuelle Betroffenheit mehr geltend machen muss.
Der Entwurf einer Verfassung für Europa begründet damit zwar noch keinen europäischen Strafgerichtshof und weist auch dem EuGH eine solche Rolle nicht zu. Es darf auch nicht der Eindruck entstehen, dass der EuGH künftig im Einzelnen die Handlungen Europols gerichtlich aburteilen kann. Europol ist kein Organ der Europäischen Union, dessen Handlungen der Rechtskontrolle durch den EuGH unterliegen. Die Zuständigkeit des EuGH bezieht sich in erster Linie auf die Rechtmäßigkeit von Gesetzen und Rahmengesetzen, also die künftigen Rechtsgrundlagen von Europol. Gleichwohl sind die Neuerungen zu begrüßen. Der Schaffung eines internationalen Strafgerichtshofes gingen 50 Jahre Diskussionen voraus. Im Gegensatz dazu kommt es auf europäischer Ebene zu wesentlich zeitnaheren Reformen. Im Bereich der polizeilichen und justiziellen Zusammenarbeit in Strafsachen werden durch den Entwurf einer Verfassung für Europa gegenüber der momentanen Rechtslage entscheidende Verbesserungen erzielt, die die gerichtliche Kontrolle des Tätigwerdens einer europäischen Polizei insgesamt verbessern.

Für die justizielle Einbindung Europol kann schließlich auch **Eurojust** an Bedeutung gewinnen. Schon der Aktionsplan zur Bekämpfung der organisierten Kriminalität mahnte, die justizielle Zusammenarbeit auf ein der polizeilichen Zusammenarbeit vergleichbares Niveau zu bringen. Andernfalls werde es auf lange Sicht nicht möglich sein, die polizeiliche Zusammenarbeit ohne Verzerrungen im System weiter zu fördern. Bei der Zusammenarbeit zwischen den Strafverfolgungs- und den Justizbehörden müsse daher ein maximaler Synergieeffekt angestrebt werden[1393]. Die Errichtung von Eurojust soll die justizielle Zusammenarbeit zwischen den Mitgliedstaaten der Europäischen Union bei der Bekämpfung der schweren Kriminalität verbessern[1394]. Durch strukturelle Maßnahmen soll die optimale Koordinierung von Ermittlungs- und Strafverfol-

---

[1393] Aktionsplan zur Bekämpfung der Organisierten Kriminalität, 1997, Abl.EG C 251 vom 15.8.1997, S. 1.

[1394] Erwägungsgrund Nr.1 des Ratesbeschlusses über die Errichtung von Eurojust, Abl.EG L 63 vom 6.3.2002, S. 1.

gungsmaßnahmen der Mitgliedstaaten erleichtert werden[1395]. Nach außen soll Eurojust als feste justizielle Einrichtung in Europa Gewaltenteilung dokumentieren und der Strafjustiz eine gleichberechtigte Stellung neben der polizeilichen Gewalt sichern[1396].

Die Erwartungen an den Ausbau der justiziellen Kontrolle Europols durch Eurojust wurden jedoch in weitem Maße nicht erfüllt. Eurojust hat nach der Konzeption des Eurojust-Beschlusses[1397] eine unterstützende Funktion dergestalt, dass die laufenden Ermittlungen und Strafverfolgungsmaßnahmen in den Mitgliedstaaten koordiniert und verbessert werden, Rechtshilfe und Auslieferungsersuchen vereinfacht werden und durch andere Unterstützung die Wirksamkeit der Ermittlungen und Strafverfolgungsmaßnahmen erhöht wird[1398]. Eine Kontrolle über die Tätigkeit Europols ist hingegen an keiner Stelle niedergelegt. Eurojust nimmt nach derzeitiger Konzeption keine juristische Kontrollfunktion über Europol ein[1399]. Das Kooperationsübereinkommen zwischen Europol und Eurojust, das zwar noch nicht unterzeichnet ist, im Entwurf jedoch vorliegt, sieht eine auf gegenseitiger Unterstützung und Respektierung basierende freiwillige Kooperation zwischen Europol und Eurojust vor. Von Kontrolle ist an keiner Stelle die Rede.

An dem Verhältnis von Europol zu Eurojust ändert auch der Entwurf einer Verfassung für Europa nichts. Während ein früherer Entwurf des Verfassungsvertrages[1400] als Aufgabe von Eurojust noch die angemessene Überwachung der operativen Tätigkeit Europols aufzählte, ist dies im endgültigen Entwurf nicht mehr enthalten.

Dennoch ist die Errichtung von Eurojust ein wichtiger Schritt bei der Weiterentwicklung der justiziellen Zusammenarbeit zwischen den Mitgliedstaaten der Europäischen Union. Es wurde eine ständig verfügbare verlässliche Rechtsauskunftsstelle geschaffen. Eurojust bietet eine Schnittstelle für laufende Strafverfolgungsmaßnahmen und Ermittlungsverfahren, mit deren Hilfe grenzüberschreitende Strafverfolgungsmaßnahmen zeitnah eingeleitet und koordiniert werden können. Das System der Zusammenarbeit der Strafverfolgungsbehörden der Mitgliedstaaten wird entscheidend verbessert. Es bleibt abzuwarten, ob Eurojust oder eine bei Eurojust eingesetzte europäische Staatsanwaltschaft sich in Zukunft zu dem justiziellen Gegenstück von Europol entwickeln wird.

[1395] Erwägungsgrund Nr.2 des Ratesbeschlusses über die Errichtung von Eurojust, Abl.EG L 63 vom 6.3.2002, S. 1.

[1396] Schomburg, Kriminalistik 2000, S. 17.

[1397] Abl.EG L 63 vom 6.3.2002, S. 1.

[1398] Art. 3 I lit. a, b, c Eurojust-Beschluss.

[1399] So zutreffend Ellermann, Europol auf dem Weg zu einem „Europäischen FBI"?, Kap.3.A.II.4.b.cc.(3).

[1400] CONV 644/03 vom 1. April 2003.

Literaturverzeichnis

Aden, Hartmut
Europol und „operative Ermittlungsmethoden" – Zur Europäisierung eines untauglichen Konzepts
In: Bürgerrechte und Polizei / CILIP 58 (3/97).

Ahlers, Henrik
Grenzbereich zwischen Gefahrenabwehr und Strafverfolgung, Frankfurt am Main 1998.
Zit.: Ahlers, Grenzbereich zwischen Gefahrenabwehr und Strafverfolgung, S.

Akmann, Thorsten
Die Zusammenarbeit in den Bereichen Justiz und Inneres als „3. Säule" des Maastrichter Unionsvertrages
In: JA 1994, S. 49 - 55.

Alber, Siegbert
Die Selbstbindung der europäischen Organe an die Europäische Charta der Grundrechte
In: EuGRZ 2001, S. 349 - 353.

Alberts, Hans-W.
Auflösung der Verfassung? – noch einmal BVerfGE 30, 1
In: JuS 1972, S. 319 - 323.

Albrecht, Peter-Alexis
Die Bedrohung der Dritten Gewalt durch irrationale Sicherheitspolitik
In: DRiZ 1998, S. 326 - 333.

Albrecht, Peter-Alexis
Erosionen des rechtsstaatlichen Strafrechts
In: KritV 1993, S. 163 - 182.

Albrecht, Peter-Alexis
Grenzen „geheimer Verbrechensbekämpfung"? Die G 10-Entscheidung des Bundesverfassungsgerichts (BVerfGE 100, 313ff.)
In: KritV 2000, S. 273 - 283.

Amelunxen, Dr.
Die Staatsanwaltschaft als Symbol des Gerechtigkeitswillens des Staates
In: DRiZ 1955, S. 92 - 93.

Artzt, Matthias
Die verfahrensrechtliche Bedeutung polizeilicher Vorfeldermittlungen – Zugleich eine Studie zur Rechtsstellung des von Vorfeldermittlungen betroffenen Personenkreises, Frankfurt am Main 2000
Zit.: Artzt, Polizeiliche Vorfeldermittlungen, S.

Asbrock, Bernd
Der Richtervorbehalt – prozedurale Grundrechtssicherung oder rechtsstaatliches Trostpflaster?
In: ZRP 1998, S. 17 - 19.

Asbrock, Bernd
„Zum Mythos des Richtervorbehalts" als wirksames Kontrollinstrument im Zusammenhang mit besonderen polizeilichen Eingriffsbefugnissen
In: KritV 1997, S. 255 - 262.

Aschmann, Gerrit
Europol aus Sicht der deutschen Länder, Frankfurt am Main 2000.
Zit.: Aschmann, Europol aus Sicht der deutschen Länder, S.

Aschmann, Tjark Erich
Der Richtervorbehalt im deutschen Polizeirecht, Würzburg 1999
Zit.: Aschmann, Richtervorbehalt, S.

Aulehner, Josef
Polizeiliche Gefahren- und Informationsvorsorge – Grundlagen, Rechts- und Vollzugsstrukturen, dargestellt auch im Hinblick auf die deutsche Beteiligung an einem Europäischen Polizeiamt (Europol), Berlin 1998.
Zit.: Aulehner, Polizeiliche Gefahren- und Informationsvorsorge, S.

Bachmann, Gregor
Probleme des Rechtsschutzes gegen Grundrechtseingriffe im strafrechtlichen Ermittlungsverfahren, Berlin 1994
Zit.: Bachmann, Probleme des Rechtsschutzes, S.

Bachof, Otto
Ebenfalls: Freiheitsentziehung nach Art. 104 GG
In: DÖV 1952, S. 393 - 395.

Backes, Otto
Kriminalpolitik ohne Legitimität
In: KritV 1986, S. 315 - 342.

Badura, Peter
Bewahrung und Veränderung demokratischer und rechtsstaatlicher Verfassungsstruktur in den internationalen Gemeinschaften
In: VVDStRL 23 (1966), S. 34 - 104.

Baldus, Manfred
Europol und Demokratieprinzip
In: ZRP 1997, S. 286 - 290.

Baldus, Manfred
Polizeirecht des Bundes mit zwischen- und überstaatlichen Rechtsquellen,
2. Auflage, Heidelberg 2000
Zit.: Baldus, Polizeirecht des Bundes, Nr.

Baldus, Manfred / Soine, Michael (Hrsg.)
Rechtsprobleme der internationalen polizeilichen Zusammenarbeit,
Baden – Baden 1999
Zit.: *Bearbeiter,* in: Baldus / Soine, Rechtsprobleme der internationalen polizeilichen Zusammenarbeit, S.

Bandilla, Rüdiger / Hix, Jan-Peter
Demokratie, Transparenz und Bürgerrechte in der Europäischen Gemeinschaft
In: NJW 1997, S. 1217 - 1219.

Bäumler, Helmut (Hrsg.)
„Polizei und Datenschutz“ – Neupositionierung im Zeichen der Informationsgesellschaft, Luchterhand 1999
Zit.: *Bearbeiter,* in: Polizei und Datenschutz, S.

Benda, Ernst
Privatsphäre und „Persönlichkeitsprofil“ – Ein Beitrag zur Datenschutzdiskussion, in: Leibholz, Gerhard / Faller, Hans Joachim / Mikat, Paul / Reis, Hans

(Hrsg.), Menschenwürde und freiheitliche Rechtsordnung, Festschrift für Willi Geiger zum 65. Geburtstag, Tübingen 1974, S. 23 – 44.
Zit.: Benda, FS für Geiger, S.

Bernhardt, Rudolf (Ed.)
Interim Measures Indicates by International Courts, Berlin 1994
Zit.: Bernhardt, Interim Measures, S.

Bernsmann, Klaus / Jansen, Kirsten
Heimliche Ermittlungsmethoden und ihre Kontrolle – Ein systematischer Überblick
In: StV 1998, S. 217 - 231.

Bietau, Wolfram
Das Verhältnis der Staatsanwaltschaft zu anderen Hoheitsträgern, Wiesbaden 1989
Zit.: Bietau, Das Verhältnis der Staatsanwaltschaft zu anderen Hoheitsträgern, S.

Blanke, Hermann-Josef
Der Unionsvertrag von Maastricht – Ein Schritt auf dem Weg zu einem europäischen Bundesstaat?
In: DÖV 1993, S. 412 - 423.

Blankenburg, Erhard
Die Staatsanwaltschaft im System der Strafverfolgung
In: ZRP 1978, S. 263 - 268.

Bleckmann, Albert
Europarecht – Das Recht der Europäischen Union und der Europäischen Gemeinschaften, 6. Auflage, München 1997
Zit.: *Bearbeiter,* in: Bleckmann, Europarecht, Rn.

v.Bogdandy, Armin / Nettesheim, Martin
Die Europäische Union: Ein einheitlicher Verband mit eigener Rechtsordnung
In: EuR 1996, S. 3 - 26.

v.Bogdandy, Armin / Nettesheim, Martin
Die Verschmelzung der Europäischen Gemeinschaften in der Europäischen Union
In: NJW 1995, S. 2324 - 2328.

Bottke, Wilfried
Grundlagen des polizeilichen Legalitätsprinzips
In: JuS 1990, S. 81 - 86.

Braun, Wilfried
Offene Kompetenznormen – ein geeignetes und zulässiges Regulativ im Wirtschaftsverwaltungsrecht? – Neues zur Rollenverteilung zwischen Exekutive, Legislative und Judikative im wirtschaftsgestalteten Sozialstaat
In: VerwArch 76 (1985), S. 24 - 60.

Bräutigam, Margarete
Probleme der Sachleitungsbefugnis des Staatsanwalts
In: DRiZ 1992, S. 214 - 217.

Brenner, Michael
Möglichkeiten und Grenzen grundrechtsbezogener Verfassungsänderungen dargestellt anhand der Neuregelung des Asylrechts
In: Der Staat 32 (1993), S. 493 - 526.

Breuer, Rüdiger
Die Sackgasse des neuen Europaartikels (Art. 23 GG)
In: NVwZ 1994, S. 417 - 429.

Brübach, Thomas
Die Zusammenarbeit der Mitgliedstaaten der Europäischen Union auf dem Gebiet Inneres und Justiz, unter besonderer Berücksichtigung der Asyl- und Einwanderungspolitik sowie der polizeilichen Zusammenarbeit – Zugleich ein Beitrag zur Regierungskonferenz 1996 zur Revision des Maastricht-Vertrags, Aachen 1997.
Zit.: Zusammenarbeit der Mitgliedstaaten der EU auf dem Gebiet Inneres und Justiz, S.

Bucher, Ewald
Weisungsgebundenheit der Staatsanwaltschaft
In: JZ 1975, S. 105 - 109.

Bucher, Peter (Bearbeiter)
Der Parlamentarische Rat 1948-1949, Akten und Protokolle, Band 2, Der Verfassungskonvent auf Herrenchiemsee, Boppard 1981
Zit.: *Sprecher,* in: Der Parlamentarische Rat, Bd.2, S.

Bull, Hans Peter
Allgemeines Verwaltungsrecht, 5. Auflage, Heidelberg 1997.
Zit.: Bull, Verwaltungsrecht, §, Rn.

Bull, Hans Peter
Das Europäische Polizeiamt – undemokratisch und rechtsstaatswidrig?
In: DRiZ 1998, S. 32 - 42.

Bull, Hans Peter
Visionen und Wirklichkeit einer Kriminalpolitik für Europa
In: KritV 1995, S. 313 - 334.

Bundeskriminalamt (Hrsg.)
Kriminalitätsbekämpfung im zusammenwachsenden Europa, Vorträge und Diskussionen anlässlich der Arbeitstagung des Bundeskriminalamtes vom 23. bis 25. November 1999, Neuwied 2000
Zit.: *Bearbeiter,* in: BKA, Kriminalitätsbekämpfung im zusammenwachsenden Europa, S.

Burghard, Waldemar
Organisierte Kriminalität
In: Kriminalistik 1990, S. 501 - 505.

Calliess, Christian/ Ruffert, Matthias
Kommentar des Vertrages über die Europäische Union und des Vertrages zur Gründung der Europäischen Gemeinschaften – EUV / EGV, 2.Auflage, Luchterhand 2002
Zit.: *Bearbeiter,* in: Calliess / Ruffert, EGV / EUV, Art., Rn.

Camphausen, Klaus Werner
Internationale Verbrechensbekämpfung: Interpol und EUROPOL
In: Burghard, Waldemar / Hamacher, Hans-Werner (Hrsg.), Lehr- und Studienbriefe Kriminalistik Nr. 21, Hilden 1997
Zit.: Camphausen, Lehr- und Studienbriefe Kriminalistik Nr. 21, S.

Chirino Sanchez, Alfredo
Das Recht auf informationelle Selbstbestimmung und seine Geltung im Strafverfahren, am Beispiel der neuen Ermittlungsmethoden in der Strafprozessordnung

– Zugleich ein Beitrag zur Diskussion über die Zukunft des Datenschutzes im Strafverfahren, Frankfurt am Main 1999
Zit.: Chirino Sanchez, Das Recht auf informationelle Selbstbestimmung, S.

Claussen, Rudolf / Janzen, Werner
Bundesdisziplinarordnung, Handkommentar unter Berücksichtigung des materiellen Disziplinarrechts, 8. Auflage, München 1996
Zit.: Claussen / Janzen, BDO, §, Rn.

Constantinesco, Leontin-Jean
Das Recht der Europäischen Gemeinschaften – Das institutionelle Recht
Zit.: Constantinesco, Das Recht der EG, S.

Dahm, Georg / Delbrück, Jost / Wolfrum, Rüdiger
Völkerrecht, Band I/2 – Der Staat und andere Völkerrechtssubjekte; Räume unter internationaler Verwaltung, 2. Auflage, Berlin 2002.
Zit.: Dahm / Delbrück / Wolfrum, Völkerrecht, S.

Degenhardt, Kerstin
Europol und Strafprozess – Die Europäisierung des Ermittlungsverfahrens, Frankfurt am Main 2003.
Zit.: Degenhardt, Europol und Strafprozess, S.

Denninger, Erhard
Die Trennung von Verfassungsschutz und Polizei und das Grundrecht auf informationelle Selbstbestimmung
In: ZRP 1991, S. 231 - 235.

Denninger, Erhard
Verfassungsrechtliche Grenzen polizeilicher Datenverarbeitung insbesondere durch das Bundeskriminalamt
In: CR 1988, S. 51 - 60.

Deutsch, Markus
Die heimliche Erhebung von Informationen und deren Aufbewahrung durch die Polizei, Heidelberg 1992
Zit.: Deutsch, Die heimliche Erhebung von Informationen, S.

Deutscher Bundestag / Bundesarchiv (Hrsg.)
Der Parlamentarische Rat 1948-1949, Akten und Protokolle, Band 9, Plenum, München 1996
Zit.: Plenum-Steno, S.

Deutscher Richterbund
Amt und Stellung der Staatsanwälte
In: DRiZ 1972, S. 181.

Deutscher Richterbund
Zum Verhältnis Staatsanwaltschaft / Polizei – Ein Thesenpapier des DRB
In: DRiZ 1993, S. 448.

Dieckmann, Jochen
Europäische Kooperation im Bereich der Strafrechtspflege – Bestandsaufnahme und Ausblick
In: NStZ 2001, S. 617 - 623.

Di Fabio, Udo
Die "Dritte Säule" der Union – Rechtsgrundlagen und Perspektiven der Europäischen Polizei- und Justizzusammenarbeit –
In: DÖV 1997, S. 89 - 101.

Döhring, Silke
Ist das Strafverfahren vom Legalitätsprinzip beherrscht?, Frankfurt am Main 1999
Zit.: Döhring, Ist das Strafverfahren vom Legalitätsprinzip beherrscht?, S.

Dolzer, Rudolf / Vogel, Klaus / Graßhof, Karin (Hrsg.)
Bonner Kommentar zum Grundgesetz, Loseblattsammlung, Stand Dezember 2002
Zit.: *Bearbeiter,* in: BK, GG, Art., Rn.

Dörr, Oliver
Zur Rechtsnatur der Europäischen Union
In: EuR 1995, S. 334 - 348.

Dreier, Horst
Erkennungsdienstliche Maßnahmen im Spannungsfeld von Gefahrenabwehr und Strafverfolgung
In: JZ 1987, S. 1009 - 1017.

Dreier, Horst
Grenzen demokratischer Freiheit im Verfassungsstaat
In: JZ 1994, S. 741 - 752.

Dreier, Horst
Grundgesetz, Kommentar, Mohr Siebeck 1996
Zit.: *Bearbeiter,* in: Dreier, GG, Art., Rn.

Eckertz, Rainer
Bundesstaat und Demokratie – Ein Problem politischer Einheit?
In: Grawert, Rolf / Schlink, Bernhard / Wahl, Rainer / Wieland, Joachim (Hrsg.), Offene Staatlichkeit, FS für Ernst-Wolfgang Böckenförde zum 65, Geburtstag, Berlin 1995, S. 29 - 51.
Zit.: Eckertz, FS für Böckenförde, S.

Eckl, Peter
Legalitätsprinzip in der Krise?
In: ZRP 1973, S. 139 - 141.

Eick, Christophe / Trittel, Andreas
Verfassungsrechtliche Bedenken gegen die deutsche Mitarbeit bei Interpol
In: EuGRZ 1985, S. 81 - 84.

Ellermann, Jan
Europol auf dem Weg zu einem "Europäischen FBI"? - zur weiteren Entwicklung des Europäischen Polizeiamts, Perspektiven für die zukünftige Entwicklung von Europol unter Bezugnahme auf das U.S.-amerikanische Federal Bureau of Investigation, Manuskript, im Erscheinen
Zit.: Ellermann, Europol auf dem Weg zu einem „Europäischen FBI"?, Kap.

Emmerich-Fritsche, Angelika
Der Grundsatz der Verhältnismäßigkeit als Direktive und Schranke der EG – Rechtssetzung, Berlin 2000
Zit.: Emmerich-Fritsche, Der Grundsatz der Verhältnismäßigkeit, S.

Emmerig, Ernst
Die Doppelfunktion der Polizei
In: DVBl. 1958, S. 338 - 344.

Erb, Volker
Legalität und Opportunität – Gegensätzliche Prinzipien der Anwendung von Strafrechtsnormen im Spiegel rechtstheoretischer, rechtsstaatlicher und rechtspolitischer Überlegungen, Berlin 1999
Zit.: Erb, Legalität und Opportunität, S.

Erfurth, Christina
Verdeckte Ermittlungen – Problemlösung durch das OrgKG?, Frankfurt am Main 1997
Zit.: Erfurth, Verdeckte Ermittlungen, S.

Erhardt, Jan / Kunze Catharina
Musterentwurf des Polizeirechtsstaates, „Die Polizei hat die Aufgabe, die öffentliche Sicherheit und Ordnung aufrechtzuerhalten", Berlin 1979
Zit.: Erhardt / Kunze, Musterentwurf des Polizeirechtsstaates.

Erichsen, Hans-Uwe
Zu den Grenzen von Verfassungsänderungen nach dem Grundgesetz
In: VerwArch Bd. 62 (1971), S. 291 - 300.

Ernesti, Günter
Informationsverbund Justiz – Polizei
In: NStZ 1983, S. 57 - 63.

Eser, Albin / Kullmann, Hans Josef / Meyer-Goßner, Lutz / Odersky, Walter / Voss, Rainer (Hrsg.)
Straf- und Strafverfahrensrecht, Recht und Verkehr, Recht und Medizin, Festschrift für Hannskarl Salger zum Abschied aus dem Amt als Vizepräsident des Bundesgerichtshofes, München 1995
Zit.: *Bearbeiter,* in: FS für Salger, S.

Even, Burkhard
Die Bedeutung der Unantastbarkeitsgarantie für die Grundrechte, Frankfurt am Main, 1988
Zit.: Even, Unantastbarkeitsgarantie, S.

Everling, Ulrich
Überlegungen zur Struktur der Europäischen Union und zum neuen Europa-Artikel des Grundgesetzes
In: DVBl. 1993, S. 936 - 947.

Evers, Hans-Ulrich
Privatsphäre und Ämter für Verfassungsschutz, Berlin 1960
Zit.: Evers, Privatsphäre, S.

Evers, Hans-Ulrich
Rechtsschutz und Verfassungsschutz
In: ZRP 1980, S. 110 - 114.

Eyermann, Erich / Fröhler, Ludwig
Verwaltungsgerichtsordnung, Kommentar, 10. Auflage, München 1998
Zit.: *Bearbeiter,* in: Eyermann, VwGO, §, Rn.

Fechner, Erich
Kostenrisiko und Rechtswegsperre – Steht der Rechtsweg offen?
In: JZ 1969, S. 349 - 354.

Felgenhauer, Harald
Grundlagen der institutionalisierten Polizeizusammenarbeit in der Europäischen Union – Entwicklungen und Zukunft der Europäischen Polizeiamtes Europol, in: Wolter, Jürgen / Schenke, Peter Rieß / Zöller, Mark Alexander, Datenübermittlungen und Vorermittlungen, Festgabe für Hans Hilger, Heidelberg 2003
Zit.: Felgenhauer, Datenübermittlungen und Vorermittlungen, S.

Fichtmüller, Carl Peter
Zulässigkeit ministerialfreien Raums in der Bundesverwaltung
In: AöR 91 (1966), S. 297 - 355.

Fisahn, Andreas
Europol – Probleme der Kontrolle
In: KJ 1998, S. 358 - 371.

Flint, Thomas
Die Übertragung von Hoheitsrechten – Zur Auslegung der Art. 23 Abs. 1 Satz 2

und Art. 24 Abs. 1 GG, Berlin 1998
Zit.: Flint, Die Übertragung von Hoheitsrechten, S.

Frowein, Jochen / Krisch, Nico
Der Rechtsschutz gegen Europol
In: JZ 1998, S. 589 - 597.

Frowein, Jochen / Peukert, Wolfgang
Europäische MenschenRechtsKonvention, EMRK – Kommentar, 2. Auflage, Kehl am Rain 1996
Zit.: *Bearbeiter,* in: Frowein / Peukert, EMRK, Art., Rn.

Fuhrmann, Hans
Die Stellung der Staatsanwaltschaft im System der Gewaltenteilung
In: JR 1964, S. 418 - 420.

Fuss, Ernst-Werner
Die Europäischen Gemeinschaften und der Rechtsstaatsgedanke, Luxemburg 1967
Zit.: Fuss, Die Europäischen Gemeinschaften und der Rechtsstaatsgedanke, S.

Fuss, Ernst-Werner
Zur Rechtsstaatlichkeit der Europäischen Gemeinschaften
In: DÖV 1964, S. 577 - 587.

Garstka, Hansjürgen
Empfiehlt es sich, Notwendigkeit und Grenzen des Schutzes personenbezogener – auch grenzüberschreitender – Informationen neu zu bestimmen?
In: DVBl. 1998, S. 981 - 992.

Gauf, Heinrich
Verbesserung der Beförderungsaussichten der Staatsanwälte und der Bewertung der Spitzenämter bei den Staatsanwaltschaften
In: DRiZ 1989, S. 361 - 365.

Geiger, Rudolf
Die Mitwirkung des deutschen Gesetzgebers an der Entwicklung der Europäischen Union – Zur Auslegung des Art. 23 Abs. 1 Satz 2 und 3 GG
In: JZ 1996, S. 1093 - 1098.

Geiger, Rudolf
EUV / EGV, Vertrag über die Europäische Union und Vertrag zur Gründung der Europäischen Gemeinschaft, Kommentar, 3. Auflage, München 2000
Zit.: Geiger, EUV / EGV, Art., Rn.

Geis, Max-Emanuel
Der Kernbereich des Persönlichkeitsrechts – Ein Plädoyer für die Sphärentheorie –
In: JZ 1991, S. 112 - 117.

Geißer, Hans
Das Anklagemonopol der Staatsanwaltschaft und die Gewährperson als Aufklärungsmittel und als Beweismittel im Strafverfahren
In: GA 1983, S. 385 - 409.

Geppert, Klaus
Kontroll- und Förderungspflicht des Ermittlungsrichters
In: DRiZ 1992, S. 404 - 415.

Gerber, Hans
Freiheitsentziehung nach Art. 104 GG
In: DÖV 1952, S. 387 - 393.

Glaesner, Hans-Joachim
Willensbildung und Beschlussfassung in der Europäischen Union
In: EuR 1994, Beiheft 1, S. 25 - 40.

Gleß, Sabine
„...dass überall dem Gesetz ein Genüge geschehe" – Justizielle Einbindung und Kontrolle des strafrechtlichen Ermittlungsverfahrens –
In: DRiZ 2000, S. 365 - 375.

Gleß, Sabine / Grote, Rainer / Heine, Günter
Justizielle Einbindung und Kontrolle von Europol – Kurzvorstellung der Ergebnisse eines rechtsvergleichenden Gutachtens im Auftrag des Bundesministeriums der Justiz, 1. Auflage 2001.
Zit.: Gleß / Grote / Heine, Justizielle Einbindung und Kontrolle von Europol, S.

Gleß, Sabine / Grote, Rainer / Heine, Günter
Justizielle Einbindung und Kontrolle von Europol, Rechtsvergleichendes Gutachten im Auftrag des Bundesministeriums der Justiz, Teil 1: Nationale und europäische Strafverfolgung, Teil 2: Polizeiliche Ermittlungstätigkeit und Grundrechtsschutz, Freiburg 2001
Zit.: *Bearbeiter,* in: Gleß / Grote / Heine, Rechtsvergleichendes Gutachten, I / II, S.

Gleß, Sabine
Kontrolle über Europol und seine Bedienstete
In: EuR 1998, S. 748 - 766.

Golsong, Heribert / Karl, Wolfram / Miehsler, Herbert / Petzold, Herbert / Riedel, Eibe / Rogge, Kersten / Schweizer, Rainer J. / Vogler, Theo / Wildhaber, Luzius / Breitenmoser, Stephan
Internationaler Kommentar zur Europäischen Menschenrechtskonvention, Loseblattsammlung, Stand Mai 2000
Zit.: *Bearbeiter,* EMRK, Art., Rn.

Görcke, Hans-Helmut
Weisungsgebundenheit und Grundgesetz (Ein Beitrag zur Neuordnung des Staatsanwaltsrechts)
In: ZStW Bd. 73 (1961), S. 561 - 613.

Görgen, Friedrich
Strafverfolgungs- und Sicherheitsauftrag der Polizei – Das organisationsrechtliche Verhältnis von Staatsanwaltschaft und Polizei
In: ZRP 1976, S. 59 - 64.

Gössel, Karl Heinz
Überlegungen über die Stellung der Staatsanwaltschaft im rechtsstaatlichen Verfahren und über ihr Verhältnis zur Polizei
In: GA 1980, S. 325 - 354.

Gössel, Karl Heinz
Überlegungen zur Bedeutung des Legalitätsprinzips im rechtsstaatlichen Strafverfahren, in: Hanack, Ernst-Walter / Rieß, Peter / Wendisch, Günter (Hrsg.), Festschrift für Hans Dünnebier zum 75. Geburtstag, Berlin 1982, S. 121 - 148
Zit.: Gössel, FS für Dünnebier, S.

Grabenwarter, Christoph
Europäische Menschenrechtskonvention, München 2003
Zit.: Grabenwarter, EMRK, §, Rn.

von der Groeben, Hans / Thiersing, Jochen / Ehlermann, Claus-Dieter
Handbuch des Europäischen Rechts – Systematische Sammlung mit Erläuterungen, Loseblattsammlung, Stand August 1999,
Zit.: *Bearbeiter,* in: v.d.Groeben / Thiersing / Ehlermann, Art., Rn.

Gusy, Christoph
Das verfassungsrechtliche Gebot der Trennung von Polizei und Nachrichtendiensten
In: ZRP 1987, S. 45 - 52.

Gusy, Christoph
Der Vorrang des Gesetzes
In: JuS 1983, S. 189 - 194.

Gusy, Christoph
Freiheitsentziehung und Grundgesetz
In: NJW 1992, S. 457 - 463.

Gusy, Christoph
Organisierte Kriminalität zwischen Polizei und Verfassungsschutz
In: GA 1999, S. 319 - 331.

Gusy, Christoph
Polizeiarbeit zwischen Gefahrenabwehr und Strafverfolgung
In: StV 1993, S. 269 - 277.

Häberle, Peter
Die Abhörentscheidung des Bundesverfassungsgerichts vom 15.12.1970 – Analyse und Kritik des Urteils sowie des Minderheitenvotums vom 4. Januar 1971
In: JZ 1971, S. 145 - 156.

Häberle, Peter
Gemeineuropäisches Verfassungsrecht
In: EuGRZ 1991, S. 261 - 274.

Hagen, Horst
„Unrichtige Sachbehandlung" im Prozess und Prozesskostenrisiko – Staatshaftung und Richterprivileg
In: NJW 1970, S. 1017 - 1023.

Hailbronner, Kay
Die Immunität von Europol – Bediensteten
In: JZ 1998, S. 283 - 289.

Hailbronner, Kay (Hrsg.)
Zusammenarbeit der Polizei- und Justizverwaltungen in Europa – Die Situation nach Maastricht – Schengen und SIS, Heidelberg 1996
Zit.: *Bearbeiter,* in: Zusammenarbeit der Polizei- und Justizverwaltungen in Europa, S.

Hain, Karl-E.
Die Grundsätze des Grundgesetzes – Eine Untersuchung zu Art. 79 Abs. 3 GG, 1. Auflage, Baden – Baden 1999
Zit.: Hain, Grundsätze des Grundgesetzes, S.

Hallstein, Walter
Die Europäische Gemeinschaft, 1. Auflage, Düsseldorf 1973
Zit.: Hallsein, Die Europäische Gemeinschaft, S.

Hamm, Rainer
Strafverfolgung recht und billig
In: NJW 1996, S. 236 - 238.

Hammer-Strnad, Eva
Das Bestimmtheitsgebot als allgemeiner Rechtsgrundsatz des Europäischen Gemeinschaftsrechts, Hamburg 1999
Zit.: Hammer-Strnad, Das Bestimmtheitsgebot, S.

Hantel, Peter
Das Grundrecht der Freiheit der Person nach Art. 2 II 2, 104 GG
In: JuS 1990, S. 865 - 872.

Harings, Lothar
Grenzüberschreitende Zusammenarbeit der Polizei- und Zollverwaltungen und

Rechtsschutz in Deutschland, Berlin, 1998
Zit.: Harings, Grenzüberschreitende Zusammenarbeit, S.

Hassemer, Winfried
Legalität und Opportunität im Strafverfahren – Eine Skizze
In: Ostendorf, Heribert (Hrsg.), Strafverfolgung und Strafverzicht, Festschrift zum 125jährigen Bestehen der Staatsanwaltschaft Schleswig-Holstein, München 1992, S. 529 – 540
Zit.; Hassemer, FS zum 125jährigen Bestehen der Staatsanwaltschaft, S.

Hassemer, Winfried
Telefonüberwachung und Gefahrenabwehr
In: ZRP 1991, S. 121 - 125.

Hausen, Christof H.
Verfassungs- und völkerrechtliche Probleme der Rechtsgrundlagen von EUROPOL, 1.Auflage, Sinzheim 2000.
Zit.: Hausen, Rechtsgrundlagen von Europol, S.

Heimeshoff, Erich
Die Stellung von Staatsanwaltschaft und Polizei bei der Verbrechensbekämpfung
In: DRiZ 1972, S. 164 - 166.

Heintzen, Markus
Gemeineuropäisches Verfassungsrecht in der Europäischen Union
In: EuR 1997, S. 1 - 16.

Herzog, Felix
Rechtsstaatliche Begrenzung der Verbrechensbekämpfung
In: NStZ 1985, S. 153 - 158.

Heußner, Hermann
Datenverarbeitung und Grundrechtsschutz nach der Rechtsprechung des Bundesverfassungsgerichts
In: RDV 1988, S. 7 - 9.

Hilf, Meinhard
Amsterdam – Ein Vertrag für die Bürger?
In: EuR 1997, S. 347 - 361.

Hippel, Reinhard / Weiß, Axel
Eingriffsqualität polizeilicher Observierungen
In: JR 1992, S. 316 - 322.

Hirsch, Hans-Joachim
Zur Behandlung der Bagatellkriminalität in der Bundesrepublik Deutschland – Unter besonderer Berücksichtigung der Stellung der Staatsanwaltschaft
In: ZStW Bd. 92 (1980), S. 218 - 254.

Hoberg, Leberecht
Die Unabhängigkeit des Staatsanwalts
In: DRiZ 1953, S. 136 - 139.

Hoffmann-Riem, Wolfgang
Abbau von Rechtsstaatlichkeit durch Neubau des Polizeirechts? – Kritik am Musterentwurf eines einheitlichen Polizeigesetzes, dargestellt an den Normen über die Personalienfeststellung
In: JZ 1978, S. 335 - 339.

Hofmann, Rainer / Marko, Joseph / Merli, Franz / Wiederin, Ewald (Hrsg.)
Rechtsstaatlichkeit in Europa, Heidelberg 1996
Zit.: *Bearbeiter,* in: Rechtsstaatlichkeit in Europa, S.

Hölscheid, Sven / Schotten, Thomas
Immunität für Europol-Bedienstete – Normalfall oder Sündenfall?
In: NJW 1999, S. 2851 - 2855.

Hoppe, Corinne
Vorfeldermittlungen im Spannungsverhältnis von Rechtsstaat und der Bekämpfung Organisierter Kriminalität, Frankfurt am Main 1999
Zit.: Hoppe, Vorfeldermittlungen, S.

Horn, Hans – Detlef
Vorbeugende Rasterfahndung und informationelle Selbstbestimmung
In: DÖV 2003, S. 746 - 755.

Huber, Peter M.
Differenzierte Integration und Flexibilität als neues Ordnungsmuster der Europäischen Union?
In: EuR 1996, S. 347 - 361.

Hund, Horst
Polizeiliches Effektivitätsdenken contra Rechtsstaat – Die sogenannten Vorfeldstrategien
In: ZRP 1991, S. 463 - 468.

Hund, Horst
Überwachung auf dem Vormarsch – Rechtsstaat auf dem Rückzug?
In: NJW 1992, S. 2118 - 2123.

Hünerfeld, Peter
Kleinkriminalität und Strafverfahren
In: ZStW Bd. 90 (1978), S. 905 - 926.

Isensee, Josef
Das Grundrecht auf Sicherheit – Zu den Schutzpflichten des freiheitlichen Verfassungsstaates, Berlin 1983
Zit.: Isensee, Grundrecht auf Sicherheit, S.

Isensee, Josef / Kirchhof, Paul
Handbuch des Staatsrechts der Bundesrepublik Deutschland, Band I – Grundlagen von Staat und Verfassung, Heidelberg 1987; Band III – Das Handeln des Staates, Heidelberg 1988; Band V – Allgemeine Grundrechtslehren, Heidelberg 1992; Band VI – Freiheitsrechte, Heidelberg 1989
Zit.: *Bearbeiter,* in: Handbuch des Staatsrechts, §, Rn.

Jarass, Hans / Pieroth, Bodo
Grundgesetz für die Bundesrepublik Deutschland, Kommentar, 6. Auflage, München 2002
Zit.: *Bearbeiter,* in: Jarass / Pieroth, GG, Art., Rn.

Kadelbach, Stefan
Einheit der Rechtsordnung als Verfassungsprinzip der Europäischen Union?
In: EuR Beiheft 2 / 1998, S. 51 - 66.

Kaiser, Eberhard
Tatverdacht und Verantwortung des Staatsanwalts
In: NJW 1965, S. 2380 - 2383.

Kaiser, Eberhard
Zuständigkeitsprobleme zwischen Staatsanwaltschaft und Polizei bei der Verbrechensbekämpfung
In: NJW 1972, S. 14 - 16.

Kalk, Klaus-Rainer
EUROPOL – aktueller Stand und Ausblick
In: DuD 23 (1999), S. 442 - 446.

Kämper, Gregor
Polizeiliche Zusammenarbeit in der Europäischen Union, Frankfurt 2001.
Zit.: Kämper, Polizeiliche Zusammenarbeit in der EU, S.

Kipp, Heinrich
Das Grundrecht der Kriegsdienstverweigerung, in: FS für Wilhelm Laforet, Verfassung und Verwaltung in Theorie und Wirklichkeit, München 1952, S. 83 – 140.
Zit.: Kipp, FS Laforet, S.

Kirchner, Christian / Haas, Joachim
Rechtliche Grenzen für Kompetenzübertragungen auf die Europäische Gemeinschaft
In: JZ 1993, S. 760 - 771.

Klein, Friedrich
Tragweite der Generalklausel im Art. 19 Abs. 4 des Bonner Grundgesetzes
In: VVDStRL 8 (1950), S. 67 - 125.

Klein, Friedrich / Haratsch, Andreas
Neuere Entwicklungen des Rechts der Europäischen Gemeinschaften
In: DÖV 1993, S. 785 - 798.

Kleinknecht, Theodor / Meyer-Goßner, Lutz
Strafprozessordnung, Gerichtsverfassungsgesetz, Nebengesetze und ergänzende Bestimmungen, Kommentar, 46. Auflage, München 2003
Zit.: Kleinknecht / Meyer-Goßner, StPO, §, Rn.

Kniesel, Michael / Tegtmeyer, Henning / Vahle, Jürgen
Handbuch des Datenschutzes für Sicherheitsbehörden – Datenschutz und Infor-

mationsverarbeitung in der sicherheitsbehördlichen Praxis, Stuttgart 1986
Zit.: Kniesel / Tegtmeyer / Vahle, Handbuch des Datenschutzes, §, Rn.

Kniesel, Michael
Neue Polizeigesetze contra StPO? Zum Regelungsstandort der vorbeugenden Bekämpfung von Straftaten und zur Verfassungsmäßigkeit polizeilicher Vorfeldaktivitäten
In: ZRP 1987, S. 377 - 383.

Kniesel, Michael
Vorbeugende Verbrechensbekämpfung von Straftaten im juristischen Meinungsstreit – eine unendliche Geschichte
In: ZRP 1992, S. 164 - 167.

Kniesel, Michael
Vorbeugende Verbrechensbekämpfung von Straftaten im neuen Polizeirecht – Gefahrenabwehr oder Strafverfolgung?
In: ZRP 1989, S. 329 - 332.

Kniesel, Michael / Vahle, Jürgen
Zur Novellierung des nordrhein-westfälischen Polizeirechts
In: DÖV 1990, S. 646 - 651.

Köbler, Gerhard
Juristisches Wörterbuch, 2. Auflage, München 1981
Zit.: Köbler, Juristisches Wörterbuch, S.

Köhler, Heinz / Ratz, Günter
BDO, Bundesdisziplinarordnung und materielles Disziplinarrecht, Kommentar für die Praxis, Köln 1989
Zit.: Köhler / Ratz, BDO, §, Rn.

Kohlhaas, Max
Staatsanwaltschaft und Kriminalpolizei im Vorverfahren
In: JR 1953, S. 321 - 323.

Kokott, Juliane
Kontrolle der auswärtigen Gewalt
In: DVBl. 1996, S. 937 - 950.

Koller, Christoph
Die Staatsanwaltschaft – Organ der Judikative oder Exekutivbehörde? – Die Stellung der Anklagebehörde und die Gewaltenteilung des Grundgesetzes, Frankfurt am Main 1997
Zit.: Koller, Die Staatsanwaltschaft, S.

Kommission für die Angelegenheiten der Staatsanwälte im Deutschen Richterbund
Der Staatsanwalt in der Dritten Gewalt
In: DRiZ 1968, S. 357 - 362.

König, Doris
Die Übertragung von Hoheitsrechten im Rahmen des europäischen Integrationsprozesses – Anwendungsbereich und Schranken des Art. 23 des Grundgesetzes, Berlin 2000
Zit.: König, Übertragung von Hoheitsrechten, S.

Krasney, Ernst
Zur Anhörungspflicht im Verwaltungsverfahren
In: NVwZ 1986, S. 337 - 343.

Krause, Peter
Das Recht auf informationelle Selbstbestimmung . BVerfGE 65, 1
In: JuS 1984, S. 268 - 275.

Krebs, Michael
Die Weisungsgebundenheit des Staatsanwalts unter besonderer Berücksichtigung des rechtstatsächlichen Aspekts, Frankfurt am Main 2002
Zit.: Krebs, Die Weisungsgebundenheit des Staatsanwalts, S.

Kremer, Bernd
Immunität für Europol – Bedienstete? Eine Untersuchung der Aufgaben und Befugnisse von Europol unter besonderer Berücksichtigung der Immunitätsproblematik, Frankfurt am Main 2003
Zit.: Kremer, Immunität für Europol – Bedienstete, S.

Krey, Volker
Der Münchener Schießbefehl – Grenzen des staatsanwaltlichen Weisungsrechts gegenüber der Polizei
In: ZRP 1971, S. 224 - 227.

Krey, Volker / Pohl, Rolf
Grundzüge des Strafverfahrensrechts
In: JA 1985, S. 61 - 66.

Krey, Volker / Meyer, Wolfgang
Zum Verhalten von Staatsanwaltschaft und Polizei bei Delikten mit Geiselnahme
In: ZRP 1973, S. 1 - 5.

Krey. Volker / Pföhler, Jürgen
Zur Weisungsgebundenheit des Staatsanwalts – Schranken des internen und externen Weisungsrechts
In: NStZ 1985, S. 145 - 153.

Krüger, Ralf
Verfassungsrechtliche Grundlagen polizeilicher V-Mann-Arbeit
In: NJW 1982, S. 855 - 859.

Kubica, Johann / Leineweber, Heinz
Grundfragen zu den Zentralstellenaufgaben des Bundeskriminalamtes
In: NJW 1984, S. 2068 - 2072.

Kübler, Johanna
Die Säulen der Europäischen Union: einheitliche Grundrechte? – Zur Grundrechtsdivergenz zwischen der ersten und dritten Säule am Beispiel des Datenschutzes, 1. Auflage, Baden – Baden 2002
Zit.: Kübler, Die Säulen der Europäischen Union, S.

v. Kühlewein, Malte Rabe
Der Richtervorbehalt im Polizei- und Strafprozessrecht, Frankfurt am Main 2001
Zit.: v.Kühlewein, Richtervorbehalt, S.

Kuhlmann, Goetz-Joachim
Gedanken zum Bericht über das Verhältnis „Staatsanwaltschaft und Polizei“
In: DRiZ 1976, S. 265 - 269.

Kunig, Philip
Das Rechtsstaatsprinzip – Überlegungen zu seiner Bedeutung für das Verfas-

sungsrecht der Bundesrepublik Deutschland, Tübingen 1986
Zit.: Kunig, Rechtsstaatsprinzip, S.

Kutscha, Martin
Auf dem Weg in einen Polizeistaat neuen Typs? In: Verpolizeilichung der Bundesrepublik Deutschland – Polizei und Bürgerrechte in den Städten, Dokumentation einer Tagung des Komitees für Grundrechte und Demokratie in Kooperation mit der Evangelischen Akademie Arnoldsheim vom 15. bis 17. September 2000 in Arnoldsheim, Köln 2002, S. 67 – 76.
Zit.: Kutscha, Auf dem Weg in einen Polizeistaat neuen Typs, S.

Kutscha, Martin
Die Aktualität des Trennungsgebots für Polizei und Verfassungsschutz
In: ZRP 1986, S. 194 - 198.

Lamers, Karl
Variable Geometrie und fester Kern – Zur Debatte über das Europa – Papier der CDU/CSU – Bundestagsfraktion
In: Blätter für deutsche und internationale Politik 1994, S. 1464 - 1470.

Lavranos, Nikolaos
Datenschutz in Europa, Am Beispiel der Datenschutzrichtlinien, den Schengen Information System (SIS) und Europol
In: DuD 20 (1996), S. 400 - 408.

Leisner, Walter
„Abwägung überall" – Gefahr für den Rechtsstaat
in: NJW 1997, S. 636 - 639.

Lemke, Michael / Julius, Karl-Peter / Krehl, Christoph / Kurth, Hans Joachim / Rautenberg, Erardo Cristoforo / Temming, Dieter
Heidelberger Kommentar zur Strafprozessordnung, 2. Auflage, Heidelberg 1999
Zit.: *Bearbeiter,* in: Heidelberger Kommentar StPO, §, Rn.

Lenz, Carl Otto
Der europäische Grundrechtsstandard in der Rechtssprechung des Europäischen Gerichtshofes
In: EuGRZ 1993, S. 585 - 589.

Lin, Yu-hsiung
Richtervorbehalt und Rechtsschutz gegen strafprozessuale Grundrechtseingriffe, Frankfurt am Main 1998
Zit.: Lin, Richtervorbehalt und Rechtsschutz, S.

Lindner, Josef Franz
EUROPOL: Baustein europäischen Polizeirechts – Ein Überblick über die rechtlichen Grundlagen und Grundstrukturen –
In: BayVBl. 2001, S. 193 - 203.

Lisken, Hans
EUROPOL – Ein System des Verfassungswandels
In: DRiZ 1998, S. 75 - 78.

Lisken, Hans
Grundgesetz und neues Polizeirecht – Gedanken zu den Grenzen der Regelungsmacht
In: ZRP 1980, S. 145 - 151.

Lisken, Hans / Denninger, Erhard
Handbuch des Polizeirechts, 3. Auflage, München 2001
Zit.: *Bearbeiter,* in: Handbuch des Polizeirechts, Kap., Rn.

Lisken, Hans
Polizei und Verfassungsschutz
In: NJW 1982, S. 1481 - 1488.

Lisken, Hans / Mokros, Reinhard
Richter- und Behördenleitervorbehalte im neuen Polizeirecht
In: NVwZ 1991, S. 609 - 614.

Lisken, Hans
Über Aufgaben und Befugnisse der Polizei im Staat des Grundgesetzes
In: ZRP 1990, S. 15 - 21.

Lisken, Hans
Zum Richtervorbehalt im Grundgesetz
In: DRiZ 1979, S. 277 - 278.

de Lobkowicz, Wenceslas
Der „dritte Pfeiler" des Unionsvertrages in der Perspektive der Regierungskonferenz 1996, in: Müller-Graff, Peter-Christian (Hrsg.), Europäische Zusammenarbeit in den Bereichen Justiz und Inneres – Der dritte Pfeiler der Europäischen Union, Baden-Baden 1996
Zit.: *de Lobkowicz,* in: Müller-Graff, Europäische Zusammenarbeit in den Bereichen Justiz und Inneres, S.

Loening, Hellmuth
Der ministerialfreie Raum in der Staatsverwaltung
In: DVBl. 1954, S. 173 - 180.

Lohner, Erwin
Der Tatverdacht im Ermittlungsverfahren – Begriff, rechtliche Ausgestaltung, praktische Handhabung und Kontrolle am Beispiel der polizeilichen Verdachtsfeststellung, Frankfurt am Main 1994
Zit.: Lohner, Der Tatverdacht im Ermittlungsverfahren, S.

Lorenz, Dieter
Das Gebot effektiven Rechtsschutzes des Art. 19 Abs. 4 GG
In: JURA 1983, S. 393 - 400.

Lorenz, Dieter
Der Rechtsschutz des Bürgers und die Rechtsweggarantie, München 1973
Zit.: Lorenz, Der Rechtsschutz des Bürgers und die Rechtsweggarantie, S.

Lorenz, Frank Lucien
„Operative Informationserhebung" im Strafverfahren, „Unverfügbares" und Grundrechtsschutz durch „institutionelle Kontrolle"
in: JZ 1992, S. 1000 - 1011.

Luttermann, Claus
Juristische Übersetzung als Rechtspolitik im Europa der Sprachen – Eine wirtschaftsrechtlich-linguistische Betrachtung
In: EuZW 1998, S. 151 - 157.

Maas, Franz
Der Staatsanwalt – Herr des Ermittlungsverfahrens?
In: DRiZ 1967, S. 7 - 10.

Magiera, Siegfried
Die Grundgesetzänderung von 1992 und die Europäische Union
In: Jura 1994, S. 1 - 11.

v.Mangoldt, Herrmann / Klein, Friedrich / Starck, Christian
Das Bonner Grundgesetz, Kommentar, 4. Auflage, München 2001
Zit.: *Bearbeiter,* in: v.Mangoldt / Klein / Starck, GG, Art, Rn.

Martinez Soria, Jose
Die polizeiliche Zusammenarbeit in Europa und der Rechtsschutz des Bürgers
In: VerwArch 1998, S. 400 - 438.

Maunz, Theodor / Schmidt-Bleibtreu, Bruno / Klein, Franz / Ulsamer, Gerhard / Bethge, Herbert / Grasshof, Karin / Rozek, Jochen
Bundesverfassungsgerichtsgesetz, Kommentar, Loseblattsammlung, Stand Juli 2002
Zit.: *Bearbeiter,* in: Maunz / Schmidt-Bleibtreu / Klein / Bethge, BVerfGG, §, Rn.

Maunz, Theodor / Dürig / Günter
Grundgesetz Kommentar, Loseblattsammlung, München, Stand 30.01.03
Zit.: *Bearbeiter,* in: Maunz / Dürig, GG, Art., Rn.

Maurer, Hartmut
Staatsrecht I – Grundlagen, Verfassungsorgane, Staatsfunktionen, 2. Auflage, München 2001
Zit.: Maurer, Staatsrecht, §, Rn.

Mayer, Stefanie
Datenschutz und Europol, Neusäss 2001
Zit.: Mayer, Datenschutz und Europol, S.

Merten, Karlheinz
Das Abrufrecht der Staatsanwaltschaft aus polizeilichen Dateien
In: NStZ 1987, S. 10 - 15.

Merten, Karlheinz
Das geplante Polizeirecht in Nordrhein-Westfalen
In: ZRP 1988, S. 172 - 177.

Merten, Karlheinz / Merten, Heike
Vorbeugende Verbrechensbekämpfung – Rechtsweg- und Strandortfragen
In: ZRP 1991, S. 213 - 220.

Meyring, Bernd
Die Reform der Bereiche Justiz und Inneres durch den Amsterdamer Vertrag
In: EuR 1999, S. 309 - 322.

Möllers, Christoph
Polizeikontrollen ohne Gefahrverdacht – Ratio und rechtliche Grenzen der neuen Vorsorgebefugnisse
In: NVwZ 2000, S. 382 - 387.

Montesquieu
Vom Geist der Gesetze, eingeleitet, ausgewählt und übersetzt von: Weigand, Kurt, Stuttgart 1980
Zit.: Montesquieu, Vom Geist der Gesetze, Buch, Kapitel, S.

Morie, Rolf / Murck, Manfred / Schulte, Rainer
Für eine Polizei der Bürger Europas, in: Morie, Rolf / Murck, Manfred / Schulte, Rainer (Hrsg.), Auf dem Weg zu einer europäischen Polizei – Rahmenbedingungen, Aufgaben und berufliches Selbstverständnis, Stuttgart 1992
Zit.: *Morie / Murck / Schulte,* in: Morie / Murck / Schulte, Auf dem Weg zu einer europäischen Polizei, S.

Möstl, Markus
Die staatliche Garantie für die öffentliche Sicherheit und Ordnung – Sicherheitsgewährleistung im Verfassungsstaat, im Bundesstaat und in der Europäischen Union, Tübingen 2002
Zit.: Möstl, Die staatliche Garantie für die öffentliche Sicherheit und Ordnung, S.

Müller, Egon
Die Durchsuchungspraxis – Unterwanderung eines Grundrechts
In: AnwBl. 1992, S. 349 - 352.

Müller, Wolfgang
Ministerialfreie Räume
In: JuS 1985, S. 497 - 508.

Müller-Graff, Peter-Christian
Die Europäische Zusammenarbeit in den Bereichen Justiz und Inneres (JIZ) – Verbindungen und Spannungen zwischen dem dritten Pfeiler der Europäischen Union und der Europäischen Gemeinschaft – in: Festschrift für Ulrich Everling, S. 925 – 944.
Zit.: Müller-Graff, FS für Everling, S.

Müller-Graff, Peter-Christian
Europäische Zusammenarbeit in den Bereichen Justiz und Inneres – Funktionen, Ausgestaltung und Entwicklungspotionen des dritten Pfeilers der Europäischen Union –, in: Müller-Graff, Peter-Christian (Hrsg.), Europäische Zusammenarbeit in den Bereichen Justiz und Inneres – Der dritte Pfeiler der Europäischen Union, Baden-Baden 1996
Zit.: *Müller-Graff,* in: Müller-Graff, Europäische Zusammenarbeit in den Bereichen Justiz und Inneres, S.

v.Münch, Ingo / Kunig, Philip (Hrsg.)
Grundgesetz-Kommentar, 5. Auflage, München 2000
Zit.: *Bearbeiter,* in: v.Münch, GG, Art., Rn.

Nachbaur, Andreas
Europol-Beamte und Immunität – ein Sündenfall des Rechtsstaates
In: Kritische Justiz 1998, S. 231 - 238.

Nanz, Klaus-Peter
Der „3. Pfeiler der Europäischen Union“: Zusammenarbeit in der Innen- und Justizpolitik
In: Integration 1992, S. 126 - 140.

Nehm, Kay
Zusammenarbeit der Strafverfolgungsorgane in Europa – Eine Zwischenbilanz
In: DRiZ 2000, S. 355 - 364.

Nelles, Ursula
Europäisierung des Strafverfahrens – Strafprozessrecht für Europa?
In: ZStW 1997, S. 727 - 755.

Nicolaus, Helmut
Schengen und Europol – ein europäisches Laboratorium? – Europäische Polizeikooperation in deutsch-französischer Sicht
In: NVwZ 1996, S. 40 - 43.

Nilsson, Hans
The Corpus Juris as a Basis for a European Criminal Law – a Personal View, in: Huber, Barbara, Das Corpus Juris als Grundlage eines Europäischen Strafrechts, Europäisches Kolloquium Trier, 4.-6. März 1999, Freiburg im Breisgau
Zit.: Nilsson, The Corpus Juris, S.

Nolte, Martin
Kontrolle als zentrales Element unseres Verfassungsstaates, in: Nolte Martin (Hrsg.), Kontrolle im verfassten Rechtsstaat, Kieler Dokumentation des 50. Wissenschaftlichen Werkstattgesprächs am 10. August 2002 in Kiel, Kiel 2002, S. 11 - 31
Zit.: Nolte, Kontrolle als zentrales Element unseres Verfassungsstaates, S.

Notzon, Heike
Zum Rückgriff auf polizeirechtliche Befugnisse zur Gefahrenabwehr im Rahmen der vorbeugenden Verbrechensbekämpfung – Gefahren für die Geltung der StPO und die Verfahrensherrschaft der StA bei der Strafverfolgung? Frankfurt am Main 2002
Zit.: Notzon, Rückgriff auf polizeirechtliche Befugnisse zur Gefahrenabwehr, S.

Oberleitner, Rainer
Schengen und Europol – Kriminalitätsbekämpfung in einem Europa der inneren Sicherheit, Wien 1998.
Zit.: Oberleitner, Schengen und Europol, S.

Odenthal, Hans-Jörg
Ermittlungen der Staatsanwaltschaft nach Eröffnung des Hauptverfahrens
In: StV 1991, S. 441 - 448.

Oschatz, Georg – Bernd / Risse, Horst
Die Bundesregierung an der Kette der Länder? – Zur europapolitischen Mitwirkung des Bundesrates
In: DÖV 1995, S. 437 - 452.

Ossenbühl, Fritz
Maastricht und das Grundgesetz – eine verfassungsrechtliche Wende?
In: DVBl. 1993, S. 629 - 637.

Ostendorf, Heribert
Europol – ohne Rechtskontrolle?
In: NJW 1997, S. 3418 - 3420.

Ostendorf, Heribert
„Verdeckte" Polizeiarbeit – Kriminalpolitische Thesen zu V-Mann und UCA
in: Kriminalistik 1985, S. 409 - 410.

Otto, Gustav
Die preußische Staatsanwaltschaft, Berlin 1989
Zit.: Otto, Die preußische Staatsanwaltschaft, S.

Paeffgen, Hans-Ullrich
Amtsträgerbegriff und die Unabhängigkeit des Datenschutzbeauftragten – Strafrechtliche Dimensionen und organisationsrechtliche Perspektiven
In: JZ 1997, S. 178 - 189.

Paeffgen, Hans-Ullrich
Art. 30, 70, 101 I GG – vernachlässigte Normen? Revisibilität von Landesrecht durch das BVerwG und „vorbeugende Verbrechensbekämpfung"
In: JZ 1991, S. 437 - 446.

Papier, Hans-Jürgen
Gewaltentrennung im Rechtsstaat, in: Merten, Detlef, Gewaltentrennung im Rechtsstaat – Zum 300. Geburtstag von Charles de Montesquieu, Berlin 1989
Zit.: *Papier,* in: Merten, Gewaltentrennung im Rechtsstaat, S.

Pechstein, Matthias / Koenig, Christian
Rechtspersönlichkeit für die Europäische Union?
In: EuZW 1997, S. 225.

Petri, Thomas
Die Verwirklichung des „*Rechtsstaats*"prinzips bei Europol
In: KritV 1998, S. 441 - 459.

Petri, Thomas Bernhard
Europol – grenzüberschreitende polizeiliche Tätigkeit in Europa, Baden – Baden 2001.
Zit.: Petri, Europol, S.

Petri, Thomas Bernhard
Grundrechtsbindung von Europol
In: DuD 22 (1998), S. 324 - 329.

Pfeiffer, Gerd (Hrsg.)
Karlsruher Kommentar zur Strafprozessordnung und zum Gerichtsverfassungsgesetz mit Einführungsgesetz, 4. Auflage, München 1999
Zit.: *Bearbeiter,* in: KK StPO, §, Rn.

Pfeiffer, Gerd
Strafprozessordnung und Gerichtsverfassungsgesetz, Kommentar, 4. Auflage, München 2002
Zit.: Pfeiffer, StPO, §, Rn.

Pieroth, Bodo / Schlink, Bernhard
Grundrechte, Staatsrecht II, 13. Auflage, Heidelberg 1997
Zit.: Pieroth / Schlink, Staatsrecht II, S., Rn.

Pijpers, Alfred / Regelsberger, Elfriede / Wessels, Wolfgang (Hrsg.)
Die Europäische Politische Zusammenarbeit in den achtziger Jahren, Bonn 1989
Zit.: *Bearbeiter,* in: Pijpers / Regelsberger / Wessels, Europäische Politische Zusammenarbeit, S.

Pitschas, Rainer / Aulehner, Josef
Informationelle Sicherheit oder „Sicherheitsstaat"?
In: NJW 1989, S. 2353 - 2359.

Pitschas, Rainer
Innere Sicherheit und internationale Verbrechensbekämpfung als Verantwortung des demokratischen Verfassungsstaates
In: JZ 1993, S. 857 - 866.

Pitschas, Rainer
Integrationsprobleme des Polizeirechts in Europa
In: NVwZ 1994, S. 625 - 629.

Pott, Christine
Die Außerkraftsetzung der Legalität durch das Opportunitätsdenken in den Vorschriften der §§ 154, 154s StPO – Zugleich ein Beitrag zu einer kritischen Strafverfahrensrechtstheorie, Frankfurt am Main 1996
Zit.: Pott, Die Außerkraftsetzung der Legalität durch das Opportunitätsdenken, S.

Prantl, Heribert
Europol – außer Kontrolle
In: DRiZ 1997, S. 234 - 236.

Prechtel, Günter
Das Verhältnis der Staatsanwaltschaft zum Ermittlungsrichter, München 1995
Zit.: Prechtel, Das Verhältnis der Staatsanwaltschaft zum Ermittlungsrichter, S.

Priess, Hans-Joachim
Internationale Verwaltungsgerichte und Beschwerdeausschüsse, Berlin 1989.
Zit.: Priess, Internationale Verwaltungsgerichte und Beschwerdeausschüsse, S.

Rasenack, Christian
Buchbesprechung: Dürig, Günther und Evers, Hans – Ulrich, Zur verfassungsändernden Beschränkung des Post-, Telefon- und Fernmeldegeheimnisses, Zwei Rechtsgutachten
In: Der Staat Bd. 9 (1970), S. 272 - 273.

Redeker, Konrad / von Oertzen, Hans-Joachim
Verwaltungsgerichtsordnung, Kommentar, 12. Auflage, Stuttgart 1997
Zit.: Redeker / von Oertzen, VwGO, §, Rn.

Ress, Georg
Ist die Europäische Union eine juristische Person?
In: EuR, Beiheft 2 / 1995, S. 27 - 40.

Riegel, Reinhard
Inhalt und Bedeutung des neuen § 111 StPO
In: NJW 1979, S. 147 - 148.

Riegel, Reinhard
Neueste Entwicklungen im Polizei- und Strafverfahrensrecht
In: ZRP 1978, S. 14 - 20.

Riegel, Reinhard
Nochmals: Telefonüberwachung und Gefahrenabwehr
In: ZRP 1991, S. 286 - 288.

Riegel, Reinhard
Probleme der Polizeilichen Beobachtung und Observation – Zugleich Anmerkung zu OVG Münster JZ 1979, 806
In: JZ 1980, S. 224 - 226.

Rieger, Annette
Die Abgrenzung doppelfunktionaler Maßnahmen der Polizei, Frankfurt am Main 1994.
Zit.: Rieger, Abgrenzung doppelfunktionaler Maßnahmen der Polizei, S.

Riehle, Gerhard
Die rechtsstaatliche Bedeutung der Staatsanwaltschaft unter besonderer Berücksichtigung ihrer Rolle in der nationalsozialistischen Zeit, Heidelberg 1985
Zit.: Riehle, Die rechtsstaatliche Bedeutung der Staatsanwaltschaft, S.

Rieß, Peter
Die Zukunft des Legalitätsprinzips
In: NStZ 1981, S. 2 - 10.

Roewer, Helmut
Nachrichtendienstrecht der Bundesrepublik Deutschland, Kommentar und Vorschriftensammlung für die Praxis der Verfassungsschutzbehörden, des Bundesnachrichtendienstes und des Militärischen Abschirmdienstes, München 1987
Zit.: Roewer, Nachrichtendienstrecht, Gesetz, §, Rn.

Rogall, Klaus
Moderne Fahndungsmethoden im Lichte gewandelten Grundrechtsverständnisses
In: GA 1985, S. 1 - 27.

Roggan, Fredrik
Auf legalem Weg in einen Polizeistaat, In: Verpolizeilichung der Bundesrepublik Deutschland – Polizei und Bürgerrechte in den Städten, Dokumentation einer Tagung des Komitees für Grundrechte und Demokratie in Kooperation mit der Evangelischen Akademie Arnoldsheim vom 15. bis 17. September 2000 in Arnoldsheim, Ort, Datum, S. 77 - 84.
Zit.: Roggan, Auf legalem Weg in einen Polizeistaat, S.

Roggan, Fredrik
Über das Verschwimmen von Grenzen zwischen Polizei- und Strafprozessrecht – ein Beitrag zur rechtspolitischen Diskussion
In: KritV 1998, S. 336 - 353.

Roßnagel, Alexander (Hrsg.)
Handbuch Datenschutzrecht – Die neuen Grundlagen für Wirtschaft und Verwaltung, München 2003
Zit.: *Bearbeiter*, in: Handbuch Datenschutzrecht, Kap., Rn.

Rousseau, Jean-Jaques
Politische Ökonomie, Discours sur lÉconomie politique, Herausgegeben und übersetzt von Hans – Peter Schneider und Brigitte Schneider – Pachaly, Frankfurt am Main, 1977
Zit.: Rousseau, Politische Ökonomie, S.

Roxin, Claus
Strafverfahrensrecht, 25. Auflage, München 1998.
Zit.: Roxin, Strafverfahrensrecht, §, Rn.

Rüping, Hinrich
Das Verhältnis von Staatsanwaltschaft und Polizei – Zum Problem der Einheit der Strafverfolgung
In: ZStW Bd. 95 (1983), S. 894 - 917.

Rupprecht, Reinhard
Keine Bedenken gegen die Leitsätze zum Verhältnis Staatsanwaltschaft – Polizei
In: ZRP 1977, S. 275 - 277.

Rüter, C. Frederik
Harmonie trotz Dissonanz – Gedanken zur Erhaltung eines funktionsfähigen Strafrechts im grenzenlosen Europa
In: ZStW 105 (1993), S. 30 - 47.

Sachs, Michael
Grundgesetz Kommentar, 3. Auflage, München 2003
Zit.: *Bearbeiter,* in: Sachs, GG, Art., Rn.

Schachtschneider, K.A.
Das Rechtsstaatsprinzip des Grundgesetzes
In: JA 1978, S. 185 - 193.

Schäfer, Herbert
Die Prädominanz der Prävention – Ein Beitrag zu den Grundlagen der theoretischen Kriminalstrategie
In: GA 1986, S. 49 - 66.

Schapper, Henning
Rechtsstaatliche Fundierung der Informationsverarbeitung bei Sicherheitsbehörden und Nachrichtendiensten
In: DRiZ 1987, S. 221 - 225.

Scheuing, Dieter H.
Deutsches Verfassungsrecht und europäische Integration
In: EuR Beiheft 1-1997, S. 7 - 60.

Schink, Alexander
Amtsermittlung und Gefahrerforschung – Polizeiliche Eingriffsbefugnisse bei Verdachtslagen
In: DVBl. 1989, S. 1182 - 1188.

Schlink, Bernhard
Das Abhör – Urteil des Bundesverfassungsgerichts
In: Der Staat Bd. 12 (1973), S. 85 - 108.

Schmalenbach, Kisten
Der neue Europaartikel 23 des Grundgesetzes im Lichte der Arbeit der Gemeinsamen Verfassungskommission – Motive einer Verfassungsänderung, Berlin 1996
Zit.: Schmalenbach, Der neue Europaartikel, S.

Schmidt, Eberhard
Die Rechtsstellung der Staatsanwälte im Rahmen der rechtsprechenden Gewalt und ihre Einbeziehung in das Richtergesetz – Rechtsgutachten
In: DRiZ 1957, S. 273 - 283.

Schmidt, Eberhard
Lehrkommentar zur Strafprozessordnung und zum Gerichtsverfassungsgesetz, Teil I: Die rechtstheoretischen und die rechtspolitischen Grundlagen des Strafverfahrensrechts, 2. Auflage, Göttingen 1964
Zit.: Schmidt, Lehrkommentar, Nr.

Schmidt, Eberhard
Zur Rechtsstellung und Funktion der Staatsanwaltschaft als Justizbehörde (I)
In: MDR 1964, S. 629 - 633.

Schmidt, Walter
Die bedrohte Entscheidungsfreiheit
In: JZ 1974, S. 241 - 250.

Schmidt-Aßmann, Eberhard
Art. 19 IV GG als Teil des Rechtsstaatsprinzips
In: NVwZ 1983, S. 1 - 6.

Schmidt-Bleibtreu, Bruno / Klein, Franz
Kommentar zum Grundgesetz, 9. Auflage, Luchterhand 1999
Zit.: Schmidt-Bleibtreu / Klein, GG, Art., Rn.

Schmidt-Jortzig, Edzard
Möglichkeiten einer Aussetzung des strafverfolgerischen Legalitätsprinzips bei der Polizei
In: NJW 1989, S. 129 - 138.

Schnapp, Friedrich E.
Die Verhältnismäßigkeit des Grundrechtseingriffs
In: JuS 1983, S. 850 - 855.

Schnarr, Karl Heinz
Zur Verknüpfung von Richtervorbehalt, staatsanwaltschaftlicher Eilanordnung und richterlicher Bestätigung
In: NStZ 1991, S. 209 - 216.

Schoch, Friedrich
Grundfälle zum Polizei- und Ordnungsrecht
In: JuS 1994, S. 667 - 670.

Scholz, Rupert
Europäische Union und deutscher Bundesstaat
In: NVwZ 1993, S. 817 - 824.

Scholz, Rupert / Pitschas, Rainer
Informationelle Selbstbestimmung und staatliche Informationsverantwortung, Berlin 1984
Zit.: Scholz / Pitschas, Informationelle Selbstbestimmung, S.

Schomburg, Wolfgang
EUROJUST neben EUROPOL – Kooperation bei der Kooperation in Europa
In: Kriminalistik 2000, S. 13 - 21.

Schomburg, Wolfgang
Justizielle Zusammenarbeit im Bereich des Strafrechts in Europa: EURO-JUST neben Europol!
In: ZRP 1999, S. 237 - 240.

Schoreit. Armin
Polizeiliche Kriminalakten als Grundlagen der Informationsverarbeitung
In: KritV 1988, S. 157 - 177.

Schoreit, Armin
Staatsanwaltschaft und Polizei im Lichte fragwürdiger Beiträge zur Reform des Rechts der Staatsanwaltschaft
In: ZRP 1982, S. 288 - 290.

Schoreit, Armin
Weiterer Ausbau der zentralistischen polizeilichen EDV – Systeme zum Nachteil der Justiz
In: DRiZ 1986, S. 54 - 56.

Schoreit, Armin
Wie unabhängig sind die Staatsanwälte?
In: ZRP 1969, S. 133 - 135.

Schreckenberger, Waldemar
Von den Schengener Abkommen zu einer gemeinsamen Innen- und Justizpolitik (Die Dritte Säule)
In: VerwArch 1997, S. 389 - 415.

Schröder, Lars-Hendrik
Das verwaltungsrechtlich organisatorische Verhältnis der strafverfolgenden Polizei zur Staatsanwaltschaft, Frankfurt am Main 1996
Zit.: Schröder, Das Verhältnis der strafverfolgenden Polizei zur Staatsanwaltschaft, S.

Schultz, Dietrich / Leppin, Rudolf
Staatsanwaltschaft contra Polizei? Staatsanwaltschaft im Spannungsfeld zwischen Legalitätsprinzip und Grundsatz der Verhältnismäßigkeit
In: JURA 1981, S. 521 - 534.

Schwach, Joachim
EUROPOL – notwendig, aber rechtswidrig? Haßfurt 2001
Zit.: Schwach, EUROPOL, S.

Schwan, Eggert
Datenschutz, Vorbehalt des Gesetzes und freiheitsgrundrechte
In: VerwArch Bd. 66 (1975), S. 120 - 150.

Schwan, Eggert
Der Auskunftsanspruch in der Bewährung
In: DVR 1982, S. 311 - 349.

Schwan, Eggert
Die Abgrenzung des Anwendungsbereichs der Regeln des Straf- und Ordnungswidrigkeitenverfolgungsrechts von dem des Rechtes der

Gefahrenabwehr
In: VerwArch Bd. 70 (1979), S. 109 - 130.

Schwarze, Jürgen
Das Staatsrecht in Europa
In: JZ 1993, S. 585 - 594.

Schwarze, Jürgen
Der Schutz des Gemeinschaftsbürgers durch allgemeine Verwaltungsrechtsgrundsätze im EG Recht
In: NJW 1986, S. 1067 - 1073.

Schwarze, Jürgen (Hrsg.)
EU – Kommentar, 1. Auflage, Baden-Baden 2000
Zit.: *Bearbeiter,* in: Schwarze, EUV / EGV, Art., Rn.

Schwarze, Jürgen
Europäisches Verwaltungsrecht – Entstehung und Entwicklung im Rahmen der Europäischen Gemeinschaft, 1. Auflage, Baden-Baden, 1988
Zit.: Schwarze, Europäisches Verwaltungsrecht, S.

Schwarze, Jürgen
Schutz der Grundrechte in der Europäischen Gemeinschaft – Grundlagen und heutiger Entwicklungsstand –
In: EuGRZ 1986, S. 293 - 299.

Schweichel, Heinrich
Die Zukunft der Staatsanwaltschaft
In: ZRP 1970, S. 171 - 174.

Seeber, Lothar
Rasterfahndung und Datenschutz
In: Kriminalistik 1981, S. 203 - 209.

Seeler, Hans-Joachim
Die rechtsstaatliche Fundierung der EG – Entscheidungsstrukturen
In: EuR 1990, S. 99 - 122.

Simitis, Spiros
Die informationelle Selbstbestimmung – Grundbedingung einer verfassungskonformen Informationsordnung
In: NJW 1984, S. 398 - 405.

Simon, Jürgen / Taeger, Jürgen
Grenzen kriminalpolizeilicher Rasterfahndung
In: JZ 1982, S. 140 - 145.

Sobota, Katharina
Das Prinzip Rechtsstaat – Verfassungs- und verwaltungsrechtliche Aspekte, Tübingen 1997
Zit.: Sobota, Das Prinzip Rechtsstaat, S.

Sommermann Karl-Peter
Staatsziel „Europäische Union" – Zur normativen Reichweite des Art. 23 Abs. 1 S. 1 GG n.F.
In: DÖV 1994, S. 596 - 604.

Sommermeyer, Jörg
Neuralgische Aspekte der Betroffenenrechte und ihres Rechtsschutzes bei strafprozessualen Hausdurchsuchungen
In: NStZ 1991, S. 257 - 264.

Staechelin, Gregor
Der „Große Lauschangriff" der dritten Gewalt
In: ZRP 1996, S. 430 - 433.

Staff, Ilse
Öffentlichkeit als Verfassungsprinzip
In: ZRP 1992, S. 384 - 389.

Steinke, Wolfgang
Die Rechtmäßigkeit von polizeilichen Fahndungsmaßnahmen unter Berücksichtigung des Datenschutzes
In: DVBl. 1980, S. 433 - 439.

Steinke, Wolfgang
§ 163 Abs. 1 StPO eine Generalermächtigung für polizeiliche „Eingriffe"?
In: MDR 1980, S. 456 - 458.

Stern, Klaus
Das Staatsrecht der Bundesrepublik Deutschland, München 1980
Zit.: Stern, Staatsrecht, Bd., §, Rn.

Stern, Klaus
Die Bedeutung der Unantastbarkeitsgarantie des Art. 79 III GG für die Grundrechte
In: JuS 1985, S. 329 - 338.

Storbeck, Jürgen
Die polizeiliche Zusammenarbeit in Europa und die Rolle des Bundeskriminalamtes als kriminalpolizeiliche Zentralstelle Deutschlands in der europäischen Kooperation, in: Zachert, Hans-Ludwig, 40 Jahre Bundeskriminalamt, Stuttgart 1991.
Zit.: *Storbeck,* in: Zachert, 40 Jahre BKA, S.

Storbeck, Jürgen
Die Zusammenarbeit der Strafverfolgungsbehörden in Europa
In: DRiZ 2000, S. 481 - 489.

Storbeck, Jürgen
Europol: Chance für eine Verbesserung der gemeinsamen Verbrechensbekämpfung in der Europäischen Union
In: APuZ 23-1995, S. 20 - 27.

Storbeck, Jürgen
EUROPOL Probleme und Lösungen – Eine europäische Institution auf dem Wege vom Traumbild zum handfesten Rüstzeug
In: Kriminalistik 1996, S. 17 - 21.

Storbeck, Jürgen
EUROPOL – Symbol Ihrer Zeit
In: Kriminalistik 1994, S. 201 - 204.

Storbeck, Jürgen
Europol wird volljährig
In: Politische Studien 1998, Nr. 359, S. 16 - 25.

Storbeck, Jürgen / Felgenhauer, Harald
Kooperation im Bereich Innere Sicherheit in Europa
In: Jahrbuch öffentliche Sicherheit 2002 / 2003, S. 419 - 431.

Streinz, Rudolf
Der Vertrag von Amsterdam – Einführung in die Reformen des Unionsvertrages von Maastricht und erste Bewertung der Ergebnisse
In: EuZW 1998, S. 137 - 147.

Stümper, Alfred
Der kriminalpolitische Auftrag der Justiz aus polizeilicher Sicht
In: Schreiber, Manfred (Hrsg.), Polizeilicher Eingriff und Grundrechte, Festschrift zum 70. Geburtstag von Rudolf Samper, Stuttgart 1982
Zit.: Stümper, FS für Samper, S.

Stümper, Alfred
Die Wandelung der Polizei in Begriff und Aufgaben
In: Kriminalistik 1980, S. 242 - 245.

Sturm, Joachim
Schengen – Europol – Interpol, Konkurrenz oder Partnerschaft? Wie ist ein Miteinander zu fördern und ein gegeneinander zu verhindern?
In: Kriminalistik 1997, S. 99 - 104.

Sule, Satish
Europol und europäischer Datenschutz, 1. Auflage, Baden – Baden 1999
Zit.: Sule, Europol und europäischer Datenschutz, S.

Sydow, Fritz
Verbrechensbekämpfung nach dem neuen Recht – Kritik am Musterentwurf eines einheitlichen Polizeigesetzes
In: ZRP 1977, S. 119 - 125.

Tesmer, Hans
Die Schutzhaft und ihre rechtlichen Grundlagen
In: DR 1936, S. 135 - 137.

Tettinger, Peter J.
Die Charta der Grundrechte der Europäischen Union
In: NJW 2001, S. 1010 - 1015.

Tilke, Mile
Europol und Eurojust – Zwei Institutionen zur internationalen Verbrechensbekämpfung und ihre justizielle Kontrolle, 1. Auflage, Göttingen 2003
Zit.: Tilke, Europol und Eurojust, S.

Tolmein, Oliver
Europol
In: StV 1999, S. 108 - 116.

Tonne, Michael
Effektiver Rechtsschutz durch staatliche Gerichte als Forderung des Europäischen Gemeinschaftsrechts, München 1997.
Zit.: Tonne, Effektiver Rechtsschutz durch staatliche Gerichte als Forderung des Europäischen Gemeinschaftsrechts, S.

Triantafyllou, Dimitris
Vom Vertrags- zum Gesetzesvorbehalt – Beitrag zum positiven Rechtmäßigkeitsprinzip in der EG, 1. Auflage, Baden-Baden 1996.
Zit.: Triantafyllou, Vom Vertrags- zum Gesetzesvorbehalt, S.

Trüe, Christiane
Rechtspersönlichkeit der Europäischen Union nach den Vertragsänderungen von Amsterdam: Wer handelt in GASP und PJZ?
In: ZeuS 2000, S. 127 - 176.

Uhlig, Sigmar
Die Polizei – Herrin des Strafverfahrens? Aktuelle Probleme im Verhältnis der Polizei als Mitwirkende bei der Strafverfolgung zur Strafjustiz
In: DRiZ 1986, S. 247 - 251.

Uhlig, Sigmar
Die Polizei – Herrin des Strafverfahrens? Aktuelle Probleme im Verhältnis der Polizei als Strafverfolgungsorgan zur Strafjustiz
In: RuP 1985, S. 232 - 237.

Uhrig, Stephanie
Die Schranken des Grundgesetzes für die europäische Integration – Grenzen der Übertragung von Hoheitsrechten nach dem Grundgesetz am Beispiel des Vertrages von Maastricht, Berlin 2000
Zit.: Uhrig, Die Schranken des Grundgesetzes, S.

Ulrich, Hans-Joachim
Das Verhältnis Staatsanwaltschaft - Polizei – Zu den Leitsätzen der „Gemeinsamen Kommission“
In: ZRP 1977, S. 158 - 162.

Ulrich, Hans-Joachim
Nochmals: Staatsanwaltschaft – objektive Behörde und Anwalt des Staates
In: DRiZ 1988, S. 368 - 373.

Unger, Barbara
Datenschutz in internationalen Organisationen, Regensburg 1990.
Zit.: Unger, Datenschutz in internationalen Organisationen, S.

Vahle, Jürgen
Gefahrenermittlung – Sperren durch den Datenschutz?
In: Kriminalistik 1990, S. 573 - 576.

Vassilaki, Irini E.
Auskunftserteilung – Ein Teil des Wesensgehalts des Grundrechts auf informationelle Selbstbestimmung?
In: CR 1998, S. 629 - 632.

Vogel, Hans-Jochen
Die Staatsanwaltschaft
In: DRiZ 1974, S. 235 - 236.

Wachholz, Rolf-Peter
EUROPOL aus Sicht der Bundesländer
In: Kriminalistik 1995, S. 715 - 719.

Waechter, Kay
Demokratische Steuerung und Kontrolle einer europäischen Polizei
In: ZRP 1996, S. 167 - 169.

Wägenbaur, Bertrand
Schengen – sind wir grenzenlos sicher?
In: EuZW 2002, S. 513.

Wägenbaur, Rolf
Zur Klarheit der Gesetzessprache in der EG
In: EuZW 1993, S. 713.

Wagner, Walter
Staatsanwaltschaft oder Polizei?
In: MDR 1973, S. 713 - 715.

Wagner, Walter
Zur Weisungsgebundenheit der Staatsanwälte
In: NJW 1963, S. 8 - 11.

Warschko, Jeannette
Vorbeugende Verbrechensbekämpfung – Prävention oder Repression?, Hamburg 1995
Zit.: Warschko, Vorbeugende Verbrechendbekämpfung, S.

Wassermann, Rudolf (Hrsg.)
Kommentar zum Grundgesetz für die Bundesrepublik Deutschland, Reihe Alternativkommentare, Luchterhand 1989
Zit.: *Bearbeiter,* in: AK, GG, Art., Rn.

Wassermann, Rudolf (Hrsg.)
Kommentar zur Strafprozessordnung, Reihe Alternativkommentare, Luchterhand 1992
Zit.: *Bearbeiter,* in: AK, StPO, §, Rn.

Weichert, Thilo
EUROPOL – Konvention und Datenschutz
In: DuD 1995, S. 450 - 458.

Weichert, Thilo
Informationelle Selbstbestimmung und strafrechtliche Ermittlung – zum verfassungskonformen Technikeinsatz in Strafverfahren, Pfaffenweiler 1990
Zit.: Weichert, Informationelle Selbstbestimmung, S.

Welp, Jürgen
Anmerkung zu BGH NStZ 1995, S. 601
In: NStZ 1995, S. 602 - 604.

Weßlau, Edda
Vorfeldermittlungen – Probleme der Legalisierung „vorbeugender Verbrechensbekämpfung“ aus strafprozessrechtlicher Sicht, Berlin 1989
Zit.: Weßlau, Vorfeldermittlungen, S.

Wichard, Johannes Christian
Wer ist Herr im europäischen Haus? Zu Struktur und Rechtsnatur der Europäischen Union nach Amsterdam
In: EuR 1999, S. 170 - 184.

Wick, Manfred
Gefahrenabwehr – Vorbeugende Verbrechensbekämpfung – Legalitätsprinzip
In: DRiZ 1992, S. 217 - 222.

Wielsch, Torsten
Die europäische Gefahrenabwehr – Stand und Perspektiven europäischer Polizeiarbeit nach dem Maastrichter Vertrag, Leipzig 1998.
Zit.: Wielsch, Die europäische Gefahrenabwehr, S.

Wilkesmann, Peter
Das Schengener Informationssystem (SIS)
In: DPolBl. 1998, Heft 5, S. 19 - 21.

Wilkesmann, Peter
Plädoyer für das Schengener Informationssystem (SIS)
In: NStZ 1999, S. 68 - 71.

Willner, Jürgen
Auf mehreren Gleisen fahren – Eine Strategie zur wirkungsvolleren Bekämpfung der Rauschgiftkriminalität in der Bundesrepublik Deutschland
In: Kriminalistik 1991, S. 76 - 78.

Wiske, Michael
Aufgaben und Möglichkeiten der IKPO-Interpol
In: DPolBl. 1998, Heft 5, S. 21 - 24.

Wohlers, Wolfgang
Entstehung und Funktion der Staatsanwaltschaft – Ein Beitrag zu den rechtshistorischen und strukturellen Grundlagen des reformierten Strafverfahrens, Berlin 1994
Zit.: Wohlers, Entstehung und Funktion der Staatsanwaltschaft, S.

Wolf, Georg
Verbrechensbekämpfung und Rollenverteilung auf die damit befassten Institutionen
In: Kriminalistik 1975, S. 389 - 394.

Wolff, Hans J. / Bachof, Otto / Stober, Rolf
Verwaltungsrecht I , 10. Auflage, München 1994.
Zit.: Wolff / Bachof / Stober, Verwaltungsrecht, S.

Wollweber, Harald
Anmerkung zu BGH, Urteil vom 6.2.1997 – 1 StR 527/96
In: StV 1997, S. 507 - 510.

Wolter, Jürgen
Beweisverbote und Informationsübermittlung der Polizei bei präventiver Videoüberwachung eines Tatverdächtigen – BGH NJW 1991, 2651 –
In: Jura 1992, S. 520 - 533.

Wolter, Jürgen
Datenschutz und Strafprozess – Zum Verhältnis von Polizei und Strafprozessrecht
In: ZStW 107 (1995), S. 793 - 842.

Wolter, Jürgen
Heimliche und automatisierte Informationseingriffe wider Datengrundrechtsschutz – Gesamtanpassung vor Gesamtreform von Strafprozess- und Polizeirecht
In: GA 1988, S. 49 - 90.

Wolters, Jörg
Verbrechensbekämpfung – Eine europäische Sache? Aspekte der internationalen polizeilichen Zusammenarbeit in Europa
In: Kriminalistik 1997, S. 86 - 91.

Zeidler, Wolfgang
Die Unverbrüchlichkeit der Grundrechte – Zur Bedeutung der Art. 1, 79 Abs. 3 BGG
In: DVBl. 1950, S. 598 - 600.

Ziegler, Ursula
Die gerichtliche Kontrolle der Geheimhaltungsmittel der Exekutive
In: ZRP 1988, S. 25 - 28.

Zieschang, Frank
Der Austausch personenbezogener Daten mittels Europol
In: ZRP 1996, S. 427 - 429.

Zippelius, Reinhold
Problemfelder der Machtkontrolle, in: Merten, Detlef, Gewaltentrennung im Rechtsstaat – Zum 300. Geburtstag von Charles de Montesquieu, Berlin 1989
Zit.: *Zippelius,* in: Merten, Gewaltentrennung im Rechtsstaat, S.

Zöller, Mark Alexander
Informationssysteme und Vorfeldmaßnahmen von Polizei, Staatsanwaltschaft und Nachrichtendiensten – Zur Vernetzung von Strafverfolgung und Kriminalitätsverhütung im Zeitalter von multimedialer Kommunikation und Persönlichkeitsschutz, Heidelberg, 2002
Zit.: Zöller, Informationssysteme und Vorfeldmaßnahmen, S.

Zott, Regina
Der rechtliche Rahmen der innen- und justizpolitischen Zusammenarbeit in der Europäischen Union, Frankfurt am Main 1999.
Zit.: Zott, Rechtlicher Rahmen der innen- und justizpolitischen Zusammenarbeit in der EU, S.

Zuleeg, Manfred (Hrsg.)
Der Beitrag Walter Hallsteins zur Zukunft Europas – Referate zu Ehren Walter Hallsteins, Baden – Baden 2003
Zit.: *Bearbeiter,* in: Der Beitrag Walter Hallsteins, S.

Zuleeg, Manfred
Die Europäische Gemeinschaft als Rechtsgemeinschaft
In: NJW 1994, S. 545 - 549.

Zuleeg, Manfred
Die Organisationsstruktur der Europäischen Union – Eine Analyse der Klammerbestimmungen des Vertrages von Amsterdam
In: EuR Beiheft 2 / 1998, S. 151 - 163.

Dokumentverzeichnis

Kommission

Arbeitsdokument der Kommissionsdienststellen – Gemeinsamer Bericht der Kommissionsdienststellen und EUROPOL: „Ansätze für eine europäische Strategie zur Prävention organisierter Kriminalität", 13.3.2001, **SEK (2001) 433**

Grünbuch zum strafrechtlichen Schutz der finanziellen Interessen der Europäischen Gemeinschaften und zur Schaffung einer Europäischen Staatsanwaltschaft, 11.12.2001,
KOM (2001) 715 endgültig.

Anzeiger der Fortschritte bei der Schaffung eines „Raumes der Freiheit, der Sicherheit und des Rechts" in der Europäischen Union – Halbjährliche Aktualisierung (1. Halbjahr 2003), 22.5.2003, **KOM (2003) 291 endgültig.**

Europäisches Parlament

Entwurf eines Berichts über die Initiative des Königreichs Belgien und des Königreichs Spanien im Hinblick auf die Annahme eines Rechtsakts des Rates zur Erstellung eines Protokolls zur Änderung des Übereinkommens über die Errichtung eines Europäischen Polizeiamtes (Europol – Übereinkommen), des Protokolls betreffend die Auslegung des Übereinkommens über die Errichtung eines Europäischen Polizeiamtes durch den Gerichtshof der Europäischen Gemeinschaften im Wege der Vorabentscheidung und des Protokolls über die Vorrechte und Immunitäten für Europol, die Mitglieder der Organe, die stellvertretenden Direktoren und die Bediensteten von Europol, 26. März 2002, **2002/0804 (CNS) VORLÄUFIG**

Rat der Europäischen Union

Erste Überlegungen zu den Schlussfolgerungen von Tampere, soweit sie sich auf Europol beziehen, **13370/99 LIMITE EUROPOL 48 vom 25. November 1999.**

Pressemitteilung der 2251. Tagung des Rates – Justiz und Inneres – am 27. März 2000 in Brüssel, **7100/00 (Presse 81).**

Überlegungsansätze betreffend Eurojust, **7384/00 LIMITE EUROJUST 1 CATS 21 vom 28. März 2000.**

Artikel 30 Absatz 2 EUV, Schlussfolgerungen von Tampere, **7316/00 LIMITE EUROPOL 4 vom 5. April 2000.**

Bestandsaufnahme der praktischen Modalitäten für die Unterstützung der gemeinsamen Ermittlungsteams durch Europol, **8325/00 LIMITE EUROPOL 11 vom 8. Mai 2000.**

Vorschlag des französischen Vorsitzes zur Unterstützung der gemeinsamen Ermittlungsgruppen durch Europol, **9639/00 LIMITE EUROPOL 18 vom 26. Juni 2000.**

Etwaige Änderungen des Europol – Übereinkommens und etwaige Ausweitung der Zuständigkeit von Europol, **5555/01 LIMITE EUROPOL 5 vom 22. Januar 2001.**

Verfahren zur Änderung des Europol – Übereinkommens, **6792/02 LIMITE EUROPOL 14 vom 6. März 2002.**

Europol – Jahresbericht 2001, **8381/02 LIMITE EUROPOL 25 vom 30. April 2002.**

Europol – Arbeitsprogramm 2003, **8385/02 LIMITE EUROPOL 27 vom 30. April 2002.**

Aktionsplan der Europäischen Union zur Bekämpfung des Terrorismus – Überarbeitung des Fahrplans, **8547/02 POLGEN 18 JAI 77 ECOFIN 160 TRANSS 126 RELEX 73 ECO 140 vom 14. Mai 2002.**

In der letzten Sitzung der EU – Gruppe „SIS“ gestellte Fragen (rechtlicher Art) in Bezug auf den Zugang von Europol zum SIS, **9323/02 LIMITE SIS 35 EUROPOL 42 COMIX 363 vom 28. Mai 2002.**

Schlussfolgerungen aus der sechsten Tagung der Tasc Force der Polizeichefs, **11751/02 ENFOPOL 114 vom 9. September 2002.**

Erster Jahresbericht von Eurojust (Kalenderjahr 2002), **9124/03 EUROJUST 11 vom 8. Mai 2003.**

Entwurf von Schlussfolgerungen des Rates zum ersten Eurojust – Jahresbericht (Kalenderjahr 2002), **9771/03 EUROJUST 12 vom 2. Juni 2003.**

Tätigkeitsbericht der Gemeinsamen Kontrollinstanz von Europol (Oktober 1998 – Oktober 2002), **13899/03 EUROPOL 56 vom 28. Oktober 2003.**

Entwurf einer Vereinbarung zwischen Europol und Eurojust, **15829/03 LIMITE CATS 75 EUROJUST 18 EUROPOL 61 vom 9. Dezember 2003.**

Konvent

Übermittlungsvermerk des Präsidiums an den Konvent: Justiz und Inneres – Stand der Arbeiten und allgemeine Problematik, **CONV 69/02 vom 31. Mai 2002**

Vermerk des Sekretariats für den Konvent: Mandat der Gruppe X „Freiheit, Sicherheit und Recht", **CONV 258/02 WG X 3 vom 12. September 2002.**

Übermittlungsvermerk des Präsidiums an den Konvent: Vorentwurf des Verfassungsvertrags, **CONV 369/02 vom 28. Oktober 2002**

Bericht des Vorsitzenden der Gruppe X „Freiheit, Sicherheit und Recht" an den Konvent: Schlussbericht der Gruppe X „Freiheit, Sicherheit und Recht", **CONV 426/02 WGX 14 vom 2. Dezember 2002.**

Übermittlungsvermerk des Sekretariats für den Konvent: Übersicht über Änderungsvorschläge betreffend den Raum der Freiheit, der Sicherheit und des Rechts, Entwürfe für Artikel 31 (Teil I) und für Artikel des Teils II, **CONV 644/03 vom 1. April 2003.**

Übermittlungsvermerk des Präsidiums für den Konvent: Raum der Freiheit, der Sicherheit und des Rechts, Entwurf von Artikel 31 des Teils I, Entwurf von Artikeln des Teils II, **CONV 614/03 vom 14. März 2003.**

Verzeichnis Abl.EG

1984

Entschließung des Rates und der im Rat vereinigten Vertreter der Regierungen der Mitgliedstaaten der Europäischen Gemeinschaften über das freie Überschreiten der Binnengrenzen der Gemeinschaft durch Staatsangehörige der Mitgliedstaaten, **Abl.EG C 159 vom 19.6.1984, S. 1.**

1995

Übereinkommen aufgrund von Artikel K.3 des Vertrages über die Europäische Union über das vereinfachte Auslieferungsverfahren zwischen den Mitgliedstaaten der Europäischen Union vom 10. März 1995, **Abl.EG C 78 vom 30.3.1995, S. 2.**

Übereinkommen aufgrund von Artikel K.3 des Vertrages über die Europäische Union über die Errichtung eines Europäischen Polizeiamtes (Europol-Übereinkommen) vom 26. Juli 1995, **Abl.EG C 316 vom 27.11.1995, S.1.**

Entschließung des Rates vom 23. November 1995 über den Schutz von Zeugen im Rahmen der Bekämpfung der internationalen organisierten Kriminalität, **Abl.EG C 327 vom 7.12.1995, S. 2.**

Gemeinsame Maßnahme vom 10. März 1995 bezüglich der Europol-Drogenstelle, vom Rat aufgrund von Artikel K.3 des Vertrages über die Europäische Union beschlossen, **Abl.EG L 62 vom 20.3.1995, S. 1.**

Richtlinie 95/46/EG des Europäischen Parlaments und des Rates vom 24. Oktober 1995 zum Schutz natürlicher Personen bei der Verarbeitung personenbezogener Daten und zum freien Datenverkehr, **Abl.EG L 281 vom 23.11.1995, S. 31.**

1996

Entschließung des Rates vom 17. Januar über die rechtmäßige Überwachung des Fernmeldeverkehrs, **Abl.EG C 329 vom 4.11.1996, S. 1.**

Protokoll auf Grund von Artikel K.3 des Vertrages über die Europäische Union betreffend die Auslegung des Übereinkommens über die Errichtung eines Europäischen Polizeiamtes durch den Gerichtshof der Europäischen Gemeinschaften im Wege der Vorabentscheidung einschließlich weiterer Erklärungen, **Abl.EG C 299 vom 9.10.1996, S. 1.**

Übereinkommen aufgrund von Artikel K.3 des Vertrages über die Europäische Union über die Auslieferung zwischen den Mitgliedstaaten der Europäischen Union, **Abl.EG C 313 vom 23.10.1996, S. 12**

Erläuternder Bericht zum Übereinkommen über das vereinfachte Auslieferungsverfahren zwischen den Mitgliedstaaten der Europäischen Union, **Abl.EG C 375 vom 12.12.1996, S. 4.**

Gemeinsame Maßnahme vom 22. April 1996 vom Rat aufgrund von Artikel K.3 des Vertrages über die Europäische Union angenommen, betreffend den Rahmen für den Austausch von Verbindungsrichtern/ -staatsanwälten zur Verbesserung der justiziellen Zusammenarbeit zwischen den Mitgliedstaaten der Europäischen Union, **Abl.EG L 105 vom 27.4.1996, S. 1.**

Gemeinsame Maßnahme vom 29. November – vom Rat aufgrund von Artikel K.3 des Vertrages über die Europäische Union angenommen – betreffend die Erstellung und Führung eines Verzeichnisses der besonderen Fähigkeiten und Fachkenntnisse auf dem Gebiet der Bekämpfung der internationalen organisierten Kriminalität, mit dem die Zusammenarbeit zwischen den Mitgliedstaaten der Europäischen Union bei der Strafverfolgung erleichtert werden soll, **Abl.EG L 342 vom 31.12.1996, S. 2.**

Gemeinsame Maßnahme vom 16. Dezember 1996 – vom Rat aufgrund von Artikel K.3 des Vertrages über die Europäische Union angenommen – zur Ausdehnung des der Europol – Drogenstelle erteilten Mandats, **Abl.EG L 342 vom 31.12.1996, S. 4.**

Gemeinsame Maßnahme vom 17. Dezember 1996 – vom Rat aufgrund von Artikel K.3 des Vertrages über die Europäische Union angenommen – betreffend die Angleichung der Rechtsvorschriften und der Verfahren der Mitgliedstaaten der Europäischen Union zur Bekämpfung der Drogenabhängigkeit und zur Verhütung und Bekämpfung des illegalen Drogenhandels, **Abl.EG L 342 vom 31.12.1996, S. 6.**

1997

Entschließung des Rates vom 20. Dezember 1996 über Personen, die im Rahmen der Bekämpfung der internationalen organisierten Kriminalität mit den Justizbehörden zusammenarbeiten, **Abl.EG C 10 vom 11.1.1997, S. 1.**

Entschließung des Rates vom 20. Dezember 1996 über die Ahndung von schweren Straftaten im Bereich des unerlaubten Drogenhandels, **Abl.EG C 10 vom 11.1.1997, S. 3.**

Übereinkommen über die Auslieferung zwischen den Mitgliedstaaten der Europäischen Union - Erläuternder Bericht (vom Rat am 26. Mai 1997 gebilligter Text), **Abl.EG C 191 vom 23.6.1997, S. 13.**

Entschließung des Rates vom 9. Juni 1997 über den Austausch von DNS-Analyseergebnissen, **Abl.EG C 193 vom 24.6.1997, S. 2.**

Protokoll aufgrund von Artikel K.3 des Vertrages über die Europäische Union und von Artikel 43 Abs. 3 des Europol-Übereinkommens über die Vorrechte und Immunitäten für Europol, die Mitglieder der Organe, die stellvertretenden Direktoren und die Bediensteten von Europol vom 19. Juni 1997, **Abl.EG C 221 vom 19.7.1997, S. 1.**

Aktionsplan zur Bekämpfung der organisierten Kriminalität, **Abl.EG C 251 vom 15.8.1997, S.1.**

Gemeinsame Maßnahme vom 24. Februar 1997 – vom Rat aufgrund von Art. K.3 des Vertrages über die Europäische Union angenommen – betreffend die Bekämpfung des Menschenhandels und der sexuellen Ausbeutung von Kindern, **Abl.EG L 63 vom 4.3.1997, S. 2.**

Gemeinsame Maßnahme vom 5. Dezember 1997 – vom Rat aufgrund von Artikel K.3 des Vertrages über die Europäische Union angenommen – betreffend die Schaffung eines Mechanismus für die Begutachtung der einzelstaatlichen Anwendung und Umsetzung der zur Bekämpfung der organisierten Kriminalität eingegangenen Verpflichtungen, **Abl.EG L 344 vom 15.12.1997, S. 7.**

1998

Gemeinsame Maßnahme vom 19, März 1998 – vom Rat aufgrund von Artikel K.3 festgelegt – über ein Austausch-, Ausbildung- und Kooperationsprogramm für Personen, die für die Bekämpfung der organisierten Kriminalität zuständig sind (FALCONE), **Abl.EG L 99 vom 31.3.1998, S. 8.**

Gemeinsame Maßnahme vom 29. Juni 1998 – vom Rat aufgrund von Artikel K.3 des Vertrages über die Europäische Union – über die Anwendung bewährter Methoden bei der Rechtshilfe in Strafsachen, **Abl.EG L 191 vom 7.7.1998, S. 1.**

Gemeinsame Maßnahme vom 29.Juni 1998 – vom Rat aufgrund von Artikel K.3 des Vertrages über die Europäische Union angenommen – zur Einrichtung eines Europäischen Justiziellen Netzes, **Abl.EG L 191 vom 7.7.1998, S. 4.**

Gemeinsame Maßnahme vom 21. Dezember 1998 – vom Rat aufgrund von Art. K.3 des Vertrages über die Europäische Union angenommen – betreffend die Strafbarkeit der Beteiligung an einer kriminellen Vereinigung in den Mitgliedstaaten der Europäischen Union, **Abl.EG L 351 vom 29.12.1998, S. 1.**

1999

Aktionsplan des Rates und der Kommission zur bestmöglichen Umsetzung der Bestimmungen des Amsterdamer Vertrages über den Aufbau eines Raums der Freiheit, der Sicherheit und des Rechts – vom Rat (Justiz und Inneres) angenommener Text), **Abl.EG C 19 vom 23.1.1999, S. 1.**

Rechtsakt des Rates vom 3.November über die Durchführungsbestimmungen für die von Europol geführten Arbeitsdateien zu Analysezwecken, **Abl.EG C 26 vom 30.1.1999, S. 1.**

Rechtsakt des Rates vom 3. November 1998 über die Geheimschutzregelung für Europol-Informationen, **Abl.EG C 26 vom 30.1.1999, S. 10.**

Rechtsakt des Rates vom 3.November 1998 über Bestimmungen über die Entgegennahme der von Dritten gelieferten Informationen durch Europol, **Abl.EG C 26 vom 30.1.1999, S. 17.**

Rechtsakt des Rates vom 3.November 1998 zur Festlegung der Bestimmungen über die externen Beziehungen von Europol zu Drittstaaten und Nicht-EU-Stellen, **Abl.EG C 26 vom 30.1.1999, S. 19.**

Beschluss des Rates vom 3. Dezember 1998 zur Erteilung des Auftrags an Europol, sich mit Straftaten zu befassen, die im Rahmen von terroristischen Handlungen gegen Leben, körperliche Unversehrtheit und persönliche Freiheit sowie gegen Sachen begangen wurden oder begangen werden könnten, **Abl.EG C 26 vom 30.1.1999, S. 22.**

Rechtsakt des Rates vom 3. Dezember 1998 zur Festlegung des Statuts der Bediensteten von Europol, **Abl.EG C 26 vom 30.1.1999, S. 23.**

Beschluss des Verwaltungsrates von Europol vom 1. Oktober 1998 zur Festlegung seiner Geschäftsordnung, **Abl.EG C 26 vom 30.1.1999, S. 82.**

Beschluss des Verwaltungsrates von Europol vom 15. Oktober 1998 über die Rechte und Pflichten der Verbindungsbeamten, **Abl.EG C 26 vom 30.1.1999, S. 86.**

Rechtsakt des Rates vom 12. März 1999 zur Festlegung der Bestimmungen über die Übermittlung von personenbezogenen Daten durch Europol an Drittstaaten und Drittstellen, **Abl.EG C 88 vom 30.3.1999, S. 1.**

Geschäftsordnung der Gemeinsamen Kontrollinstanz von Europol vom 23. April 1999, **Abl.EG C 149 vom 28.5.1999, S. 1.**

Beschluss des Rates vom 29. April 1999 zur Ausdehnung des Mandats von Europol auf die Bekämpfung der Fälschung von Geld und Zahlungsmitteln, **Abl.EG C 149 vom 28.5.1999, S. 16.**

Miteilung der Kommission betreffend die Tätigkeitsaufnahme von Europol, **Abl.EG L 185 vom 1.7.1999, S. 1.**

2000

Beschluss des Rates vom 27. März 2000 zur Ermächtigung des Direktors von Europol, Verhandlungen über den Abschluss von Vereinbarungen mit Drittstaaten und Nicht-EU-Stellen aufzunehmen, **Abl.EG C 106 vom 13.4.2000, S. 1.**

Erklärung des Rates zu den Beziehungen zwischen Europol und Drittstaaten und Nicht-EU-Stellen, **Abl.EG C 106 vom 13.4.2000, S. 3.**

Erklärung des Rates zu den Drittstaaten und Nicht-EU-Stellen, denen Priorität einzuräumen ist, **Abl.EG C 106 vom 13.4.2000, S. 4.**

Prävention und Bekämpfung der organisierten Kriminalität – Eine Strategie der Europäischen Union für den Beginn des neuen Jahrtausends, **Abl.EG C 124 vom 3.5.2000, S. 1.**

Rechtsakt des Rates vom 29.Mai 2000 über die Erstellung des Übereinkommens – gemäß Artikel 34 des Vertrages über die Europäische Union – über die Rechtshilfe in Strafsachen zwischen den Mitgliedstaaten der Europäischen Union, **Abl.EG C 197 vom 12.7.2000, S. 1.**

Initiative der Bundesrepublik Deutschland im Hinblick auf die Annahme eines Beschlusses des Rates zur Errichtung eines Stabes Eurojust, **Abl.EG C 206 vom 19.7.2000, S. 1.**

Initiative der Portugiesischen Republik, der Französischen Republik, des Königreichs Schweden und des Königreichs Belgien im Hinblick auf die Annahme eines Beschlusses des Rates über die Einrichtung von Eurojust zur Verstärkung der Bekämpfung der schweren organisierten Kriminalität, **Abl.EG C 243 vom 24.8.2000, S. 15.**

Empfehlung des Rates vom 28. September 2000 an die Mitgliedstaaten betreffend Ersuchen Europols um die Einleitung von strafrechtlichen Ermittlungen in spezifischen Fällen, **Abl.EG C 289 vom 12.10.2000, S. 8.**

Empfehlung des Rates vom 30.Novembder 2000 an die Mitgliedstaaten in Bezug auf die Unterstützung der von den Mitgliedstaaten gebildeten gemeinsamen Ermittlungsteams durch Europol, **Abl.EG C 357 vom 13.12.2000, S. 7.**

Rechtsakt des Rates vom 30. November 2000 aufgrund von Artikel 43 Ansatz 1 des Übereinkommens über die Errichtung eines Europäischen Polizeiamtes (Europol – Übereinkommen) zur Erstellung eines Protokolls zur Änderung von Artikel 2 und des Anhangs des Übereinkommens, **Abl.EG C 358 vom 13.12.2000, S. 1.**

Erläuternder Bericht zu dem Übereinkommen vom 29. Mai 2000 über die Rechtshilfe in Strafsachen zwischen den Mitgliedstaaten der Europäischen Union (vom Rat am 30. November gebilligter Text), **Abl.EG C 379 vom 29.12.2000, S. 7.**

Beschluss des Rates vom 29. Mai 2000 zum Antrag des Vereinigten Königreichs Großbritannien und Nordirland, einzelne Bestimmungen des Schengen-Besitzstandes auf sie anzuwenden, **Abl.EG L 131 vom 1.6.2000, S. 43.**

Rahmenbeschluss des Rates vom 29. Mai 2000 über die Verstärkung des mit strafrechtlichen und anderen Sanktionen bewehrten Schutzes gegen Geldfälschung im Hinblick auf die Einführung des Euro, **Abl.EG L 140 vom 14.6.2000, S. 1.**

Beschluss des Rates vom 17. Oktober 200 zur Einrichtung einer Geschäftsstelle für die Gemeinsamen Kontrollinstanzen für den Datenschutz, die mit dem Übereinkommen über die Errichtung eines Europäischen Polizeiamtes (Europol-Übereinkommen), dem Übereinkommen über den Einsatz der Informationstechnologie im Zollbereich und dem Übereinkommen zur Durchführung des Übereinkommens von Schengen betreffend den schrittweisen Abbau der Kontrollen an den gemeinsamen Grenzen (Schengener Durchführungsübereinkommen) geschaffen wurde, **Abl.EG L 271 vom 24.10.2000, S. 1.**

Schengen-Besitzstand gemäß Artikel 1 Absatz 2 des Beschlusses 1999/435/EG des Rates vom 20. Mai 1999, **Abl.EG L 239 vom 22.9.2000, S. 1.**

Beschluss des Rates vom 14. Dezember 2000 über die Einrichtung einer vorläufigen Stelle zur justiziellen Zusammenarbeit, **Abl.EG L 324 vom 21.12.2000, S. 2**

2001

Maßnahmenprogramm zur Umsetzung des Grundsatzes der gegenseitigen Anerkennung gerichtlicher Entscheidungen in Strafsachen, **Abl.EG C 12 vom 15.1.2001, S. 10.**

Beschluss des Rates vom 6. Dezember 2001 zur Ausweitung des Mandats von Europol auf die im Anhang zum Europol-Übereinkommen aufgeführten schwerwiegenden Formen internationaler Kriminalität, **Abl.EG C 362 vom 18.12.2001, S. 1.**

Rahmenbeschluss des Rates vom 28. Mai 2001 zur Bekämpfung von Betrug und Fälschung im Zusammenhang mit unbaren Zahlungsmitteln, **Abl.EG L 149 vom 2.6.2001, S. 1.**

Beschluss des Rates vom 28. Mai 2001 zur Einrichtung eines Europäischen Netzes für Kriminalprävention, **Abl.EG L 153 vom 8.6.2001, S. 1.**

Rahmenbeschluss des Rates vom 26. Juni 2001 über Geldwäsche sowie Ermittlung, Einfrieren, Beschlagnahme und Einziehung von Tatwerkzeugen und Erträgen aus Straftaten, **Abl.EG L 182 vom 5.7.2001, S. 1.**

Beschluss des Rates vom 6. Dezember 2001 über die Entwicklung des Schengener Informationssystems der zweiten Generation (SIS II), **Abl.EG L 328 vom 13.12.2001, S. 1.**

Verordnung (EG) Nr. 2424/2001 des Rates vom 6. Dezember 2001 über die Entwicklung des Schengener Informationssystems der zweiten Generation (SIS II), **Abl.EG L 328 vom 13.12.2001, S. 4.**

2002

Initiative des Königreichs Belgien und des Königreichs Spanien im Hinblick auf die Annahme eines Rechtsakts des Rates zur Erstellung eines Protokolls zur Änderung des Übereinkommens über die Errichtung eines Europäischen Polizeiamtes (Europol-Übereinkommen), des Protokolls betreffend die Auslegung des Übereinkommens über die Errichtung eines Europäischen Polizeiamtes durch den Gerichtshof der Europäischen Gemeinschaften im Wege der Vorabentscheidung und des Protokolls über die Vorrechte und Immunitäten für Europol, die Mitglieder der Organe, die stellvertretenden Direktoren und die Bediensteten von Europol, **Abl.EG C 42 vom 15.2.2002, S. 8.**

Rechtsakt des Rates vom 28. Februar 2002 zur Änderung des Rechtsaktes des Rates vom 12. März 1999 zur Festlegung der Bestimmungen über die Übermittlung von personenbezogenen Daten durch Europol an Drittstaaten und Drittstellen, **Abl.EG C 76 vom 27.3.2002, S. 1.**

Initiative des Königreichs Dänemark im Hinblick auf die Annahme eines Rechtsakt des Rates zur Erstellung aufgrund von Artikel 43 Absatz 1 des Übereinkommens über die Errichtung eines Europäischen Polizeiamtes (Europol-

Übereinkommen) eines Protokolls zur Änderung dieses Übereinkommens, **Abl.EG C 172 vom 18.7.2002, S. 15.**

Geschäftsordnung von Eurojust (vom Eurojust Kollegium in seiner Sitzung vom 30. Mai 2002 einstimmig angenommen und vom Rat am 13. Juni 2002 genehmigt), **Abl.EG C 286 vom 22.11.2002, S. 1.**

Rechtsakt des Rates vom 28. November 2002 zur Erstellung eines Protokolls zur Änderung des Übereinkommens über die Errichtung eines Europäischen Polizeiamtes (Europol-Übereinkommen), und des Protokolls über die Vorrechte und Immunitäten für Europol, die Mitglieder der Organe, die stellvertretenden Direktoren und die Bediensteten von Europol, **Abl.EG C 312 vom 16.12.2002, S.1.**

Beschluss des Rates vom 28. Februar 2002 über die Errichtung von Eurojust zur Verstärkung und Bekämpfung der schweren Kriminalität, **Abl.EG L 63 vom 6.3.2002, S. 1.**

Rahmenbeschluss des Rates vom 13. Juni 2002 über gemeinsame Ermittlungsgruppen, **Abl.EG L 162 vom 20.6.2002, S. 1.**

Rahmenbeschluss des Rates vom 13. Juni 2002 über den Europäischen Haftbefehl und die Übergabeverfahren zwischen den Mitgliedstaaten, **Abl.EG L 190 vom 18.7.2002, S. 1.**

2003

Rechtsakt des Rates vom 19. Dezember 2002 zur Änderung des Statuts der Bediensteten von Europol, **Abl.EG C 24 vom 31.1.2003, S. 1.**

Empfehlung des Rates vom 8.5.2003 zu einem Modell für eine Vereinbarung über die Bildung einer gemeinsamen Ermittlungsgruppe (GEG), **Abl.EG C 121 vom 23.5.2003, S. 1.**

Beschluss 2003/48/JI des Rates vom 19. Dezember 2002 über die Anwendung besonderer Maßnahmen im Bereich der polizeilichen und justiziellen Zusammenarbeit bei der Bekämpfung des Terrorismus gemäß Artikel 4 des Gemeinsamen Standpunktes 2001/931/GASP, **Abl.EG L 16 vom 22.1.2003, S. 68.**

Beschluss des Rates vom 27. Februar 2003 über die gemeinsame Inanspruchnahme von Verbindungsbeamten, die von den Strafverfolgungsbehörden der Mitgliedstaaten entsandt sind, **Abl.EG L 67 vom 12.3.2003, S. 27.**

Gemeinsamer Standpunkt des Rates vom 27. Juni 2003 betreffend die Aktualisierung des Gemeinsamen Standpunktes 2001/931/GASP über die Anwendung besonderer Maßnahmen zur Bekämpfung des Terrorismus und zur Aufhebung des Gemeinsamen Standpunktes 2003/402/GASP, **Abl.EG L 160 vom 28.6.2003, S. 100.**

2004

Rechtsakt des Rates vom 27. November 2003 zur Erstellung – aufgrund von Artikel 43 Absatz 1 des Übereinkommens über die Errichtung eines Europäischen Polizeiamtes (Europol-Übereinkommen) – eines Protokolls zur Änderung dieses Übereinkommens, **Abl.EG C 2 vom 6.1.2004, S. 1.**

Rahmenbeschluss des Rates vom 22. Dezember 2003 zur Bekämpfung der sexuellen Ausbeutung von Kindern und der Kinderpornografie, **Abl.EG L 13 vom 20.1.2004, S. 44.**

Schriften zum Europa- und Völkerrecht und zur Rechtsvergleichung

Herausgegeben von Prof. Dr. Manfred Zuleeg

Band 1 Mathias Mühlhans: Internationales Wassernutzungsrecht und Spieltheorie. Die Bedeutung der neueren völkerrechtlichen Vertragspraxis und der wirtschaftswissenschaftlichen Spieltheorie für das Prinzip der angemessenen Nutzung internationaler Binnengewässer. 1998.

Band 2 Michael Grüb: Europäische Niederlassungs- und Dienstleistungsfreiheit für Private mit hoheitlichen Befugnissen. 1999.

Band 3 Kathrin Bremer: Nationale Strafverfolgung internationaler Verbrechen gegen das humanitäre Völkerrecht. Am Beispiel einer Rechtsvergleichung Deutschlands, der Schweiz, Belgiens und Großbritanniens. 1999.

Band 4 Jon Marcus Meese: Das Petitionsrecht beim Europäischen Parlament und das Beschwerderecht beim Bürgerbeauftragten der Europäischen Union. 2000.

Band 5 Christoph Schalast: Umweltschutz und Wettbewerb als Wertwiderspruch im deregulierten deutschen und europäischen Elektrizitätsmarkt. 2001.

Band 6 Ralf Bauer: Das Recht auf eine gute Verwaltung im Europäischen Gemeinschaftsrecht. Inhalt, Anwendungsbereich und Einschränkungsvoraussetzungen des Grundrechts auf eine gute Verwaltung in Artikel 41 der Charta der Grundrechte der Europäischen Union. 2002.

Band 7 Kerstin Estler: Zur Effektivität des einstweiligen Rechtsschutzes im Gemeinschaftsrecht. 2003.

Band 8 Ali Hahin: Der Vertrag von Amsterdam: Vergemeinschaftetes Asylrecht. 2003.

Band 9 Amina Dammann: Die Beschwerdekammern der europäischen Agenturen. 2004.

Band 10 Nina Nolte: Deregulierung von Monopolen und Dienstleistungen von allgemeinem wirtschaftlichen Interesse. Zur Bedeutung des Art. 86. Abs. 2 EGV. Insbesondere in den Bereichen der Elektrizitätswirtschaft, der Bodendienstleistungen auf Flughäfen und der Abfallwirtschaft. 2004.

Band 11 Izumi Kazuhara: Einfluss der Marktintegration auf die Auslegung und Anwendung des europäischen Wettbewerbsrechts. 2004.

Band 12 Olesia Engelbutzeder: EU Anti-Dumping Measures Against Russian Exporters. In View of Russian Accession to the WTO and the EU Enlargement 2004. 2004.

Band 13 Magnus Noll-Ehlers: Produzentenverantwortung im Europäischen Umweltrecht. 2004.

Band 14 Walter Seubert: Die Brüsseler „Verständigung“ zu Anstaltslast und Gewährträgerhaftung. Eine Betrachtung aus europarechtlicher und mitgliedstaatlicher Sicht. 2005.

Band 15 Vera Korrell: Europol. Polizei ohne rechtsstaatliche Bindungen? 2005.